普通高等教育高级应用型人才培养规划教材
编写指导委员会

普通高等教育高级应用型人才培养规划教材

政治经济学

Zhengzhijingjixue

主　编　吕建军
副主编　王志勇
委　员　梁　锐　邓卫红　杨　艳
　　　　姚雪松　晁孟华　黄忠莉

暨南大学出版社
JINAN UNIVERSITY PRESS
中国·广州

图书在版编目（CIP）数据

政治经济学/吕建军主编. —广州：暨南大学出版社，2009.9
（普通高等教育高级应用型人才培养规划教材）
ISBN 978 -7 -81135 -336 -5

Ⅰ. 政… Ⅱ. 吕… Ⅲ. 政治经济学—高等学校—教材 Ⅳ. F0

中国版本图书馆 CIP 数据核字（2009）第 125868 号

出版发行：暨南大学出版社

地　址：中国广州暨南大学
电　话：总编室（8620）85221601
营销部（8620）85225284　85228291　85220693（邮购）
传　真：（8620）85221583（办公室）　85223774（营销部）
邮　编：510630
网　址：http：//www.jnupress.com　http：//press.jun.edu.cn

排　版：暨南大学出版社照排中心
印　刷：广州市怡升印刷有限公司

开　本：787mm×1092mm　1/16
印　张：16.875
字　数：397 千
版　次：2009 年 9 月第 1 版
印　次：2009 年 9 月第 1 次
印　数：1—6000 册

定　价：30.00 元

普通高等教育高级应用型
人才培养规划教材

总　序

我国社会经济正处在发展的新阶段，亟须具有一定实践能力和创新精神的高级应用型人才。培养满足社会经济发展需要的人才，是高等院校的崇高职责。

在备课、授课、练习、考评几个教学环节中，教材是基本的依据，它对教学方式、教学质量有着十分重要的影响。不同的教学类型和人才培养目标，需要不同的教材。我们根据教学型院校经济管理专业人才培养目标的要求，组织优秀作者队伍，编写了这套普通高等教育高级应用型人才培养规划教材。

传统的经管类本科教材具有明显的优点，理论系统性强，层次结构清晰，但也存在明显的缺陷。传统经管类教材编写的特点是从理论开始，如概念、特征、功能、公式等，再用例子说明、证明，复习题往往是书中小标题后面加"?"，形成"理论+例证"的编写模式。这种模式的教材介绍的理论知识缺乏从感性到理性的认识过程，而且复习题主要是为了让学生记住介绍的理论知识，缺乏实际操作的训练。因此，在教学中使用这样的教材，往往会形成"老师讲，学生听"的"授受型讲课，接受型学习"的教学特征，学生难以真正理解和掌握所学的理论知识，更难以运用。

编写普通高等教育高级应用型人才培养规划教材，不能重复传统的编写模式，应在新的教学理论、教学模式的指导下，采用新的编写方式。

辩证唯物主义的认识论告诉我们："通过实践而发现真理，又通过实践而证实真理和发展真理。"我们尝试采取"实例—理论—实训"的模式编写本规划教材。

遵照普通高等教育高级应用型人才培养目标，本规划教材除了要求框架结构新、汇集的相关研究成果新、资料数据新之外，还力求将职业道德、实践训练、创新精神贯穿全书。在写作方式上，每章开头撰写一个案例，在介绍有关理论时，由案例中包含的"知识点"引申出相关理论，或将相关理论与案例糅合在一起，并在重点、难点、有争议点、理论前沿等地方，插入小案例、讨论题等，以便在教学中让学生感受到理论在实际中如何呈现，又是如何从感性认识上升到理性认识的，并通过课程实训（实验）和专业实训（实验）去解决实际问题，从而使学生的实践能力和创新能力得到培养和提高。

练习题是教材十分重要的组成部分，它不仅起着复习所学课程理论知识的作用，还是提高教学质量，实现人才培养目标的重要手段和途径。题目也要体现职业道德、实践训练和创新精神。复习题不对号入座，而要前后对照、联系实际、综合地复习所学知识。横向可将几个概念、几种方法进行对比，如几种决策方法比较；纵向可将前后知识联系起来，使历史知识和知识的历史相联系，如产品的整体概念与营销观念的变化与营销策略的关系等。思考题要联系实际，有探索性，要有利于创新精神的训练，如针对不同收入、年龄等人群中需求层次的不同表现，应当如何激励或如何营销等。讨论题和辩论题要针对实际中存在的不同观念，容易引起争论和讨论的问题出题，如房价猛涨是暴利还是市场供求反映等。实践性练习题学生必须通过调查、实践才能完成。案例分析题要能训练学生发现问题、分析问题、解决问题的能力等。

通过以上的尝试和努力，我们力求编写出有如下特点的教材：

1. 紧扣人才培养目标，贯穿职业道德、实践训练、创新精神等素质教育的主线；
2. 突出实践性知识的介绍和实践能力的训练；
3. 汇集新的研究成果，形成新的专业知识结构；
4. 各门课程既参照撰写模式，又体现自身特点及个性。

本规划教材适合于普通高校经管专业本科、独立学院本科、高职高专及企业管理干部培训使用。我们希望通过对传统经管教材的改革，为经管课程的教学改革及教学质量的提高作出贡献。

邓志阳
广东外语外贸大学教授
2008 年 1 月

前　言

马克思主义政治经济学是马克思主义的重要组成部分，是“马克思理论最深刻、最全面、最详细的证明和运用”①。马克思在长达四十多年的研究中，以唯物史观作指导，运用唯物辩证法，在批判地继承西欧古典政治经济学成果的基础上，根据大量的历史资料和现实情况，系统而全面地考察了资本主义社会生产力和生产关系、经济基础和上层建筑及其相互关系，发现了剩余价值生产、实现和分配的规律，揭示了资本主义生产方式的内在矛盾，阐明了资本家阶级和雇佣工人阶级之间对立的经济根源，论证了自由资本主义必然灭亡的历史趋势，从而为科学社会主义运动奠定了理论基础。恩格斯指出：马克思的经济学说“使社会主义者早先像资产阶级经济学者一样在深沉的黑暗中摸索的经济领域，得到了明亮的阳光的照耀。科学的社会主义就是从此开始，以此为中心发展起来的”②。

在马克思主义的指导下，20 世纪社会主义运动在全球范围内风起云涌、波澜壮阔，它经历了成功和辉煌，也遭遇过严重的挫折。马克思主义政治经济学正是在实践中不断向前发展的。中国共产党人在社会主义革命和建设的实践中，认真总结历史经验和教训，以科学的态度和实事求是的精神，通过三十年的改革与开放，探索出一条符合中国国情的、有中国特色的社会主义道路，并形成了有中国特色的社会主义经济理论，把马克思主义政治经济学推到了一个崭新的高度；通过三十年的改革与开放，中国的社会经济面貌发生了翻天覆地的深刻变化，社会生产力得到迅速的发展，人民群众的生活水平得到了显著的提

① 《列宁选集》第 2 卷，北京：人民出版社，1972 年，第 588 页。

② 《马克思恩格斯选集》第 3 卷，北京：人民出版社，1972 年，第 243 页。

高，国家的综合国力得到了明显的增强，有中国特色的社会主义彰显出勃勃生机。

为了全面贯彻党的十七大精神，我们根据学科发展和教学改革的需要，组织从事政治经济学教学的年轻教师，参与马克思主义政治经济学教材的编写工作。在编写过程中，我们始终坚持三个原则：

一是以《资本论》的逻辑体系为框架，按照资本的生产过程、流通过程、分配过程的内在联系，以及自由竞争的资本主义和垄断资本主义的历史发展顺序，并结合经济市场化和全球化加速发展的趋势，将全书分为十二个章节，打破传统政治经济学分为资本主义部分和社会主义部分的体系。我们这样做，是基于一个不容置疑的历史事实：社会主义经济与资本主义经济的运行机制正在趋同，都回归到宏观调控下的市场经济体制。

二是始终遵循马克思主义政治经济学的基本原理，特别是《资本论》中提出的基本原理，这些原理不仅符合当时的历史情况，并经过历史检验而被证明是正确的，而且对当代世界经济的运行和中国社会主义市场经济的实践仍具有指导意义。我们这样做，并不是简单地重复前人的理论和学说，而是因为这些理论和原理，仍然能够说明和解释当代各国经济发展中出现的许多新情况和新问题。

三是以党的十七大精神为指导，力求反映中国经济体制改革过程中的新经验和新进展，反映国内外市场经济体系在新的历史条件下发生的新情况和新变化；同时，紧密追踪近年来中国学术界在政治经济学基本理论研究上取得的新观点和新成果。我们这样做，目的只有一个，就是使政治经济学教材更加贴近时代、贴近实践、贴近生活，增强其感染力、说服力和可读性。

胡锦涛同志在党的十七大报告中指出："改革开放以来我们取得一切成绩和进步的根本原因，归结起来就是：开辟了中国特色社会主义道路，形成了中国特色社会主义理论体系。高举中国特色社会主义伟大旗帜，最根本的就是要坚持这条道路和这个理论体系。"他还指出："中国特色社会主义理论体系，就是包括邓小平理论、'三个代表'重要思想以及科学发展观等重大战略思想在内的科学理论体系。这个理论体系，坚持和发展了马克思列宁主义、毛泽东思想，凝结了几代中国共产党人带领人民不懈探索实践的智慧和心血，是马克思主义中国化的最新成果，是党最可宝贵的政治和精神财富，是全国各族人民团结奋斗的共同思想基础。中国特色社会主义理论体系是不断发展的开放的理论体系。《共产党宣言》发表以来近一百六十年的实践证明，马克思主义只有与本国国情相结合、与时代发展同进步、与人民群众共命运，才能焕发出强大的生命力、创造力、感召力。在当代中国，坚持中国特色社会主义理论体系，就是真正坚持马克思主义。"

中国特色社会主义理论体系的内容十分丰富，包括政治、经济、文化、军事、外交、党建等方面，其主要内容之一是中国特色社会主义经济理论。该理论是在坚持马克思主义政治经济学基本原理的基础上，在邓小平等卓越领导人的指导下，经过三十年改革开放的实践逐步形成的。该理论体系主要包括：社会主义初级阶段理论、社会主义市场经济理论、公有制为主体多种所有制共同发展理论、按劳分配和按生产要素分配相结合的分配理论、现代企业制度理论、社会主义本质理论、科学发展观理论等。中国特色社会主义经济理论的提出，把马克思主义政治经济学推到了一个崭新的高度。

本教材主要是为满足经济管理类本科专业的学生学习马克思主义政治经济学的需要而编写的，它的侧重点放在介绍马克思主义政治经济学的基本原理上，因此，本教材以《资本论》的逻辑体系为框架，以资本的运动和发展为主线，以成熟的商品经济和社会化大生产为背景，结合当代世界经济发展的新情况、新问题和新变化，力图在阐明马克思主义政治经济学基本原理的同时，对当代世界经济发展中出现的新情况、新问题和新变化给予符合逻辑的解释。

必须强调的是，学习和研究马克思主义政治经济学的目的，不在于背诵它的理论结论，而在于用它来指导改革开放和经济发展的实践。因此，我们在编排本教材的内容时，专门针对一些有争议的理论问题提出了自己的看法，以增强理论的现实性和感召力。由于水平有限，为了提高本教材的质量，我们参考了大量的文献和国内学者编著的政治经济学教科书，特别是刘诗白教授主编的《马克思主义政治经济学原理》和张宇、孟捷、卢荻主编的《高级政治经济学》对我们的帮助很大，在此谨表示诚挚的谢意。

本教材编写的指导思想和章节体系由主编提出，各章的初稿由主编和副主编修改、补充和完善。限于编写人员的知识水平和教学经验，本教材一定存在许多不足和疏漏之处，由衷希望专家、学者及读者批评指正。

吕建军

2009 年 4 月

普通高等教育高级应用型人才培养规划教材

目 录

第一章
导 论

马克思主义政治经济学是马克思主义理论体系的重要组成部分之一，是马克思理论的“最深刻、最全面、最详细的证明和运用”①。马克思从唯物史观出发，运用唯物辩证法，批判地继承了西方古典政治经济学的积极成果，并对资本主义生产方式运行的新情况、新问题作了深入的、全面的、系统的考察与分析，从而创立了马克思主义政治经济学，为无产阶级政党领导社会主义革命与建设，制定纲领、路线、方针和政策提供了理论基础。

本章主要介绍马克思主义政治经济学的创立和发展，在此基础上阐明马克思主义政治经济学的研究对象和研究方法，以及学习马克思主义政治经济学的重要意义。

第一节 马克思主义政治经济学的创立和发展

在经济学说史上，最先使用“经济”一词的是古希腊思想家色诺芬（约公元前430—355年）。他在《经济论》一书中，把奴隶主组织和管理庄园的经济概括为“经济”，意思是家庭管理。“政治经济学”作为独立的术语出现在17世纪初。法国重商主义者安·德·蒙克莱田（1575—1622）在《献给国王和王太后的政治经济学》（1615年）一书中，首次提出“政治经济学”的概念，以表明他所论述的经济问题已超出了家庭经济或庄园经济的范围，涉及整个国家或社会的经济问题。此后，西欧国家的许多经济学家都把自己的著述称为“政治经济学”。马克思接受西欧古典经济学的传统，在自己的著作中沿用了这一名称，并建立了自己的政治经济学——马克思主义政治经济学。19世纪末，西方主流经济学家纷纷用“经济学”这一术语取代“政治经济学”。但是，直到今天，仍有许多经济学家把政治经济学和经济学当作同一概念使用。

① 《列宁全集》第2卷，北京：人民出版社，1972年，第588页。

总之，政治经济学作为一门独立的社会科学，是随着资本主义生产方式的产生和发展而形成起来的。

一、马克思主义政治经济学的创立

1. 时代背景

马克思主义政治经济学是马克思、恩格斯在19世纪40—60年代创立的。19世纪上半叶，产业革命在英国已经基本完成，并在法国、德国等西欧主要国家迅速推进。产业革命一方面使社会生产力得到迅速的发展；另一方面又使社会生产方式和社会关系发生了深刻的变化。

第一，产业革命加剧了资本主义生产方式中生产力和生产关系的矛盾。随着工业化在英国的迅速推进，大量的物质财富以空前的速度被创造出来。但是，生产资料资本主义私人占有制和雇佣劳动制，使无产阶级未能共享工业化的文明成果，以至于社会生产无限扩大的趋势和人民群众生活消费相对缩小的趋势的矛盾日益尖锐起来。1825年英国爆发了人类历史上第一次生产过剩的经济危机；1835年到1837年，英国再次爆发了严重的相对生产过剩的经济危机。经济危机的爆发，充分暴露了资本主义生产方式的内在矛盾。

第二，产业革命引起了社会关系特别是阶级关系的深刻变化。一方面，工业化的迅速推进，使雇佣工人阶级的队伍迅速扩大；另一方面，资本主义私人占有方式又使雇佣工人阶级未能分享工业化的文明成果，两极分化触目惊心。在这种背景下，阶级斗争在无产阶级和资产阶级之间激烈展开。19世纪30—40年代，在欧洲爆发了三次大规模的工人运动，标志着工人阶级在政治上的觉醒。斗争的矛头直接指向雇佣剥削关系，工人阶级提出了废除私有制的要求。由于缺乏一个强有力的政党的领导和科学理论的指导，这些工人运动最终都失败了。

2. 理论来源

面对19世纪上半叶资本主义经济发展的现实，人们不得不对资本主义生产方式的合理性提出置疑。19世纪初，大卫·李嘉图（1772—1828）根据社会生产力发展和资本主义生产方式运行的新情况，对经历了一个半世纪的古典政治经济学进行了最后的总结。一方面，他坚持和发展劳动价值论，认为劳动是创造价值的唯一源泉，利润和地租都是工人创造的劳动产品的转化形式，斥责大土地所有者是社会经济发展的“赘疣”，证明了资本主义社会三大阶级之间存在经济利益上的对立关系；另一方面，他把资本看作一种永恒的自然关系，把资本主义生产方式看作永恒的、自然的、唯一合理的生产方式，他提出了反对和消除一切阻碍资本利润提高和生产力发展的因素的政策主张。他极力掩饰产业革命过程中已初露端倪的资本主义生产力与生产关系之间的尖锐冲突，断然否认生产过剩的经济危机的可能性。此外，他还从比较利益出发，论证了自由贸易的合理性，主张按比较利益实行国际分工和国际交换，反对贸易保护主义。

19世纪上半叶，西斯蒙第（1773—1842）站在同情小资产阶级和手工业者的立场上，对资本主义生产方式作了独特的思考。他对资本主义制度给人们带来的各种灾难表示了极大的愤慨，进行了严厉的斥责，断言在盲目追逐利润的过程中，工人的收入和消费远远跟不上社会化大生产的增长，资本主义生产的发展必然会产生普遍的生产过剩的危机。他已经模糊地猜测到，资本主义生产方式是一种充满矛盾因而是暂时的生产形式。但是，西斯蒙第并不理解，引起资本主义经济危机的原因，不是工业化过程中发展起来的社会化大生产本身，而是建立在生产无政府状态基础上的资本主义生产关系已不适应社会化大生产的迅猛发展，是资本主义生产的形式与物质内容的矛盾冲突。他把资本主义制度的种种弊端看作社会生产力迅猛发展的结果，因而他极力赞美小生产，主张恢复宗法制和行会原则，力图以小生产的原则和规范来改造资本主义生产关系。显然，西斯蒙第既不了解世界历史发展的动力，也不了解资本主义历史的发展趋势。

面对工业化的迅速发展和社会关系的急剧变化，西方空想社会主义思潮再次发展起来，它的杰出代表如圣西门（1760—1825）、傅立叶（1772—1837）和欧文（1771—1858），都对资本主义制度进行了尖锐的、无情的揭露和批判，臆想出未来社会制度的种种方案和计划，提出了生产资料所有制问题的许多设想。圣西门提出建立新的实业制度的理想，由于所有制是社会的基础，他主张要“重建所有制”，通过捐献、动员地产、废除继承权等途径，保证所有制方面的革命能给大多数无产者带来财产。但他始终没有提出废除私有制、建立公有制的主张。傅立叶则把矛头指向雇佣劳动制，认为这一制度实际上是“恢复奴隶制度”，在这一制度下，社会生产只是服从个人的自私自利的目的。但是，他不主张剥夺资产阶级和土地所有者的生产资料。他认为，财产公有与人的本性是相悖的，实行财产公有势必导致禁欲主义和平均主义。因此，傅立叶在设想未来的和谐社会时，认为应当保留私有财产，并以此为基础建立协作制度。

在19世纪初期西方空想社会主义的杰出代表中，只有欧文旗帜鲜明地对资本主义私有制进行了猛烈的抨击。他认为，资本主义社会的种种矛盾都是由三种祸害产生的，即私有制、宗教和现行婚姻形式，其中最主要的是私有制。他指出，“私有财产是贫困以及由此而在全世界造成的无数罪行和灾难的唯一原因”①。欧文根据李嘉图的劳动价值论，断定劳动是财富的源泉，价值是由劳动创造的，因而财富应当归劳动者享受。所以，欧文反对一切形式的私有制，主张实行公有制。但是，他不了解生产力与所有制关系的历史运动，不懂得社会经济发展的客观规律，他只是从抽象的原则，即所谓的公平、正义等原则出发，来设想未来社会的所有制问题，幻想用社会主义和平地改造资本主义社会。

西方空想社会主义的学说反映和表达了当时欧洲劳动人民要求改造社会的愿望，对马克思和恩格斯产生了影响。他们的学说与西欧古典政治经济学一起，成为马克思主义政治经济学的理论来源。

3. 创立过程

马克思研究经济问题开始于19世纪40年代初。他后来曾谈到，他在《莱茵报》任主编时，“第一次遇到对所谓物质利益发表意见的难事”，这件事成为他研究经济问题的最初动因。自那时起，马克思和恩格斯一方面密切关注英国产业革命以及由此而来的工业化对欧洲社会和世界的巨大影响，特别是对工人阶级的影响；另一方面他们对德国的哲学思想体系以及西欧社会主义思潮进行深刻的分析与批判，在批判中，他们阐明

① 罗伯特·欧文：《欧文选集》（下卷），北京：商务印书馆，1984年，第14页。

了自己的新的世界观和科学社会主义的基本原理，揭示了人类社会发展的客观规律。马克思指出，这些研究成果一经得到便用于指导他的政治经济学的研究工作。

马克思在进行经济学研究时，常常受到经济拮据和疾病的困扰，在生活异常艰难的情况下，他始终如一地把经济学作为自己科学研究的主要方面。恩格斯则在从事繁忙的商务工作以接济马克思的同时，也进行着艰苦的科学研究工作。在四五十年的研究生涯中，马克思和恩格斯留下了大量的经济学著述、经济学笔记和经济学手稿。1867 年 9 月，马克思出版了德文版《资本论》第一卷。《资本论》第一卷以资本的生产过程为考察对象，通过分析，马克思深刻地揭示了资本主义生产关系的本质和运行规律，深刻地揭露了资本主义生产方式的内在矛盾，阐明了资本主义生产方式向未来社会的生产方式过渡的历史必然性。《资本论》第一卷的出版，标志着马克思主义政治经济学理论体系的初步形成。

马克思去世以后，恩格斯担负起整理、编辑和出版《资本论》第二卷和第三卷的任务。19 世纪 80—90 年代，《资本论》第二卷和第三卷先后出版，这标志着马克思主义政治经济学理论体系最终形成。

二、马克思主义政治经济学的发展

政治经济学本质上是一门“历史的科学”，它与其他社会科学一样，必须随社会历史的发展而不断充实新的内容、新的范畴和新的原理。马克思和恩格斯相继逝世以后，他们所创立的政治经济学为后来的马克思主义者所继承，并不断向前发展。

1. 垄断资本主义经济理论的提出

19 世纪 70 年代到 20 世纪初，随着社会生产力和科学技术的发展，资本主义社会经济生活发生了巨大的变化，自由竞争的统治地位为垄断所取代，垄断成为资本主义生产关系的主要基础，资本主义进入了垄断资本主义新阶段。

列宁把马克思主义政治经济学的原理与资本主义发展的新阶段的具体情况相结合，根据资本主义发展的新变化、新特点，创造性地提出了垄断资本主义经济理论。1914 年 10 月，列宁发表《垄断资本主义是资本主义的最高阶段》一书，该书又称为“帝国主义论”。在这本著作中，列宁分析了垄断的形成、垄断组织的形式、垄断的实质以及垄断和竞争的关系；分析了垄断形成后，资本主义生产关系发生的变化；论述了金融资本的形成和金融寡头的统治；揭示了资本对外扩张由商品输出为主向资本输出为主转变的必然性，说明了国际垄断同盟形成的原因和实质；分析了国家政权与垄断资本相结合的必然性，说明了国家垄断资本主义的形式与实质。列宁还根据资本主义列强瓜分和重新瓜分殖民地的实际材料，分析了殖民地对帝国主义的意义以及重新瓜分殖民地的经济根源；阐明了帝国主义对殖民地的争夺必然导致帝国主义之间的战争。垄断资本主义经济理论的提出发展了马克思主义政治经济学。

2. 政治经济学社会主义经济理论的形成

十月社会主义革命后，列宁对经济相对落后国家在无产阶级革命胜利后，如何向社会主义转变和如何建设社会主义经济等问题进行了探索，进一步发展了马克思主义政治经济学。列宁针对军事共产主义政策在实践中的经验教训，及时提出了“新经济政策”。他深入分析了利用商品货币关系建设社会主义的必要性；提出了依靠从个人利益上的关心来建设社会主义的原则，强调在坚持共同利益的基础上，将共同利益与个人利益结合起来；主张在国有化的基础上，承认农民对土地的经营权，允许农民自由贸易，并通过自愿原则以及流通领域的合作，把分散的农业生产与更大的市场空间联系起来，促进农业生产的商品化、社会化和现代化。列宁关于新经济政策的理论与实践，为社会主义政治经济学的形成奠定了基础。

列宁逝世后，斯大林开始领导苏联的社会主义建设。在斯大林的主导下，到20世纪30年代，苏联完全抛弃了列宁制定的“新经济政策”，构建起高度集中的计划经济模式。1952年2月，斯大林的《苏联社会主义经济问题》一书出版。在这本著作中，斯大林系统论述了社会主义制度下商品生产和价值规律问题，在他看来，国家所有制内部生产的生产资料不是真正意义上的商品，只具有商品的外壳；国家所有制和集体所有制之间交换的产品才是真正意义上的商品。所以，社会主义存在商品生产的根本原因在于存在两种公有制形式。斯大林虽然承认社会主义制度下价值规律的存在和作用，但他认为，价值规律主要在个人消费品流通领域中起调节作用。在斯大林的主持下，苏联共产党编写了《政治经济学教科书》，构建了政治经济学资本主义部分和社会主义部分的完整体系。该教科书在相当长时间里，对社会主义国家的经济建设和经济理论的发展产生了广泛的影响。

3. 中国特色社会主义经济理论的形成

新中国成立后，经过三年国民经济的恢复，从1953年开始进入由新民主主义社会向社会主义社会的过渡时期。过渡时期仅仅用了三年时间就完成了生产资料所有制的社会主义改造，建立了由国家所有制和集体所有制组成的单一的公有制结构，实行了高度集中的计划经济体制。经过二十多年的实践，这一经济体制发挥了在较短时间内集中资源推进工业化的优势，初步建立了比较完整的国民经济体系，改善了人民群众的生活水平。但是，实践表明，高度集中的计划经济体制主要依靠行政手段实现资源配置和对经济活动的管理，存在以下主要弊端：政企职责不分，企业缺乏应有的自主权；条块分割，国家对企业统得过死，忽视商品生产、价值规律和市场的作用；分配中平均主义严重，造成企业吃国家的“大锅饭”、职工吃企业的“大锅饭”，严重压抑了企业与职工的积极性、主动性和创造性，使本来应该生机盎然的社会主义经济失去了活力。在这一经济体制下，国民经济处在低效运行之中，资源浪费严重。

从1978年开始，中国进入改革开放的新时期。在邓小平的指导下，经过三十多年的探索，形成了中国特色社会主义理论体系，其主要组成部分是中国特色社会主义经济理论。该理论体系的主要内容有：①社会主义初级阶段理论。这一理论认为，中国在相当长的历史时期中处于社会主义不发达阶段，我们制定的一切方针、政策、路线和纲领，都不能离开这一基本国情。②社会主义市场经济理论。这一理论认为，计划和市场都是配置资源的手段和调节经济的方式，市场经济可以与社会主义基本制度结合；市场在社会主义初级阶段对资源配置起着基础性作用；我国经济体制改革的目标是建立社会主义市场经济体制，即把社会主义基本制度与市场经济结合起来的新型经济体制。③以公有制为主体多种所有制共同发展理论。这一理论认为，在社会主义初级阶段，以公有制为主体、多种所有制共同发展是一项基本经济制度，这一制度可以调动各方面的积极性，可以保证各方面的利益得到实现，可以将各种产权有机地结合在一起，打破"铁饭碗"。同时，随着市场经济的发展，公有制实现形式也可以多样化。④现代企业制度理论。这一理论认为，现代企业制度是社会主义市场经济体制的微观基础，它的主要形式是公司制，基本特征是产权清晰、权责明确、政企分开、管理科学。在国有企业中建立现代企业制度是发展社会化大生产和市场经济的必然要求。⑤劳分配与按要素分配相结合的分配理论。这一理论认为，社会主义初级阶段实行以按劳分配为主体、多种分配方式并存的分配制度是由以公有制为主体、多种所有制共同发展的基本经济制度决定的。通过该分配制度可以坚持效率优先、兼顾公平的原则；可以克服平均主义、合理拉开收入差距；可以鼓励一部分人通过诚实劳动、合法经营先富裕起来；可以建立包括社会保险、社会救济、社会福利为主要内容的社会保障体系。⑥社会主义本质理论。这一理论认为，社会主义的本质就是解放和发展社会生产力，消灭剥削，消除两极分化，最终实现共同富裕。

总之，中国特色社会主义经济理论的提出，把马克思主义政治经济学推到一个崭新的高度。

第二节 马克思主义政治经济学研究的出发点

马克思和恩格斯认为，政治经济学可以划分为狭义的政治经济学和广义的政治经济学。狭义的政治经济学是以资本主义生产方式以及与它相适应的生产关系和交换关系为研究对象的社会科学；而广义的政治经济学则是"研究人类各种社会进行生产和交换并相应地进行产品分配的条件和形式的科学"①。马克思创立的政治经济学是以资本主义生产方式以及与它相适应的生产关系和交换关系为研究对象的。为了深入了解马克思的政治经济学是一门什么样的科学，首先要从物质资料的生产入手。

一、物质资料生产是人类社会存在和发展的基础

马克思研究生产关系是从物质资料生产入手的。因为在他看来，物质资料生产是人类社会存在和发展的基础。首先，人类要生存，必须有衣、食、住等生活资料，而这些生活资料只有通过人的劳动去改造自然界才能获得。也就是说，人类只有通过物质资料生产才能获得人类社会生存和发展所必需的生活资料。一个社会如果离开了物质资料生产，也就失去了基本的生活保障，人们便无法生存。马克思指出："任何一个民族，如果停止劳动，不用说一年，就是几个星期，也要灭亡，这是每一个小孩都知道的。"②其次，人类要发展，仍然离不开物质资料生产。因为人类要从事科技、文化、教育、艺术、体育以及政治、宗教等社会活动，需要占用人力、物力、财力，而花费在这些方面的人力、物力、财力越多，一个社会的文明程度就越高。要做到这一点，物质资料生产

① 《马克思恩格斯选集》第3卷，北京：人民出版社，1995年，第492页。

② 《马克思恩格斯选集》第4卷，北京：人民出版社，1972年，第368页。

的规模和能力就要不断提高。所以，在马克思看来，物质资料生产是人类社会存在和发展的基础，是人类最基本的实践活动，它决定着人类的其他一切活动。

物质资料生产是指劳动者按照预定的目的，运用劳动资料作用于劳动对象，使之发生相应的变化以满足人们需要的社会经济活动。从事物质资料生产的劳动过程必须具备三个基本要素：人的劳动、劳动资料和劳动对象。

1．人的劳动

人的劳动是指具有一定生产经验和劳动技能的劳动者，为了取得满足自身需要或他人需要的有用产品（包括有形产品和无形产品即服务）而进行的有目的的活动。人的劳动与动物的本能活动是有区别的，正如马克思所指出的，“蜘蛛的活动与织工的活动相似，蜜蜂建筑蜂房的本领使人间的许多建筑师感到惭愧。但是，最蹩脚的建筑师从一开始就比最灵巧的蜜蜂高明的地方，是他在用蜂蜡建筑蜂房以前，已经在自己的头脑中把它建成了。劳动过程结束时得到的结果，在这个过程开始时已经在劳动者的表象中存在着，即已经观念地存在着”①。

人的劳动可以划分为体力劳动和脑力劳动。在人类社会相当长的历史时期中，体力劳动和脑力劳动是结合在一起的；只是当社会生产力发展到一定水平后，才出现了体力劳动和脑力劳动的分工，这是人类社会的一大进步。随着生产和科学技术的发展和运用，脑力劳动的作用越来越重要，而体力劳动的形式也会随着机器的采用而发生变化。

2．劳动资料

劳动资料又称为劳动手段，是指人们在生产过程中用以改变和影响劳动对象的一切物质手段和物质条件，包括生产工具、土地、生产建筑物、道路、运河等，其中最重要的是生产工具。在人们从事物质资料生产的活动中，劳动资料特别是生产工具总是不断被人们所改进和创新。因此，劳动资料，特别是生产工具的状况，反映着人类社会生产发展水平的高低，是社会生产力发展水平的物质标志。正因为如此，劳动资料对于研究社会经济形态具有重要的意义。马克思指出：“各种经济时代的区别，不在于生产什么，而在于怎样生产，用什么劳动资料生产。劳动资料不仅是人类劳动力发展的测量器，而且是劳动借以进行的社会关系的指示器。”②

随着社会生产的发展，劳动资料特别是生产工具的质量和数量都在不断提高和发展，范围不断扩大，其使用效能也在不断提高。在当代，劳动资料已经从机械化阶段发展到智能化阶段。随着劳动资料的不断改进和提高，人类劳动生产率也在不断提高。

3．劳动对象

劳动对象是人们在生产过程中把自己的劳动加于其上的一切东西，即劳动者在生产过程中所加工的一切物质资料。劳动对象有两类：一类是未经过人类的加工但已纳入生产过程的自然物，如地下待开采的矿藏、原始森林中待开采的树木、天然水域中的鱼类以及未开垦的处女地等；另一类是预先经过人类劳动加工过的东西，如纺纱厂的棉花、机器制造厂的钢材、金属冶炼厂的矿石以及石油化工厂的原油等，这些预先经过人类劳

① 《马克思恩格斯全集》第23卷，北京：人民出版社，1972年，第202页。

② 《马克思恩格斯全集》第23卷，北京：人民出版社，1972年，第204页。

动加工了的劳动对象又称为原材料或原料。

随着科学技术的不断发展，劳动对象的范围不断扩大，不仅越来越多的自然物被人们用作劳动对象，而且新的原材料特别是许多合成材料也不断出现和日益增多，越来越显示出劳动对象在生产发展中的重要作用。实践表明，劳动对象的质量和性能越好，制造出来的产品的质量和性能就越好。劳动对象在生产中的作用越来越显现出来。

同时，随着生活水平的不断提高，人们的许多生活与发展需要作为服务对象被纳入劳动对象的范围之中，如人们的教育培训、医疗卫生、文艺体育以及美容美发、沐浴足浴等。劳动对象由物质对象向服务对象的拓展，标志着人类社会发展到更高的阶段。

生产过程的三要素是人们从事物质资料生产的基本条件。无论是生产力十分低下的原始社会还是生产力获得了较大发展的现代社会，劳动过程都必须具备这三个基本要素。人的劳动、劳动资料和劳动对象是物质资料生产过程最抽象、最一般、最基本的，从而是最具有普遍性的要素。其中，人的劳动是社会生产的主观因素，在生产中起着主导、能动的作用；劳动资料和劳动对象则是社会生产得以进行的客观物质条件。如果从生产过程的结果来看，人的劳动表现为生产劳动，而劳动资料和劳动对象则表现为生产资料。人的劳动和生产资料的有机结合构成了物质资料生产过程。总之，生产过程的三个简单要素是相互联系、相互依存的。要进行生产，三者缺一不可，它们共同构成了人类一切社会形态物质资料生产过程的一般条件。

二、物质资料生产是生产力和生产关系的统一

1. 生产力

为了实现物质资料生产，人们必须在一定的社会历史条件下进行生产劳动。物质资料生产过程包含人与自然界相互作用的劳动过程和人与人之间发生相互关系的社会过程，这两个方面是紧密联系在一起的。

在物质资料生产过程中，人们必然要和自然界发生联系，即人运用自己的劳动作用于自然界，使之发生相应的变化，以满足自己的需要。生产过程中人与自然的关系表现为生产力。生产力是指人们在生产过程中利用自然、改造自然和生产物质资料的能力。在马克思看来，生产力是人类社会发展的决定力量。生产力的发展状况标志着人类社会的进步程度，也标志着人类利用和改造自然的广度和深度。

在生产力的构成中，包括人的要素和物的要素。人的要素是指具有一定生产技能和经验并实现着物质资料生产的劳动者，它在生产中起着根本的、能动的作用。物的要素是指生产资料，即劳动资料和劳动对象，其中起着重要作用的是生产工具。在现代市场经济中，在生产力构成要素的结合中，科学技术、管理和信息等因素起着越来越重要的作用。

科学技术对生产力的影响是巨大的。在当代社会生产中，科学技术是第一生产力。这是因为，在生产力中，无论是人的因素还是物的因素，都是同一定的科学技术紧密联系在一起的。劳动者掌握的科学技术越多，劳动者的生产能力和创新能力就越强；而生产资料隐含的科学技术水平越高，生产资料的效率和工效就越高，这些都已被现代生产力发展的现实所证实。科学技术是人们在生产实践和科学实验中总结出来的系统经验，

它既体现在人的生产经验和技能提高上，又体现在生产工具的改进和创新上，还体现在劳动对象的深度和广度上。也就是说，科学技术是一种潜在的生产力，它只有进入生产过程中，同生产力的各个要素相结合，才会转化为现实的、直接的生产力。正是在这个意义上，马克思指出："生产力中也包括科学。"① 科学技术发展水平及其应用于生产的程度，在人类历史发展的不同阶段是不同的。但是，随着人们生产实践和科学实验经验的积累，科学技术逐步呈现出加速发展的趋势，在越来越高的程度上影响着生产力的发展。科学技术成果转化为生产力的速度越来越快，当代世界生产力的迅速发展，主要是由科学技术的发展推动的。因此，完全可以说，在当代，科学技术不仅是生产力，而且是第一生产力。

管理和信息对现代生产力也有很大影响。在现代生产力中，由于生产规模越来越大，生产过程越来越复杂，企业的各项管理对于企业劳动生产率的高低有着十分重要的作用。不仅如此，从宏观层面上看，社会生产力的布局、资源的有效配置、区域经济与社会发展的协调以及宏观经济调控，都离不开管理。管理对社会生产力的发展起着越来越大的作用。所以，管理同科学技术一样是生产力。在现代生产力中，信息的作用也越来越重要。信息通过图纸、技术资料、各种文件等载体和通信传递工具，把生产力各要素、生产单位各部分、生产企业的指挥系统联系起来；信息的质量和数量，以及传递速度对生产也有着直接影响。因此，生产力是包括科学技术、管理以及信息在内的，但它们都不是独立的实体，而是通过劳动者、劳动对象和劳动资料这些生产力的基本要素起作用的。

2. 生产关系

在物质资料生产的过程中，人们不仅要同自然界发生关系，而且人们相互之间也必然发生一定的社会联系和关系。马克思指出："人们在生产中不仅影响自然界，而且也相互影响。他们如果不以一定的生产方式结合起来共同活动和相互交换其活动，便不能进行生产。为了进行生产，人们便发生一定的联系和关系；只有在这些社会联系和关系的范围内，才会有他们对自然界的影响，才会有生产。"②由于孤立的个人是无法与自然界的力量相抗衡的，人们只有以一定的方式结合起来，才能进行利用和改造自然的生产活动。因此，物质资料生产过程不仅是一个劳动过程，而且也是一个社会生产过程。物质资料的社会生产过程就是在生产过程中人与人之间发生社会关系的过程。由于生产活动是人类社会最基本的实践活动，因而生产关系是人们最基本的社会关系。生产关系是社会生产不可缺少的一个方面，是生产的社会形式，它反映了人类社会发展到一定阶段的社会性质。

生产关系是指生产过程中生产主体凭借与生产条件的关系而形成的人与人之间的利益责任机制。生产关系首先表现为生产主体对生产条件即劳动资料和劳动对象的关系，即狭义的生产资料所有制关系。这种关系可以区分为一般的占有关系和所有权关系。**一般占有是指主体对生产条件的非排他性的占有，即某一主体在使用某一生产条件时自然**

① 《马克思恩格斯全集》第46卷，北京：人民出版社，1980年，第211页。

② 《马克思恩格斯选集》第1卷，北京：人民出版社，1995年，第204页。

发生的排他现象，而当该生产条件处于闲置状态时，其他主体要使用它的，无须经过前一主体的同意。这就是说，占有是共同的，非排他的；而使用则是排他的。原始社会的生产资料所有制关系正是这种关系。**所有是指主体对生产条件的排他占有，即某一主体有意识地主动地把某一生产条件看成是自己所有的东西，不管该生产条件是处于使用状态还是处于闲置状态，均排斥其他主体。**当其他主体想使用闲置的生产条件时，必须经过它的所有者的同意，并支付一定的代价。因此，在所有权关系下，任何占有生产条件的主体都可以有两种选择：一是通过自身的劳动，与归他所有的生产条件相结合，以取得自身存在和发展所需要的物质资料；二是通过某种机制转让自己拥有的生产条件来获取相应的物质利益，比如交换或出租。私有制产生以后的生产资料所有制关系正是这种关系。马克思指出："黑格尔论法哲学，是从主体的最简单的法的关系即占有开始的，这是对的。但是，在家庭或主奴关系这些具体得多的关系之前，占有并不存在。相反，如果说存在着还只是占有，而没有所有权的家庭和氏族，这倒是对的。"①

生产关系不仅仅是生产主体与生产条件的关系，而且是以这种人与物的关系为载体或表现形式的人与人之间的利益责任关系或机制。这种人与人之间的利益责任关系或机制在生产力发展的不同阶段上是不同的，但都要表现在生产过程、交换过程、分配过程和消费过程之中。在原始社会，由于社会生产力水平极其低下，个人只有成为某一公社的成员，才能与公共所有的生产条件相结合，才能生产和参与分配。这种以共同体为媒介或前提的经济关系表明了个人与他人、个人与社会的相互依存性，离开了这种人与人的依存关系就没有生产，也就没有人类。这就是说，在原始社会的生产关系中，氏族的集体劳动是氏族成员共同占有生产资料的前提而不是相反。在人类社会进入家庭、私有制和国家并存的发展阶段之后，随着社会生产力的发展，家庭的个体劳动逐渐取代了氏族的集体劳动，家庭的个体劳动成为家庭占有生产资料的必要前提，这时人与人的相互依存关系缩小到家庭范围之内。同时，与家庭个体劳动相伴随的奴隶劳动出现了。奴隶劳动扩大了家庭生产的规模，并使人与人的相互依存关系变成了人与人之间的人身依附关系。但是，与此同时，人与人的依存关系又扩大了。在家庭的基础上，人们结成了规模更大的共同体：部落、部落联盟乃至国家。随着社会分工的发展和家庭占有生产资料的不平等的出现，人与人之间的交换关系、租赁关系形成了。在家庭个体劳动、奴隶劳动的同时，出现了以人身依附关系为特征的租佃劳动。以人身依附关系为特征的租佃劳动是封建土地所有制关系的基础和前提。

马克思在分析资本的本质和运行规律时，曾对威克菲尔德的殖民理论作了考察，并认为这一理论"对于正确理解现代土地所有权是极端重要的"。这里讲的现代土地所有权指的是资本主义土地所有制。马克思说："如果在一个社会内部，现代生产关系，即资本，已发展成总体，而这个社会又占领了新的领土，如像在殖民地那样，那么这个社会，它的代表即资本家就会发现，他的资本没有雇佣劳动就不再成为资本。因此，前提之一是不仅要有土地所有权一般，而且要有现代土地所有权，这种土地所有权作为资本化的地租十分昂贵，从而排除了个人直接利用土地的可能性……在这里，地产被人为地

① 《马克思恩格斯全集》第46卷（上册），北京：人民出版社，1972年，第14页。

抬高价格，以便使劳动者成为雇佣工人，使资本起资本的作用，从而使新殖民地变成生产殖民地；使殖民地的财富发展起来，而不像在美国那样，只利用殖民地来在短期内提供雇佣工人。"[①] 这就是说，资本与雇佣劳动的关系是资本主义生产关系的实质。

正是基于上述分析，马克思得出一个结论或原理："一切生产都是个人在社会形式中并借这种社会形式而进行的对自然的占有。"[②]

3. 生产力与生产关系的相互关系

生产力和生产关系的辩证统一构成社会的生产方式。生产方式是指人类社会为了生存和发展而谋取生产资料和生活资料的方式，它是生产力和生产关系的对立统一。生产力是生产方式的物质内容，生产关系则是生产方式的社会形式。它们既矛盾又统一，共同推动着人类社会生产方式的发展和运动。

在生产力和生产关系的矛盾统一体中，生产力是矛盾的主要方面。生产力是最革命、最活跃的因素，社会生产的发展、变化，总是先从生产力的发展变化开始的。生产力的发展，使旧的生产关系与它不相适应，从而要求建立新的生产关系，引起生产关系的相应变化。有什么样的生产力，就有什么样的生产关系与它相适应。在原始社会，生产力水平极为低下，决定了以氏族集体劳动和氏族共同占有生产资料为主要内容的生产关系的存在；而到了原始社会末期，随着金属工具的广泛使用，生产力有了很大发展，以家庭为单位的个体劳动成为可能时，原始社会的生产关系就逐渐解体了。随着社会分工和产品交换的发展，为了扩大生产规模以获取更多的财富，奴隶劳动出现，并且与奴隶劳动相适应的生产资料占有方式和交换方式也随之出现。随着生产力的进一步发展，当奴隶的来源逐渐枯竭时，以人身依附关系为特征的租佃劳动逐渐占据了社会生产关系的主体地位。到了近代，随着社会分工和商品交换的广泛发展以及劳动生产率的提高，以雇佣劳动和资本为特征的资本主义生产关系逐渐发展起来，并在工业革命以后确立了自己的统治地位。

而生产关系也不是消极的、被动的因素，它可以积极地反作用于生产力。与生产力相适应的生产关系，会促进生产力的发展；与生产力不相适应的生产关系，则会阻碍生产力的发展。与生产力不相适应的生产关系，有两种情形：一是落后于生产力的发展要求，如在封建社会末期，随着社会分工和商品交换的广泛发展，以及劳动生产率的提高，工场手工业广泛发展起来。这时，封建的行会制度已不适应生产力的发展要求，但它在一段时间内，仍然没有退出历史舞台，从而阻碍了生产力的发展。二是超前于生产力发展要求，如在我国社会主义建设初期，由于缺乏经验和对生产力与生产关系的相互关系理解存在片面性，盲目照搬苏联的计划经济模式，建立了"一大二公"的社会主义生产关系，结果阻碍了生产力的长期发展。但是，生产关系不能过分长久地处于与生产力发展不相适应的状态之中，它迟早要被适应生产力发展性质的生产关系所取代。生产关系一定要适应生产力的发展状况和发展要求，这是人类社会发展的客观规律。1978年以后，我国进入了改革开放的新时期，通过三十多年的改革开放，建立了与社会主义

① 《马克思恩格斯全集》第46卷（上册），北京：人民出版社，1972年，第236页。
② 《马克思恩格斯全集》第46卷（上册），北京：人民出版社，1972年，第24页。

初级阶段基本国情和生产力发展水平相适应的社会主义市场经济体制，从而极大地促进了社会生产力的发展和人民生活水平的提高。

新的生产关系代替旧的生产关系的过程在不同的历史条件下是不同的。在民主没有得到充分发展并存在阶级对抗的社会里，这一过程表现为激烈的阶级斗争。这是因为代表陈旧生产关系的剥削阶级，总是拼命反对生产关系的变革，以维护自身的阶级利益。这时，代表新的生产关系的阶级在没有民主手段的条件下只能通过社会革命来摧毁旧的生产关系，建立适合生产力发展的新的生产关系，从而为生产力的进一步发展开辟道路。在民主得到充分发展的阶级社会中，这一过程则可以表现为统治阶级主动的社会改革。这是因为在被统治的阶级和阶层的压力下，或在自身总结经验教训的情况下，统治阶级可以利用政权的力量主动进行社会改革，不断调整生产关系以适应生产力的发展要求。

4．经济基础与上层建筑的相互关系

生产关系和生产力的矛盾运动是推动人类社会发展的基本动力。经济基础和上层建筑的矛盾则是制约社会生产方式发展的又一重要因素。生产关系的总和构成社会的经济基础；在这个经济基础之上建立起来的政治法律制度以及与它相适应的政治、法律、哲学、宗教、文学艺术等意识形态，构成社会的上层建筑。经济基础决定上层建筑，有什么样的经济基础，就要求建立什么样的上层建筑为它服务；经济基础发展变化了，就会要求改变旧的上层建筑，建立与经济基础相适应的新的上层建筑。上层建筑对经济基础也有反作用，与经济基础相适应的上层建筑，会对经济基础起保护、巩固的作用，促进其发展；当经济基础已发生变化，原来的上层建筑不适应已经变化了的经济基础时，它就会阻碍经济基础的发展，甚至还会动员一切力量来破坏经济基础的变革。不过，经济基础的发展最终会摧毁旧的上层建筑，建立起与它相适应的新的上层建筑。

生产关系一定要适应生产力发展状况和要求的规律，以及上层建筑一定要适应经济基础发展的规律，是马克思和恩格斯在深入研究和考察人类社会发展的历史和资本主义生产方式运行的现实基础上的伟大科学发现。这一发现使人们可以科学地认识人类社会发展的客观过程，并科学地预测人类社会未来发展的趋势。在此之前，人们往往把人类社会的发展和变化看作由人的理性、道德、良心等因素决定的主观过程，而不是由客观规律支配的客观过程，他们完全用人的意识来解释社会现象。马克思和恩格斯则把复杂的社会现象归结为经济关系，即生产关系，又把生产关系的变化归结为生产力的发展。

三、物质资料生产是生产、分配、交换、消费的统一体

物质资料生产的总过程是由生产、分配、交换、消费四个环节组成的有机整体。生产是起点，消费是终点，分配和交换则是连接生产和消费的中间环节。生产、分配、交换、消费相互制约、相互依存，构成生产总过程的矛盾运动。

1．生产与消费的关系

从广义上讲，生产可以划分为物质资料生产和人类本身的生产。从狭义上讲，生产指的是物质资料生产，即人们直接征服自然、改造自然、创造物质财富的过程。人类本身的生产可以划分为人口再生产和劳动力再生产，人口再生产不属于我们要讨论的范

围；而劳动力再生产问题我们将在涉及物质资料再生产时加以讨论。从广义上讲，消费可以划分为生产消费和个人消费。生产消费是指生产过程中生产工具、原材料、燃料等各种物质资料的使用和活劳动的消耗。生产消费的过程本身就是生产过程，它不属于我们要讨论的消费范围。个人消费是指人们为了满足物质文化的需要而对各种物质资料的消耗。通常所说的"消费"指的就是这种个人消费。

从生产与消费的关系来看，一方面，生产决定消费。这表现在：①生产为消费提供对象。如果没有生产创造出来的各种物质资料，就不会有人们的各种消费活动。生产出来的物质资料的数量和种类，决定着消费的水平和结构。②生产决定着消费的方式。生产出什么样的消费工具，就会形成什么样的消费方式。如当轿车进入家庭后就出现了节假日自驾游的消费方式。马克思指出："饥饿总是饥饿，但是用刀叉吃熟肉来解除的饥饿不同于用手、指甲和牙齿啃生肉来解除的饥饿。"① ③人们在生产经营中的角色不同，消费的性质也不同。比如，同样是吃喝，一般职工的吃喝属于个人消费，而经营管理者的吃喝，有时却属于生产消费。低收入阶层的吃喝属于生存消费，而中高收入阶层的吃喝却属于享乐消费。

另一方面，消费也反作用于生产。这表现在：①消费使生产得到最终的实现。生产出来的产品，如果不进入消费领域，它就不是现实的产品；如果只有部分进入消费领域，另一部分没有进入消费领域的产品，就不是现实的产品。所以，只有当产品进入消费领域，生产行为才算最后完成。②消费为生产提供目的和动力。人们从事生产活动的最终目的是消费，如果没有消费，生产也就失去了意义。离开了消费，生产便失去了动力，也就没人去从事生产活动了。为生产而生产，为完成生产指标而生产，这样的生产是没有生命力的，最终是要退出历史舞台的。

2. 生产与分配

分配可以划分为生产资料的分配和消费品的分配。生产资料的分配是指生产资料归谁所有以及生产资料如何配置，它是进行物质生产的前提，因而本身也属于生产。消费品的分配是确定个人对消费品的占有份额以及消费品的分配方式。这里讲的分配主要是指消费品的分配。

从生产与分配的关系来看，一方面，生产决定分配。这表现在：①生产决定着分配的客体，离开了生产，分配就成为"无源之水"和"无本之木"。因此，生产的发展水平决定着可用以分配的产品的数量和种类。②生产方式决定着分配的方式。自给自足的生产方式决定着实物分配的方式；而商品经济的生产方式则决定着货币分配的方式。资本主义生产方式决定着有利于资本家阶级的分配方式，即按资分配或按要素分配；而社会主义生产方式则决定着有利于劳动者阶级的分配方式，即按劳分配；在混合经济中，多种生产方式并存决定着多种分配方式的并存。

另一方面，分配反作用于生产。这表现在：与生产方式相适应的分配方式和分配制度，会推动生产的不断发展；而与生产方式不相适应的分配方式和分配制度，则会阻碍生产的发展。

① 《马克思恩格斯全集》第46卷（上册），北京：人民出版社，1979年，第29页。

3. 生产与交换

交换可以划分为劳动活动的交换和劳动产品的交换。广义地说，只要有劳动分工，就必然有交换的发生。在原始社会，在氏族共同体内部，有的人制造工具，有的人打猎，有的人从事采集、料理家务等，而每个人的需要则是多方面的，因此，他们必须相互交换他们的活动。狭义地讲，交换是指在等价基础上的商品交换。通常说的“交换”就是指的这种交换。

从生产与交换的关系来看，一方面，生产决定交换。这表现在：①生产的范围和发展规模决定着交换的范围和规模，而生产的范围和规模取决于生产分工的发展程度。因此，交换的范围和规模取决于生产分工的范围和规模。分工越细，交换的范围就越广，交换的规模就越大。②生产方式决定着交换的方式，自然经济的生产方式决定着交换方式只能是劳动活动的交换方式；而商品经济的生产方式则决定着交换方式只能是等价基础上的商品交换。

另一方面，交换对生产有反作用。这表现在：交换的发展程度和规模直接影响着生产的发展程度和规模，交换的发展则推动着劳动分工的发展。比如，在近代，商品交换的发展促进了自然经济向商品经济的转化，促进了传统农业向现代农业的转化；在当代，国际贸易的发展成为经济增长的强大推动力量。

总之，在物质资料生产的各个环节中，生产占首位，起着决定性的作用；消费、分配、交换反作用于生产，具有很大的能动作用。

第三节　马克思主义政治经济学的研究对象

一、政治经济学的研究对象是生产关系

政治经济学的研究对象是人类社会各个发展阶段上的生产关系。前面指出，**生产关系是指生产过程中生产主体凭借与生产条件的关系而形成的人与人之间的利益责任机制**。生产关系首先表现为生产主体与生产条件即劳动资料和劳动对象的关系，即狭义的生产资料所有制关系；其次，生产关系还表现为以这种人与物的关系为载体或表现形式的人与人之间的利益责任关系或机制，这种利益责任关系或机制体现在生产、交换、分配和消费的各个环节之中。因此，对生产关系的考察与研究，可以概括为经济制度和经济体制两个层面。

1. 经济制度

经济制度是一定社会形态的最基本、最本质的生产关系，反映着不同社会形态的根本区别，因而是区别不同生产关系的主要标志。经济制度的基本内涵就是与各种不同的劳动方式相联系的生产资料所有制形式及其分配制度。政治经济学就是在研究不同的劳动方式的基础上研究生产资料所有制，进而在研究生产资料所有制的基础上，研究物质资料生产各个环节上所结成的生产关系，研究它们的社会性质。

在人类社会发展史上，人类社会经历了一系列经济制度的变迁。在原始社会，人类社会经历着原始公有制的经济制度。原始公有制是这样一种经济制度：原始共同体排他

性地占有着土地等生产资料，这种占有关系最初是通过原始共同体之间的暴力冲突来体现和确认的。对于共同体内部，则采取了自然分工与协作劳动的组织形式。对单个成员来讲，共同体的存在成为其存在的前提。因此，维护共同体及其占有的土地等生产资料成为单个成员义不容辞的责任，只有在承诺并履行这一责任的前提下，单个成员才能成为生产的主体与土地等生产资料相结合，并取得维持其生存的物质资料。这种共同占有关系及发生的利益与责任机制，就是原始公有制。

到了原始社会末期，随着社会生产力的发展，剩余产品出现了，由此引起了原始共同体的内部组织形式发生重大的变化，其标志是社会分工与产品交换的形成。马克思指出，“一个民族的生产力发展水平，最明显地表现在该民族分工的发展程度上”，因而，“分工发展的各个不同阶段，同时也就是所有制的各个不同形式”。[①] 与自然分工和协作劳动不同，社会分工使生产出现了专门化，最初表现为农业与畜牧业的分工，而后是手工业与农业的分工，再后则出现了商业。需要的多样化是与生产的专门化一同发展的，这一矛盾的出现决定了产品交换的必然性。产品交换是人类和平利用资源的一种方式。产品交换最初发生在共同体（氏族或部落）之间，交换的产品并不是私人所有的产品，而是共同体共有的产品。“但是物品一旦在公社的对外生活中成为商品，它就会有反应作用，以致在公社的对内生活上成为商品。”[②]

社会分工和商品交换的物质前提是剩余产品的存在。当生产力发展到以家庭为单位的个体劳动能够独立存在并提供剩余产品的时候，当积累劳动及其物化形式——剩余产品成为家庭排他性占有对象时，共同体成员之间的分化便出现，并逐步朝对立的方向发展。所以，马克思说：“分工与私有制是两个同义语，讲的是同一件事件，一个是就活动而言，另一个是就活动的产品而言。”[③] 成为家庭排他性占有对象的客体，最先并不是土地。原因有二：一是在原始社会末期的生产条件中，稀缺的资源主要是积累劳动及其物化形式，如生产工具、生活用品，甚至是强劳动力本身，土地则相对丰裕；二是在出现社会分工和产品交换后，在一定时期内，土地不是交换的对象，家庭占有的土地是共同体按一定规则配给的。所以，马克思指出，动产的私有制比不动产的私有制产生得早，家庭奴隶制比土地私有制产生得早。

私有制产生后，经历了一系列具体形式的演变。归纳起来，有两种性质迥然不同的类型：一是以依靠自己劳动为基础的私有制；二是以支配他人劳动为基础的私有制。原始社会解体后，这两种私有制在各个历史时代以不同的联结方式同时存在着。但是，依靠自己劳动的小私有制从来没有起过支配作用。在古代，起支配作用的是奴隶所有制；在中世纪，起支配作用的是封建土地所有制；在现代，起支配作用的是资本主义所有制。这些私有制之所以能起支配作用，是因为它们有一个共同的特征，即私有者凭借对生产条件大量的排他性占有支配着他人的劳动。正是通过对他人劳动的支配，才能积累起大量的财富，从而为建立自己的政治统治提供物质基础。

① 《马克思恩格斯全集》第 3 卷，北京：人民出版社，1972 年，第 23 页。
② 《马克思恩格斯全集》第 23 卷，北京：人民出版社，1972 年，第 33 页。
③ 《马克思恩格斯全集》第 3 卷，北京：人民出版社，1972 年，第 23 页。

如果有什么不同的话，那就是资本主义私有制在支配他人劳动时，采取了纯经济的形式，即在政治上和经济上都摆脱了人身依附关系。马克思和恩格斯指出："部落所有制先经过几个不同的阶段——封建地产，同业公会的动产，工场手工业资本——然后才变为由大工业和普遍竞争所产生的现代资本，即变成抛弃了共同体的一切外观并消除了国家对财产发展的任何影响的纯粹私有制。"①同时，马克思在分析资本的现实运动时发现，建立在雇佣劳动基础上的资本主义生产，与历史上各种形式的社会生产的重大区别，就在于交换价值而不是使用价值成为生产的目的。当交换价值，更准确地讲，当剩余价值成为生产的目的本身时，财富的积累，进一步讲，资本的积累便具有无限膨胀的趋势，只有市场才能对这种膨胀的趋势加以限制。马克思正是在对资本积累与资本扩大再生产内在联系的考察中，说明了在资本主义再生产中，商品生产的所有权规律转化为资本主义占有规律，揭示了"自由、平等、所有权"这些西方学者津津乐道的东西所深藏的真实内容。

所以，自从私有制产生并取得支配地位以来，一切生产都是建立在阶级对立的基础之上的，生产力和阶级对立同时发展，"在生产财富的那些关系中也产生贫困，在发展生产力的那些关系中也发展着一种产生压迫的力量"②。劳动异化、阶级剥削、贫富分化的深刻经济根源就在于此。

2. 经济体制

政治经济学除了研究经济制度外，还要研究各种经济制度的具体运行形式，即经济体制。**经济体制是指一定社会组织内部资源配置的机制、方式和结构的总和，是对一定社会经济运行模式的概括。**经济体制是经济制度的具体实现形式。对一定生产关系的全面研究，必然包括一定的社会经济制度以及与其相适应的经济体制。一定的经济体制的发展状况对于一定社会生产关系的建立和发展有着主要的影响；而一定的经济制度也只有在选择了与之相适应的经济体制后才能得到巩固和发展，合理的经济体制对经济制度的发展起着重要的促进作用。

在人类社会的发展过程中，资源配置方式大体上可以划分为三种类型：自然配置方式、市场配置方式和计划配置方式。与此相适应，人类社会形成了三种经济形式：自然经济、市场经济和计划经济。在西方工业化以前，自然经济一直占统治地位，资源配置主要采取自然配置方式；在西方工业化以后，随着商品经济的不断发展，资源配置主要采取市场配置方式；进入20世纪，随着社会主义生产方式在苏联的建立，出现了计划配置资源的方式，但是，到了20世纪末，绝大多数实行计划经济的国家，开始向市场经济转轨。

(1) 自然经济。在生产力和社会分工不发达的古代，自然经济占统治地位。这种经济形式的基本特征是：生产者以家庭、村落或庄园为单位，生产自己消费所需要的大部分物品；只有极少数自己不能生产的生活必需品，通过交换从外界获取。由于这部分产品的比重不大，不足以影响整个村落的生活。因此，资源配置的决策权掌握在家长、村落首领或庄园主手里，他们往往依靠传统、习惯和权威进行决策，经济的动力或刺激

① 《马克思恩格斯全集》第46卷（上册），北京：人民出版社，1972年，第509页。
② 《马克思恩格斯选集》第1卷，北京：人民出版社，1972年，第120页。

力仅仅限于生存需要，而且整个经济严重受到土地和人口数量的制约。土地作为最重要的资源，其配置和利用也是受到居民的直接消费决定的。这种资源配置方式具有封闭性、直接性和实物性的特点。

（2）市场经济。随着生产力和社会分工的不断发展，自然经济开始逐渐解体，以交换为目的的商品经济以不可阻挡之势成长起来。在商品经济条件下，生产者生产产品的目的是交换自己不能生产的产品，以满足自己和家人的多方面需要。因此，资源不再是按生产者的生活需要来配置，而是按市场需要来配置。市场不仅是人们交换产品的交易场所，而且具有资源配置的功能。

自从市场经济发展起来，西方经济学家，无论是古典经济学家，还是现代经济学家，都抱有这样的信念：要保持资源配置的效率，由个人作出决策是适当的和必要的。如果有什么区别的话，那就是古典经济学家认为，资源配置应该完全由个人作出决策；而现代经济学家则认为，资源配置应该主要由个人作出决策。

斯蒂格利茨指出："当经济学家提出应该主要依靠个人决策的论点时，他们的意思往往是，经济上的决策应该听任'市场支配'。"① 市场是指从事商品买卖的交易场所或接洽点。从本质上讲，市场是商品买卖双方相互作用并得以决定其交易价格和交易数量的一种组织形式或制度安排。因此，**市场经济就是通过市场来配置资源的一种经济运行方式。**

市场经济的基本特征是：资源基本上归具有明晰产权的自然人或自然人组成的法人所有；各个经济主体在经济活动中都是独立的、平等的，他们的经济活动是受到法律保护的；各个经济主体可以在自身利益的驱动下，自由进出市场，自由地开展竞争和合作，同时承担各自的权利和义务。

市场配置资源的有效性源于三个方面：第一，决策权的自主性和分散性。生产者对生产什么、生产多少、如何生产以及为谁生产，消费者对消费什么、消费多少以及如何消费，都有独立的决策权。他们以自身利益最大化为目标，能够主动地、及时地抓住机会，充分利用资源，提高效率。第二，信息传递的透明度和公开性。市场配置资源的信息机制是价格。价格由供求双方通过竞争来决定，具有透明度大、公开性强的特性。透过价格，生产者和消费者可以了解市场上商品供给的数量、需求的多少、成本的高低、收益的大小，从而减少决策的盲目性。第三，激励与约束的强效性和并存性。市场配置资源的媒介是货币。作为一般等价物，货币成为财富的一般代表，因而成为人们追求的直接目标。追逐尽可能多的货币为人们从事经济活动提供了强大的动力。同时，竞争作为一种外部压力，形成了一个优胜劣汰、适者生存的环境，对人们的经济活动形成有效的约束。面对激烈的竞争，人们必须以最好、最便宜、最符合需求的产品供应市场。

（3）计划经济。在现代经济的发展过程中，出现过与市场经济相对立的资源配置方式：计划经济。计划经济最初是由马克思设想未来公有制社会的资源配置方式时提出来的，20世纪的社会主义运动一度将其变为现实。马克思在批判19世纪的资本主义生产方式时，发现了资本主义占有方式与社会化的大生产是根本对立的，提出了用社会主

① 斯蒂格利茨：《经济学》（上册），北京：中国人民大学出版社，1998年，第3页。

义占有方式与社会化的大生产相适应，通过计划经济实现资源的有效配置和生产成果的合理分配的社会改造方案。

20 世纪以苏联模式为典型的计划经济的基本特征是：资源基本归国家所有，经济的组织和管理由政府负责；政府通过多层次的行政机构，将整个社会组织成一个大工厂，成千上万的国有企业成为其中的一个车间或工段；资源配置和社会发展的决策权高度集中在政府，政府依靠强制力、所有权、掌握的信息以及自身的偏好进行决策；企业和居民则依据政府的决策进行生产、就业和消费。

在计划经济条件下，资源的配置和利用是由政府采用国家计划的方式加以解决的。政府的中央决策机构在预先决定的资源配置比例的基础上，以指令性计划指标把各种资源和生产任务直接分配到各部门、各行业、各企业中去。因此，**计划经济就是通过国家计划来配置资源的一种经济运行方式。**

在国家计划配置资源的方式下，企业完成计划所需要的各种物资和劳动力，由相关企业和地方按国家计划供给；企业生产的产品按国家计划调拨给相关部门和企业。在形式上，企业与企业之间保持着交换关系，仍然用货币核算与计价。但是，由于价格是由计划确定的，不受市场供求关系的影响，难以反映价值规律的要求。因此，企业与企业之间的这种交换关系并不是真正的市场交换关系。

实践表明，计划经济存在两个根本性的缺陷：第一，信息的纵向收集和传递机制缺乏公开性和透明度，信息的收集和传递速度缓慢，组织成本较高，而且容易失真。依靠这样的信息制订的计划很难符合瞬息万变的实际需要，最后往往异化成主观主义或官僚主义的计划，造成资源配置不当。第二，激励与约束机制严重缺失。在统收统支和统一分配的利益格局下，形成了“干与不干、干好与干不好”一个样的“大锅饭”、“铁饭碗”的局面。由于缺乏利益刺激，经济发展的动力主要依靠行政动员、精神激励以及道义上的力量。争夺稀缺资源控制权的竞争转化为完成计划与提出合理化建议的劳动竞赛。

因此，实行计划经济体制的国家在内部和外部的压力下，不约而同地在 20 世纪 60—70 年代，开始了经济体制改革，向市场经济体制转轨。中国从 20 世纪 70 年代末进入改革开放时期，经过三十多年的探索，初步建立了具有中国特色的市场经济体制。

（4）混合经济。混合经济是西方经济学 20 世纪 50 年代以后提出的概念。在 20 世纪 30 年代“大萧条”以前，西方经济学一直宣称，自由放任的市场经济是最理想的经济运行方式，国家不干预经济生活的政策是最好的政策。“大萧条”的爆发动摇了这种信念，而凯恩斯的《就业、利息和货币通论》则宣告了“萨伊定理”的终结。“二战”以后，国家对经济生活的干预在实践中得到广泛应用，并取得不菲的成效。混合经济的概念应运而生。

在现实中，完全的私人市场经济是不存在的，人们生活在一个混合经济中。诸如生产什么、生产多少、如何生产及为谁生产之类的问题都是由市场和政府共同回答的。以美国经济为例，差不多 80% 的产品和劳务是由私人市场提供的，而剩下的 20% 的产品和劳务则是由联邦、州和地方政府提供的。大多数发达国家的政府在经济活动中所占比例都在 20% 左右，而发展中国家的政府在经济活动中所占比例则通常更高一些。

政府在经济中的作用还不止于此。第一，在市场的自发运动中存在一种向垄断演变的趋势，政府可以通过执行和强化反垄断法、反不正当竞争法等法律安排，通过禁止歧视等方法来保护竞争。对于由于技术原因不可能或暂时不可能存在充分竞争的行业，如公用事业、一些自然垄断的采矿业等，政府可以运用其权威对生产者进行管制，如制定价格上下限，以保护消费者的利益。第二，在宏观经济运行中，经常出现经济波动、失业上升、通货膨胀以及经济衰退等不利的经济局面，政府可以通过财政、货币等宏观经济稳定政策加以协调，避免经济过热或经济过冷，保证宏观经济平稳运行，资源充分利用。第三，市场经济中的要素分配法则具有导向不平等，甚至过大的贫富悬殊的自发倾向和危险，引起社会成员的对立，甚至对抗的潜在的威胁。对此，政府可以通过税收、转移支付等政策来缩小社会的贫富差距。调整收入分配和财富分配，使社会分配状况相对平等，促进社会成员的和睦相处和福利水平的提高。第四，在经济活动中，经济主体的行为会对第三方产生有利或不利的影响，不利的影响突出地表现在空气污染、水污染、温室效应的发生。对此，政府可以通过征税、强制性要求、限产停产或特殊的产权安排等来纠正不利的影响，通过资助、补贴和各种产权安排等来鼓励有利的影响。

可以这样讲，混合经济比较符合实际地反映了当今世界上大多数国家资源配置的体制特征。

3. 经济体制和经济制度的关系

经济制度与经济体制都是生产关系的表现形式，因此，经济制度和经济体制是相互关联的。在经济体制与经济制度的关系上，经济体制总是与一定的社会经济制度相联系、相结合；但是，经济体制具有相对的独立性，人们完全可以根据一定社会的客观现实，特别是社会发展所处的历史阶段、生产力发展状况、经济政治环境和社会心理因素等选择不同的经济体制。这种选择可以是自发形成的，也可以是自觉形成的。比如，在西方近现代经济的发展中，市场经济体制就随着生产力和科学技术的发展而发生着变化。在自由竞争的发展阶段上，市场经济的运行完全处在无政府状态之中。但是，到了垄断发展阶段，市场经济运行开始受到政府的宏观调控。经济体制的这种变化是在自发之中进行的。再如，在社会主义国家，在建立了公有制的经济制度之后，最初选择的经济体制是计划经济体制。在经过一段时间的实践检验，人们发现计划经济体制并不像原来估计的那样，可以实现资源的优化配置和高效利用，因此，通过自觉的经济体制改革，使整个国民经济向市场经济转变。

同时，经济制度也会受到经济体制选择的影响而发生局部的变化。在西方，在现代经济的发展中，随着国家对宏观经济运行实行宏观调控，国家政权与垄断资本开始了多种方式的结合，资本主义的基本经济制度也发生了许多变化。不仅出现了国有垄断资本，而且私人垄断资本的社会化程度也在提高。私人资本的绝对权利转化为社会资本的相对权利。与此相连，社会分配制度也发生着相应的变化，国家政权通过现代财政制度建立起社会福利制度，在一定程度上缓和了实行按要素分配所带来的贫富分化。在中国，随着社会主义市场经济体制的初步建立，单一的公有制的所有制结构和单一的按劳分配制度也发生着变化。随着经济体制改革的不断深入，形成了以公有制为主体、多种所有制形式共同发展，以按劳分配为主体、多种分配方式并存的基本经济制度。在这种基本经济制度下，企业和个人的市场主体地位得到确立，为市场配置资源提供了制度基础。

因此，经济体制和社会基本经济制度在一定程度上是可以分离的，但是，又不能完全分离。它们是相互制约、相互影响的，共同反映着一定社会生产方式中的生产关系的性质和特征。

二、从社会基本矛盾运动中研究生产关系

政治经济学是在一定社会的基本矛盾及其运动中研究生产关系的。这是因为作为政治经济学研究对象的生产关系，从来就不是静止不变的，每一种社会经济形态的生产关系都是在生产力与生产关系、经济基础与上层建筑的矛盾运动中进行的。因此，研究生产关系必须联系生产力和上层建筑。

前面指出，任何社会生产都是在一定的生产方式下进行的，而生产力与生产关系则是社会生产方式不可分割的两个方面。生产力是生产方式的物质内容，生产关系则是生产方式的社会形式。在人类历史上，没有脱离生产力的生产关系，也没有脱离生产关系的生产力，二者之间存在着对立统一的关系。在生产力与生产关系的关系中，生产力决定生产关系，具体表现在：①生产力的性质决定生产关系的性质，有什么性质的生产力，就有什么性质的生产关系与之相适应。马克思指出："手推磨产生的是封建主的社会，蒸汽磨产生的是工业资本家的社会。"① 每一种现实的生产关系都是适应一定性质和水平的生产力而建立起来的。②生产力的发展变化决定生产关系的发展和变革。生产力是生产方式中最活跃、最革命的因素，经常处在变动之中，而生产关系则具有相对的稳定性。当生产力发展到一个新的水平时，旧的生产关系不再适应生产力的性质，必然或迟或早地发生变革，为适应生产力性质的新的生产关系所代替。生产关系必须而且只能适应生产力的现有状况而发生变化，如果超越了现有生产力的状况，人为变革生产关系，反而不利于甚至阻碍生产力的发展。另一方面，生产关系也反作用于生产力，这种反作用表现在：①当生产关系适应生产力的性质和状况时，它能推动生产力向前发展；②当生产关系不适应生产力的性质和状况时，它阻碍生产力的发展。落后陈旧的生产关系是生产力继续发展的桎梏；超越生产力发展水平和发展要求的生产关系，也会阻碍生产力的发展。衡量一种生产关系的先进或与落后，唯一标准是看其是否适应生产力的性质，能否促进生产力的发展。

生产关系一定要适应生产力性质和状况的规律，是人类社会发展的普遍规律。它在一切社会形态中都存在和起作用，它决定着从一种旧的生产关系向另一种新的生产关系的过渡，也决定着同一社会生产方式由低级阶段向高级阶段的发展。

由于生产关系的形成和变革是由生产力决定和以生产力的发展为准则的，这就决定了政治经济学必须联系生产力来研究生产关系。所谓联系生产力，是指从生产力对生产关系的决定作用和生产关系对生产力的反作用这一矛盾运动中研究生产关系及其性质。只有联系生产力，才能找到人类社会历史上各种生产关系存在的客观依据，才能说明各

① 《马克思恩格斯全集》第1卷，北京：人民出版社，1972年，第142页。

种生产关系是否优越以及优越的程度如何。因此，政治经济学虽然不是专门研究生产力的学科，但是，由于生产力是人类社会发展中起最终决定作用的力量，政治经济学对生产关系的研究，必须十分重视对生产力状况的考察。在这一考察中，既要分析生产力在各个历史时期的特征及其发展变化，又要分析生产力发展的现状，探讨生产力各个层次及其发展变化对生产关系的影响。在当代，中国正在进行改革开放以加速推进现代化建设，更要重视对现阶段生产力发展状况和生产力发展层次的研究，选择最适合现阶段生产力状况并最有利于促进生产力发展的经济体制和经济运行机制，不断完善社会主义初级阶段的生产关系。

政治经济学研究生产关系还必须联系上层建筑。所谓联系上层建筑，是指从经济基础和上层建筑的相互作用中研究生产关系的发展变化。生产关系的总和构成一个社会的经济基础。在经济基础之上，存在着与之相适应的政治、法律制度和社会意识形态，它们构成了该社会的上层建筑。经济基础和上层建筑的有机结合和统一，构成一定的社会形态。

经济基础和上层建筑也是对立的统一体，它们之间也存在着辩证统一的关系。在这一矛盾统一体中，首先是经济基础决定上层建筑。有什么样的经济基础，就有什么样的上层建筑与之相适应。随着经济基础的变革，全部上层建筑也或迟或早地发生相应的变化。其次是上层建筑对经济基础也有反作用，这种反作用主要表现在：适应新的经济基础而建立起来的上层建筑，能够保护和促进新的经济基础的巩固和发展；而旧的上层建筑则维护旧的经济基础，或延缓旧的经济基础的瓦解，阻碍新的经济基础的形成和发展。可见，上层建筑对生产关系的反作用是巨大的。因此，政治经济学在研究生产关系时，必须联系社会的政治、法律和文化意识形态等上层建筑，研究它们对生产关系的促进或阻碍作用，并提出制度创新的政策建议。只有这样，才能说明生产关系变革的曲折性和复杂性，才能全面揭示生产关系的运动规律。否则，就不能了解生产关系变化和变革所需要的社会政治条件，就不能适时地改革或变革上层建筑，以适应生产力发展的需要。

三、政治经济学研究生产关系的目的和任务

社会生产关系是隐藏在人与物的关系背后的人与人之间的关系，因此，政治经济学不能仅仅停留在研究经济活动的表层的因果联系上，而必须深入经济活动的内部，研究一定的生产关系的产生、发展和变化的本质和规律。本质和规律是通过现象来表达和反映的，离开了现象和现象之间的联系，本质和规律就无法存在；但是，本质和现象、规律和现象并不是直接同一的。马克思指出，如果本质和现象是直接同一的，一切科学都不存在了，因为科学的任务就是透过现象去发现本质和规律，然后用科学发现去指导人们能动地改造自然和社会，以实现更加美好的生活。政治经济学作为一门社会科学，它对生产关系的研究，从根本上说，就是要揭示一定生产关系产生、发展和变化的本质和规律，即社会经济发展的经济规律。

1. 经济规律的客观必然性

人们在社会生产、分配、交换和消费过程中的活动，直接表现为各种经济现象，而

各种经济现象都有其内在的、本质的和必然的联系。**经济规律就是经济现象和经济过程内在的、本质的、必然的联系，它体现着社会经济运动的必然趋势。**

经济规律和其他任何事物的发展规律一样，都是不以人的意志为转移而客观存在的。经济规律的客观性表现在：①经济规律产生的条件是客观的。经济规律是在一定的经济基础之上产生和发生作用的。只要存在一定的经济条件，必然会产生相应的经济规律。随着旧的经济条件的消失和新的经济条件的出现，在原有经济条件下产生的经济规律便会退出历史舞台，而出现以新的经济条件为基础的新的经济规律。经济规律所依存的经济条件主要是社会生产关系，其中起决定意义的是生产资料和劳动力的结合方式以及与之相适应的生产资料所有制，而生产资料和劳动力的结合方式是直接由生产力的性质和发展水平决定的。有什么样的生产力，就有什么样的生产资料和劳动力的结合方式，从而就有什么样的生产资料所有制形式，即有什么样的生产力，就有什么样的生产关系，在此基础上就会有相应的经济规律产生并发挥作用。②经济规律发挥作用是客观的。经济规律作为经济活动中内在的必然性，它强制地支配或制约着人们的经济活动，决定着经济发展的基本趋向。人们在经济活动中，如果能遵循经济规律的要求，就能达到预期的目的；如果违背经济规律的要求，则会受到经济规律的惩罚。这就像人们在经济活动中必须遵循自然规律的要求一样，如果在经济活动中能遵循自然规律的要求，人们就能达到预期的目的；如果违背了自然规律的要求，就会受到自然规律的惩罚。再如，人们在经济活动中，如果破坏了生态平衡，就会受到自然界的无情报复。这一点现在已被人们越来越清楚地认识到了。再如，在社会生产力没有发展到相当高度时，人们强制地推行单一的公有制结构和计划经济，违背了价值规律和物质利益规律，就会受到这些经济规律的惩罚，就会陷入普遍贫穷之中。因此，人们从事经济活动必须尊重经济规律，按照经济规律的要求办事，否则就会受到经济规律的惩罚。

经济规律是客观的，但是，经济规律是可以被人们认识和利用的。作为社会生产关系的规律，总是与人们的经济活动联系在一起，而人们在经济活动中具有主观能动作用。所以，人们在反复进行的经济活动中，会逐步认识到经济规律的存在和经济规律的要求，会自觉或不自觉地按这些规律的要求去做。人们认识和利用经济规律，就像认识和利用自然规律一样。例如，人们发现了水总是往低处流，落差大，流速快，会产生强大的冲击力。认识到这一规律后，人们可以趋利避害：修筑堤坝以防洪，搞水力发电以利民。在经济活动领域，人们同样也可以在承认经济规律的客观性的基础上，发挥自己的主观能动性，按照客观经济规律办事，使之有利于经济与社会的发展。比如，人们认识到在市场经济活动中，适度的竞争可以提高资源配置的效率，因而，当经济生活中出现了市场势力即垄断势力时，人们就可以通过立法来限制经济活动中的垄断行为，以维护竞争。再如，人们认识到价值规律及其作用形式之后，当经济社会中某些基础性行业在市场自发调节中处于低收入状态时，人们可以运用财政手段，实施支持价格政策，以扶持这些行业的正常发展，以维护整个国民经济的均衡发展和协调发展。当然，人们只有在深刻认识经济规律的基础上，才能对它作出科学的表述和概括。人们认识经济规律的目的，在于利用它来解释世界和改造世界。人们利用经济规律就是使自己的主观行动和措施符合它的要求，根据它的运动趋势，安排人们的经济活动，从而在实践中更好地实现经济活动的目的。在发挥主观能动性利用经济规律时，人们的行动越是符合经济规律的要求，就越能取得较好的效果。但是，人们在自觉认识和利用经济规律时，不能离开现存的经济条件，不能任意选择或摒弃经济规律，更不能发明和创造经济规律。

2. 经济规律的特点

经济规律和自然规律虽然都是客观的，但经济规律与自然规律相比，有其自身的特点，主要表现在以下三个方面：

（1）经济规律一般来说不是长久不变的，它会随着经济条件的变化而变化；而自然规律却有较长时间不变的特征。这是因为经济规律赖以存在和发生作用的经济条件，往往在较为短暂的时期中就发生变化，而自然规律赖以存在和发生作用的自然条件，则往往具有长久不变的特征。因此，一旦经济条件发生变化，在原有经济条件基础上产生的经济规律，也会随之发生变化。比如，当社会分工和产品交换逐渐发展起来之后，自然经济的经济规律就会被商品经济的经济规律所取代。

（2）经济规律不能离开人的经济活动而存在并发挥作用。与自然规律不同，经济规律总是与人们的经济活动相联系的；而自然规律则是离开人们的活动而独立存在并发挥作用。例如，不管人们的主观愿望如何，人总是要死的、地球总是在运转、四季总是在交替。但经济规律却要通过人们的社会经济活动才能出现并发挥作用，如人们只有进行商品生产和商品交换，商品经济的各种规律才会存在并发挥作用。

（3）在阶级社会，发现和利用经济规律具有阶级背景。经济规律主要是生产关系的运动和发展规律，因而它的作用总要涉及社会各阶级、各阶层的利益，这就决定了在阶级社会中认识和利用经济规律有着阶级背景。当新的经济条件逐渐生成时，旧的经济条件生成的既得利益集团，为维护自己的既得利益，往往会拼命阻挠新经济条件的生成和发展；而适应新的经济条件的阶级和阶层，则会主动地推动新的经济条件的生成和发展。在自然科学中，发现和利用自然规律则是没有阶级性的。

3. 经济规律的类型与体系

经济规律依据其产生的经济条件和作用时间的长短，一般可以划分为三种类型：**①在一切社会形态中存在并发挥作用的经济规律，即人类社会普遍的经济规律。**只要有社会生产存在，就有支配社会生产并发挥作用的一般经济规律，如生产关系一定要适应生产力性质和发展水平的规律。**②在几个社会形态中存在并发挥作用的经济规律，即几个社会共有的经济规律。**社会形态虽然不同，但只要经济条件是共同的，就存在发挥作用的共有规律。如以商品生产和商品交换为经济条件的价值规律，就存在于奴隶社会、封建社会、资本主义社会和社会主义初级阶段，因为这些社会形态都存在商品生产和商品交换。**③仅存在于某一特定的社会形态之中的经济规律，即特有的经济规律。**如资本主义社会中的剩余价值规律。

各个社会共有的经济规律反映的是各个社会形态经济发展的共有的本质和内在的必然性；而某一社会形态中特有的经济规律则反映的是该社会形态经济发展的特殊本质和内在的必然性。各个社会形态既以特殊的经济规律相区别，又以共有的经济规律相联系。不同社会形态的经济发展，不仅有其特殊的经济规律在起作用，而且有共有的、普遍的经济规律在起作用。

在一个社会经济制度中，社会各个经济领域或者社会再生产的各个环节，都存在着规范各自经济运行的经济规律。比如，农业领域的经济规律、工业领域的经济规律、服务业领域的经济规律；再如，生产环节中的经济规律、分配环节中的经济规律、交换环节中的经济规律以及消费环节中的经济规律等。这些不同领域的经济规律虽然各自起着不同的作用，但由于社会经济是一个相互联系、相互制约的有机整体，所以，这些经济规律绝不是孤立地起作用的，而是在相互联系和相互制约中起作用的。这些相互联系、相互制约的经济规律构成该社会经济规律的体系。整个国民经济的运行就是在社会经济规律体系的作用下实现的。

4. 基本经济规律

在发生作用的经济规律体系中，有一个规律可以称为基本经济规律。**基本经济规律是决定社会生产发展一切主要方面和主要过程，并支配和制约着其他经济规律的作用和作用形式。**比如，当资本主义社会发展到一定高度，在剩余价值规律的作用下，价值规律就采取了生产价格规律的作用形式，这与简单商品经济和资本主义生产方式尚未充分发展时的情况是不同的。同时，剩余价值规律支配着资本主义生产、分配、交换，甚至是消费的各个方面和各个过程。马克思指出，追逐剩余价值、获取利润或赚钱，是资本主义生产方式的绝对规律。马克思还指出，当利润率达到百分之十几时，资本家就活跃起来；当利润率达到百分之几十时，资本家就会异常兴奋起来；当利润率达到百分之几百时，资本家就敢于冒杀头的危险。在当代，经济全球化的发展，说到底也是剩余价值规律作用的必然结果。

当然，随着社会经济条件的发展变化，剩余价值规律的作用形式和作用范围也在发生变化。在社会主义初级阶段，由于社会分工和商品交换的广泛存在和发展，又由于多种劳动方式和所有制形式的共同存在与发展，剩余价值规律不仅没有退出历史舞台，而且还广泛地存在于各种经济活动之中。从长期发展来看，任何企业的经济活动如果持久地偏离利润最大化目标，就必然会危及其生存和发展。此外，由于在社会主义初级阶段公有制经济关系的出现，剩余价值规律在发挥作用时，又不能不受到一定程度的制约。政府站在维护劳动者权益的立场上，必然会采取措施，逐渐提高劳动收入在国民收入分配中所占的比重；也必然会采取措施，实行累进所得税制度，将高收入阶层的一部分收入实施再分配，以确保劳动者能共享社会经济的发展成果。实际上，资本主义发展到当代，公共利益关系在社会经济活动中的地位也在提高，剩余价值规律的作用也要受到公共利益关系的制约，西方发达国家社会福利制度的建立就是证明，这已成为不争的事实。如果说二者有什么不同的话，建立了社会主义初级阶段基本经济制度的国家，应该在不损害经济效益前提下，更加注重维护劳动者的合法权益，更加关注民生问题，更加关注经济发展中的全民共享问题，即走共同富裕的道路。

总之，基本经济规律是在一个社会生产方式中起主导作用的规律，它体现着这一生产方式的最根本的特征，决定着社会经济发展的基本方向和总体目标。

第四节　政治经济学的研究方法

恩格斯指出："马克思的整个世界观不是教义，而是方法。它提供的不是现成的教条，而是进一步研究的出发点和供这种研究使用的方法。"① 一般而言，方法是指人们认识世界和改造世界的具体途径、办法、方式和手段。科学的方法则是建立任何理论体系不可或缺的途径和手段。

一、政治经济学的基本方法

马克思把唯物辩证法推广到对人类社会及其历史发展的认识上，创立了唯物史观，并运用它来展开对古典政治经济学和空想社会主义思潮的批判，从而建立了马克思主义政治经济学。因此，可以说马克思主义政治经济学是唯物史观和唯物辩证法的运用和证明，"这种德国的经济学本质上是建立在唯物主义历史观的基础之上的"②。

马克思在《政治经济学批判》一书的序言中指出："我所得到的，并且一经得到就用于指导我的研究工作的总的结果，可以简要地表述如下：**人们在自己生活的社会生产中发生一定的、必然的、不以他们的意志为转移的关系。这些生产关系的总和构成社会的经济结构，即有法律的和政治的上层建筑竖立其上并有一定的社会意识形态与之相适应的现实基础。物质生活的生产方式制约着整个社会生活、政治生活和精神生活的过程。不是人们的意识决定人们的存在，相反，是人们的社会存在决定人们的意识。社会物质生产力发展到一定阶段，便同它们一直在其中活动的生产关系或财产关系（这只是生产关系的法律用语）发生矛盾。于是这些关系便由生产力的发展形式变成生产力的桎梏，那时社会革命的时代就到来了。随着经济基础的变更，全部庞大的上层建筑也或慢或快地发生变革……无论哪一个社会形态，在它们所能容纳的全部生产力发挥出来以前，是决不会灭亡的；而新的更高的生产关系，在它存在的物质条件在旧社会的胎胞里成熟以前，是决不会出现的。所以，人类始终只提出自己能够解决的任务，因为只要仔细考察就可以发现，任务本身，只有在解决它的物质条件已经存在或者至少是在形成过程中的时候，才会产生。**"③这是马克思对唯物主义历史观的实质和基本原理作出的最精辟的概括与说明。

马克思在《资本论》序言中，对他的研究方法作了具体的说明，他明确指出他在《资本论》研究中运用的方法就是唯物辩证法。唯物辩证法所包含的对立统一规律、量变质变规律和否定之否定规律，是关于自然界、人类社会和人类思维发展的一般规律，也是科学分析、认识经济现象与经济关系本质和规律的根本方法。马克思正是运用唯物辩证法于社会经济形态及其发展的研究，才能以生产力和生产关系的矛盾为主线，从社会生产方式中抽出生产关系作为研究对象，并将生产关系放到资本主义生产方式的特定

① 《马克思恩格斯选集》第4卷，北京：人民出版社，1995年，第742～743页。

② 《马克思恩格斯选集》第2卷，北京：人民出版社，1995年，第116页。

③ 马克思：《政治经济学批判》（中译本），北京：人民出版社，1971年，第3页

对象上，紧紧联系现代生产力的发展和现代上层建筑的状况来研究资本主义生产关系；研究资本主义社会经济结构中的各种矛盾及其历史发展变化，揭示了资本主义社会经济运动和变革的规律。所以，可以说研究生产关系及其发展变化，离开了对立统一规律来分析经济现象，就不能抓住经济现象的内部矛盾，就不能把握经济现象运动、发展和变化的特点，从而就不可能揭示经济运动的发展规律。不懂得量变质变规律，就不能了解经济发展不同阶段经济现象为何会有不同的特点，就不能了解哪些阶段属于量变的过程，哪些阶段属于质变的过程，从而就不能实现通过推动量变来为质变创造条件。不认识否定之否定规律，就不懂得在社会形态的发展过程中，每一种社会形态的产生，都是对上一种社会形态的否定，同时在其自身发展过程中也不断产生和发展着否定自身的因素。社会形态由低级向高级的发展，始终体现着这一规律的要求。因此，唯物辩证法是政治经济学研究的根本方法。

唯物辩证法根本不同于黑格尔的辩证法。黑格尔的辩证法是一种唯心主义的辩证法，它认为外界存在的东西都是观念的产物；它把辩证发展的源泉归结为"绝对精神"；它把历史发展的动力归结为"绝对精神"的作用；它在肯定万事万物都在发展变化的同时，却认为普鲁士专制制度是"和谐"的，是德国历史发展的"顶峰"。唯物辩证法则是在对现存事物的肯定理解中同时包含了对现存事物的否定理解，即对现存事物的必然灭亡的理解；辩证法对每一种既成的形式都是从不断的运动中，因而也是从它的暂时性方面去理解；唯物辩证法的本质是批判的、革命的。西方经济学从古典学派到现代学派，在分析资本主义生产方式和资本主义制度时，有一个共同之处，就是都用人类理性、个人利己本性去解释经济现象，因而，他们总是把资本主义生产方式看成是绝对的、永恒的生产方式。

运用唯物辩证法研究生产关系，必须坚持一切从实际出发，理论联系实际的原则。马克思主义政治经济学本质上是一门历史学科，是不断丰富和发展的学科。面对经济社会的不断发展的现实，它必须对一系列的新现象、新问题进行深入细致的探讨，以便作出科学的解释和回答。只有坚持从实际出发，坚持实践是检验真理的唯一标准的原则，才能解放思想，才能勇于摒弃那些已被实践证明是不正确的或不适应变化的情况的判断和结论，政治经济学才能在实践中不断丰富和发展。

二、政治经济学的科学抽象法

唯物辩证法是一切科学研究的基本方法。但是，由于各门科学研究的对象和任务不同，运用这种方法的形式也不一样。马克思指出："分析经济形式，既不能用显微镜，也不能用化学试剂，二者都必须用抽象力来代替。"① 科学的抽象法是唯物辩证法的具体运用，它是指运用人的抽象思维，从大量的社会经济现象中，抽去偶然的、非本质的联系，找出内部的、必然的、本质的联系，从而形成科学理论体系的方法。比如，不同的商品之间为什么能够进行交换，从表面上看，似乎是因为它们的使用价值不同。但是，进一步分析可以发现，不同质的东西之间是不能进行量的比较的，因此，不同商品

① 《马克思恩格斯全集》第23卷，北京：人民出版社，1972年，第8页。

之所以可以进行交换，是因为它们之间存在着某种共同的东西，这个共同的东西就是商品的价值。价值这个经济范畴是看不见摸不到的东西，它是通过人脑的抽象思维能力概括出来的。

科学抽象法在运用的过程中，包括研究方法和叙述方法。“在形式上，叙述方法必须与研究方法不同。研究必须充分地占有材料，分析它的各种发展形式，探寻这些形式的内在联系。只有这项工作完成以后，现实的运动才能适当地叙述出来。”①

研究方法是从具体到抽象、从现象到本质的认识方法，即从繁杂的感性材料中概括出简单的经济范畴和事物的内在因果联系，有了经济范畴系列，便可以形成政治经济学的理论体系。比如，马克思在研究资本主义生产关系时，一方面批判地研究以往政治经济学的大量文献资料；另一方面通过大量的现实事实材料，包括大英图书馆卷帙浩繁的工厂视察员白皮书，深入地了解资本主义经济的历史的和现实的情况，尤其是英国的情况。在此基础上，依靠抽象思维能力，去粗取精、去伪存真、由此及彼、由表及里，从复杂的经济现象中抽象出商品这一资本主义社会最简单、最本质的因素，完成了从具体到抽象、从复杂到简单的逻辑分析过程。找到商品这个资本主义经济的细胞形式，就可能以这个最简单的经济范畴为起点，一步一步地去认识资本主义社会的全部经济过程。

叙述方法是由抽象上升到具体、用本质说明现象的逻辑方法，即把经过研究得到的经济范畴和原理按照逻辑顺序排列成严密的理论体系，从而深刻分析和说明经济现象的本质的逻辑方法。在运用叙述方法时，以最抽象、最简单的范畴为逻辑起点，考察它的内在规定性及其内在联系，并逐步把原来排除的因素引进来，同时运用研究所得出的结论，对其加以说明。逐步由简单的范畴上升到复杂的范畴，建立逻辑体系，把社会经济整体作为思维上的具体，即把在本质上被认识了的具体再现出来，从中揭示出一定社会生产方式的本质及其运动规律。这时，具体的经济现象再也不是一些混乱的现象，而是某些事物本质的表现形式了。马克思正是从商品的叙述开始，然后上升到货币，再由货币上升到资本、由简单商品经济的个体劳动上升到雇佣劳动，提出了剩余价值和劳动力价值这些本质范畴；进而从产业资本的生产过程分析入手，再到产业资本的流通过程的分析，以及产业资本的分配过程的分析；在分析了产业资本的运动之后，再分析商业资本和借贷资本的运动；分析私人资本的运动到社会资本的运动；最后分析国内资本的运动到国际资本的运动，从而提出了利润、利息、地租等经济范畴。至此，资本主义具体复杂的生产关系便十分清晰地呈现出来，形成了一个逻辑严密的科学的理论体系，再现了资本主义生产关系的实质和全貌。

总之，科学抽象法是研究经济现象不可缺少的方法，它能更深刻、更全面地反映经济现象的本质与规律。

三、逻辑与历史相统一的方法

在政治经济学的研究中，“逻辑的研究方法是唯一适用的方式。但是，实际上这种

① 《马克思恩格斯全集》第23卷，北京：人民出版社，1972年，第23页。

方式无非是历史的研究方式，不过摆脱了历史的形式以及起扰乱作用的偶然性而已”①。**逻辑方法就是在研究经济现象时所采取的思维推理方法**，即在研究经济现象时，按照经济范畴的逻辑关系，从比较简单的经济关系和经济范畴，逐步上升到比较复杂的具体的经济关系和经济范畴，阐明社会经济现象和经济过程的逻辑发展进程。而**历史方法则是按照历史发展的真实进程来研究经济现象和经济过程的发展的方法**。在政治经济学研究上，一般地说，逻辑推理过程必须符合历史上经济现象的发展过程。历史上经济关系的运行，总是按照自己的固有规律从简单到复杂、从低级到高级发展的。因此，逻辑思维也必须从简单到复杂、从低级到高级发展。逻辑分析必须与历史相统一。“历史从哪里开始，思想进程也应当从哪里开始，而思想进程的进一步发展不过是历史过程在抽象的、理论上前后一贯的形式上的反映。”② 但是，逻辑进程与历史进程相统一并不是绝对的。历史常常是跳跃式地或曲折式地向前发展的，政治经济学的任务并不是简单地描述这个过程，而是要揭示经济运动的客观规律，因而，它完全可以而且必须舍弃那些偶然的、次要的因素，按照经济过程的内在联系来安排经济范畴的逻辑顺序。

四、分析与综合相结合的方法

马克思在分析经济范畴时，通常是将范畴的矛盾双方加以分解，首先假定一方保持不变，抽象地分析另一方；在对矛盾双方分别作了分析以后，再将矛盾双方综合起来，具体考察矛盾双方作为统一体所具有的特征。这种分析与综合相结合的研究方法，马克思在《资本论》中广泛地加以运用。如马克思把商品理解为价值与使用价值的矛盾统一体，首先分别分析使用价值和价值，然后再统一起来进行综合分析。再如，马克思首先分析资本的生产过程，接着分析资本的流通过程，最后把二者统一起来分析资本的总过程。这就是分析与综合相结合的方法。

此外，政治经济学研究上还经常运用归纳与演绎法、数学方法、系统方法等。这些方法构成了政治经济学研究的方法论体系。值得指出的是，运用数学方法分析经济现象，在政治经济学之中尚处于初浅阶段，与现代西方经济学相比，有很大差距。因此，需要借鉴现代科学和西方经济学的某些方法，作为政治经济学研究方法的补充。

第五节　政治经济学的性质

在马克思看来，他创立的政治经济学是一门具有阶级性和科学性的社会科学。

一、政治经济学的阶级性

政治经济学是一门具有阶级性的社会科学。所谓阶级性，是指这门科学的理论体系反映着一定阶级的利益和要求，是为一定阶级的利益服务的。政治经济学的阶级性是由它的研究对象的特殊性所决定的。马克思指出：“政治经济学所研究的材料的特殊性，

① 《马克思恩格斯选集》第2卷，北京：人民出版社，1972年，第122页。
② 《马克思恩格斯选集》第2卷，北京：人民出版社，1972年，第43页。

把人们心中最激烈、最卑鄙、最恶劣的情感，把代表私人利益的复仇女神召唤到战场上来反对自由的科学研究。”① 政治经济学的研究对象是生产关系，生产关系实际上就是人与人之间的物质利益关系。人们在生产中的地位和他们的经济生活的相当状况，都是由生产关系决定的。因此，对同一种物质利益关系，对同一种社会经济现象和社会经济问题，站在不同的立场上，就会有不同的观点和评价，从而使政治经济学具有了较为鲜明的阶级性，决定了有为不同阶级利益服务的政治经济学。

政治经济学作为一门社会科学，在它登上历史舞台时，代表的是新兴的资产阶级的利益，反映的是资产阶级的意志、愿望和要求。由于所处的历史条件的不同，资产阶级的意志、愿望和要求在不同的历史条件下是存在区别的。马克思曾把工场手工业和工业革命时期的资产阶级政治经济学称为古典政治经济学，认为这一时期的政治经济学代表新兴资产阶级的意志、愿望和要求，力图从理论上说明资本主义生产方式比封建的生产方式优越。由于这一时期正是资本主义生产方式的上升时期，它的内在矛盾还未尖锐化，所以，古典政治经济学还能对资本主义生产方式的内在联系作出某些科学的分析，从而具有一定的科学因素。但是，古典政治经济学的科学性是不彻底的，它的理论体系中有许多庸俗的成分。

工业革命的发展奠定了资本主义生产方式的物质技术基础，社会生产力得到了巨大的发展。生产的社会化与生产成果的资本主义占有方式的矛盾，以及由它决定的生产社会化与生产无政府状态的矛盾，生产无限扩大趋势与社会需求相对缩小趋势的矛盾，逐渐暴露出来并趋于尖锐化。生产过剩的经济危机的发生就是这些矛盾作用的必然结果。无产阶级和资产阶级的矛盾日益加剧，直接威胁到资产阶级的统治。在这种历史背景下，代表资产阶级利益的政治经济学开始朝庸俗化的方向发展。马克思指出：“法国和英国的资产阶级夺得了政权。从那时起，阶级斗争在实践方面和理论方面采取了日益鲜明的和带有威胁性的形式。它敲响了科学的资产阶级经济学的丧钟。现在问题不再是这个或那个原理是否正确，而是它对资本有利还是有害，方便还是不方便，违背警章还是不违背警章。不偏不倚的研究让位于豢养的文丐的争斗，公正无私的科学探讨让位于辩护士的坏心恶意。”② 马克思把 19 世纪 30—70 年代的资产阶级政治经济学称为庸俗经济学。

马克思生活的时代，还存在着代表小资产阶级的利益和愿望的政治经济学，代表劳动人民利益和愿望的空想社会主义理论。前者一方面分析了资本主义生产方式的矛盾，另一方面又美化小资产阶级的私有制，主张回到工场手工业历史阶段。后者虽然无情地鞭挞和批判了资本主义制度，提出用社会主义代替资本主义，但是，他们不能揭示雇佣劳动的本质，不懂资本主义发生、发展和必然灭亡的客观规律，从而找不到以社会主义代替资本主义的社会力量。所以，这些理论都是不科学的。

① 《马克思恩格斯全集》第 23 卷，北京：人民出版社，1972 年，第 12 页。

② 《马克思恩格斯全集》第 23 卷，北京：人民出版社，1972 年，第 17 页。

二、马克思主义政治经济学是阶级性与科学性的统一

马克思和恩格斯在参加无产阶级革命运动的同时，根据无产阶级的利益和要求，运用唯物史观和唯物辩证法，对资本主义生产方式进行了深刻的分析和批判，创立了无产阶级政治经济学。无产阶级政治经济学既为无产阶级的利益服务，又是一门反映客观规律的科学，是阶级性与科学性的统一。它站在无产阶级的立场上，深刻揭示了资本主义生产方式的内在矛盾和资本对雇佣劳动的剥削实质，阐明了资本主义产生、发展和必然灭亡的历史过程，为无产阶级革命提供了理论武器。

马克思主义政治经济学的阶级性是建立在严格的科学性的基础之上的。它是在科学的世界观和方法论的指导下创立的，是在无产阶级革命实践的基础上，吸收了人类优秀的经济思想遗产，对资本主义生产关系运动的客观规律进行了全面分析和深入考察后所得出的科学结论。列宁指出："这一理论对世界各国的社会主义者之所以具有不可遏止的吸引力，就在于它把严格的和高度的科学性（它是社会科学的顶峰）和革命性结合起来，并且不是偶然地结合起来（即不仅因为学说的创始人兼有学者和革命家的品质），而是把二者内在地和不可分割地结合在这个理论本身中。实际上，这里直接地提出理论的任务、科学的目的是帮助被压迫阶级去进行他们已在实际进行的经济斗争。"①

马克思主义政治经济学的阶级性是以科学性为基础的，而科学性又是为阶级性服务的。马克思在创立政治经济学时，就公开申明他的经济学说是代表无产阶级利益的，是为无产阶级的根本利益服务的。而无产阶级的根本利益是与社会经济发展的客观规律相一致的，社会经济发展的必然趋势是建立与生产社会化相适应的社会主义公有制，用联合劳动取代雇佣劳动，用计划经济取代生产的无政府状态。因此，无产阶级不但没有任何私利需要维护，而且它只有解放全人类才能最后解放自己；无产阶级不但没有任何偏见阻碍它正确认识和揭示社会经济发展的客观规律，而且它的经济利益要求它必须以科学的态度去探讨、认识和反映社会经济发展的客观规律。这不仅是由无产阶级的本性决定的，而且是实现无产阶级的根本利益和历史使命的前提。因为代表无产阶级利益的政治经济学越是符合客观经济规律，就越有利于无产阶级的根本利益和历史使命的实现。因此，只有坚持无产阶级的阶级性，才有真正的科学性；只有坚持科学性，才有鲜明的无产阶级的阶级性。

三、马克思主义政治经济学的社会性与历史性

1. 政治经济学的社会性

马克思主义政治经济学的研究对象是生产关系。研究生产关系不仅要考察生产的一般情况，而且要考察生产的本质差别。生产关系的社会性质取决于劳动与生产资料的结合方式及与之相适应的生产资料所有制形式。从历史发展来看，与不同的生产力发展水平相适应，人类社会出现过不同的劳动方式：氏族式的集体劳动、家庭个体劳动、家庭

① 《列宁全集》第1卷，北京：人民出版社，1955年，第305~306页。

奴隶劳动、封建农奴劳动、封建租佃劳动、手工作坊式的个体劳动、自由的雇佣劳动以及社会主义的联合劳动等。与这些不同的劳动方式相适应，人类社会出现过不同的生产资料所有制形式。劳动方式及其相应的生产资料所有制形式是生产关系的基础，是区别不同生产关系类型的主要标志。

劳动方式又可以称为生产方式，即劳动者与生产资料的结合方式。劳动方式可以表现为个体劳动，但个体劳动绝不是孤立的个人劳动，而是社会联系中的个人劳动。在马克思主义政治经济学产生以前，所有的经济学家都不能以科学的社会历史观去研究人类社会各个发展阶段的经济规律。在他们的观念中，社会生活的客观物质基础以及它的具体历史形态是无影无踪的。他们往往用渔夫、猎人、沙漠中的旅行者或漂流在荒岛中的鲁宾逊当作研究的出发点，而这些当作研究出发点的个人，被抽去了社会的和历史的规定性。他们抽象地、超历史地观察社会，实质上把资本主义的生产关系当成一般的、不变的、永恒的社会形式，把政治经济学变成没有社会性和历史性的空洞的“信条”。

对于古典政治经济学把孤立的个人作为分析经济问题的出发点的观点，马克思指出：“我们越往前追溯历史，个人，从而也是进行生产的个人，就越表现为不独立，从属于一个较大的整体：最初还是十分自然地在家庭和扩大成为氏族间的冲突和融合而产生的各种形式的公社中。只有到了18世纪，在市民社会中，社会联系的各种形式，对个人来说，才表现为只是达到他私人目的的手段，才表现为外在的必然性。但是，产生这种孤立个人的观点的时代，正是具有迄今为止最发达的社会关系（从这种观点来看是一般关系）的时代。人是最名副其实的政治动物，不仅是一种合群的动物，而且是只有在社会中才能独立的动物。孤立的个人在社会之外进行生产——这是罕见的事，在已经内在地具有社会力量的文明人偶然落到荒野时，可能会发生这种事情——就像许多个人不在一起生活和彼此交谈而竟有语言发展一样，是不可思议的。”①

人总是一定社会关系的成员，人的本质是一定社会关系的总和，脱离社会、超越时间与空间的人是不存在的。因此，马克思认为，政治经济学的出发点，绝对不是孤立的个人，而是一定历史条件下的社会物质生产；政治经济学的研究对象，绝对不是孤立生产中人与物的关系，而是一定历史条件下，社会生产中人与人的相互关系，即生产关系。

2．政治经济学的历史性

一定的社会经济关系及其表现形式——经济制度和经济体制，是随社会生产力的发展变化而发展变化的。当社会生产力发展到一个新的阶段时　原有的社会经济制度和经济体制就成为生产力进一步发展的桎梏，它就必然被适应生产力性质和发展要求的新的社会经济制度和经济体制所取代。因此，以研究生产关系及其相应的社会经济制度和经济体制为对象的政治经济学，本质上就是一门历史科学。

政治经济学所涉及的是历史性的即经常变化的材料。在人类社会的发展过程中，人们在生产、交换、分配和消费中所具有的条件和形式，在各个国家是各不相同的，因而，生产关系及其相应的经济制度和经济体制也具有不同的类型，不同类型的生产关系

① 《马克思恩格斯选集》第2卷，北京：人民出版社，1995年，第2页。

及其相应的经济制度和经济体制的性质和运行规律也是不同的；同样，每一个国家在各个发展阶段上的生产、分配、交换和消费的条件和形式也是各不相同的，必然使一定类型的生产关系及其相应的经济制度和经济体制在其运行和发展中具有不同的特点。因此，政治经济学不可能对一切国家和一切历史时代都是一样的。恩格斯指出："从弓和箭，从石刀和仅仅是例外地出现的野蛮人的交换往来，到上千马力的蒸汽机，到机械织机、铁路和英格兰银行，有一段很大的距离。火地岛的居民没有达到进行大规模生产和世界贸易的程度，也没有达到出现票据投机或交易所破产的程度。谁要想把火地岛的政治经济学和现代英国的政治经济学置于同一规律之下，那么，除了最陈腐的老生常谈以外，他显然不能揭示出任何东西。"① 因此，政治经济学本质上是一门历史科学。

政治经济学作为一门历史科学，要求人们遵循历史原则，从运动和发展的观点去研究每一发展阶段上特有的生产关系和经济规律。如果抹杀人类社会在不同的发展阶段上不同的生产关系和经济规律，而主观地把某一社会特有的生产关系和经济规律，作为通行于一切时代、一切社会的生产关系和经济规律，就同作为一门历史科学的政治经济学的性质相矛盾。但是，坚持历史原则并不否认历史的连续性。事实上，不同的社会形态，在其发展过程中，不仅决定于自己特有的经济规律，而且决定于一切社会形态或几个社会形态所共有的经济规律，如生产关系一定要适应生产力的性质和发展水平的规律、价值规律等。因此，人们只有首先研究每一发展阶段的生产、分配、交换和消费的特殊规律，才能在此基础上，进一步确立为数不多的，适合于一切生产、分配、交换和消费的普遍规律。

四、对待马克思主义政治经济学的态度

马克思主义政治经济学是一门历史科学，它兼有历史性和科学性的品格，即与时俱进的品格。这就要求人们要用科学的态度对待马克思主义政治经济学。恩格斯指出："社会主义自从成为科学以来，就要求人们把它当作科学看待，也就是说，要求人们去研究它。"②

用科学的态度看待马克思主义政治经济学，主要体现在以下几个方面：

（1）坚持全面的、系统的观点。马克思主义政治经济学是一个完整的理论体系，因此，在学习和研究它的基本原理时，要完整地、准确地理解其含义，不能断章取义。首先要真正地理解它的原义，不要把后人或自己的观点强加在基本原理之上。"一个人如想研究科学问题，首先要在利用著作的时候学会按照作者写的原样去阅读这些著作，首先要在阅读时，不把著作中原来没有的东西塞进去。"③ 其次，要从理论体系而不能抓住只言片语来理解基本原理。马克思主义政治经济学是一门非常深刻而全面的理论体系，如果只从个别词句来理解它，就会把它弄得支离破碎，这绝不是一种科学的态度。只有坚持全面的、系统的观点，从整个理论体系的角度来把握它的精神实质和分析方

① 《马克思恩格斯选集》第3卷，北京：人民出版社，1995年，第489页。

② 《马克思恩格斯选集》第2卷，北京：人民出版社，1995年，第301页。

③ 《马克思恩格斯全集》第25卷，北京：人民出版社，1974年，第26页。

法，才能指导人们的行动。

（2）坚持历史的观点。马克思的《资本论》发表于19世纪下半叶，他考察的是那个时期工业化过程中的资本主义生产方式和生产关系，其中的个别原理和观点，只适用于当时的历史条件。因此，恩格斯指出："马克思提出这些论点时，只是把它们看作**相对的**，只有在一定的条件下和一定的范围内才是正确的。"① 列宁也指出："马克思主义的全部精神，它的整个体系要求人们对每一个原理只是（α）历史地，（β）只是同其他原理联系起来，（γ）只是同具体的历史经验联系起来加以考察。"② 坚持用历史的观点来看待马克思主义政治经济学是十分重要的。例如，马克思关于资本主义生产无政府状态的论点，对于19世纪的西方资本主义社会是适用的。然而，20世纪50年代以后，西方发达国家加强了对市场经济运行的宏观调控，并取得了较为显著的效果。因此，生产无政府状态与现实已不相符合了。

（3）坚持发展的观点。马克思主义政治经济学是一门历史科学，不能把它作为一成不变的教条，而应当作为行动的指南。恩格斯指出："我们的理论是发展的理论，而不是必须背得烂熟并机械地加以重复的教条。"③ 列宁也指出："我们决不把马克思的理论看作某种一成不变的和神圣不可侵犯的东西；恰恰相反，我们深信：它只是给一种科学奠定了基础，社会主义者如果不愿意落后于实际生活，就**应当**在各方面把这门科学向前推进。"④ 因此，我们应当根据实践的变化，不断地丰富和发展马克思主义政治经济学。例如，在20世纪80年代的中国，探索有中国特色社会主义经济建设的道路，就是一个全新的课题。以公有制为主体多种所有制共同发展的基本经济制度，按劳分配与按要素分配相结合的分配制度，社会主义市场经济体制等，在原有的马克思主义政治经济学中，是找不到根据的。只有坚持用马克思主义政治经济学的基本原理和基本方法，立足于中国的国情，通过改革开放，在实践中去探索，并根据实践经验，从理论上去加以总结，才能丰富和发展马克思主义政治经济学。

本章小结

1. 马克思主义政治经济学是马克思、恩格斯在19世纪40—60年代创立的。马克思主义政治经济学的理论来源：一是西欧古典政治经济学；二是19世纪上半叶的空想社会主义理论。

2. 马克思主义政治经济学的发展：①垄断资本主义经济理论的提出；②政治经济学社会主义经济理论的形成；③中国特色社会主义经济理论的形成。

3. 马克思研究生产关系是从物质资料生产入手的。物质资料生产是人类社会存在和发展的基础。物质资料生产是指劳动者按照预定的目的，运用劳动资料作用于劳动对

① 《马克思恩格斯全集》第39卷，北京：人民出版社，1974年，第79~80页。
② 《列宁全集》第35卷，北京：人民出版社，1959年，第238页。
③ 《马克思恩格斯选集》第4卷，北京：人民出版社，1972年，第460页。
④ 《列宁选集》第1卷，北京：人民出版社，1972年，第203页。

象，使之发生相应的变化以满足人们需要的社会经济活动。从事物质资料生产的劳动过程必须具备三个基本要素：人的劳动、劳动资料和劳动对象。

4. 物质资料生产是生产力和生产关系的统一。生产力是指人们在生产过程中利用自然、改造自然和生产物质资料的能力。生产力是人类社会发展的决定力量。生产力的发展状况标志着人类社会的进步程度，也标志着人类利用和改造自然的广度和深度。

5. 在生产力的构成中，包括人的要素和物的要素。人的要素是指具有一定生产技能和经验并实现着物质资料生产的劳动者，它在生产中起着根本的、能动的作用。物的要素是指生产资料，即劳动资料和劳动对象，其中起着重要作用的是生产工具。在现代市场经济中，在生产力构成要素的结合中，科学技术、管理和信息等因素起着越来越重要的作用。

6. 生产关系是指生产过程中生产主体凭借与生产条件的关系而形成的人与人之间的利益责任机制。生产关系首先表现为生产主体对生产条件即劳动资料和劳动对象的关系，即狭义的生产资料所有制关系。生产关系不仅仅是生产主体对生产条件的关系，而且是以这种人与物的关系为载体或表现形式的人与人之间的利益责任关系或机制。这种人与人之间的利益责任关系或机制在生产力发展的不同阶段上是不同的，但都要表现在生产、交换、分配和消费等社会物质资料生产的各个环节之中。

7. 生产力和生产关系的辩证统一，构成社会的生产方式。生产方式是指人类社会为了生存和发展而谋取生产资料和生活资料的方式，它是生产力和生产关系的对立统一。生产力是生产方式的物质内容，生产关系则是生产方式的社会形式。它们既矛盾又统一，共同推动着人类社会生产方式的发展和运动。

8. 在生产力和生产关系的矛盾统一体中，生产力是矛盾的主要方面。生产力是最革命、最活跃的因素，社会生产的发展、变化，总是先从生产力的发展变化开始的。生产力的发展，使旧的生产关系与它不相适应，从而要求建立新的生产关系，引起生产关系的相应变化。有什么样的生产力，就有什么样的生产关系与它相适应。而生产关系也不是消极的、被动的因素，它可以积极地反作用于生产力。与生产力相适应的生产关系，会促进生产力的发展；与生产力不相适应的生产关系，则会阻碍生产力的发展。

9. 经济基础和上层建筑的矛盾，则是制约社会生产方式发展的又一重要因素。生产关系的总和构成社会的经济基础；在这个经济基础之上，建立起来的政治法律制度以及与它相适应的政治、法律、哲学、宗教、文学艺术等意识形态，构成该社会的上层建筑。经济基础决定上层建筑，上层建筑对经济基础也有反作用。

10. 生产关系一定要适应生产力发展状况和发展要求的规律，以及上层建筑一定要适应经济基础发展的规律，是马克思和恩格斯在深入研究和考察人类社会发展的历史和资本主义生产方式运行的现实的基础上的伟大科学发现。

11. 物质资料生产的总过程是由生产、分配、交换和消费四个环节组成的有机整体。生产是起点，消费是终点，分配和交换则是连接生产和消费的中间环节。生产、分配、交换和消费相互制约、相互依存，构成生产总过程的矛盾运动。

12. 政治经济学的研究对象是生产关系。对生产关系的考察与研究，可以概括为经济制度和经济体制两个层面：经济制度是一定社会形态的最基本、最本质的生产关系，反映着不同社会形态的根本区别，因而是区别不同生产关系的主要标志。经济制度的基本内涵就是与各种不同的劳动方式相联系的生产资料所有制形式及其分配制度。经济体制是指一定社会组织内部资源配置的机制、方式和结构的总和，是对一定社会经济运行模式的概括。经济体制是经济制度的具体实现形式。

13. 经济制度和经济体制是相互关联的。在经济体制与经济制度的关系上，经济体制总是与一定的社会经济制度相联系、相结合；但是，经济体制具有相对的独立性，人们完全可以根据一定社会的客观现实，特别是社会发展所处的历史阶段、生产力发展状况、经济政治环境和社会心理因素等选择不同的经济体制。

14. 政治经济学是在一定社会的基本矛盾及其运动中研究生产关系的。这是因为作为政治经济学研究对象的生产关系，从来就不是静止不变的，每一种社会经济形态的生产关系都是在生产力与生产关系、经济基础与上层建筑的矛盾运动中建立的。因此，研究生产关系必须联系生产力和上层建筑。

15. 政治经济学作为一门社会科学，它对生产关系的研究，从根本上说，就是要揭示一定生产关系产生、发展和变化的本质和规律，即社会经济发展的经济规律。经济规律就是经济现象和经济过程内在的、本质的、必然的联系，它体现着社会经济运动的必然趋势。

16. 经济规律依据其产生的经济条件和作用时间的长短，一般可以将经济规律划分为三种类型：①在一切社会形态中存在并发挥作用的经济规律，即人类社会普遍的经济规律；②在几个社会形态中存在并发挥作用的经济规律，即几个社会共有的经济规律；③仅存在于某一特定的社会形态之中的经济规律，即特有的经济规律。

17. 在发生作用的经济规律体系中，有一个规律可以称为基本经济规律。基本经济规律是决定社会生产发展的一切主要方面和主要过程，并支配和制约着其他经济规律的作用和作用形式。

18. 政治经济学的基本方法：唯物史观和唯物辩证法；科学抽象法；逻辑与历史相统一的方法。

19. 政治经济学是一门具有阶级性和科学性的社会科学。无产阶级政治经济学既为无产阶级的利益服务，又是一门反映客观规律的科学，是阶级性与科学性的统一。

20. 以研究生产关系及其相应的社会经济制度和经济体制为对象的政治经济学，本质上就是一门历史科学。政治经济学作为一门历史科学，要求人们遵循历史原则，从运动和发展的观点去研究每一发展阶段上特有的生产关系和经济规律。

21. 马克思主义政治经济学是一门历史科学，它兼有历史性和科学性的品格，即与时俱进的品格。这就要求人们要用科学的态度对待马克思主义政治经济学。用科学的态度看待马克思主义政治经济学，主要体现在以下几个方面：①坚持全面的、系统的观点；②坚持历史的观点；③坚持发展的观点。

复习与思考

1. 简述马克思政治经济学的发展。
2. 怎样认识物质资料生产及其构成要素？
3. 怎样认识物质资料生产是生产力与生产关系的统一？
4. 怎样理解“科学技术是第一生产力”？
5. 怎样认识和理解生产关系的内涵？
6. 怎样理解生产力与生产关系的辩证关系？
7. 怎样认识和把握政治经济学的研究对象？
8. 研究生产关系为什么要联系生产力和上层建筑？
9. 什么是经济体制？它与经济制度的区别和联系是什么？
10. 政治经济学研究生产关系的目的和任务是什么？
11. 怎样认识政治经济学研究的基本方法？
12. 怎样认识政治经济学的科学抽象法和历史与逻辑相统一的方法？
13. 怎样认识和理解马克思主义政治经济学是阶级性与科学性的统一？
14. 怎样认识和把握马克思主义政治经济学的社会性与历史性？
15. 怎样科学对待马克思主义政治经济学？

第二章

商品与货币

人类社会在原始社会末期就出现了商品交换和商品生产。到了资本主义社会，商品经济发展到了普遍化阶段。在社会主义社会，仍然存在并且要发展商品经济。本章通过对商品经济的基本范畴——商品和货币的分析，揭示商品和货币所体现的社会生产关系及其运行规律，阐明马克思的劳动价值论的基本内容，为进一步分析剩余价值理论奠定基础。

第一节　商　品

马克思对资本主义生产方式及其相适应的生产关系的研究，是从商品分析开始的。这是因为，在马克思看来，简单商品生产是资本主义生产的历史起点，商品则是资本主义生产方式的经济细胞。资本主义生产是以私有制为基础的商品生产的最高形式，在资本主义社会，商品生产占统治地位，社会财富表现为一个庞大无比的商品堆积。单个商品表现为它的元素形式，包含着资本主义一切矛盾的胚芽。所以，研究资本主义生产关系，必须从商品分析开始。

一、商品的二因素：使用价值和价值

商品是用来交换的劳动产品。任何商品都具有两方面的属性：自然属性和社会属性。从自然属性来看，商品必须是一个能够满足人们某种需要的物品，如食物可以充饥，衣服可以御寒，等等。物品这种能够满足人们某种需要的属性，即物品的有用性或效用，就是**使用价值**。随着科学技术的发展，商品的使用价值还将不断地被发现、被利用。商品具有何种使用价值，是由物品的物理、化学、生物的性质决定的。商品的使用价值，是在人们使用和消费它的时候才实现的。作为生活资料的商品是直接满足人们的生活需要的，作为生产资料的商品是间接满足人们的生活需要的。

使用价值构成社会财富的物质内容。作为商品的使用价值与一般物品的使用价值存

在着差别：①它必须是劳动产品的使用价值。因为使用价值并不是商品所特有的属性，许多不是劳动产品的自然物，如空气、阳光等，对人具有很大的用处，却不是商品。②商品的使用价值不是针对生产者自己有用，而是针对他人、针对社会有用的。③商品的使用价值，必须通过交换让渡给他人才能进入消费，因此，商品的使用价值是交换价值的物质承担者。

商品的使用价值反映的是人与自然之间的物质关系，而不是社会生产关系。因此，就使用价值本身来说，它的用途、性质等并不属于政治经济学的研究范围。但是作为交换价值物质承担者的商品的使用价值，政治经济学的研究又不能脱离它，需要从使用价值和交换价值的对立统一中去揭示商品及其运动规律。

从社会属性来看，商品可以被它的所有者用来和别人的商品交换，就是说它具有**交换价值**。什么是交换价值呢？马克思说“交换价值首先表现为一种使用价值同另一种使用价值相交换的量的关系或比例”①，如用1只羊去交换2把斧子，2把斧子就成了1只羊的交换价值。

斧子和羊具有不同的使用价值，为什么可以按一定的比例相交换呢？这从它们的有用性即使用价值方面是无法得到解释的。绝不能说，因为羊可以用来当作食物，因此羊就必须换几把斧子；反过来也不能说，因为斧子可以当作生产资料，因此斧子必须换若干只羊。使用价值不同，用途各异，无法比较，因而不能确定它们之间的交换比例。两种不同的使用价值能够按一定比例相交换，它们中间必定存在着共同的可以相互比较的东西。这种共同的东西就是各种商品都是经过人类劳动生产出来的，它们内部都包含着人类劳动。人类劳动凝结在商品中形成了商品的**价值**。使用价值不同的商品可以按一定比例相交换，就是因为它们都是劳动产品，都具有价值。价值在质上是相同的，不同商品所包含的价值，只是量上的差别，因而它们可以相互比较。

由上可知，商品具有使用价值和价值二因素，前者反映人和自然的关系，是商品的自然属性。后者反映人和人的关系，是商品的社会属性。商品的价值是内在的、抽象的，不能自己表现出来，只有通过与另一种商品相交换，才能获得表现。交换价值则是外在的、具体的表现形式。价值是交换价值的基础，交换价值是价值的表现形式。

使用价值和价值的关系体现在：一方面，商品作为使用价值，在质上各不相同，在量上难以比较；另一方面，商品作为价值，在质上是相同的，在量上是可以比较的，因此各种不同的商品能够按一定比例进行交换。商品的使用价值与价值是统一的，互相依存，缺一不可。价值的存在以使用价值的存在为前提，使用价值是价值的物质载体。一种物品如果没有使用价值，就是无用之物，即使人们为它付出了大量的劳动，也没有价值。一种物品尽管具有使用价值，但如果不是劳动产品，也没有价值。还有一些物品既有使用价值，也是劳动产品，但不是为了交换，而是用于自己消费或者无偿提供给别人消费，则不成为商品，耗费在其中的劳动也就不形成价值。

商品的使用价值与价值是相互对立、相互排斥的。对于商品生产者而言，他生产商品并不是为了取得使用价值，而是为了取得价值。商品生产者将商品的使用价值让渡给

① 《马克思恩格斯全集》第23卷，北京：人民出版社，1972年，第49页。

商品购买者，才能取得价值。在交换过程中，使用价值和价值进行了相反的运动。一个人不可能同时既占有商品的使用价值，又占有商品的价值。只有通过交换，商品的内在矛盾才能得到解决。而一旦交换失败，商品的价值不能实现，使用价值不能进入消费，商品的内在矛盾不能得到解决，商品生产者则会陷入困境。

二、劳动的二重性：具体劳动和抽象劳动

商品是由劳动创造的。商品的使用价值和价值是由生产商品的劳动二重性决定的，也就是说，商品的使用价值和价值是由生产商品的具体劳动和抽象劳动决定的。具体劳动和抽象劳动是同一劳动的两种规定，或者说同一生产商品的劳动可以从抽象形态和具体形态两个方面进行考察。

具体劳动即从劳动的具体形态考察的劳动。生产商品的劳动在劳动目的、劳动对象、劳动工具、操作方法、劳动成果上都各不相同。比如，木匠劳动的目的是制作某种木器，劳动的对象是木料，使用的工具是斧子、锯子、刨子等。经过木匠特有的制作方法，生产出人们所需要的木制品来。而瓦匠的劳动却是和木匠完全不同的劳动形式。不同的使用价值体现着不同的劳动。这种在一定的具体形式下进行的劳动称为具体劳动。

具体劳动创造商品的使用价值。不同商品之所以具有不同的使用价值，除了其构成的物质要素各有其特殊的自然属性外，还因为生产它们的劳动又各有其特殊的具体形式。各种不同的具体劳动生产不同质的使用价值，各种使用价值的综合表现了各种具体劳动的综合，即表现了社会分工。具体劳动的种类和形式随着社会生产力的发展，科学技术的进步和人们需要的改变相应地发生变化。

具体劳动“并不是它所生产的使用价值即物质财富的唯一源泉”①。具体劳动只有同自然物质相结合，才能创造出使用价值来。具体劳动反映了人和自然的关系。具体劳动是人类社会存在和发展的永恒条件。不过，政治经济学所研究的具体劳动，不是一般意义上的作为劳动分工基础的具体劳动，而是特殊意义上的作为商品交换的社会分工基础的具体劳动。

抽象劳动即从劳动的抽象形态考察的劳动。如果抽象掉生产商品劳动的具体形式，则所有劳动都是人们的体力和脑力的支出。这是无差别的一般人类劳动。无论是木匠还是裁缝，他们在劳动过程中，总要消耗劳动力，消耗自己的体力和脑力。这种撇开劳动的特定性质，即撇开劳动的具体形式的无差别的一般的人类劳动，称为**抽象劳动**，或者说，抽象劳动是同质的、无差别的形成商品价值的劳动。

抽象劳动形成商品的价值实体，因为“商品价值体现的是人类劳动本身，是一般人类劳动的消耗”②。不过，如果将抽象劳动仅仅理解为纯生理意义上的人类劳动力的支出，是不全面的。因为生产商品的异质的具体劳动转化成同质的抽象劳动是由商品经济关系决定的，价值实体就是抽象的人类劳动。抽象劳动则形成商品价值的唯一源泉，在价值中不包含任何一个非劳动的自然物质的原子。人类劳动的质的同一性，决定了抽

① 《马克思恩格斯全集》第23卷，北京：人民出版社，1972年，第57页。

② 《马克思恩格斯全集》第23卷，北京：人民出版社，1972年，第57页。

象劳动在商品交换中只能在量上起作用。

生产某种商品的劳动，一方面是生产与其他商品不同的具体劳动，另一方面是生产与其他商品相同的抽象劳动。正是这种劳动的二重性决定了商品的二因素：具体劳动生产使用价值，抽象劳动形成价值。所以，马克思指出："一切劳动，从一方面看，是人类劳动力在生理学意义上的耗费；作为相同的抽象的人类劳动，它形成商品的价值。一切劳动，从另一方面看，是人类劳动力在特殊的有一定目的的形式上的耗费；作为具体的有用劳动，它生产使用价值。"①

生产商品的具体劳动和抽象劳动的关系是：一方面二者是统一的。具体劳动和抽象劳动不是两次或两种劳动，而是同一劳动过程的两个方面。商品生产者在进行具体劳动的同时，也就支出了抽象劳动。不论在时间上还是空间上，具体劳动与抽象劳动都是不可分割的。没有具体劳动，也就没有抽象劳动，抽象劳动寓于具体劳动之中；抽象劳动又是各种具体劳动彼此联系的体现，也是商品生产者借以相互联系的桥梁。另一方面，具体劳动与抽象劳动又是不同的。具体劳动反映的是人与自然的关系，是劳动永恒的属性，是一切社会形态都存在的永恒的范畴；抽象劳动作为创造价值的劳动，则是商品经济特有的范畴，反映的是人们之间的社会生产关系，是劳动的社会属性，因而是历史范畴。

劳动二重性学说是马克思的重大贡献，是理解马克思主义政治经济学的枢纽。首先，劳动二重性学说为劳动价值论奠定了坚实的基础。马克思以前的资产阶级古典经济学家创立了劳动创造价值的理论，但他们不了解劳动二重性，不了解是抽象劳动而不是具体劳动创造了价值。当人们提到为什么生产商品的劳动各不相同却可以相互比较，是什么劳动形成商品的价值时，他们不能作出科学的回答。马克思第一次把生产商品的劳动区分为具体劳动和抽象劳动，提出了劳动二重性学说，从而把劳动价值理论建立在科学的基础之上。其次，劳动二重性学说为剩余价值论奠定了理论基础。马克思正是运用了劳动二重性学说，分析和论证了雇佣劳动者的具体劳动在生产出新的使用价值的同时，转移了原有生产资料的旧价值，而抽象劳动创造了新价值，进而科学地分析了资本主义生产过程的二重性，区分了资本的不同部分在价值增殖过程中的不同作用，解释了剩余价值的真正源泉，从而创立了剩余价值理论。最后，劳动二重性学说还为其他一系列理论提供了理论基础。正是从科学的劳动价值论出发，在剩余价值理论的基础上，马克思进而创立了资本有机构成理论、资本积累理论、资本主义再生产理论，等等。总之，马克思的全部经济理论都是建立在劳动二重性学说基础之上的。

三、商品的价值量

商品的价值不仅有质的规定性，还有量的规定性。商品的价值是质和量的统一。既然价值是抽象劳动的凝结，商品的价值量就是生产商品所耗费的劳动量，即凝结在商品中的一般人类劳动量。

劳动量是用劳动时间来衡量的。因为劳动时间是衡量劳动量的天然尺度，而劳动时间又是用一定的时间单位（如小时、日）来衡量的。因此，商品的价值量决定于生产

① 《马克思恩格斯全集》第23卷，北京：人民出版社，1972年，第60页。

商品的劳动时间，商品的价值量与生产商品的劳动时间成正比。

社会上每一种商品都是由许多不同的生产者生产的。生产同种商品的生产者由于生产的主客观条件不同，所耗费的劳动时间也会不同。各个商品生产者实际耗费的劳动时间就是**个别劳动时间**。由个别劳动时间形成的价值是商品的个别价值。价值是商品的社会属性，商品的价值量不可能由个别劳动时间决定。如果商品的价值量由个别劳动时间决定，那么不仅会鼓励懒惰、落后，商品交换也不可能接受这种由个别劳动时间决定的价值量。

商品的价值量只能由生产商品的社会必要劳动时间决定。因为形成商品价值实体的劳动作为人类无差别的劳动，本身具有一般性，因此决定商品价值量的劳动时间只能是一般的劳动时间，即社会必要劳动时间。否则，同种商品就不会有统一的价值量。

社会必要劳动时间是在现有的正常的生产条件下，在社会平均的劳动熟练程度和劳动强度下制造某种使用价值所需要的劳动时间。社会必要劳动时间包含下面几点内容：第一，社会正常的生产条件是指一定时期某一生产部门大多数生产者普遍使用的生产条件，其中最主要的是劳动工具。第二，正常的生产条件不是过去的，也不是将来的，而是现有的正常的生产条件。第三，在社会标准生产条件下，由于商品生产者劳动熟练程度和强度不同，他们生产同种商品花费的劳动时间是不同的。而决定价值的只能是社会平均的劳动熟练程度和强度。

以上含义的社会必要劳动时间是在生产同种商品的不同生产者之间形成的，它涉及的是同种商品生产上的劳动耗费。社会必要劳动时间还有另一种含义，即在生产不同商品的生产者之间形成的社会必要劳动时间，它涉及的是社会总劳动时间在各种商品上的分配，其作用是衡量不同商品的使用价值量被社会接受的程度。马克思说“如果说个别商品的使用价值取决于该商品是否满足一种需要，那么，社会产品总量的使用价值就取决于这个总量是否适合于社会对每种特殊产品的特定数量的需要，从而劳动是否根据这种特定数量的社会需要按比例地分配在不同的生产领域”①。这就是指社会总劳动中按一定比例用来生产社会需要的某种商品所耗费的劳动时间。不同商品的供求状况会直接影响或决定社会必要劳动时间的生产条件，如果供给超过需求过大时，优等生产条件就会成为平均生产条件，引起商品价值下降，结果平均生产条件将向上移动；反之，如果需求超过供给过大时，劣等生产条件就会成为平均生产条件，引起商品价值上升，结果平均生产条件将向下移动。供求关系对价值的影响是通过生产条件的变化实现的，因此，决定价值的仍是社会必要劳动时间。

社会必要劳动时间的两种含义具有相关性，共同决定商品的价值。如果说第一种含义是分析价值的决定，那么，第二种含义则是价值的实现。不过，两种含义在分析角度上又各有区别：第一种含义是从社会生产条件的角度来说明社会必要劳动时间的，第二种含义则是从社会需要的角度来说明社会必要劳动时间的；第一种含义所决定的是单位商品的价值，第二种含义所决定的则是部门总商品的价值；第一种含义涉及劳动的耗费，第二种含义则涉及社会规模的使用价值。从调节社会总劳动在各个生产部门的分配

① 《马克思恩格斯全集》第25卷，北京：人民出版社，1974年，第716页。

来说，社会必要劳动时间是经济调节的目标，由于社会总劳动时间是有限的，因此，经济调节的目标就是社会总劳动时间按社会必要劳动时间配置到各个部门。

社会必要劳动时间对于商品生产者的成败至关重要。这涉及个别劳动时间与社会必要劳动时间之间的偏差。在社会标准生产条件下，同样生产一匹布，不同的商品生产者花费的劳动时间分别为8小时、10小时、12小时，假定商品生产者花费的10小时是社会必要劳动时间，结果，花费8小时的商品生产者用8小时创造了相当于10小时的价值，这意味着该生产者可以得到2小时的额外收入；而花费12小时的商品生产者用12小时创造的价值只相当于10小时创造的价值，这意味着该生产者有2小时的劳动没有得到社会承认。因此，在商品经济条件下，每个商品生产者都会尽可能降低物化劳动和活劳动的耗费，减少个别劳动时间，提高自身竞争力，使自己在竞争中处于有利地位。

四、简单商品经济的基本矛盾

商品经济是以交换为目的的、包含商品生产和商品交换的经济形式。商品经济是在自然经济基础上产生的、与自然经济相对应的经济形式。简单商品经济是商品经济的初始形式，它是农业经济时代的商品经济，是以生产资料的个体私有制和个体劳动为基础、以手工业劳动为技术特征的。简单商品经济存在于不同的社会经济制度之中，在原始社会、奴隶社会和封建社会，它存在于自然经济的夹缝之中，附属于居支配地位的经济形式。

私人劳动和社会劳动的矛盾是私有制商品经济的基本矛盾。在私有制商品经济中，由于每个商品生产者都是生产资料的私有者，生产商品的劳动是他们私人的事情，生产什么，生产多少，都由他们自己决定，劳动成果也归他们自己所有，经营的盈亏也由他们自己负责，所以，商品生产者的劳动具有私人的性质。同时，由于社会分工的存在，商品生产者之间是相互联系、相互依存的，每个商品生产者的劳动，都是提供给社会的，都是社会总劳动的一部分，因而他们的劳动又都具有社会的性质。生产商品的劳动既是私人劳动，又是社会劳动，两者存在着矛盾。

私人劳动和社会劳动的矛盾表现在：生产商品的劳动作为私人劳动，生产纯属生产者的私事，商品生产者可以自己决定生产什么，自行支配生产过程及其成果；但生产商品的劳动作为社会劳动，是社会总劳动的一部分，因而商品生产者的生产不能离开社会而存在，他的产品必须能够满足社会需要。但分散的单个商品生产者并不知道他生产的产品是否能够满足社会需要，不知道他的私人劳动是否能够成为社会劳动的一部分，这一矛盾只能通过商品的交换来解决。但是，私人劳动怎样才能够交换出去呢？私人劳动首先表现为具体劳动，由于具体劳动性质不同，在交换中无法确定交换的比例，因而也无法通过交换表现为社会劳动，而能够确定交换比例的只能是在质上相同的抽象劳动。这样私人劳动和社会劳动的矛盾就决定了生产商品的劳动二重性：具体劳动和抽象劳动。商品生产者如果能够把自己的产品顺利地卖出去，那么他所生产的使用价值就体现为社会的使用价值，从而私人劳动和社会劳动的矛盾就得到了解决。

私人劳动和社会劳动的矛盾如果得不到解决，就意味着私人劳动的产品或者根本不适合社会的需要，或者超过了社会的需要，这样他的产品也就卖不出去或者不能全部卖出去，以至于给商品生产者带来不同程度的损失，甚至破产。所以，私人劳动和社会劳动矛盾的存在，可以推动商品生产者设法提高自己的劳动技能，竭力使自己生产的使用价值在质和量两方面适合社会的需要，以求在交换中使自己的产品能销售出去。

私人劳动和社会劳动的矛盾，是私有制商品经济中各种矛盾如具体劳动和抽象劳动的矛盾、使用价值和价值的矛盾的基础，决定着商品生产者的命运。所以，它是私有制商品经济的基本矛盾。在资本主义商品经济中，私人劳动和社会劳动的矛盾依然存在，但已发展为生产社会化与资本主义私人占有之间的矛盾，这个矛盾是资本主义社会的基本矛盾。

第二节　货　币

一、价值形式的发展和货币的起源

商品既然具有使用价值和价值两个因素，那么，商品也就具有两种表现形式：一是使用价值的表现形式，二是价值的表现形式。使用价值的表现形式就是商品体的自然形式，是人们可以直接接触到的。一种商品，或长、或短、或方、或圆，及其有何用途，一目了然。但是，商品价值的表现形式，从单个商品本身是看不见、摸不着的，只有在它和别的商品相互交换时才能表现出来。所谓商品**价值形式**，指的就是这种表现形式。商品价值形式发展的结果就产生了货币。所以，要了解货币的起源和本质，就必须研究价值形式发展的过程。

商品交换在发展的不同阶段上，采取了以下几种不同的价值形式。

1. 简单的或偶然的价值形式

商品交换产生于原始社会末期，当时人们还不是专门为交换而生产，仅仅是把自己消费以后的剩余产品拿来交换，这种交换还带有偶然的性质。简单的或偶然的价值形式和商品交换的这一发展阶段是相适应的，这种价值形式的公式是：

1 只绵羊 =25 千克谷物

在这个公式中，两种商品处于不同的地位，绵羊把它的价值表现在谷物上，处于**相对价值形式**的地位，即它的价值是在别的商品上相对地得到表现的。就好像糖的重量不能从糖本身得到表现，而只能由砝码相对地表现出来一样，在上面的公式中，谷物处于**等价形式**地位，是作为等价物充当表现绵羊价值的材料。

等价形式具有以下三个特点：

（1）使用价值成为价值的表现形式。在上面简单的价值形式中，等价形式谷物本是一种使用价值，它可以充饥。但是，在这个等式中，就它和绵羊的关系来说，它是绵羊价值的表现材料。绵羊的价值原来是看不见、摸不着的，现在通过这种可以充饥的谷物表现出来了。所以，谷物的使用价值就成为绵羊的价值的表现形式。

（2）具体劳动成为抽象劳动的表现形式。在上面简单的价值形式中，等价形式谷物是农业劳动者花费一定的具体劳动的产物，但它和绵羊相交换时，却由它证明了在绵羊中凝结有人类一般劳动的抽象劳动，否则，绵羊是不可能与它相交换的。所以，生产谷物的具体劳动就成为绵羊中所包含的抽象劳动的表现形式。

(3) 私人劳动成为社会劳动的表现形式。在上面简单的价值形式中，等价形式谷物本来是谷物生产者私人劳动的产物，但是，由于绵羊能和谷物交换，从而证明了生产绵羊的劳动具有社会性。所以，生产谷物的私人劳动就成为绵羊中所包含的社会劳动的表现形式。

相对价值形式和等价形式是相互依存、互为条件的，同时二者又是相互排斥的。在1只绵羊＝25千克谷物的等式中，等式两端是互等的，因而二者的地位似乎也是一样的，但从价值关系来看则不然。在这个等式当中，一种商品不能既是相对价值形式，又是等价形式。当绵羊是相对价值形式时，谷物就只能是表现绵羊价值的等价形式。如果等式颠倒过来成为：25千克谷物＝1只绵羊，那么谷物就是相对价值形式，绵羊就是等价形式。二者的地位一经等式重新固定下来，就是相互排斥的。

处于相对价值形式的绵羊，不仅要表现自己的价值，而且要表现自己价值的数量。例如，1只绵羊＝25千克谷物，就是说，1只绵羊值25千克谷物。绵羊和谷物在数量上的对等关系，表明这两个商品量耗费了同样多的劳动或等量的劳动时间，两种商品在数量上的对等关系不是一成不变的。随着劳动生产率的变化以及相应的生产商品的社会必要劳动时间的变化，商品的价值量也会发生变化。由于两种商品价值量变动的方向和程度不同，因而两种商品在数量上的对比关系会发生多种情况的变化。

在简单价值形式中，商品内部包含的使用价值和价值的矛盾、具体劳动和抽象劳动的矛盾以及私人劳动和社会劳动的矛盾表现在两个商品之间的关系上。处于相对价值形式的商品，只表现为使用价值，表现为具体劳动和私人劳动的产物，而它的价值、抽象劳动和社会劳动则在作为等价形式的商品上表现出来，所以，作为等价形式的商品就被当作是价值、抽象劳动和社会劳动的体现。可见，在简单价值形式下，商品的内在矛盾就转化为外部对立，即两种商品之间的对立了。

2. 扩大的价值形式

随着社会生产力的发展，特别是当原始社会出现了人类第一次社会大分工即畜牧业和农业的分工以后，不同部落需要交换的东西就多起来了，商品交换的范围也扩大了，于是就出现了扩大的价值形式。其公式是：

$$1\text{只绵羊}=\begin{cases}25\text{千克谷物}\\7\text{米麻布}\\1\text{把斧头}\\6\text{毫克黄金}\\\text{一定量其他商品}\end{cases}$$

从上面公式可知，由于有许多商品成为绵羊的等价形式，于是绵羊的价值就能够比较充分地表现为没有差别的人类劳动的凝结。同时，由于交换已经不是偶然的而是经常的事情，各种商品的交换比例也就同它们各自的价值大体相适应了。

但是，在扩大的价值形式下，也有其不可解决的矛盾，即交换者对商品的特殊需要和物物交换形式的矛盾。如绵羊的所有者想换斧头，而斧头的所有者不愿意要绵羊却想要麻布。这样，绵羊的所有者的交换目的就很难实现。显然，这种价值形式不能适应商品交换进一步发展的需要。

3. 一般价值形式

商品交换的进一步发展，要求能够出现一种商品来作为各种商品相互交换的媒介，从而使各种不同商品的价值都可以由一种商品来表现。这样，就可以解决扩大价值形式下商品交换的困难，于是就出现了一般价值形式，其公式是：

$$\left.\begin{array}{l}25\text{ 千克谷物}\\7\text{ 米麻布}\\1\text{ 把斧头}\\6\text{ 毫克黄金}\end{array}\right\}=1\text{ 只绵羊}$$

在上面公式中，由于各种商品都直接和绵羊相交换，绵羊就成了一般等价物。不管哪种商品只要首先换成了绵羊，就可以用绵羊换回自己所需要的东西，于是商品价值获得了统一的表现形式，因此称为一般价值形式。

从扩大的价值形式发展到一般的价值形式是质的飞跃。在扩大的价值形式下，各种特殊的等价形式如谷物、斧头、麻布等，它们之间没有等价关系，而在一般的价值形式下，各种相对价值形式如谷物、斧头、麻布等，都通过同一商品绵羊来反映自己的价值量，因而它们之间可以相互对等，相互表现为交换价值。同时，在一般价值形式下，作为一般等价物的商品从其他商品中分离出来，变成社会劳动的唯一体现者，因而商品价值无差别的社会性质就得到了更充分的体现。

4. 货币价值形式

当某种商品（主要是金和银）固定地起着一般等价物的作用时，这种商品就成了货币商品，这种价值形式就是货币形式。用公式表现为：

$$\left.\begin{array}{l}25\text{ 千克谷物}\\7\text{ 米麻布}\\1\text{ 把斧头}\\1\text{ 只绵羊}\\\text{一定量其他商品}\end{array}\right\}=6\text{ 毫克黄金}$$

货币形式代替一般的价值形式并没有发生本质的变化，唯一的区别只是一般等价物固定于金银商品上。金银之所以能够取得货币商品的特权地位，是由它的自然属性决定的。金银质地均匀，便于分割计算；质地坚固，不易损坏，宜于长期保存；体积小、价值大，便于携带。这些属性使它成为最适宜充当货币的材料。所以，“金银天然不是货币，但货币天然是金银”①。

货币形式是最发达的价值形式，是商品交换发展过程中自发形成的产物，是商品内在矛盾发展的必然结果。货币的出现使得商品世界分裂为对立的两极：一极是表示各种特殊使用价值的商品；另一极是表示商品价值的货币。商品内在的使用价值和价值之间的矛盾外化为商品和货币的对立。如果商品生产者将其商品通过交换转换成货币，商品的内在矛盾就得到了解决，商品的价值得到了实现，商品生产者的个别劳动也就得到了

① 《马克思恩格斯全集》第23卷，北京：人民出版社，1972年，第107页。

社会的承认。反之，商品内在矛盾就不可能得到解决，商品生产者的生产就不可能继续。可见，货币的出现解决了商品间物物交换的困难，推动了商品交换的发展。以下关于货币职能的分析将说明，货币的产生并没有消除使用价值和价值之间的矛盾，而是进一步发展了商品的内在矛盾。

货币是商品，它和一般商品一样是实在商品体，具有一般商品的特性；货币又是一种特殊商品，它是一切商品共同的价值表现材料，发挥着一般等价物的作用。随着商品经济的不断发展，货币形式也出现了新的变化。但是，不管货币形式怎么发展，货币充当一般等价物的本质作用不会改变。

二、货币的本质和职能

货币是在商品经济的发展过程中自发产生的，它是商品内在矛盾运动的必然产物。货币的本质是固定地起一般等价物作用的商品。货币的职能是由货币的本质决定的，是货币本质的表现。在发达的商品经济中，货币具有价值尺度、流通手段、贮藏手段、支付手段和世界货币五种职能。其中价值尺度和流通手段是最基本的职能。

1. 价值尺度

货币作为衡量和计算一切商品价值量的尺度，就是**价值尺度**的职能。货币之所以能够用来衡量一切商品的价值，是因为它本身也有价值；如果本身没有价值，就无法衡量别的商品的价值。正如可以衡量其他一切物品长度的尺子，其本身也必须具有一定的长度一样。

马克思说“货币作为价值尺度，是商品内在的价值尺度即劳动时间的必然表现形式”①。这就是说，商品价值并不是因为有了货币才可以被衡量的，而是由于商品价值就是凝结的人类劳动，所以它本身就可以由劳动时间来衡量。货币作为价值尺度不过是商品内在价值的外在表现。

货币充当价值尺度可以是观念上的，就是说要衡量某一商品价值的多少，并不需要把现实的货币摆在那里比较，只要写出或说出值多少货币就可以了。

商品价值的货币表现就是**价格**。但是，货币要计量和比较各种商品的价值，它本身就必须以固定的计量单位作为标准，如以白银作为货币，就需要把白银划作两、钱、分等计量单位。这种有统一规定的用以衡量货币本身的计量单位，就叫做**价格标准**（或称价格标度）。有了价格标准，货币才能更好地发挥价值尺度的作用，货币作为价格标准所起的作用和价值尺度是不同的。作为价值尺度，它是人类劳动的社会化身，用以衡量商品的价值，使之表现为价格；作为价格标准，它是规定贵金属重量的技术标准，是用来衡量和计算货币金属本身的数量的。但二者又有密切的联系，规定价格标准是为了使货币能够更准确地执行价值尺度的职能。

2. 流通手段

货币作为买卖商品的手段来使用，就是**流通手段**的职能。货币作为流通手段，起着媒介商品交换的作用。以货币为媒介的商品交换就是商品流通。

① 《马克思恩格斯全集》第23卷，北京：人民出版社，1972年，第112页。

在货币出现以前，商品交换采取以物易物的形式，在交换过程中，卖的过程同时就是买的过程，二者是结合在一起的。而在以货币为媒介的商品流通中，某人卖了之后，却不一定马上就买。卖掉商品的人可以握有货币而一时不购买商品，这就相应地会使另外的人卖不出商品，于是卖和买可能出现脱节现象。可见，货币作为流通手段出现以后，就已经有了危机的可能性。当然这种可能性要成为现实性，需要商品经济发展到一定的高度。

货币作为流通手段，最初是以贵金属条块的形式出现的。但这种形状不一、重量不等、成色不同的贵金属条块，给交换的进行带来了不便，于是就逐渐产生了具有一定形状、重量、成色和标明面额价值的金属货币，这就是铸币。铸币原本是由国家铸造，作为法定货币来流通的。我国早在春秋战国时期就已经出现了用铜铁制作的铸币。秦始皇统一六国（公元前 221 年—公元前 207 年）后，统一制作了铜铸币，即秦半刀钱，在全国流通。

铸币的长期流通，由于不断的磨损而会使重量减轻，但这种不足值的货币仍可以照常充当流通手段，因为作为商品交换媒介的货币，不断地从它的所有者手里流向别处。因此，商品所有者关心的是货币能否充当流通手段，而并不关心货币是否足值。铸币的实际价值和它所标明的价值的脱离，使贵金属货币由价值符号来代表成为可能，于是后来就出现了纸币。纸币是国家发行的、强制流通的价值符号，它代表贵金属货币执行流通手段的职能。我国的纸币最早出现在北宋时期（960 年—1127 年），当时的纸币叫做“交子”。

3. 贮藏手段

货币是一般等价物，谁有货币谁就可以任意购买各种商品，于是货币就成了社会财富的一般代表。货币的这种性质，引起了人们贮藏货币的欲望。货币退出流通而作为社会财富被人们贮藏起来，就是**贮藏手段**的职能。

货币作为贮藏手段，既不能是观念上的即想象中的货币，也不能是价值符号，而必须是足值的金属货币。

贮藏货币可以调节货币的流通量，流通中需要的货币量减少时，多余的金属货币就会退出流通，贮藏起来；流通中需要的货币量增加时，贮藏的货币就会重新投入到商品流通中。在私有制商品经济中，货币贮藏的这种调节作用，是自发进行的。

纸币本身没有价值，它的价值在于流通，因此，纸币不具备贮藏手段的功能。但是，在现实的纸币流通条件下，纸币也可以以储蓄的形式贮藏下来。虽然它没有实在的价值，但纸币符号表明持有者从社会中取得相应数量商品和劳务的价值，储蓄纸币表明持有者推迟对这种权利的使用，是为了在以后更为合理地使用。不过，纸币与金属货币贮藏还是有区别的，这些货币储存者暂时未使用的纸币，最终还是要通过各种方式进入流通以购买商品，而不是像金属货币的贮藏那样退出流通过程。

4. 支付手段

随着商品经济的发展，出现了赊账买卖，在赊购到期时，以货币来偿还，货币便执行**支付手段**的职能。货币作为支付手段，还可以用来支付租金、利息、工资和赋税等。

货币作为支付手段，可以使商品在缺乏现金的情况下得以流通，从而有利于商品经济的发展；而且由于有些债务可以相互抵消，不再需要以货币作为流通手段，这就可以节省流通中所需要的货币量。

同时，货币作为支付手段也扩大了商品经济的矛盾。在存在支付手段的条件下，许多商品生产者以赊账买卖的方式发生债务关系，形成债务链。例如，甲欠乙的钱，乙欠丙的钱，丙欠丁的钱，如果其中任何一个人因故未能按期偿还债务，就会影响其他一系列人支付欠款，由此引起的连锁反应，会使许多商品生产者因缺乏货币而无法继续生产。

5．世界货币

货币越出一国的范围，在国际经济关系中充当一般等价物的作用，就是它的**世界货币**的职能。

铸币和纸币的制造与发行，都是由一定的国家政府机关负责和认可的。因而，作为世界货币就不能采取铸币和纸币的形式，而必须采取原来的贵金属条块的形式。在现实生活中，某个国家由于经济力量十分强大和某些特殊的历史原因，该国的铸币和纸币可以在一定时期在世界很大的范围内起着世界货币的作用，如第二次世界大战后的美元。

货币的世界货币职能，主要有以下几方面：①作为一般的支付手段，用来支付国际支付的差额；②作为一般的购买手段，用来购买外国的商品；③作为社会财富的代表，由一国转移到另一国，如支付战争赔款以及财产转移等。

货币的各种职能，都共同表现了货币作为一般等价物这一本质特征。在货币的五种职能中，价值尺度和流通手段是它的基本职能，货币一旦产生就同时具有这两种职能，其他几种职能是随着商品经济的发展而逐渐产生的。

三、货币形式的演变

货币最初采用金银条块的形式，每次商品交易都需鉴定其成色和分量，十分不便。随着商品交换的发展，为了交换的方便，逐渐产生了具有一定形状、重量、成色和标明面额价值的金属铸币，货币的金属条块形式发展为铸币形式。它一般由国家铸造，作为法定的货币在市场上流通。

铸币在长期流通过程中逐渐磨损，由足值的变成不足值的货币，但这种不足值的铸币也和足值的铸币一样流通。这种情况表明，货币作为流通手段可以由价值符号来代替，于是就出现了纸币。纸币是由国家发行的强制使用的价值符号，它代表金属货币执行流通手段的职能。我国的宋代和欧美的近代出现了纸币以后，纸币逐渐成为世界各国普遍采用的货币形式。随着经济的进一步发展，又相继出现了各种各样的信用货币。

信用货币是代替金属货币充当支付手段和流通手段的信用证券。如银行券、支票、期票、汇票等。信用货币是从货币作为支付手段的职能中产生的。但它产生以后，既可作为支付手段，又可以在市场上流通，作为流通手段。信用货币本身没有价值，它的流通是以信用为基础，其流通范围和程度取决于发行人的信用。在现代市场经济比较发达的一些国家，信用货币的使用范围非常广泛，比较大额的货币支付一般都使用信用货币。

银行券是信用货币的主要形式，它是由发行银行发行的用以代替商业票据的银行票据。银行券主要是通过银行贴现商业票据而进入流通的，它是为了解决商业票据流通的局限性和银行现金不能满足商业票据持有人贴现需要的矛盾，而由银行发行银行票据来代替私人票据。典型的银行券是一种不定期的债务凭证，发行者必须保证随时都能够兑现。银行券代替金属货币发挥流通手段的职能，从而节约了金属货币，也方便了交易。第一次世界大战后，资本主义国家相继放弃了金本位制，银行券也就停止兑换黄金白银，因而成为不兑现的“纸币”。

银行券和纸币虽然都是本身无内在价值的货币符号，但它们之间是有区别的。这主要是：①纸币是从货币的流通手段职能中产生的，是价值符号的完成形式；而银行券却产生于信用关系，是在货币作为支付手段职能的基础上形成的。②纸币是由政府发行并依靠国家权利强制流通的；银行券则是由银行通过短期商业票据贴现而发行的。③纸币不能兑现，而银行券则可以随时兑现，它具有黄金和商业票据的双重保证。④纸币如发行过多就会贬值，而银行券不会贬值，如果停止兑现，就变成了纸币，并受纸币流通规律的支配。

银行券变为不兑现的信用货币，是资本主义国家20世纪以来的主要货币形式，因而被称为现代货币。银行券的纸币化，首先，表现在银行卷发行性质的改变上，它的发行不仅仅是为了适应商品流通的需要，而是为了进行战争和国民经济军事化的需要。因而它的流通也主要靠国家支持而强制流通；其次，金本位制的崩溃，加速了银行券的纸币化；再次，贵金属的增长量不能满足商品经济发展的需要，是银行券纸币化的经济原因；最后，银行券的兑换性，使国家的货币政策往往缺乏主动权和灵活性，影响国民经济的发展，因而现代各国都相继使用不兑现的信用货币，即现代纸币。

现代纸币制度的主要特点是：①通过信用程序，由国家的中央银行垄断发行，而不是由政府直接发行；②它是一国流通中的合法通货，其发行数量与黄金储备没有联系；③国家对货币流通的管理和调节日益加强，各国都把货币政策作为实现宏观经济目标的重要手段。

现代货币的形式主要有钞票和支票存款两种。钞票就是纸币，亦即现金；支票存款也叫**存款货币**，是指存在银行而使用支票可以随时提取的活期存款。由于现代资本主义制度下的银行支票可以流通，具有通货的作用，因而银行活期存款余额被视为通货，故称之为存款货币。

第二次世界大战之后，随着信用制度的发展和电子技术的广泛使用，货币形式从有形逐渐向无形发展，现代货币将逐步发展到电子货币。电子货币是一种无形货币，即贮存于电子计算机中的存款货币。电子货币不需要任何物质性的货币材料，在交易中通过银行进行电脑转账，一切交易都不需要现金，是一种纯粹观念性的货币。电子货币的出现，既迅速又简便，可以节省银行处理大量票据的费用。

在现代，随着国际金融和国际贸易的发展，货币作为世界货币职能的形式也发生了很大的变化，出现了一些新型的国际货币形式。如国际货币基金组织在1970年建立的集体结算单位——特别提款权，是国际货币基金组织成员国之间的标准信贷基金，它并没有黄金作为物质基础，却可以代替黄金起世界货币作用，故被称作“纸币黄金”。

四、货币流通规律

在商品流通中，货币不断地由买者手里转移到卖者手里，货币作为商品流通媒介的不断运动，就是**货币流通**。

从现象上看，商品流通好像是由货币流通决定的，是货币流通的结果，其实不然。货币流通是由商品流通引起的。正是因为商品要买卖、要流通，所以才出现媒介商品买卖的工具——货币。可见，没有商品流通，也就没有货币流通。商品流通是货币流通的基础。既然如此，为什么还出现货币流通决定商品流通的假象呢？这是因为商品是不断地由生产领域进入流通领域的，商品出卖之后就退出流通领域而进入消费领域；但货币却不然，它总是停留在流通领域作为商品交换的媒介，这就使人感到货币流通是主动的，商品流通反而是被动的。

既然货币作为流通手段在流通领域中发挥它的职能，那么在一定时期内，流通领域究竟需要多少货币呢？

流通中的货币需要量取决于以下几个因素：①待售商品总量；②商品的价格水平；③货币的流通速度。前两项相乘就是商品价格总额。流通中的货币需要量与商品价格总额成正比，而与货币流通速度成反比。假定，一年内待售商品的价格总额为100亿元，若货币的流通速度是一年2次，则流通中的货币需要量就是50亿元；若货币流通速度是一年4次，则流通中的货币需要量就是25亿元。上述数量关系，用公式表示为：

$$\text{一定时期内流通中需要的货币量}=\frac{\text{待售商品的价格总额}}{\text{同一单位货币的平均流通速度（次数）}}$$

一定时期内商品流通所需要的货币量，等于全部待售商品的价格总额除以同一单位货币的平均流通速度，这就是**货币流通量规律**。不过考虑到货币支付手段的作用，对货币流通量规律还需要作更完善的表述。

在货币作为支付手段的情况下，一方面，需要动用货币的地方，不仅有商品买卖，而且有清偿债务、支付工资以及缴纳税款等；另一方面，在有商品买卖的地方，也不一定都需要动用货币，因为随着商业信用关系的发展，在很多情况下，商品买卖采取赊购和各当事人债权债务相抵消的办法。考虑到以上两方面的情况，货币流通量公式应为：

一定时期内流通中需要的货币量＝（待售商品的价格总额－赊销商品的价格＋到期总支付总额－相互抵消的支付总额）/同一单位货币的平均流通速度（次数）

纸币既然可以代替金属货币执行流通手段的职能，那么它的流通量是怎么决定的呢？马克思说，“纸币流通的特殊规律只能从纸币是金的代表这种关系中产生。这一规律简单说来就是：纸币的发行限于它象征地代表的金（或银）的实际流通的数量”①。如果国家发行的纸币和流通中所需要的金属货币量相适应，那么纸币就能够完全代表金属货币量正常流通，物价就可以保持稳定；如果纸币发行量少于流通中所需要的金属货币量，可能一部分商品因缺少流通手段而不能流通；如果纸币发行量超过了流通中所需要的金属货币量，纸币发行量再多，也只能代表流通中所需的金属货币量，所以，就会发生纸币贬值、物价上涨的情况，这就是所谓的**通货膨胀**。由此可知，纸币超过流通中所需金属货币的发行量与单位纸币所代表的货币价值成反比，与物价上涨的程度成正比。有的国家在某个时期，为了调节经济也采用通货紧缩政策。**通货紧缩**是指在市场流通中收缩货币供应量或者

① 《马克思恩格斯全集》第23卷，北京：人民出版社，1972年，第147页。

减少纸币发行量，使之少于市场上媒介商品流通所需要的货币量，以减轻纸币贬值的程度或使纸币升值，使得市场上商品的价格下降，从而提高货币购买力。

第三节　价值规律

一、价值规律的内容和要求

价值规律是商品经济的客观经济规律。它的基本内容和客观要求是：商品的价值量由生产商品的社会必要劳动时间决定的，商品的交换依据商品的价值量实行等价交换。

关于商品的价值量如何决定的问题，如前所述，单位商品的价值量不是由生产该商品的个别劳动时间决定，而是由社会必要劳动时间决定的。社会必要劳动时间不仅决定单位商品生产中活劳动新创造的价值量，而且决定生产该单位商品的生产资料转移的价值量。由社会必要劳动时间决定的新创造的价值量和转移价值量的统一，构成该商品的社会价值量。商品交换必须依据商品的社会价值量实行等价交换。

二、价值规律的作用形式

价值规律要求相交换的商品的价值量要相等，即要求进入交换领域的商品的交换价值和价值一致。但是，在现实的商品交换中，商品的交换价值与价值相一致只是个别的、偶然的现象，而交换价值与价值相背离的情况则是经常发生的。这是因为，交换价值虽然以价值为基础，但还要受其他一些因素的影响，其中主要受商品供求关系的影响。在以货币为媒介的商品交换条件下，商品交换价值表现为价格。价格是商品价值的货币表现。商品市场中存在着商品供给量和需求量的对比关系，即供求关系。当某种商品在市场上的供给量不能满足需求量即供不应求时，商品的购买者为了获得商品，必然竞相购买，价格就会涨到价值量以上。反之，当某种商品的供给量超过需求量，即供过于求时，商品销售者必然竞相出售，价格就会跌到价值量以下。在以私有制为基础的商品经济中，生产是盲目进行的，因而商品的供给与需求经常存在不平衡，商品的价格与价值也就经常地不一致。

商品的价格与价值经常地不一致，并不意味着违背了价值规律，更不表明价值规律失去作用，这是因为：①从孤立的一次商品交换来看，商品的价格可能高于或低于价值，但从商品交换的总体来看，也就是从较长时间来看，价格的上涨部分和跌落部分可以相互抵消。②从不同商品各自的价格变动来看，商品的价格无论怎么波动，都是以各自的价值为基础而变动的。例如，一辆普通自行车的价格不管怎么波动，它的价格总是低于一辆汽车的价格，原因就在于自行车的价值低于汽车的价值。

可见，价格的这种上下波动，既不是无限制的上涨，也不是无限制的下跌，它始终是以商品的价值为基础的，上涨后又下跌，下跌后又上涨。这正表明，商品的价格归根到底还是受价值制约的。所以价格以价值为基础，围绕着价值上下波动，不仅不是对价值规律的否定，而正是价值规律作用的表现形式。商品的价格以价值为基础，围绕着价值上下波动，使商品按社会必要劳动时间决定的价值进行交换成为现实。

三、价值规律的一般作用

价值规律是商品经济的基本规律，凡有商品生产和商品交换的地方，价值规律就必然起作用。价值规律在私有制商品经济中对社会经济发展的作用，主要有以下几个方面。

（1）它自发地调节着生产资料和劳动力在各社会生产部门之间的分配，即调节社会资源的配置。商品价格的高低，直接关系到商品生产者的经济利益。当某种商品供不应求的，它的价格就会高于价值，从而有利可图，就会有一些商品生产者把自己拥有的生产资料和劳动力投入到这一部门中来。相反，当某种商品供过于求时，它的价格就会低于价值，从而使生产者受损，该商品生产者就会把自己拥有的生产资料和劳动力从这一部门转移到另外的部门中去。在以私有制为基础的商品经济中，商品经济部门之间的比例关系，就是依靠价值规律来自发调节的。当然，生产资料和劳动力的转移，只有当市场上供求矛盾表现得比较尖锐时，人们才感觉到它的必要。在生产资料和劳动力转移的过程中，各生产部门之间的比例关系会因为这种转移而接近平衡，但由于生产无政府状态的发展和激烈的竞争，又会使这种比例失去平衡，重新引起生产资料和劳动力的转移。所以，由价值规律自发调节而形成的比例，只能是暂时的和不稳定的；同时，生产资料和劳动力在不断地由一个部门转移到另一个部门时，必然造成巨大的损失和浪费。

（2）价值规律的作用自发地刺激商品生产者改进技术，改善经营管理，促进社会生产力的发展。商品是按照由社会必要劳动时间决定的价值量来交换的。商品生产者如果改进了技术，提高了劳动生产率，他的个别劳动时间耗费就会低于社会必要劳动耗费，但他在市场上仍可以按照社会必要劳动时间决定的价值量出售商品，这样他就可以得到比别人更多的收入。相反，如果商品生产者的个别劳动耗费超过了社会必要劳动耗费，他就必然不赚钱甚至亏本。这两方面的情况都会刺激商品生产者不断改进生产技术，改善劳动组织，提高经营管理水平，提高劳动生产率，以求降低个别劳动耗费，谋取较多的赢利。

当然，在价值规律促进社会生产力发展的同时，由于各个私有的商品生产者为了保持自己在竞争中的优势，总要对自己所采用的新技术和经营方式保密，这又会阻碍新技术的推广和经营管理的改善，从而不利于生产力的发展。

（3）价值规律促使小商品生产者两极分化，并在一定条件下引起资本主义生产关系的产生。由于各个商品生产者的生产条件不同，经营管理水平不同，虽然各商品生产者生产同种商品，但是个别劳动时间的耗费却不一样，有的高于社会必要劳动时间，有的低于社会必要劳动时间。在商品按照价值出卖的情况下，个别劳动时间低于社会必要劳动时间的，就会多赚钱；个别劳动时间高于社会必要劳动时间的，就会不赚钱甚至亏本。同时，各个商品生产者的本金多少不一样。本金雄厚的，在市场价格波动的情况下，可以等待有利时机，高价卖出产品，低价买进原料；本金不充裕的，由于没有多余的资金用于周转，在产品生产出来以后，就必须及时卖掉才能继续进行生产，以致不得不在市场条件不利的情况下，被迫低价卖出产品，高价买进原料。因此，本金雄厚的就有可能压倒本金不充裕的。此外，由于各种原因，有的商品生产者经营的商品赢利大，有的商品生产者经营的商品赢利小、不赢利甚至亏本，这样前者就敢于“薄利多销”，做到扩大经营，而后者的经营就受到了限制。

上述情况说明，在价值规律的作用下，小商品生产者会发生贫富悬殊，导致两极分化。但是，小商品生产并不是在任何历史条件下都会产生资本主义。小商品生产在原始社会末期就开始出现，在奴隶社会和封建社会都大量存在过，但只有在封建社会末期，小商品生产者的两极分化才导致资本主义的产生。因为资本主义生产关系的出现，不仅要有商品经济一定高度的发展，而且要有大批具有人身自由的劳动者，他们既不能像奴隶和农奴那样依附于奴隶主和封建主，也不能像封建手工业中的帮工、学徒那样依附于行东，而是可以自由地出卖自己的劳动力。否则，那些手中有大量货币的商品生产者就不可能雇佣到劳动力，也就无法进行资本主义生产。在封建社会末期，由于生产力的发展和农民不断起义，腐朽的封建主义生产关系逐渐解体。一方面，一些手工业者和商人手里积蓄了相对数量的货币；另一方面，有不少个体农民、手工业者和小商贩破产，成为具有人身自由的劳动者。正是在这种特定的历史条件下，随着商品经济的发展，资本主义生产关系便产生了。

第四节　劳动价值论的再认识

一、问题的提出

马克思的劳动价值论是马克思主义政治经济学的基石，它形成于19世纪中叶。那时，正是西方社会处于资本主义自由竞争和工业化蓬勃发展时期。马克思从唯物史观出发，运用唯物辩证法的分析方法，对古典经济学提出的劳动价值论进行了深入的分析与批判。在分析与批判中，马克思发现并科学论证了生产商品的劳动二重性，解决了古典经济学的劳动价值论中存在的一系列疑难问题，从而奠定了劳动价值论的科学基础。正是在科学的劳动价值论的基础上，马克思深刻分析了资本主义生产方式内在的矛盾运动，发现并科学论证了资本的生产过程、流通过程和分配过程，建立了由剩余价值理论、社会资本再生产理论、平均利润与生产价格理论、地租理论等组成的新的政治经济学体系。因此，任何认为可以离开劳动价值论来谈论马克思主义政治经济学的观点都是错误的。否定了劳动价值论，就必然会否定剩余价值论，否定马克思主义政治经济学。

但是，政治经济学本质上又是一门历史科学，它所涉及的研究对象和研究材料是处在不断发展和经常变化之中的。仅就资本主义生产方式而言，20世纪与19世纪相比，就有了很大的变化。在19世纪，资本主义生产方式还处在自由竞争和生产无政府状态；到了20世纪，资本主义生产方式进入垄断、垄断竞争和政府宏观调控并存的新时期。在19世纪，资本主义生产还处在工业化蓬勃发展的历史阶段；到了20世纪，特别是20世纪50年代以后，资本主义生产进入信息化蓬勃发展的历史阶段。在19世纪，国际分工和世界市场还处在以自然资源为基础的分工、制成品生产国与原料食品生产国之间的分工的发展阶段；到了20世纪50年代以后，特别是20世纪80年代以后，国际分工和世界市场进入了以工业部门内部分工和产业部门内部分工为主，以现代工艺、技术为基础的分工的新时代。

再从中国的现实来看，中国在20世纪50年代以后，实行了近三十年的高度集中的计划经济，但是从20世纪80年代开始，中国进入了改革开放的新时期。经过三十多年的改革开放，中国已经从传统的计划经济体制转向了社会主义市场经济体制。在这个过程中，整个经济面貌发生了很大的变化，单一的公有制经济转向以公有制为主体、多种所有制共同发展的混合经济；单一的按劳分配体制转向按劳分配与按生产要素分配相结合的分配体制；单一的指令性计划调节机制转向以市场调节为主、以计划调节为辅的调节机制；传统的物质产品平衡的核算体系转向国民账户核算体系。在这个过程中，出现了一系列新情况、新问题，需要人们在理论上给以解释，在实践中给以解决。这些问题被人们自觉或不自觉地指向了劳动价值论和政治经济学。因此，如果劳动价值论、政治经济学仍停留在19世纪和20世纪50—70年代以前的历史阶段，它就不能对当代经济发展的新情况、新问题给以令人信服的解释，它就会被时代的发展所抛弃。

因此，中共中央在制订国民经济和社会发展第十个五年计划的建议中提出："新的历史条件下，要深化对劳动和劳动价值论的认识。"①

二、生产劳动与非生产劳动

从最一般的意义上讲，劳动是指人类创造物质财富或精神财富的活动，是人类社会存在和发展的基础。在马克思看来，在商品经济中，劳动可以分为生产劳动和非生产劳动。但是，这种划分是与一定的生产方式相联系的。在一般商品经济中，所谓**生产劳动是指既创造使用价值又创造价值的劳动；而非生产劳动则是指与使用价值的创造没有联系，仅仅与价值运动相联系的劳动，如单纯的商业劳动；或者，虽然与使用价值相联系，但不与价值相联系的劳动，如不与市场发生联系的自给自足的劳动**。然而，这种定义对资本主义商品生产而言是不适用的。在马克思看来，在资本主义商品生产中，所谓**生产劳动则是指既创造商品使用价值又创造剩余价值的劳动**。这就是说，在资本主义社会，一种劳动虽然既创造商品使用价值又创造价值，但只要不创造剩余价值，这种劳动就不能称为生产劳动。比如，在资本家的眼中，他雇用的家庭服务人员和他在其企业里雇用的工人是不一样的，前者只是给他提供了消费性的服务，没有给他带来剩余价值，因而是非生产性的；后者却给他带来了剩余价值，因而是生产性的。但是，从社会的角度来看，被雇用的家庭服务人员的劳动则符合一般商品经济中生产劳动的定义，因为在他们的劳动中，既提供了一种使用价值，又创造了价值，因而是生产性劳动。这就产生了一个问题，在资本主义社会，判断一种劳动是否是生产劳动，有两个标准，这就给国民收入核算带来了麻烦。不仅如此，一个社会，如果生产方式越多，生产劳动的标准就越多，要建立统一的国民收入核算体系就是不可能的。

因此，仅仅从建立统一的国民收入核算体系出发，就必须统一生产劳动的判断标准。在我们看来，只有从一般商品经济的角度来定义生产劳动，即把生产劳动定义为既创造使用价值又创造价值的劳动。创造使用价值即创造财富的劳动是生产性的，这不难

① 张宇、孟捷、卢荻主编：《高级政治经济学》，北京：经济科学出版社，2002年，第65页。

理解；但它必须同时又是创造价值的劳动，才是生产性的。恰恰是在后一点上，人们的认识并不统一。因此，要深化对劳动的认识，首先要深化对创造价值的劳动的认识。

根据马克思的劳动价值论，判断一种劳动能否创造价值的标准，应当包括四个方面的内容：①这种劳动的产品具有使用价值，同时又是交换价值的承担者；②这种劳动的产品有人类抽象劳动的体现或物化在里面；③这种劳动的产品必须进入交换领域，成为商品；④这种劳动所生产的商品价值量，是由生产该商品的社会必要劳动时间决定的。在，这四条标准中，最关键的是第③条。因为价值从本质上讲，是社会分工体系下商品生产者相互交换劳动的社会关系。离开了交换，产品生产者只是自己与自己的产品发生关系，他的劳动就无须表现为价值。所以，根据这四条标准，作为价值实体的无差别的人类劳动，不管以何种形式进行，也不管是凝结在物质的、有形的商品上，或是凝结在无形的精神财富上，还是凝结在流动形态的服务上，只要是符合市场需要并经过交换领域，就创造了价值，这样的劳动就是创造价值的劳动。所以，价值的存在形式与商品的物的实在性并没有什么关系。只要符合这四条标准，在现实生活中，物质资料生产的劳动、知识创造和传播的劳动、经营管理的劳动和服务性的劳动，都可以是创造价值的劳动，物质产品、知识产品和服务产品都可以具有价值。如果不符合这四条标准中的任何一条，上述劳动就不是创造价值的劳动，上述产品也就不是具有价值的产品。

一种劳动和它的产品如果不经过交换，它的价值怎么体现呢？价值是社会分工条件下人们相互交换劳动的社会关系。在现代社会中，社会分工已高度发展，人们相互交换劳动的社会关系也日益复杂。但是，这并不意味着人们的一切劳动都要经过交换。比如，家务劳动在现代家庭生活中仍然是不可或缺的，它与通过市场交换的家政劳动是不同的。虽然从这类服务的内容上看并无多大差别，但是，前者不是创造价值的劳动，而后者却是创造价值的劳动，其创造的价值完全可以纳入到国民收入核算之中。再如，城市清洁工的劳动，这种劳动是社会分工体系中不可或缺的劳动，但它的公益性质使之具有非排他性，即人们不付费也能消费它，因而，它只能由政府免费提供。从表面上看，城市清洁活动不存在交换关系，但实际上仍然是一种交换关系，是政府出资，城市环卫部门为社会提供清洁服务。所以，这类劳动不仅是社会必要劳动，而且是创造价值的劳动。

至于知识劳动是否是创作价值的劳动，这个问题已被人们广泛关注，因为人类已经跨入知识经济的时代。但是，不能笼统地说知识劳动是或不是创造价值的劳动，是与不是只能用上述四条标准来衡量。比如，一个科学家在基础研究中有了重大发现，他的科学成果对人类来讲，是无价之宝。但是，只要这一科学成果没有专利化，没有进入交换领域，科学研究活动就没有体现相互交换劳动的社会关系，它只能是一种创造精神财富的劳动，而不是创造价值的劳动。总之，知识劳动不进入交换领域，它的价值就无从体现，就难以纳入到国民收入核算之中。因此，知识劳动只有在其产品专利化或市场化之后，才是创造价值的劳动。当基础科学研究与应用科学研究结合在一起，其成果专利化并进入市场，其价值接受市场竞争的客观评价，这种知识劳动才是创造价值的劳动，其创造的价值才能纳入国民收入核算之中。正因为如此，一个国家的技术市场越完善，知识产品和技术产品的交易越频繁，知识劳动创造的价值就越多。反之，一个国家的技术市场越不完善，知识产品和技术产品的交易越少，知识劳动创造的价值也就越少。

从事教育事业的劳动，是否是创造价值的劳动？这也需要具体问题具体分析，也不能笼统地肯定或否定。教育的成果是由具有一定知识和技能的劳动者创造出来的，然而劳动者是不能买卖它的。不经过市场交换，教育成果的价值就无法表现出来。如果受教育者完全自费接受教育，而教育机构用学费弥补教育成本，那么，教育者和受教育者之间就存在一种交换关系，因此，从事教育的劳动就是创造价值的劳动。如果受教育者完全是免费接受教育，而教育机构的教育成本完全由政府来支付，从表面上看，教育者和受教育者之间没有交换关系，但实际上，他们之间仍然是一种交换关系，只不过这种交换关系表现为政府与教育机构之间的交换关系。政府出钱，教育机构为国家培养所需要的劳动者。因而，从事教育的劳动仍然是一种创造价值的劳动。只有家庭内部的自我教育，比如父母对子女的教育，或子女自学成才，这里不存在交换关系，这种教育活动就不是创造价值的劳动。然而，家庭花钱请家教，这种教育活动就是创造价值的劳动，因为这种教育活动经过了交换，体现了相互交换劳动的社会关系。

总之，从一般生产的角度来看，凡是创造使用价值的劳动就是生产劳动；但是从一般商品经济来看，只有既创造使用价值同时又创造价值的劳动，才是生产劳动。在商品经济的社会里，只创造使用价值但不创造价值的劳动就不是生产劳动，因为这种劳动的成果不经过交换就无法纳入到国民收入的统一核算之中。

三、局部劳动与总体劳动

马克思在分析生产劳动时，曾提出局部劳动和总体劳动的概念。他指出：当劳动过程纯粹是一个个人的过程时，互相分离的各种生产职能会全部集中在劳动者一个人身上，什么都自己干，产品也表现为个人的产品。但是，当劳动过程由个人过程发展成为联合劳动者的过程后，情况就大不一样了。这时，产品从个体生产者的直接产品转化为社会产品，转化为总体工人及联合劳动人员的共同产品；总体工人的各个成员较直接或较间接地作用于劳动对象。因此，随着劳动过程本身协作性质的发展，现在不一定要亲自动手，只要成为总体工人的一个“器官”，完成他所属的某一职能就够了。①因此，在马克思看来，在社会化生产发展到联合劳动阶段时，生产劳动的概念扩大了。在联合劳动的条件下，在一个生产单位内部，直接对劳动对象进行加工的操作工人的劳动是生产劳动，各种辅助工人的劳动也是生产劳动；生产第一线的工人的劳动属于生产劳动，远离生产第一线的科室人员的劳动也是生产劳动；在车间主要从事体力劳动的工人的劳动是生产劳动，在职能科室主要从事脑力劳动的各种管理人员和技术人员的劳动也是生产劳动。

但是，有的学者把总体劳动的概念从企业扩大到整个社会，就值得商榷了。有的学者借用西方经济学“迂回生产”的概念，认为“随着市场范围的不断扩大和市场机制的日益完善，越来越多的企业内部分工外部化，导致生产的迂回线路拉长，劳动形式从个体形式转化为社会形式，直接产品转化为社会产品。生产劳动和它的承担者——生产工人的概念也必然随之扩大，出现了个体的局部劳动向企业内部的总体劳动，再向社会

① 《马克思恩格斯全集》第23卷，北京：人民出版社，1972年，第556页。

总体劳动的发展趋势"①。这里，把总体劳动区分为企业内部总体劳动和社会总体劳动，并把创造价值的劳动定义为社会总体劳动。这种总体劳动不仅包括企业的管理人员和技术人员，而且包括政府职能部门的公务员、科教文卫等事业部门，因此也就没有生产劳动和非生产劳动的区别了。所有的劳动全都纳入到社会总体劳动的范畴之中，那么，劳动产品还需要交换吗？马克思所说的总体劳动，是一个与商品经济相联系的概念，是指社会分工体系下各个生产经营单位的总体劳动，而不是指全社会的总体劳动。马克思所说的社会产品，只是企业或事业的联合劳动的产品，而非全社会的产品。正因为这样，不同企业或事业之间需要对方的产品时，只能用自己拥有的产品去交换。

随着生产社会化程度的不断提高和消费个性化的不断发展，一方面，许多企业的规模越来越大，个体的局部劳动转化为企业内部的总体劳动，总体劳动范围随之扩大了；另一方面，许多企业的内部分工外部化，企业的规模变小了，特别是制造业中的零部件生产的独立化和服务业的小型化，总体劳动范围也变小了。只看到总体劳动随生产社会化程度的提高而不断扩大，而看不到总体劳动也会随企业内部分工的外部化而缩小，并把总体劳动的概念推向极端，用"社会总体劳动"来定义创造价值的劳动，与其说是丰富了生产劳动的内涵，不如说是对生产劳动范畴的根本否定。

四、体力劳动与脑力劳动

体力劳动是指主要依靠体力进行的劳动，而体力则是指人体活动时所能付出的力量。在以手工工具为主的生产条件下，生产劳动主要是体力劳动，如农业、手工业、采掘业、运输业等劳动。脑力劳动则是指以消耗脑力为主的劳动，而脑力是指人的记忆、理解、想象等能力。比如，从事管理国家事务、宗教、教育、文化等活动的人，他们的劳动就属于脑力劳动。体力劳动与脑力劳动的分工被人们称为人类历史上的第三次社会大分工，它的出现有力地促进了人类社会文明的发展。当然，从事体力劳动的人在体力劳动中也会有脑力的支出；从事脑力劳动的人在脑力劳动中也会有体力的支出。

有人认为，马克思的劳动价值论只承认体力劳动是创造价值的劳动，这是对马克思劳动价值论的误解和歪曲。马克思分析资本主义商品生产是从简单商品生产开始的，这是运用科学抽象方法的体现。其实，在现代经济学的分析中，也只能是从简单的关系入手，再逐步上升到复杂的关系。在单个人的劳动过程中，劳动的各种职能是集于一身的，脑力劳动和体力劳动结合在一起，主要以体力劳动为主。即使如此，马克思在论述个体商品生产者的劳动时，也没有认为只有体力劳动是生产劳动，只有体力劳动创造价值。马克思在论述生产商品的劳动时间随劳动生产力的变化而变化时，始终认为在劳动生产力的决定因素中，不仅包括劳动者的劳动熟练程度，而且包括科学的发展水平和它在工艺上的运用程度，生产过程的社会结合（分工、协作、劳动组织、生产管理等）形式等。马克思在分析规模较大的社会劳动或共同劳动时，认为一旦从属资本的劳动成为协作劳动，管理、监督和调节的职能就成为必要。而且"随着劳动过程本身的协作性质的发展，生产劳动和它的承担者即生产工人的概念也就必然扩大。为了从事生产劳

---

① 刘诗白主编：《马克思主义政治经济学原理》，成都：西南财经大学出版社，2004 年，第 38 页。

动，现在不一定要亲自动手；只要成为总体工人的一个器官，完成他所属的某一种职能就够了”①。这就是说，当生产力发展到协作劳动的阶段，劳动过程的各个职能包括脑力劳动和体力劳动在协作生产组织内部就分离开了。总体工人包括了协作生产组织内部的所有岗位上的工作人员，如厂长、经理、工程师、技术员、财务人员、生产第一线的工人以及各种辅助人员等。在这些人员中，厂长、经理、工程师、技术员、财务人员主要从事脑力劳动，而生产第一线的工人以及各种辅助人员则主要从事体力劳动。可见，马克思认为，在商品生产条件下，不仅体力劳动可以是创造价值的劳动，而且脑力劳动也可以是创造价值的劳动。

五、简单劳动与复杂劳动

相比较而言，体力劳动的劳动复杂程度要低一些，脑力劳动的劳动复杂程度要高一些。在马克思看来，在同一时间里，劳动复杂程度高的劳动创造的价值比劳动复杂程度低的劳动创造的价值要多。问题是，怎样才能确定复杂劳动创造的价值相当于简单劳动的倍数呢？简单劳动与复杂劳动是马克思针对生产不同商品的各种劳动如何比较和换算时提出来的。在他看来，简单劳动是指不需要经过专门训练和培训的一般劳动者都能胜任的劳动。而复杂劳动则是指需要经过专门训练和培训，具有一定文化和技术的劳动者才能胜任的劳动。“比较复杂的劳动只是自乘的或不如说多倍的简单劳动，因此，少量的复杂劳动等于多量的简单劳动。”② 值得指出的是，复杂劳动与简单劳动的交换比例，不是通过商品生产者自觉计算来实现的。在市场经济中，它是通过市场和竞争，通过商品生产者无数次的交换行为而自发形成的。

生产不同商品的劳动的复杂程度是通过市场和竞争在交换中自发确定的，但是，在生产同类产品的协作劳动中，劳动复杂程度不同的各种职能的劳动对产品价值的贡献怎样评价呢？这里需要分析劳动的复杂程度与劳动力价值之间的关系。劳动力的价值是由生产和再生产劳动力的社会必要劳动时间决定的，而生产和再生产劳动力需要生活资料和教育培训，因此，劳动力的价值是由生产和再生产劳动力的必要生活资料的价值和教育培训费用决定的。在必要生活资料的价值既定时，劳动力的价值取决于教育与培训的费用，教育与培训的费用越高，劳动力的价值也越大。劳动力的价值越大，他所从事的工作岗位的劳动复杂程度就越高，在单位时间里对产品价值的贡献也就越大。在市场经济中，劳动力的价值也是由劳动力市场中的供求关系来评价，并通过竞争来实现的。

劳动的复杂程度与劳动生产率的关系如何是值得进一步分析的。马克思在论述商品价值量由社会必要劳动时间决定时，曾举例说，在英国采用蒸汽织布机后，把一定量的纱织成布所需的劳动可能比过去减少一半。这时，手工织布工人一小时的劳动产品只代表半小时的社会劳动。在这种场合，劳动生产率提高了一倍，社会必要劳动时间没有变，劳动的复杂程度也没有变。但是，进一步考察会发现，采用蒸汽织布机后，协作劳动的规模扩大了，协作劳动内部的分工与专业化的程度提高了，指挥、监督、协调与调

① 《马克思恩格斯全集》第26卷，北京：人民出版社，1972年，第443～444页。

② 《马克思恩格斯全集》第23卷，北京：人民出版社，1972年，第58页。

控的职能大大增强了，维修蒸汽机和织布机以保持其正常运转的技术人员出现了，因此，采用蒸汽织布机后总体劳动的复杂程度，比手工织布时工场手工业的总体劳动的复杂程度要高。考虑到劳动复杂程度随劳动生产率的提高而提高，劳动生产率与单位产品的价值量成反比的结论就需要修改了。如果劳动复杂程度的提高没有劳动生产率提高的程度大，那么单位产品的价值量会随劳动生产率的提高而下降，但下降的幅度没有劳动生产率提高的幅度大。在现代社会的发展中，随着科学技术的不断深化和生产力的不断提高，资本密集型产业的协作劳动的规模越来越大，与过去相比，劳动复杂程度也相应提高，在相同时间里创造的价值也越来越多。而新兴产业的出现，包括拥有高新技术的制造业和知识密集的服务业，总体劳动的复杂程度比传统产业的总体劳动的复杂程度要高得多，在单位时间里创造的价值也多得多。

这就可以解释为什么20世纪以来，特别是第二次世界大战结束以来，随着社会生产力和科学技术的发展，不论是西方发达国家，还是新兴的市场经济国家，一方面劳动时间大大缩短了，由每周48小时减少到40小时，而劳动者的实际工资却在不断提高，这意味着劳动力的价值在提高；另一方面，资本家的利润也在不断提高。正是因为劳动的复杂程度随科学技术的进步和生产规模的扩大而不断提高，单位时间内创造的价值越来越多，雇佣工人的实际工资和资本家的利润才会同时增长。也正是因为劳动的复杂程度随科学技术的进步和生产规模的扩大而不断提高，单位时间内创造的价值越来越多，社会资本有机构成的大幅度提高并没有导致平均利润率明显的下降。

六、物质生产领域与非物质生产领域

马克思认为，物质资料生产是人类社会存在和发展的基础。人类社会只有首先解决了衣食住行问题，才谈得上从事其他活动，即政治的、文化的、宗教的以及社会交往的一切活动。所以，他把物质资料生产的生产方式以及与其相适应的生产关系和交换关系作为政治经济学的研究对象。所谓物质资料生产，是指劳动者运用劳动资料，作用于劳动对象使之发生相应的变化，以满足人类（首先是生产者自己）生存、享乐和发展需要的过程。因此，物质资料生产的范围取决于劳动对象的广度和深度，而劳动对象的广度和深度则取决于人类生存、享乐和发展需要的广度和深度。人类生存、享乐和发展需要可以划分为两个方面：一是直接的生活需要；二是间接的生产需要。直接的生活需要又划分为有形的产品需要和无形的服务需要。由于有形的产品需要是人类一切需要中最基本的需要，而有形产品来源于自然界，无形的产品则来自人类社会本身。所以，劳动对象首先来自自然界，以后逐渐拓展到人类社会。现代服务业的发展就是劳动对象拓展到人类社会的表现。所以，从广义上讲，物质资料生产既包括有形产品的生产，也包括无形产品的生产。

然而，在马克思所处的时代，有形产品的生产是社会生产的主体部分，无形产品的生产还很不发达。马克思考察物质资料生产时，主要考察的是有形产品的生产。但是，他并没有把无形产品的生产即满足人们生活需要的各种服务完全排除在外。

问题出在马克思政治经济学的继承者身上。他们把有形产品的生产归结为物质资料生产，把无形产品的生产即满足人们生活需要的服务归结为非物质资料生产。在他们看来，物质资料生产创造价值，而非物质资料生产不创造价值。由此形成了“物质产品平衡的核算体系”。物质产品平衡体系将整个社会划分为两大领域：物质生产领域和非物质生产领域。①物质生产领域包括两大部门：创造具体物质产品的部门，即工业、建筑业、农业、林业等，其主要特点是以生产性劳动创造价值和收入；物质产品的流通部门，即运输业、交通业、分配性商业、其他物质生产部门等，其主要特点是以物质性劳务追加价值和收入。②非物质生产领域包括两大部门：满足个人文化和日常需要的部门，即住房、公共服务和公用事业，教育、文化和艺术，卫生、社会保障和体育等；满足社会一般集体需要的部门，即科学和科学性服务，金融、信贷和保险，其他非物质生产部门等。它们的共同特点是以非物质性劳务提供服务，不创造价值和收入。

根据我们前面对生产劳动和非生产劳动的理解，不仅直接为人们生活提供服务的部门，如商业、旅游业、酒店餐饮业、美容美发业等部门的劳动属于生产劳动；而且公共服务和公用事业，教育、文化和艺术，卫生、社会保障和体育，科学和科学性服务，金融、信贷和保险等部门，只要是经过交换，其劳动者的劳动也是生产劳动。因此，物质资料生产部门的内涵的外延扩大了，非物质生产部门仅指政府机关。

七、价值创造与财富生产的关系

对商品经济而言，价值创造与财富生产之间是既相互联系又相互区别的关系，因此，既不能把二者绝对地对立起来，也不能简单地等同起来。商品是使用价值与价值的统一体，二者不可或缺。使用价值是价值的物质承担者，价值寓于使用价值之中，没有使用价值，就没有价值；同时，价值使使用价值成为商品的使用价值，即满足他人需要而不是满足生产者自己需要的使用价值，没有价值，使用价值只是一般物品的使用价值，是不能用于交换的使用价值。这种使用价值与价值相统一的社会产品即财富，它包括物质财富和精神财富。由于价值的创造不是孤立地进行的，而总是与财富的创造过程结合在一起的，离开一定的财富创造过程，也就谈不上价值的创造，因而，它容易使人产生误解，以为价值创造和财富生产是一回事，把二者直接等同起来。实际上，价值创造和财富生产并不完全是一回事。

所以，价值是指凝结在商品中的人类一般劳动，它体现着商品生产者之间相互交换劳动的社会关系。而财富则是指能满足人们某种需要的东西，即具有使用价值的东西，包括自然财富、物质财富和精神财富，它体现着人对自然界的依存关系和认知关系。所以，马克思把价值看作商品的社会属性，把使用价值即财富看作商品的自然属性。因此，价值创造只与劳动相关联，其实体是人类抽象劳动在商品中的凝结。而财富生产则与包括劳动在内的各种生产要素相关联，其成果是具有劳动能力的劳动者与其他生产要素相结合的产物。劳动是价值的唯一源泉，却不是财富的唯一源泉。财富是由生产要素共同创造的，在财富创造中，劳动和生产资料以及把二者结合起来的技术是不可或缺的。马克思指出，劳动并不是它所生产的使用价值即物质财富的唯一源泉。正像威廉·配第所说，劳动是财富之父，土地是财富之母。

价值创造与财富生产不仅在质上是有区别的，而且在量的增加上也是不对应的。当社会（部门）劳动生产率不变时，随着劳动量的增加，价值量的增加与财富量的增加是一致的；但是，当社会（部门）劳动生产率提高时，价值量的增加与财富的增加就不一致了。随着社会劳动生产率的提高，一定时间内创造的财富量会成倍、几十倍甚至上百倍地增加，在这个过程中，只要社会必要劳动时间和劳动的复杂程度不变，价值总量就不变，而单位产品（财富）中所包含的价值量反而会大幅度地减少。这就是劳动生产率与使用价值量成正比、与单位产品的价值量成反比的基本原理。但是，正如前面所指出的，劳动生产率的提高，是伴随着生产规模的不断扩大而发生的，那么，总体劳动的复杂程度就会提高，单位时间里创造的价值就会增多，单位产品的价值量就不会随劳动生产率的提高而成反比下降。但是，只要劳动复杂程度的提高不如劳动生产率提高的幅度大，单位产品的价值量仍然会有所下降。价值创造与财富生产在量上的变化仍然是不对应的。

为什么会出现这种情形呢？这是因为，影响劳动生产率的因素主要有：劳动者的劳动熟练程度、科学技术的发展水平及其在生产中的运用程度、生产过程的社会结合（分工、协作、劳动组织、生产管理等）形式、生产资料的质量与效能、自然条件的优劣等。其中，劳动者的劳动熟练程度、科学技术的发展水平及其在生产中的应用程度、生产过程的社会结构形式都同科学技术有关，会创造更多的价值，而生产资料的质量与效能不论多高，都只是把原有的价值转移到新的产品中去而已，并不创造新的价值，然而高质量与高效能的生产资料与劳动结合却能创造更多的财富。

所以，价值创造与财富生产在质和量上都是有区别的，不能混为一谈。但是，在商品经济中，二者又是密切联系在一起的。正确认识价值创造与财富生产的关系对于坚持劳动价值论和理解社会主义初级阶段的分配制度是十分重要的。根据劳动价值论，价值贡献是价值分配的基础，因此，不能把价值贡献与价值分配截然分开。否则，就是离开劳动价值论去谈论价值分配，从而动摇了劳动价值论在马克思主义政治经济学中的基础地位。然而，也不能仅仅把价值分配与价值创造连在一起。虽然价值是由劳动创造的，但是，价值形成与财富生产在商品经济的条件下又是不能分开的。在价值形成和财富生产的过程中，知识、管理、科学、技术以及资本等各种生产要素都发挥了重要的作用。在分割所创造出来的价值时，允许生产要素参与收入分配，将有助于生产要素的合理配置和节约使用，激发生产要素的所有者投入要素的积极性，让一切创造社会财富的源泉充分涌流出来。这已被我国经济体制改革的实践所证明。

八、价值量的决定问题

价值量的决定问题有两个方面：一是同类产品之间的价值决定问题；二是不同产品之间的价值决定问题。

同类产品之间的价值是由生产该种产品的社会必要劳动时间决定的。这是因为生产同类产品的生产者之间，劳动的熟练程度和劳动强度是不同的，所使用的生产资料以及达到的技术装备水平也是不同的，因而生产单位产品所花费的劳动时间是不同的。因此，生产同类产品的个别劳动时间不能成为决定产品价值量的尺度，否则，同类产品就有多种价值尺度，交换也就无法进行。同类产品的价值只能由生产该类产品的社会必要劳动时间决定，而“社会必要劳动时间是在现有的社会正常的生产条件下，在社会平均的劳动熟练程度和强度下制造某种使用价值所需要的劳动时间”①。活劳动的耗费要符合社会必要劳动时间，而且物化劳动也要符合社会必要劳动时间。也就是说，生产资料必须以正常的方式被消费，“因为浪费了的原料或劳动资料是多耗费的物化劳动量，不能算数，不加入形成价值的产品中”②。

不同产品之间的价值则取决于两个因素：一是生产不同产品的劳动复杂程度。在同一时间内，劳动复杂程度高的行业生产的单位产品包含的价值量就多一些；劳动复杂程度低的行业生产的单位产品包含的价值量就少一些。而劳动的复杂程度是由从事该行业的劳动者所必须具备的专业知识和专业技能，以及该行业协作劳动的规模和组织结构复杂性决定的。所以，新兴的高技术产业和现代服务业的劳动复杂程度就比传统产业的劳动复杂程度高；传统产业经过高新技术改造过的劳动复杂程度就比没有经过高新技术改造过的劳动复杂程度高，比如，现代农业就比传统农业的劳动复杂程度高，现代金融业就比传统金融业的劳动复杂程度高，现代制造业就比传统制造业的劳动复杂程度高，等等。二是投入不同产品生产的社会劳动量必须符合社会必要的劳动量，也就是说，投入该行业的社会劳动量生产出来的产品量必须与社会对该产品的需求量相符合。如果投入该行业的社会劳动量过多，其产品量超过了社会对该产品的需求量，超过的部分就得不到社会的承认，就不能形成价值。这就是所谓的决定价值量的第二种含义的社会必要劳动时间。事实上，第二种含义的社会必要劳动时间决定价值量就是指按比例分配社会劳动的问题，即现代经济学中所谓的资源配置问题。在市场经济的运行中，资源配置问题主要是由市场机制解决的，即市场通过部门之间的竞争和资源在部门之间的流动来实现的。正是由于部门之间竞争的作用，价值规律取得了市场价值围绕生产价格上下波动的表现形式，剩余价值规律取得了平均利润规律的表现形式。

九、国民收入两种核算体系的比较

国民经济核算体系是在一定的经济理论指导下，综合应用统计、会计、数学等方法，为测度一国在一定时期内的经济活动和既定时点上经济成果所构成的一个相互联系的系统。由于对生产和国民收入等范畴或指标存在不同的观点和理解，计算的内容与范围也相应不同，从而得到的各种国民收入在量上也必然不等。世界上曾主要有两种国民经济核算体系：一种是计划经济国家使用过的“物质产品平衡体系”，简称 MPS（The System of Material Product Balances）。另一种是市场经济国家使用的“国民经济账户体系”，简称 SNA（The System of National Accounts）。随着计划经济国家的经济体制改革的深化和对外开放，在其国民经济核算中逐步放弃了 MPS，转而采用 SNA。为了加深对这种转变的理解和认识，有必要对这两种核算体系进行比较分析。

1. 物质产品平衡体系（MPS）

MPS 和 SNA 都是适应国家宏观经济调控和管理的需要而建立与发展起来的国民经济核算体系，但是，它们是不同经济体制和经济运行机制的产物。MPS 是与苏联和东

① 《马克思恩格斯全集》第 23 卷，北京：人民出版社，1972 年，第 52 页。
② 《马克思恩格斯全集》第 23 卷，北京：人民出版社，1972 年，第 222 页。

欧国家高度集中的计划经济体系相适应的。这个核算体系由物资平衡表、财政平衡表、部门联系平衡表、劳动力平衡表等组成，以社会总产品和国民收入的核算为基础，采用综合平衡的方法，对社会再生产的条件、过程和结果作出综合说明，为国家对国民经济的计划管理服务。

MPS以"生产性劳动创造价值"为理论支点，而生产性劳动是指生产出物质产品以及与物质产品使用价值运行相关联的劳动。因此，只有从事物质生产的活动，才是生产；只有物质生产部门，才创造国民收入，其他一切部门包括精神产品生产在内的各种服务部门仅仅参与国民收入的再分配，而不参加国民收入的创造。非物质生产部门的服务性收入只是物质生产部门创造的国民收入再分配的结果，是一种派生性收入。基于这种理解，MPS主要限于物质产品的核算，把服务活动排除在核算范围之外，这不仅影响国民经济总量的完整性，而且导致对国民经济运行理解的片面性。因此，从实质上讲，MPS是一种实物核算体系，主要描述社会再生产的实物运动即社会总产品的运动，对价值运动尤其是资金运动缺乏完整而系统的反映。

MPS把直接用以满足人们生产及消费的服务部门完全排除在国民收入的创造之外，并不符合马克思关于服务劳动生产性的见解。马克思指出，服务本身有使用价值，由于它们的生产费用，也有交换价值。任何时候，在消费品中以物品形式存在的消费品之外，还包括一定量以服务形式存在的消费品。因此，消费品总额，在任何时候都比没有可消费的服务存在时要大。其次，价值也大了，因为它等于维持这些服务的商品价值和这些服务本身的价值。当然，服务价值和物品价值的区别在于，服务表现为活劳动本身，后者则是物化劳动。这是劳动物质性的区别，并非劳动社会性的不同。价值的实体是社会劳动，在这一点上，它们是完全一致的。不论劳务或物质性生产劳动都是人类劳动力的耗费，都是一般人类劳动，把它们统一叫做"价值"，无非是用同一尺度表现它们质的同一性和量的可比性。只看到它们之间的区别，不承认它们之间的同一，并由此指责"服务价值"违背了马克思的劳动价值论，是不适合的。至于国家机器中的行政管理、国防与安全、治安与防暴以及党务等活动，并不是直接用以满足人们生产与消费需要的劳动，属于非生产劳动。这种劳动不形成价值，不创造国民收入。

2. 国民经济账户体系（SNA）

SNA是在西方经济理论指导下，适应市场经济国家宏观调控需要而建立和发展起来的国民经济核算体系。早在20世纪20—30年代，美国经济学家就开始对国民收入统计的研究工作，并取得重大进展。第二次世界大战后，英、美等国着手共同研究核算体系标准化问题。1953年，联合国统计处为了统一各国国民收入的统计口径，并协助会员国健全统计制度，公布了在英国剑桥大学教授斯通（R · Stone）领导下编制的国民经济账户体系。1986年，又总结了各国在国民经济核算方面的实践经验，公布了新的国民经济账户体系。目前，世界上大多数国家采用SNA。

SNA以国内生产总值的核算为主，采用复式记账和矩阵的方法，对国民经济运行过程及其联系进行系统而全面的描述与核算，为国家制定经济政策、进行国家干预提供依据。

SNA事实上以"一切劳务都创造价值"为理论支点。持这种观点的西方经济学家认为，各种人等的一切劳务活动，甚至包括国家机器运转中的行政管理、国防、警察等活动都具有生产性，都是生产性劳动，它们得到的各种收入都应计入国民收入。SNA 以全面生产概念为基础。所谓“全面生产”，就是说，凡是能生产产品和提供劳务的活动都叫生产。据此，新 SNA 把国民经济各部门的经济活动都纳入核算范围之内，从而能较全面地反映全社会生产活动的成果及其分配和使用过程。SNA 将社会产品分为货物和服务两种形态，但不分物质生产和非物质生产领域。由于 SNA 把国民经济中一切部门都纳入国民收入创造范畴，因而它的国民收入概念比 MPS 的国民收入概念要宽泛得多。

SNA 与 MPS 一样，也是着重国民收入的生产及其分配与使用的，但是，新 SNA 增加了有关收入与支出以及资金流量和存量方面的核算内容，并与其他部分核算结合起来，全面地反映了国民经济的运行过程。这是新 SNA 的一个显著特点。新 SNA 是指 1968 年联合国公布的新国民经济核算方案——国民账户体系。新 SNA 根据各国国民经济核算内容不断扩充和完善的情况，吸收国民经济核算技术研究的新成果，因而更加成熟。但是，在反映人力、物力、财力方面，MPS 中的劳动力平衡表、综合财政平衡表、生产资料供求平衡表和消费品供求平衡表对于研究一国财政、信贷、物资平衡及人口、劳动力再生产还是有重要作用的，这些内容为新 SNA 所不具有。

SNA 并不是完美无缺的。对于承认生产性劳动创造价值的人来讲，一切劳务都创造价值的观点是不能接受的。它完全抹杀了人类劳动的生产性和非生产性的区别，不利于人类控制非生产性的投入，从而不利于人类在现有技术与资源约束下实现福利最大化的努力。“二战”后，日本在“和平宪法”和国际社会的约束下，其军费开支一度被降至很低的水平上，这对战后日本经济高速发展的作用已引起人们的重视；而美国在“冷战”时期充当世界警察的角色，其军费开支一直保持在较高的水平，这对战后美国经济增长相对滞后的影响是不能忽视的。就连美国许多著名的经济学家如托宾、萨缪尔森等人，也主张将国民收入核算内容从单一的经济核算扩大到福利的变化。在他们看来，应在原有 GDP 基础上，把不能对社会福利作贡献的国防、警察等产品支出减去。

3. 中国新国民经济核算体系的形成

中国在计划经济体制下采用的是 MPS。改革开放以后，为了适应经济机制转轨和市场经济发展的需要，中国政府决定建立新的国民经济核算体系。

1984 年，国务院作出了《关于加强统计工作的决定》，明确提出了这一任务。1985 年 4 月，国务院批准建立国民生产总值和第三产业统计，标志着适应市场经济运行的新国民经济核算体系建设正式启动。经过反复研讨，人们在一些重大问题上基本达成一致意见：

（1）从我国发展商品经济的实际情况出发，国民经济核算体系必须与我国新的经济体制和运行机制相适应，反映国民经济的全貌，为宏观决策提供可靠的依据。

（2）坚持以马克思再生产理论体系作为中国国民经济核算的理论基础，在新的历史条件下，具体运用马克思劳动价值论、社会总资本再生产理论、资本循环与周转理论等基本原理，扩大社会生产劳动的核算范围，在坚持物质生产与非物质生产的划分的同时，把物质产品核算与服务的核算放在同等地位；在核算实物流量的同时，加强社会资金流量的核算，以反映社会再生产中实物运动与资金运动辩证统一的运动过程。

（3）对待世界两大国民经济核算体系，既不能保守原有的 MPS，也不能完全照搬 SNA，而应博采众长、兼容并蓄，把二者的优点结合起来设计适合中国国情的国民经济核算体系，并研究采取相互转换的方法，以增强国际对比功能。

1991年《中国国民经济核算体系（试行方案）》正式形成。1992年8月国务院发出通知，决定从1992年起分两步实施：第一步，在1992—1993年建立国家和省两级新核算体系的基本框架，实现基本过渡；第二步，到1995年基本完成新核算体系的全面过渡。这一方案的试行，体现了我国国民经济核算体系从MPS向MPS与SNA并存的混合体系的转变。这次转变实现了从指导思想到核算技术的多方面的突破，体现了根据我国实际情况从MPS向SNA的过渡。

2003年，我国开始实施《中国国民经济核算体系（2002）》。这套新的核算体系，努力做到基本上与联合国等国际组织的国民账户体系相衔接。这是我国国民经济核算体系的第二次大转变，即由MPS和SNA相混合的体系向SNA的转变。这次转变，从GDP的表述、人均GDP的计算、三次产业的划分、价格指数缩减的计算、数据发布程序等各方面都作了和SNA更为一致的改革。尽管与联合国标准相比，还有一定的差距，向国际标准完全靠拢还有一个过程，但我国国民经济核算体系的不断完善和发展已是确定无疑了。

本章小结

1. 商品是用来交换的劳动产品。商品包含使用价值和价值两个因素。商品能够满足人们某种需要的属性，即商品的有用性，就是使用价值。使用价值是商品的自然属性，不反映社会生产关系。使用价值是交换价值的物质承担者。交换价值首先表现为一种使用价值与另一种使用价值相交换的量的关系或比例。决定商品交换比例的，不是使用价值或供求关系，而是它们内在的价值。价值是凝结在商品中的无差别的一般人类劳动，它是商品的社会属性，反映的是社会生产关系。价值是交换价值的基础，交换价值是价值的表现形式。商品二因素的矛盾只有通过交换才能解决。

2. 商品的二因素是由生产商品的劳动二重性决定的。生产商品的劳动：一方面是具体劳动，即从劳动的具体形态考察的劳动。生产商品的劳动在劳动目的、劳动对象、劳动工具、操作方法、劳动成果上都各不相同。具体劳动创造商品的使用价值。另一方面是抽象劳动，即从劳动的抽象形态考察的劳动。抽象劳动形成商品的价值。具体劳动和抽象劳动是生产商品的同一劳动过程的两个方面。

3. 商品的价值量是由生产商品的社会必要劳动时间决定的。生产不同商品的劳动复杂程度不同，在商品交换中，复杂劳动折合成倍加的简单劳动，商品的价值量和生产该商品所耗费的劳动量成正比，和劳动生产率成反比。

4. 商品是在一定的历史条件下产生的，这个历史条件：一是社会分工，二是生产资料隶属于不同的所有者。社会分工决定商品生产者的劳动具有社会性；生产资料私有制决定着商品生产者的劳动直接是私人的，即具有私人性质。私人劳动和社会劳动的矛盾是简单商品经济的基本矛盾。

5. 货币是固定充当一般等价物的商品，它是商品交换发展到一定阶段的产物，是商品内在矛盾运动的必然结果，是交换价值形式逐渐发展的产物。交换价值形式从简单价值形式开始，经过扩大的价值形式、一般的价值形式，最后发展为货币形式。货币最基本的职能是价值尺度和流通手段。在这一基础上，为了适应商品经济的发展，又产生了贮藏手段、支付手段和世界货币的职能。

6. 在贵金属货币流通和纸币流通两种条件下，货币数量与商品价格水平之间的关系是不同的。通货膨胀和通货紧缩是纸币充当流通手段的现象。

7. 价值规律是商品生产和商品交换的基本规律。商品的价值量取决于生产该商品的社会必要劳动时间，商品必须按价值量相等的原则进行交换。价格围绕价值上下波动是价值规律作用的表现形式。在私有制商品经济中，价值规律的作用是：自发调节社会劳动在各个部门中的分配比例；促进劳动生产率提高和社会生产力的发展；促进商品生产者的两极分化。

8. 深化对创造价值的劳动的研究与认识：根据马克思的劳动价值论，判断一种劳动能否创造价值的标准，应当包括四个方面的内容：①这种劳动的产品具有使用价值，同时又是交换价值的承担者；②这种劳动的产品有人类抽象劳动的体现或物化在里面；③这种劳动的产品必须进入交换领域，成为商品；④这种劳动所生产的商品价值量，是由生产该商品的社会必要劳动时间决定的。只要符合这四条标准，在现实生活中，物质资料生产的劳动、知识创造和传播的劳动、经营管理的劳动和服务性的劳动，都可以是创造价值的劳动，物质产品、知识产品和服务产品都可以具有价值。如果不符合这四条标准中的任何一条，上述劳动就不是创造价值的劳动，上述产品也就不是具有价值的产品。

9. 从一般生产的角度来看，凡是创造使用价值的劳动就是生产劳动；但是从一般商品经济来看，只有既创造使用价值同时又创造价值的劳动，才是生产劳动。在商品经济的社会里，只创造使用价值但不创造价值的劳动就不是生产劳动，因为这种劳动的成果不经过交换就无法纳入到国民收入的统一核算之中。

10. 在马克思看来，在社会化生产发展到联合劳动阶段时，生产劳动的概念扩大了。在联合劳动的条件下，在一个生产单位内部，直接对劳动对象进行加工的操作工人的劳动是生产劳动，各种辅助工人的劳动也是生产劳动；生产第一线的工人的劳动属于生产劳动，远离生产第一线的科室人员的劳动也是生产劳动；在车间主要从事体力劳动的工人的劳动是生产劳动，在职能科室主要从事脑力劳动的各种管理人员和技术人员的劳动也是生产劳动。只看到总体劳动随生产社会化程度的提高而不断扩大，而看不到总体劳动也会随企业内部分工的外部化而缩小，并把总体劳动的概念推向极端，用“社会总体劳动”来定义创造价值的劳动，与其说是丰富了生产劳动的内涵，不如说是对生产劳动范畴的根本否定。

11. 在商品生产条件下，不仅体力劳动可以是创造价值的劳动，而且脑力劳动也可以是创造价值的劳动。相比较而言，体力劳动的劳动复杂程度要低一些，脑力劳动的劳动复杂程度要高一些。在马克思看来，在同一时间里，劳动复杂程度高的劳动创造的价值比劳动复杂程度低的劳动创造的价值要多。生产不同商品的劳动复杂程度是通过市场和竞争在交换中自发确定的。

12. 考虑到劳动复杂程度随劳动生产率的提高而提高，劳动生产率与单位产品的价值量成反比的结论就需要修改了。如果劳动复杂程度的提高没有劳动生产率提高的程度大，那么单位产品的价值量会随劳动生产率的提高而下降，但下降的幅度没有劳动生产率提高的幅度大。在现代社会的发展中，随着科学技术的不断深化和生产力的不断提高，资本密集型产业的协作劳动的规模越来越大，与过去相比，劳动复杂程度也相应提高，在相同时间里创造的价值也越来越多。而新兴产业的出现，包括拥有高新技术的制造业和知识密集型的服务业，总体劳动的复杂程度比传统产业的总体劳动的复杂程度要高得多，在单位时间里创造的价值也多得多。

13. 物质资料生产是指劳动者运用劳动资料，作用于劳动对象使之发生相应的变化，以满足人类（首先是生产者自己）生存、享乐和发展需要的过程。因此，物质资料生产的范围取决于劳动对象的广度和深度，而劳动对象的广度和深度则取决于人类生存、享乐和发展需要的广度和深度。劳动对象首先来自自然界，以后逐渐拓展到人类社会。现代服务业的发展就是劳动对象拓展到人类社会的表现。所以，从广义上讲，物质资料生产既包括有形产品的生产，也包括无形产品的生产，即服务。

14. 服务价值和物品价值的区别在于，服务表现为活劳动本身，后者则是物化劳动。这是劳动物质性的区别，并非劳动社会性的不同。价值的实体是社会劳动，在这一点上，它们是完全一致的。不论劳务或物质性生产劳动都是人类劳动力的耗费，都是一般人类劳动，把它们统一叫做“价值”，无非是用同一尺度表现它们质的同一性和量的可比性。只看到它们之间的区别，不承认它们之间的同一，并由此指责“服务价值”违背了马克思的劳动价值论，是不适合的。

15. 对商品经济而言，价值创造与财富生产之间是既相互联系又相互区别的关系，因此，既不能把二者绝对地对立起来，也不能简单地等同起来。价值是指凝结在商品中的人类一般劳动，它体现着商品生产者之间相互交换劳动的社会关系。而财富则是指能满足人们某种需要的东西，即具有使用价值的东西，包括自然财富、物质财富和精神财富，它体现着人对自然界的依存关系和认知关系。所以，马克思把价值看作商品的社会属性，把使用价值即财富看作商品的自然属性。价值创造与财富生产不仅在质上是有区别的，而且在量的增加上也是不对应的。

16. 当社会（部门）劳动生产率不变时，随着劳动量的增加，价值量的增加与财富量的增加是一致的；但是，当社会（部门）劳动生产率提高时，价值量的增加与财富的增加就不一致了。随着社会劳动生产率的提高，一定时间内创造的财富量会成倍、几十倍甚至上百倍地增加，在这个过程中，只要社会必要劳动时间和劳动的复杂程度不变，价值总量就不变，而单位产品（财富）中所包含的价值量反而会大幅度地减少。这就是劳动生产率与使用价值量成正比，与单位产品的价值量成反比的基本原理。但是，正如前面所指出的，劳动生产率的提高，是伴随着生产规模的不断扩大而发生的，那么，总体劳动的复杂程度就会提高，单位时间里创造的价值就会增多，单位产品的价值量就不会随劳动生产率的提高而成反比下降。但是，只要劳动复杂程度的提高不如劳动生产率提高的幅度大，单位产品的价值量仍然会有所下降。价值创造与财富生产在量上的变化仍然是不对应的。

17. 价值量的决定问题有两个方面：一是同类产品之间的价值决定问题；二是不同产品之间的价值决定问题。同类产品之间的价值是由生产该种产品的社会必要劳动时间决定的。不同产品之间的价值则取决于两个因素：一是生产不同产品的劳动复杂程度；二是投入不同产品生产的社会劳动量必须符合社会必要的劳动量，也就是说，投入该行业的社会劳动量生产出来的产品量必须与社会对该产品的需求量相符合。这就是所谓的决定价值量的第二种含义的社会必要劳动时间。事实上，第二种含义的社会必要劳动时间决定价值量就是指按比例分配社会劳动的问题，即现代经济学中所谓的资源配置问题。在市场经济的运行中，资源配置主要是由市场机制解决的，即市场通过部门之间的竞争和资源在部门之间的流动来实现的。正是由于部门之间竞争的作用，价值规律取得了市场价值围绕生产价格上下波动的表现形式，剩余价值规律取得了平均利润规律的表现形式。

复习与思考

1. 怎样理解商品的二因素？商品二因素与生产商品的劳动二重性的关系如何？
2. 怎样理解和认识劳动二重性学说是理解政治经济学的枢纽？
3. 商品的价值量是由什么决定的？劳动生产率的变化对商品价值量有什么影响？劳动复杂程度的变化对商品价值量又有什么影响？
4. 怎样理解和认识私人劳动和社会劳动的矛盾是简单商品经济的基本矛盾？
5. 货币是怎样产生的？货币的本质和职能是什么？
6. 什么是价值规律？怎样理解价格围绕价值上下波动是价值规律的作用形式？
7. 在以私有制为基础的商品经济中，价值规律对社会经济发展有哪些作用？

第三章

资本和剩余价值

前一章论述了马克思的劳动价值理论，本章将在劳动价值论的基础上，分析资本主义的生产过程，主要考察剩余价值的起源和资本的本质，揭示剩余价值生产的规律，阐明马克思的剩余价值理论。获取剩余价值是资本主义经济的实质。剩余价值理论揭示了资产阶级和无产阶级的矛盾及其经济根源，揭示了资本主义制度的本质。剩余价值理论仍然是剖析现代资本主义制度的科学依据。

第一节　货币到资本的转化

一、资本总公式及其矛盾

1. 资本的总公式

每一个资本，最初都表现为一定数量的货币。任何资本家必须首先用货币购买生产资料和雇佣工人，然后才能进行资本主义生产和经营。但是，货币本身并不就是资本，货币只有在一定的历史条件下和特殊的运动中才转化为资本。为了认识作为货币的货币和作为资本的货币之间的区别，需要分析两种不同的流通，即商品流通和资本流通。

商品流通公式是：商品—货币—商品（$W-G-W$），这个公式表明，商品生产者先出卖自己的商品，取得货币，然后再用货币购买自己需要的商品。**资本流通公式**是：货币—商品—货币（$G-W-G$），这个公式表明，资本家先用货币购买一定的商品，再将商品出卖，换回货币。这两种流通在形式上有明显的区别：它们在买和卖的顺序上是相反的，前者是先卖后买，后者是先买后卖；流通的起点和终点不同，前者的起点和终点都是商品，后者都是货币；在整个过程中起媒介作用的，前者是货币，后者是商品。

单就这种形式上的区别，还不足以认识究竟什么是资本。这种形式上的区别，是以隐藏在形式后面的内容上的区别为基础的。在商品流通中，商品生产者出卖自己的商品，是为了换回自己需要的另一种商品。它的内容是不同的使用价值相交换，流通的目的是获得适合自己需要的使用价值。资本流通则不同，它的两极都是货币，货币在质上没有区别。但是，资本家最初付出的货币和经过流通收回的货币，是两个不同的量，收回的货币在量上大于付出的货币量，资本流通的目的是获得更多的货币。因此，资本流通过程的完整公式应该是：$G-W-G'$。$G'=G+\Delta G$，即原付货币额加上一个增殖额。这个增殖额就是剩余价值。可见，资本流通最根本的特点，就是货币在运动中发生了价值量的变化，即实现了价值增殖，正是这种增殖，使货币转化为资本。**资本**就是能够带来剩余价值的价值。

从以上的分析可见，作为货币的货币，只是商品交换的媒介，不发生价值增殖，而作为资本的货币却在资本流通过程中发生了价值增殖。

资本流通公式 $G-W-G'$，概括了产业资本、商业资本和借贷资本运动，所以是资本的总公式。

2．资本总公式的矛盾及其解决

从形式上看，资本总公式和商品经济的规律是对立的。因为，按照商品经济的规律，在商品流通中，商品是按它的价值进行等价交换的，在交换中价值只发生形式的变换，并不发生价值量的改变，不会出现价值的增殖。但是，资本总公式呈现出来的现象却是资本在流通中确实发生了价值增殖。在流通过程中所出现的这种商品等价交换与价值增殖之间的矛盾，就是资本总公式的矛盾。

解决资本总公式的矛盾，关键在于阐明价值增殖，弄清楚剩余价值产生的条件是什么，才能进一步说明货币是怎么转化为资本的。

剩余价值不能从流通中产生。这是因为，在商品流通中，如果是等价交换，则商品按价值进行交换，交换双方都不能得到更多的价值，不能产生出剩余价值。这样，剩余价值似乎是由不等价交换产生的。如果是不等价交换，通过贱买或贵卖，虽然可以使交换的一方占到便宜，可是资本家不仅作为买者而且也要作为卖者出现在市场上，他作为买者得到的，又会在作为卖者时失掉；反之也是一样。即使有的资本家善于欺骗，既贱买又贵卖，这也只能使个别人发财致富，而不能使整个资产阶级获得剩余价值。因为，贱买贵卖没有增加价值量，只是改变了价值在不同人之间的分配。总之，“无论怎么颠来倒去，结果都是一样。如果是等价交换，不产生剩余价值；如果是非等价交换，也不产生剩余价值。流通或商品交换不创造价值”①。

剩余价值不能从流通中产生，但是，离开流通也不能产生剩余价值。因为在流通之外，商品生产者之间不发生关系，他们只是和自己的商品发生关系。在这种情况下，商品生产者只能以自己的劳动创造出商品的价值，而不能再创造出一份剩余价值。

综上所述，剩余价值的产生，既不在流通领域，又不能离开流通领域，这就是解决资本总公式矛盾的条件。

那么，按照解决资本总公式矛盾的条件，在 $G-W-G'$ 的资本流通中，剩余价值是怎样产生的呢？价值增殖不会发生在货币上，因为货币无论是作为购买手段还是支付手段，只是实现它所购买的商品的价值。所以，价值增殖只能发生在资本流通过程中间的

① 《马克思恩格斯全集》第23卷，北京：人民出版社，1972年，第186页。

商品上，但不能发生在商品的价值上，因为在流通中，商品价值只能发生形态变化，而不会自行增殖。因此，价值增殖一定发生在商品的使用价值上，也就是说，货币所有者必须在市场上购买到一种特殊的商品，这种商品具有特殊的使用价值，通过对它的使用能够创造出比其自身价值更大的价值，即创造出剩余价值。这种特殊的商品就是劳动力。劳动力成为商品，是解决资本总公式的矛盾的关键，从而也是货币转化为资本的关键。

二、劳动力转化为商品

劳动力是人的劳动能力，即存在于人的身体中的体力和脑力的总和。

劳动力在任何社会都是生产的基本要素。但是，只是在一定历史条件下它才成为商品。第一个基本条件是劳动者必须具有人身自由。劳动者要把劳动力当作商品出卖必须能够有权支配它。第二个基本条件是劳动者除了自己的劳动力以外，不占有生产资料。资本主义社会正是具备了这两个条件，因而劳动者只能把存在于他身体中的劳动力当作商品出卖，否则就无法维持生活。这两个基本条件的形成，是历史长期发展的结果。

劳动力作为商品，和其他商品一样，具有价值和使用价值。劳动力商品的价值是由生产和再生产劳动力所需要的社会必要劳动时间决定的。由于劳动力存在于人的身体之中，它的生产和再生产，就是人的体力和脑力的生产和再生产，这就需要一定的生活资料。因此，生产劳动力所需要的劳动时间，可以转化为生产这些生活资料所需要的劳动时间，或者说，劳动力价值就是维持劳动力所有者生活所需要的生活资料的价值。它包括三个部分：①劳动者本人所必需的生活资料的价值，用以维持他的劳动力的再生产；②劳动者养育子女所必需的生活资料的价值，用以延续劳动力商品的供给；③劳动者的教育训练费用，用以满足资本主义生产对具备一定的技术和文化知识的劳动力的要求。

同其他商品价值的决定相比，劳动力商品价值的决定的特点在于它包含着历史的和道德的因素。劳动者对生活资料的需要是在一定社会历史条件下形成的，因此它的构成和范围，就不光取决于劳动者的生理需要，而且取决于社会经济和文化的发展。随着社会经济和文化水平的提高，工人所必需的生活资料的种类和数量也会增加。同时，在不同的国家，由于社会道德、生活习惯以及气候和自然特点的不同，劳动者的物质和精神生活的需要也就不同。

商品的使用价值是在消费中实现的。普通的商品被消费时，随着使用价值的消失，价值也消失了，或者转移到其他商品上去。劳动力商品却不是这样，它具有独特的使用价值。劳动力商品的消费过程是劳动，它不仅能够创造价值，而且能创造比自身价值更大的价值。劳动力商品的这种特殊的使用价值对货币转化为资本具有决定性意义。货币所有者必须购买到这种特殊商品，才能获得剩余价值。所以，劳动力成为商品是货币转化为资本的前提。

在市场上，货币所有者购买劳动力是为资本主义生产做准备，从而使货币转化为资本具有了可能性。但是，只有在资本主义生产过程中，剩余价值才被生产出来，货币才现实地转化为资本。

第二节 剩余价值的生产过程

一、劳动过程与价值增殖过程

劳动力商品被资本家购买以后，就离开流通领域进入生产过程。资本主义生产是以雇佣劳动为基础的商品生产，其生产过程具有两重性：一方面是生产使用价值的过程，另一方面是生产剩余价值的价值增殖过程。所以，资本主义生产过程是劳动过程与价值增殖过程的统一。

任何社会的劳动过程都是劳动者通过有目的的活动，运用劳动手段，作用于劳动对象，改变自然界物质的性质和形态，创造出能够满足人们某种需要的使用价值的过程。但是，资本主义劳动过程的一切要素都属于资本家，劳动过程是资本家消费他所购买的劳动力的过程，因而具有以下两个重要特点：一是工人的劳动属于资本家，工人在资本家的监督下劳动；二是劳动产品全部归属于资本家。

在劳动过程中，资本家要工人生产某种使用价值。但是，生产使用价值并不是资本家的目的，他的目的是获得剩余价值。他所以要生产使用价值，是因为使用价值是价值和剩余价值的物质承担者。为了说明剩余价值是如何产生的，让我们首先把资本主义生产过程作为价值形成过程来考察。在生产过程中，劳动者用具体劳动改变劳动对象的物质形态，生产了商品的使用价值，并把生产资料的价值转移到商品中去；同时，劳动者的劳动作为抽象劳动，又形成商品的新价值。如果形成的新价值恰好等于资本家支付的劳动力价值，那么在商品价值中，就只有转移的生产资料和劳动者新创造的等于劳动力价值的新价值，而没有剩余价值。但是，资本主义生产的实质是为了剩余价值的生产，这种不赚钱的买卖资本家是断然不会接受的。

那么，价值形成过程是如何变成了剩余价值的生成过程呢？价值增殖过程不外是超过一定点而延长了的价值形成过程。这个“一定点”就是雇佣工人的活劳动所创造的新价值等于劳动力本身的价值。所以，价值增殖过程，就是超过劳动力价值的那部分新价值的形成过程。实际上，雇佣工人的劳动分为两部分：一部分是必要劳动时间，用于再生产劳动力价值；另一部分是剩余劳动时间，用于无偿地为资本家生产剩余价值。因此，**剩余价值**就是雇佣工人所创造的并被资本家无偿占有的超过劳动力价值的那部分价值，它是雇佣工人在剩余劳动时间支出的剩余劳动的凝结。

例如，假定生产一双皮鞋耗费的生产资料价值为 12 元，劳动力商品一天的价值为 3 元，制鞋工人一天劳动 5 小时所创造的价值也是 3 元，所生产的皮鞋是一双。这样，这双皮鞋的价值就是由转移的生产资料价值 12 元和工人新创造的价值 3 元形成的，共计 15 元。资本家按照价值出售这双皮鞋，得到的 15 元与其投入的资本价值相等，这只是价值形成过程。如果资本家迫使工人一天劳动 10 小时，生产两双皮鞋。这样生产两双皮鞋花费的生产资料价值是 24 元，资本家支付的劳动力价值仍是 3 元，即资本家共垫付的资本价值是 27 元。但两双皮鞋的价值，包括转移的生产资料价值和工人一天劳动 10 小时新创造的价值 6 元，共 30 元。资本家按照价值出售这两双皮鞋，就能获得 3

元的剩余价值。这 3 元剩余价值是工人在一天劳动 10 小时中，除去补偿劳动力价值必要的 5 小时之外的另外 5 小时剩余劳动时间创造的。由此可见，资本家购买了劳动力这一特殊商品之后，在生产过程中，劳动力的使用创造了价值量大于劳动力价值的商品，资本家按商品价值出卖商品，不仅收回了资本价值，而且获得了剩余价值。货币转化为资本的过程，既在流通领域进行（资本家必须在流通领域购买到劳动力这一特殊商品），又不在流通领域进行（价值增殖发生在使用劳动力的生产过程中）。全部过程都符合价值规律，即资本家购买或出售商品都是以价值为基础的。整个过程的关键在于劳动力具有特殊的使用价值，它的使用能创造出大于自身价值的价值。

二、资本的本质、不变资本和可变资本

由上述分析可知，资本是能够带来剩余价值的价值，剩余价值是由雇佣工人剩余劳动创造的。但是，资本的现象形态掩盖着它的本质。在现实生活中，资本总是表现为一定的物，如原材料、机器、厂房等，这使人们误以为这些物天然就是资本。这是把物的自然属性和物所体现的生产关系混同了起来。资本不能离开物而存在，正如价值不能脱离使用价值而存在一样。但是，生产资料等物成为资本，不是由它们的自然属性决定的，不是因为它们能够用于生产一定的使用价值，而是由于它们是生产剩余价值的手段。货币转化为资本，关键是劳动力成为商品，资本只有通过剥削工人的剩余劳动，才能获得剩余价值。所以，在资本主义经济中，资本的本质上体现了资本家对雇佣工人的剥削关系。

资本家为了进行生产，就必须先垫付资本，一部分用于购买生产资料，另一部分用于购买劳动力。根据这两部分资本在剩余价值生产过程或价值增殖过程中所起作用的不同，可以把它们区分为不变资本和可变资本。

不变资本是以生产资料的形式存在的，它在生产过程中被消耗，生产出新产品。生产资料的价值通过工人的具体劳动被转移到新产品中，其转移的价值量不会大于它原有的价值量。尽管转移的方式不同，有的是一次生产过程中全部转移，有的是多次生产过程中逐渐转移，但转移的总是生产资料原有的价值量。以生产资料形式存在的资本在生产过程中不改变自己的价值量，所以叫做不变资本（c）。

可变资本是用来购买劳动力的那部分资本。可变资本的价值在生产过程中没有转移到新产品中去，因为资本家购买劳动力支付的价值被工人用于购买生活资料，在生产过程以外消费掉了。劳动力的价值是由工人的劳动创造的新价值的一部分来补偿的。而劳动力在生产过程中发挥作用的结果是：不仅再生产出劳动力的价值，而且生产出剩余价值。以劳动力形式存在的这部分资本价值，在生产过程中发生了量的变化，即发生了价值增殖，所以叫做可变资本（v）。

马克思把资本区分为不变资本和可变资本具有重要的意义。第一，它进一步揭示了剩余价值产生的源泉。剩余价值不是由全部资本产生的，也不是由不变资本产生的，而是由可变资本产生的，即雇佣工人剩余劳动是剩余价值产生的唯一源泉。第二，它为确定资本家对雇佣工人的剥削程度提供了科学依据。

三、剩余价值规律

在一个社会经济形态的经济规律体系中起主导作用的经济规律，就是基本经济规律。**剩余价值规律**是资本主义的基本经济规律，它的内容是：资本主义的生产目的和动机是追求尽可能多的剩余价值，达到这一目的的手段是不断扩大和加强对雇佣劳动的剥削。

剩余价值规律决定着资本主义生产的实质。资本主义生产的实质就是增殖资本的价值或者说生产剩余价值。资本家从事一切生产经营活动的决定性动机，都是为了获取尽可能多的剩余价值。资本主义企业生产什么、生产多少和如何生产，都是以能不能获得剩余价值以及取得多少剩余价值为转移的。在资本主义生产方式中，只有生产剩余价值的劳动才是劳动。劳动者只是生产剩余价值的工具。他们的个人消费，只有在保证生产剩余价值的限度内，才是资本主义所需要的。对剩余价值的追求是资本主义生产发展的动力。

剩余价值规律决定着资本主义生产发展的一切主要方面和主要过程。资本主义生产、流通、分配和消费等主要方面和主要过程，都是以获取剩余价值为出发点和归宿点的。资本主义生产过程是剩余价值的创造过程；资本主义的流通过程是剩余价值生产的准备过程和剩余价值的实现过程；资本主义的分配过程实质上是分割剩余价值的过程；资本家的个人消费是消费其无偿占有的剩余价值；雇佣工人的个人消费是劳动力的再生产过程，它是资本家剥削工人剩余劳动的必要条件。

剩余价值规律还决定了资本主义生产方式的发展及其历史趋势。资产阶级为了追求剩余价值，总要设法进行技术创新，不断扩大生产规模和销售市场，从而推动了资本主义经济的发展。同时，正是由于资产阶级为了追求剩余价值，不断扩大和加剧对工人阶级和其他劳动群众的剥削，从而不断激化和深化了资本主义社会的生产力与生产关系的矛盾，而这种矛盾的发展决定了资本主义生产方式最终必然为更适应生产力发展要求的新的生产方式所代替。

第三节　剩余价值的生产方法

一、剩余价值率

剩余价值率反映了资本家对雇佣工人的剥削程度。在资本主义生产过程中，资本家投入不变资本和可变资本（$c+v$）。经过上述过程，产生剩余价值（m），结果生产出价值为 $c+v+m$ 的产品。其中剩余价值只是由可变资本生产的。为表明资本家对工人的剥削程度，应用剩余价值（m）和可变资本（v）相比，这一比率即为剩余价值率（m'）。其表示方法有两种，一种是物化劳动表示法：

$$m' = \frac{\text{剩余价值}}{\text{可变资本}} = \frac{m}{v}$$

另一种是活劳动表示法：

$$m' = \frac{剩余劳动时间}{必要劳动时间}$$

两个公式表示的内容是一致的。第一个公式以物化劳动表示剥削程度，即在工人劳动创造的价值中资本家和工人各占多少份额，如剩余价值率为300%，就表明工人所创造的新价值中，工人的工资只占其中的1/4，其余3/4为资本家无偿占有的剩余价值，从而清楚地表明了资本主义的剥削程度；第二个公式以活劳动的形式表示剥削程度，即在工人的一个劳动日中有多大部分用于生产劳动力的价值，有多大部分为资本家生产剩余价值。

在资本主义发展过程中，剩余价值率逐渐提高。例如，美国加工工业的剩余价值率，1899年为145%，1909年为155%，1939年为180%，1955年为239%，1965年为309%，20世纪70年代前后，已增加到260%～380%。

资本家获得的剩余价值量的大小归根到底取决于两个因素：一个是剩余价值率的高低，另一个是可变资本总量。以M代表剩余价值量，计算剩余价值量的公式是：

$$M = \frac{m}{v} \times v = m' \times v$$

因此，资本家要增加剩余价值量有两个途径：①增加可变资本总量，以雇用更多的工人，扩大剥削范围；②提高剩余价值率，即从每个工人身上榨取更多的剩余价值。

二、绝对剩余价值的生产

资本家剥削工人的具体办法是多种多样的，但概括起来有两种基本方法：绝对剩余价值生产和相对剩余价值生产。首先分析绝对剩余价值生产。

绝对剩余价值是指在必要劳动时间不变的条件下，由于延长工作日的长度而生产的剩余价值。资本主义制度下工人的工作日分为两部分：必要劳动时间和剩余劳动时间。在必要劳动时间既定的条件下，工作日越长，剩余劳动时间就越长，资本家从工人身上榨取的剩余价值就越多，从而剩余价值率也就越高。在资本主义发展的早期，资本家总是力图通过延长工人的工作时间来榨取更多的剩余价值。此外，资本家还用提高工人劳动强度的方法来榨取剩余价值。提高劳动强度，意味着工人在同样的工作日时间内支出了更多的劳动量，实际上等于延长了工作日。这是一种延长工作日时间的隐蔽形式。

工作日的最低界限不能少于或等于必要劳动时间。若没有剩余劳动时间去生产剩余价值，资本主义生产就不复存在。因此，工人的工作日时间必须多于必要劳动时间。工作日的最高界限受到两个因素的制约：一是劳动时间的生理界限，工人必须每天有一部分时间用于休息、吃饭等，以便恢复劳动力；二是道德的界限，工人在一天内总需要有一定的时间用于家务、社会活动及文化生活（这种需要的范围和数量取决于社会的经济和文化发展水平）。在这两个因素的制约下，工作日的现实长度取决于无产阶级和资产阶级的力量对比。在资本主义发展的历史上，这是无产阶级与资产阶级斗争的一个重要方面。

在资本主义发展的早期阶段，由于工人阶级还没有成为一种自觉的政治力量，资本家凭借饥饿和法律的强制，将工作日时间延长到现代人难以想象的地步。例如，在17世纪和18世纪直至19世纪的英国，工作日时间长达14～16小时，甚至18小时。在半殖民地半封建社会的旧中国，在某些行业，工作日时间甚至长达20小时。在这种情况下，连起码的生理和道德界限都被突破了，工人的身心受到严重摧残。从19世纪初开始，各国工人阶级为争取缩短工作日进行了不屈不挠的斗争。1889年，在巴黎召开的国际社会主义工人代表大会提出了实现8小时工作制的号召。但直到第一次世界大战以后，在工人阶级斗争的强大压力下，西方资本主义国家才被迫实行8小时工作制。第二次世界大战以后，由于工人阶级政治力量的进一步增强，同时由于新的科技革命使劳动生产率空前提高，西方资本主义国家的工作日时间进一步缩短。但是，不论工作日时间的绝对长度是多少，工作日时间仍然由必要劳动时间和剩余劳动时间两个部分组成，因为只有在为资本家提高剩余劳动的条件下，工人才有工作的权利。

三、相对剩余价值的生产

绝对延长工作日时间生产剩余价值的方法，受工作日时间长度的限制，又容易引起工人阶级的反抗，不能满足资本家追求更多剩余价值的贪欲。于是，资本家为了在工作日既定的条件下提高剥削程度，就需要改变工作日中必要劳动时间和剩余劳动时间的比例，缩短必要劳动时间以延长剩余劳动时间。这种在工作日长度不变的条件下，资本家通过缩短必要劳动时间而相应延长剩余劳动时间的剩余价值生产方法，就叫**相对剩余价值生产方法**。

为什么缩短必要劳动时间就能够生产相对剩余价值呢？因为，在工作日时间一定的条件下，必要劳动时间的缩短意味着剩余劳动时间的增多，等于延长了剩余劳动时间，因而能够生产出更多的剩余价值。例如，假定工作日10小时不变，必要劳动时间是5小时，剩余劳动时间是5小时，则 $m' = 5/5 = 100\%$；当必要劳动时间缩短到4小时，剩余劳动时间就延长到6小时，则 $m' = 6/4 = 150\%$。

怎么才能缩短必要劳动时间呢？必要劳动时间是再生产劳动力价值的时间。要缩短必要劳动时间就要降低劳动力的价值。劳动力价值由维持工人及其家属生活所必需的生活资料的价值所构成，这些生活资料价值和生产它的劳动生产率成反比。要降低生活资料价值就必须提高这些生产部门的劳动生产率。同时，生活资料的价值中包括生产资料转移的价值，这些生产资料部门的劳动生产率提高了，也会降低生活资料的价值。因此，相对剩余价值的生产是由于社会劳动生产率的提高，降低了劳动力的价值，从而缩短了必要劳动时间，相应延长了剩余劳动时间的结果。

在现实的经济运行过程中，劳动生产率的提高总是从单个企业开始的。单个企业提高劳动生产率不能产生出相对剩余价值，只能产生超额剩余价值。因为商品价值决定于生产商品的社会必要劳动时间，而不是决定于个别劳动时间。所以单个企业劳动生产率的提高不能使生活资料价值降低，不能使社会必要劳动时间缩短，从而不能产生相对剩余价值。但单个企业提高了劳动生产率，它生产商品的个别劳动时间少于社会必要劳动时间，个别价值低于社会价值，因而就会产生出超额剩余价值。所谓**超额剩余价值**，是指企业由于提高劳动生产率而使商品个别价值低于社会价值的差额。超额剩余价值的源泉也是工人的剩余劳动。它的产生不是由于商品的价格高于价值，而是由于工人在同样的劳动时间创造了更多的价值。

个别或少数资本家获得超额剩余价值只是一种暂时的现象。为了追求超额剩余价值，资本家之间进行激烈的竞争。因此，少数企业不可能长期垄断先进生产条件，其他企业也会竞相采用新技术。在先进技术得到普及后，部门的平均劳动生产率将提高，此时生产商品的社会必要劳动时间减少，商品价值相应下降。原来的先进生产条件转化为一般的生产条件，社会价值和个别价值差额将不复存在，从而超额剩余价值也就消失了。超额剩余价值在个别资本家那里消失，整个资本家阶级却普遍获得了相对剩余价值。当生活资料以及有关的生产部门的劳动生产率提高以后，引起了劳动力价值下降。于是，工人必要劳动时间缩短，剩余劳动时间则相应延长。可见，追求超额剩余价值是各个企业改进生产技术、提高劳动生产率的直接动机，而各个资本主义企业追求超额剩余价值的结果，却是相对剩余价值的形成。

绝对剩余价值的生产和相对剩余价值的生产作为资本家提高剥削程度的两种基本方法，既有联系又有区别。从资本家对雇佣劳动的剥削来看，这两种方法是一致的。无论是绝对剩余价值的生产还是相对剩余价值的生产，都是延长了工人的剩余劳动时间，增加了资本家无偿占有的剩余价值量。但绝对剩余价值生产是资本主义剥削的一般基础，也是相对剩余价值生产的起点。资本主义剥削无论在什么时候都必须将工人的劳动时间绝对地延长到必要劳动时间以上，否则就不可能生产剩余价值。而相对剩余价值的生产，则是以工作日已经分为必要劳动时间和剩余劳动时间为基础的，由此来进一步缩短必要劳动时间，相应地延长剩余劳动时间。

两种提高剥削程度的方法在资本主义发展的不同阶段起着不同的作用。在资本主义生产的初期，由于生产工具没有重大变化，生产力发展比较缓慢，绝对剩余价值生产是资本主义加重剥削的主要办法。随着资本主义的发展，科学技术在生产中广泛应用，生产力有了突飞猛进的发展，从而相对剩余价值生产的作用就日益突出了。当然，这两种方法不是相互排斥的，资本家总是尽可能地同时并用，以便从工人身上榨取更多的剩余价值。

第四节 工 资

一、工资的本质

在资本主义社会里，从现象上看，雇佣工人在资本家的工厂里劳动一天，资本家付给一天的工资；劳动一个月，付给一个月的工资；或者按照生产的合格产品件数付给工资。这样，就给人们造成一种假象，好像工人出卖给资本家的是劳动，而不是劳动力，工人的全部劳动都得到了报酬。资本家支付的工资似乎是劳动的价值或价格，而不是劳动力的价值或价格。

其实，劳动力和劳动是两个不同的概念。劳动是指劳动者运用劳动资料作用于劳动对象，使之发生预期变化的过程；劳动力则是指劳动者体内具有的体力和脑力所形成的劳动能力。在资本家同工人的买卖关系中，工人出卖的是劳动力，而不是劳动，能够成为商品的只是劳动力，劳动根本就不能成为商品。这是因为：第一，如果劳动是商品，它就应该同其他商品一样，也具有价值。但是，按照马克思的劳动价值论，商品的价值就是凝结在商品中的人类劳动。如果说劳动是商品，具有价值，那就等于说劳动的价值是由劳动决定的，这种同义反复不能说明任何问题。第二，如果说劳动是商品，那么它就应该同其他商品一样，在出卖之前就独立存在。但雇佣工人的劳动不能独立存在，劳动要取得存在的形式，就只有和生产资料相结合，而这只有在生产过程中才能实现。但工人和资本家在劳动力市场上发生交换关系时，工人还没有进行劳动，当然也就不能把尚不存在的劳动拿出来出卖。第三，如果劳动是商品，工资是劳动的价值或价格，会导致违反价值规律，或否定资本主义生产关系存在的基础。因为按照等价交换原则，资本家应该支付给工人全部劳动形成的价值。这样一来，资本家就得不到任何剩余价值。没有剩余价值，资本主义生产关系也就失去了存在的基础。如果按照不等价交换原则交换，则又违背了价值规律。第四，如果劳动是商品，就等于说雇佣工人出卖了不属于自己的商品。因为劳动是劳动力的使用，它是在劳动过程开始以后才存在的。但是，当雇佣工人在资本家的工厂里进行劳动时，劳动已经归资本家所有，受资本家支配了。工人也就无权把已经不归自己所有的劳动作为商品出卖了。由此可见，劳动不是商品，它没有价值或价格。

实际上，工人在市场上出卖的不是劳动而是劳动力。**劳动力**是潜藏在人身体内的劳动能力。劳动是劳动力的使用，劳动力在生产中发挥作用时才是劳动。劳动力的存在以健康人的存在为条件，而劳动的实现则必须以生产资料与劳动力相结合为条件。劳动不是商品，但劳动力在一定历史条件下则可以成为商品，它具有价值和使用价值。工人在出卖劳动力时，同任何商品的出卖者一样，实现劳动力商品的价值，同时让渡了劳动力的使用价值，即让渡进行生产劳动的能力。由此可见，资本主义工资不是劳动的价值或价格，而是劳动力的价值或价格，但工资在现象上却表现为劳动的价值或价格。所以，资本主义工资是劳动力价值或价格的转化形式。劳动力价值与工人的必要劳动相对应，由工人在生产过程中付出的必要劳动凝结而成，其最低限即最低工资，由生产、发展、维持和延续劳动力所必需的生活资料的价值决定。

资本主义工资在现象上表现为劳动的价值或价格，是由资本主义生产关系决定的。从资本和劳动的交换关系看，劳动力的买卖和其他商品的买卖一样，买者付出货币，卖者付出一种与货币不同的商品，人们所注意到的只是商品交换应遵循的对等原则，至于买卖的这个商品是劳动还是劳动力，一般人是不会去深究的。从工资的支付形式来看，资本家通常是在工人劳动以后才支付工资的，这样使得工资被看作劳动的价值或价格。从工人的立场来看，劳动是工人谋取生活资料的手段，所以，工人容易把他出卖劳动力所得的工资看成是劳动所得。从资本家的立场来看，他总希望以尽量少的货币换取尽量多的劳动，以便取得利润。实际上，这个利润是劳动力价值和劳动力的使用所创造的价值之间的差额。但是，由于这个差额表现为资本家购买商品和销售商品的差价，因而资本家就把低价购买和高价卖出看作利润的来源，把工资说成是劳动的价值或价格。从工资的实际运动来看，一是工人为资本家劳动的时间越长，所得工资也就越多；二是劳动熟练程度不同的工人得到的工资不同，这也容易使人们误认为工资是劳动的价值或价格。由于劳动力的价值或价格转化为工资，表现为劳动的价值或价格，消灭了工作日划分为必要劳动时间和剩余劳动时间、劳动划分为有酬劳动和无酬劳动的痕迹，全部劳动表现为必要劳动或有酬劳动，因而掩盖了资本主义的剥削关系。

在资本主义社会里，资本家和工人阶级之间经济利益的对立和冲突，最直接地表现在工资问题上。在榨取最大限度剩余价值动机的驱使下，资本家具有将工人工资尽量压低至劳动力价值之下的内在冲动。工人则力图维护自己的“劳动”（实际上是劳动力）的价格，使之至少不低于由必需的生活资料的价值所决定的最底线。围绕工资问题反复重演和升级的劳资冲突，其剧烈程度往往使资本主义社会再生产的基本条件遭到破坏。为了缓和阶级矛盾，西方资本主义国家都逐步实行了最低工资立法，并在此基础上形成了劳资集体谈判制度。劳资集体谈判的内容主要包括：①劳动报酬协议，即在政府制定的强制性最低标准基础上，对工资类别、计时工资标准和职员的月薪数额的谈判；②工资、薪金范围协议，即对工资、薪金级别和每一级别工资、薪金的范围作出规定；③奖励工资；④企业津贴与福利，等等。

二、工资的形式

资本主义工资的形式多种多样，但它的基本形式不外两种，即计时工资和计件工资。**计时工资**是按一定的劳动时间来支付工资，其实质是劳动力的月价值、周价值、日价值的转化形式。实行计时工资制对资本家十分有利。资本家可以根据自己的实际需要和经营状况，时而延长工作日时而减少工作日；并可以在不降低工资额，甚至在提高工资额的情况下，采取延长劳动时间和提高劳动强度的办法来变相压低工人的计时工资，降低劳动的价格。计时工资目前是资本主义工资的主要形式。

计件工资则是按照工人完成的产品数量或完成的工作量来支付的工资，它是计时工资的转化形式。因为计件工资的制定是以计时工资为基础的，资本家是用日工资除以每个工作日的产量定额的办法，来确定每件产品的工资单价的。资本家往往根据劳动力较强、技术熟练的工人的日产量来制定标准的日产量定额。在实行计件工资的情况下，按产品数量支付工资造成了一种假象，即工人出卖的不是劳动力，而是劳动，并且是物化的劳动。此外，在实行计件工资的条件下，工人劳动的质量、数量以及强度是由产品来控制的，这使资本家节约了监督工人劳动的费用。随着生产自动化的发展，劳动强度和劳动质量受到流水线等自动机器的控制，多数生产部门已不再采用计件工资。

随着科学技术的进步和资本主义的发展，在上述两种基本工资形式的基础上，出现了血汗工资制度。这种工资制度的特点是，通过科学的“操作研究”，将工人的劳动强度提高到极限，以强化对工人的剥削。福特制和泰罗制是这种工资制度的典型代表。据泰罗自己说，在这种工资制度下，工人工资虽然较原来增加了63%，但劳动强度却提高了270%，工人减少了2/3，资本家的支出则减少了一半。福特制是由美国汽车大王亨利·福特首先在自己的工厂推行的。这种制度是以自动化生产线为技术条件的，它通过提高流水线的运转速度，来提高和控制工人的劳动强度。血汗工资制度说明，在资本主义社会里，科学技术的进步意味着榨取工人血汗的艺术的进步。

三、工资的变动趋势

在研究了资本主义工资的本质和形式之后，我们要进一步考察工资的数量变化规律。为此，需要引进名义工资和实际工资两个概念。

名义工资即货币工资，是指工人出卖劳动力所得到的货币数量。**实际工资**是指工人用货币工资实际买到的各类生活资料和服务的数量。名义工资和实际工资有着密切的联系，在其他条件不变的情况下，两者的变动是一致的，即名义工资越高，实际工资也就越高，反之亦然。但两者也常常不一致，即名义工资虽然不变甚至提高，实际工资却可能降低。这是因为，实际工资的多少不仅取决于名义工资的高低，而且取决于物价的高低。如果名义工资不变，物价水平上涨，或者名义工资的增长速度赶不上物价上涨的速度，实际工资就会降低。名义工资和实际工资都是表示工资绝对数量的概念。

资本主义工资的变动趋势具有以下特征：第一，名义工资一般呈增加趋势。因为货币工资是劳动力价值的货币表现，而资本主义国家的货币由于存在通货膨胀而不断贬值，致使物价不断上涨，从而使名义工资不能不有所增加。第二，从资本主义发展的历史过程来看，实际工资有时降低有时提高。在经济危机和战争时期，实际工资是下降的；在经济高涨时期，则有所提高。第二次世界大战以后的一段时间里，工人实际工资确有增加。随着社会劳动生产率的迅速提高，工人在相同时间内创造的财富增多，货币工资所能买到的各种生活资料和服务的数量和种类增多；同时，随着技术进步的加快，劳动者的培训费用大大增加；再加上工人阶级的长期斗争使得社会保险和社会福利增加……这些因素导致西方国家工人的实际工资在“二战”后的所谓“黄金时期”呈提高趋势。但是，实际工资的提高并不意味着工人受剥削程度减轻了。在劳动生产率的提高比实际工资提高更快的条件下，工人所创造的财富有更大的部分被资本家无偿占有，这意味着剩余价值率的提高和剥削程度的加重。在工人创造的新价值中，即在国民收入中，资本家利润所占的比重越来越大，相对工资呈下降趋势。例如，在美国工人实际工资水平较高的20世纪70年代初期，制造业工人的工资占制造业国民收入的比重，1947年为50%，1970年为42.8%，1975年为41.8%。①

同时，一段时间内实际工资上升的趋势，随着危机的爆发又会为实际工资下降的相反趋势所代替。

第五节　剩余价值理论的再认识

剩余价值理论是马克思主义政治经济学的核心内容，在其理论体系中占有十分重要的地位。恩格斯在评价马克思的一生时指出，剩余价值理论与唯物史观是马克思在社会科学领域中的两大发现，是马克思对人类社会发展所作的最伟大的贡献。剩余价值理论问世至今已有一个半世纪，人类社会在这一期间发生了巨大的变化，特别是在新科技革命的重大影响下，当代资本主义国家剩余价值的生产条件发生了许多新的变化。而社会

① 《国际经济和社会统计资料》，北京：中国财政经济出版社，1985年。

主义国家出现了由计划经济向市场经济转轨的深刻变革，许多新的问题有待人们重新进行思考，以推动政治经济学不断向前发展。

一、劳动力商品的再认识

劳动力成为商品是货币转化为资本的前提条件，即剩余价值生产的前提条件，而劳动力也只有在一定的历史条件下才能成为商品。马克思在《资本论》中明确指出，劳动力要成为商品，必须具备两个条件：“一方面，工人是自由人，能够把自己的劳动力当作自己的商品来支配；另一方面，他没有别的商品可以出卖，自由得一无所有，没有任何实现自己的劳动力所必需的东西”①。劳动者成为自由工人是历史发展到一定阶段的产物，是在贸易和市场急剧扩大的背景下，通过一系列产权关系调整与变革的产物。在这个历史进程中，一方面劳动者被剥夺了生产资料的所有权，另一方面劳动者又被赋予了对自身劳动力的所有权。所以，自由工人一方面是封建关系解体的产物，体现了历史的进步；另一方面它又是资本原始积累的产物，体现着历史进程的残酷。

既然劳动力成为商品是劳动者获得人身自由和丧失生产资料的产物，那么，当人类社会发展到剥夺者被剥夺的历史阶段，劳动者重新成为社会化生产资料的主人时，劳动力的商品属性就消失了。也就是说，在社会主义条件下，宪法依然赋予劳动者人身自由，但劳动者已成为社会化的生产资料的主人，劳动力进入生产过程不需要经过流通过程，劳动力成为商品的条件已不复存在。传统的社会主义政治经济学就是这样认为的。在传统的高度集中的计划经济体制的运行中，也的确不存在劳动力的买卖关系和劳动力市场。劳动力的配置是由国家指令性计划确定的，劳动者一旦进入国有企业或集体企业(集体农庄)，就拥有了“铁饭碗”；劳动者在行业或企业之间流动是很难的。

然而，当我国进入改革开放的历史时期以后，生产关系发生了很大的变化。虽然公有制依然是所有制关系的主体，但非公有制关系在迅速发展，尤其是当市场经济体制的逐步确立，国有企业的“铁饭碗”局面逐渐被打破，劳动者一方面在事实上拥有了支配自己劳动力的权利，另一方面在事实上又与生产资料相分离。在现存的多种所有制关系和分配关系下，劳动者不能不经过流通过程就与私人所有的生产资料直接结合，也不能不经过流通过程就与其他集体所有的生产资料直接结合，甚至不能不经过流通过程就与国家所有的生产资料直接结合。劳动者即使拥有一定数量的生产资料，但他与这些生产资料的结合还不足以使他获得摆脱相对贫苦的收入，只要有可能，他就会通过流通过程与其他经济主体所拥有的生产资料相结合，以争取获得较高的经济收入。因此，经过经济制度和经济体制的深刻变革，在我国的现实经济生活中，劳动力成为商品的条件不仅已经存在，而且还在不断发展。

劳动力具有商品属性，既不是由法律赋予的，也不是由理论赋予的，而是由客观存在的社会生产关系决定的。在我国经济由计划经济向市场经济全面转轨的过程中，劳动力具有商品属性有利于人力资源的合理配置，有利于提高劳动者个人的效率，有利于提高企业的效率，有利于提高整个社会的效率。然而，必须清醒地看到，只要劳动力具有

① 《马克思恩格斯全集》第23卷，北京：人民出版社，1972年，第192页。

商品属性，雇佣劳动与资本的对立就不会消失，即使是在社会主义制度下也是如此。劳动力的买卖不管是在工业化的初期，还是在工业化的后期，在流通领域中，买卖双方都要遵循等价交换原则，是“自由的”、“平等的”，但是，离开流通领域转到生产领域，“自由”、“平等”的面纱就被撕去了。在现实生活中，没有组织起来的劳动者总是处于弱势地位。因此，为了确保劳动者的合法权益不受伤害，政府必须通过立法，约束和规范企业的行为；劳动者也必须组织起能真正维护自身利益的工会。

二、资本属性的再认识

在《资本论》中，马克思对资本主义生产方式条件下的资本形态进行了充分的、深刻的剖析。马克思指出：“资本不是物，而是一定的、社会的、属于一定历史社会形态的生产关系。”[①] 资本最初的形态是货币，在日常经济活动中，资本还表现为各种实物形态，如厂房、机器设备、原材料等。但是，这些生产资料本身并不是资本，只有在一定的社会经济条件下，即在雇佣工人与这些生产资料相结合，给生产资料的所有者带来剩余价值时，它们才是资本。所以，马克思把资本定义为“带来剩余价值的价值”。资本作为雇佣劳动方式的特定产物，是一个历史范畴。

根据马克思关于资本属性的认识和理解，长期以来，人们认为，在社会主义生产方式下，资本和剩余价值这些反映资本主义生产关系的范畴已退出历史舞台。由于商品经济还没有退出历史舞台，商品、货币、价值、价格这些范畴还存在，因此，人们用资金取代资本、用利润取代剩余价值，以表示社会主义生产关系与资本主义生产关系的本质区别。但是，随着已建立了社会主义制度的国家的经济体制改革的深入发展，人们开始对资本、剩余价值在非资本主义经济制度中存在的合理性进行思考。

既然人们已经认识到市场经济这种资源配置方式可以与不同的经济制度相结合，那么，反映市场经济运行的各个经济范畴在不同的经济制度下的合理存在，就不是什么离经叛道的事了。其实，根据马克思的历史考察，资本首先表现为货币形态，是商品经济的构成要素。它早在资本主义生产方式产生以前就已产生了，如商人资本和生息资本。在古代，商人资本和生息资本都是可以实现价值增殖的价值形态，只是价值增殖的主要来源是手工业者和农民创造的价值。在资本主义社会，随着生产方式的根本性变化，商人资本转化为商业资本、生息资本转化为借贷资本，生产资本成为资本的主要形式。资本不再是社会经济生活中的次要形式，而成为社会经济生活中的统治形式。在社会主义初级阶段，公有制的经济关系虽然已经建立，但仍然存在大量的非公有制的经济关系。劳动者虽然已成为公民，享有宪法赋予公民的权利与义务。但是，他们中的绝大多数在不同程度上仍与社会化的生产资料处于分离状态，他们与生产资料的结合仍然要通过流通过程，劳动力仍然具有商品性质。因此，资本不仅存在着，而且仍然是社会经济生活中的普遍形式。可见，资本是商品经济不同发展阶段上不同社会形态所共有的范畴。

在存在商品经济的社会形态中，生产要素的配置往往通过市场以货币为媒介，在价值运动中不断实现其价值的增殖。这种具有不断增殖性质的价值，不管它表现为货币还

① 《马克思恩格斯全集》第25卷，北京：人民出版社，1974年，第920页。

是表现为物质形态，都属于资本范畴。因此，资本的一般属性是价值增殖，即企业首先要有一定数量的货币资本用于购买生产要素，然后将生产要素结合起来进行生产，并把生产成果通过流通渠道销售出去，换回比垫支的货币更多的货币，用于补偿消耗的生产要素并增加社会财富，积累资本。总之，资本是以商品经济和雇佣劳动为基础的经济范畴、历史范畴。

在商品经济的社会里，资本的特殊属性取决于资本与什么样的所有制相结合。资本与资本主义私有制相结合，它体现的是资本主义生产关系；资本与社会主义公有制相结合，它体现的则是社会主义生产关系。

三、剩余价值源泉的再认识

剩余价值是雇佣工人在生产过程中创造的、超过劳动力价值以上的那部分价值，它体现了资本家无偿占有雇佣工人创造的价值的经济关系。为了进一步揭示剩余价值的根源和所体现的社会生产关系，马克思把资本划分为两个部分：不变资本和可变资本。不变资本是以生产资料形式存在的资本。在生产过程中，不变资本的物质形态被劳动者的劳动所改变，形成新的使用价值，其价值也被转移到新产品中。这种价值转移，只是改变了价值存在的物质形式，并未使价值量发生变化。而可变资本则是用于购买劳动力的资本，它转化为工人的工资，并在生产过程中被工人所消费。在生产过程中，由于劳动力的使用，在创造新的使用价值和转移生产资料价值的同时，又创造了新的价值。劳动者新创造的价值不仅补偿了资本家预付的劳动力价值，而且超过了劳动力价值，带来了剩余价值，使预付资本量发生了价值增殖。因此，马克思认为，生产资料是价值和剩余价值生产的条件，雇佣劳动者的活劳动才是价值和剩余价值的源泉。雇佣工人的劳动可以分为两个部分：创造用于补偿购买劳动力价值的劳动称为必要劳动，创造剩余价值的劳动则称为剩余劳动。

既然剩余价值来源于雇佣工人的剩余劳动，在剩余劳动与必要劳动的比例即剩余价值率既定时，剩余价值量的多少取决于雇佣工人的数量即可变资本的数量，二者成正比；在可变资本数量既定时，剩余价值量的多少取决于剩余价值率的高低，二者也成正比。

但是，20世纪60年代以来，在许多发达的资本主义国家，随着微电子技术的迅速发展，出现了生产自动化的趋势。在生产中，机械手、机器人等自动化装置，不仅替代了劳动者的部分体力劳动，而且替代了劳动者的部分脑力劳动。随着生产自动化装置不断被投入生产第一线，使生产现场的工人人数日益减少，甚至出现了一些所谓的“无人车间”、“无人工厂”。在这些自动化程度很高的企业里，剩余价值不仅没有减少，反而大大地增加了。这种现象的出现，使“机器创造价值”的论调再次泛滥起来。美国社会学家丹尼尔·贝尔说道：“在电子计算机时代，技术起着决定作用，因此，马克思所阐述的价值观念也要改变。过去是劳动创造价值，现在是知识、技术创造价值。”①

面对生产自动化带来的新问题，还能不能运用马克思的劳动价值论和剩余价值论解决剩余价值的源泉问题，是摆在马克思主义政治经济学面前需要解决的课题。20世纪

① 《世界经济导报》1984年4月27日。

80年代以来，我国学者坚持运用马克思的劳动价值论和剩余价值论来说明生产自动化条件下剩余价值的源泉问题，取得了重要的进展。

首先，在生产自动化程度比较高的企业，工人劳动的复杂程度比生产非自动化的企业要高得多。劳动复杂程度的提高来自两个方面：一是生产自动化所减少的工人主要是从事体力劳动的、劳动力价值较低的普通工人，在这种背景下，工程技术人员、产品研发人员、生产指挥与组织的管理人员以及市场营销人员等主要从事脑力劳动的、劳动力价值较高的技术工人成为企业生产经营的主体；二是生产自动化虽然使企业的生产人员大幅度减少，但是，研发、设计、设备维护、管理、核算、营销等环节相互配合和有机组合的要求更高，也更复杂，这就意味着生产自动化条件下的联合劳动的复杂程度更高了。劳动复杂程度提高了，单位时间里创造的价值和剩余价值也就越多了。

其次，生产自动化程度较高的企业，在生产过程中所消耗的原材料要少，产品的质量更加稳定，产品的数量更加增多，因而在同一生产部门内有比其他企业高得多的劳动生产率，它所生产的产品的个别价值就大大低于社会价值，因此，该企业就可以获得较多的超额剩余价值。一旦社会各主要生产部门的生产自动化水平都提高了，个别企业较高的劳动生产率就会消失，产品的个别价值就会与社会价值趋同，超额剩余价值也就消失了。尽管如此，由于整个社会的劳动生产率普遍提高，劳动者的必要生活资料的价值就会下降。如果必要生活资料价值下降的幅度超过了必要生活资料扩大的幅度，劳动力价值就会降低；即使必要生活资料价值下降的幅度低于必要生活资料扩大的幅度，劳动力价值的上升幅度仍然会小于劳动创造价值的上升幅度。这就是说，剩余价值率在实际工资上升的同时也在上升。因此，在生产自动化条件下，资本的所有者可以利用相对剩余价值生产的方法，即利用提高劳动生产率的方法，不断提高对雇佣劳动者的剥削程度，获取更多的剩余价值。有资料显示：美国制造业的剩余价值率，1947年为146%，1975年上升为263%；联邦德国工业的剩余价值率，1950年为204%，1974年上升到265%；日本工业的剩余价值率，1951年为275%，1976年上升为431%。事实表明，只要劳动的复杂程度不断提高，单位时间内劳动创造的价值就会大幅度上升，劳动力价值的上升和剩余价值的增加是并行不悖的。

由此可见，在生产自动化条件下，资本所有者所获得的巨额剩余价值，仍然来源于雇佣工人的剩余劳动。

本章小结

1. 资本最初表现为货币，但货币本身不是资本。货币只有在一定的历史条件下才转化为资本。通过对商品流通与资本流通的分析，可以发现，作为货币的货币，只是商品交换的媒介，不发生价值增殖，而作为资本的货币却在资本流通过程中发生了价值增殖。资本流通公式 $G-W-G'$，概括了产业资本、商业资本和借贷资本运动，所以是资本的总公式。

2. 从形式上看，资本总公式和商品经济的规律是对立的。在流通过程中所出现的这种商品等价交换与价值增殖之间的矛盾，就是资本总公式的矛盾。剩余价值不能从流通中产生，又不能离开流通而产生，这就是解决资本总公式矛盾的条件。在流通中，货币所有者必须购买到一种特殊商品，这种商品的使用能够创造出比自身价值还大的价值，它就是劳动力商品。所以，劳动力成为商品是货币转化为资本的关键。

3. 劳动力就是劳动者的劳动能力，即存在于人的身体中的体力和脑力的总和。劳动力成为商品的第一个基本条件是劳动者必须具有人身自由。劳动者要把劳动力当作商品出卖必须能够有权支配它；第二个基本条件是劳动者除了自己的劳动力以外，不占有生产资料，劳动者只能把存在于他身体中的劳动力当作商品出卖，否则就无法维持生活。这两个基本条件的形成，是历史长期发展的结果。

4. 劳动力作为商品，和其他商品一样，具有价值和使用价值。劳动力商品的价值是由生产和再生产劳动力所需要的社会必要劳动时间决定的。它就是维持劳动力所有者生活所必需的生活资料的价值。它包括三个部分：①劳动者本人所必需的生活资料的价值，用以维持他的劳动力的再生产；②劳动者养育子女所必需的生活资料的价值，用以延续劳动力商品的供给；③劳动者的教育训练费用，用以满足资本主义生产对具备一定的技术和文化知识的劳动力的要求。劳动力商品具有独特的使用价值，劳动力商品的消费过程是劳动，它不仅能够创造价值，而且能创造比自身价值更大的价值。

5. 资本主义生产是以雇佣劳动为基础的商品生产，其生产过程具有两重性：一方面是生产使用价值的劳动过程，另一方面是生产剩余价值的价值增殖过程。所以，资本主义生产过程是劳动过程与价值增殖过程的统一。资本主义劳动过程具有两个重要特点：一是工人的劳动属于资本家，工人在资本家的监督下劳动；二是劳动产品全部归属于资本家。

6. 价值增殖过程不外是超过一定点而延长了的价值形成过程。这个“一定点”就是雇佣工人的活劳动所创造的新价值等于劳动力本身的价值。所以，价值增殖过程，就是超过劳动力价值的那部分新价值的形成过程。这个新价值就是剩余价值，即雇佣工人所创造的并被资本家无偿占有的超过劳动力价值的那部分价值，它是雇佣工人在剩余劳动时间支出的剩余劳动的凝结。

7. 资本是能够带来剩余价值的价值，体现了资本家对雇佣工人的剥削关系。按资本在剩余价值生产过程或价值增殖过程中所起作用的不同，可以把它们区分为不变资本和可变资本。不变资本是以生产资料的形式存在的，它在生产过程中被消耗，生产出新产品。它在生产过程中不改变自己的价值量，所以叫做不变资本（c）。可变资本是用来购买劳动力的那部分资本。它在生产过程中发生了量的变化，即发生了价值增殖，所以叫做可变资本（v）。

8. 马克思把资本区分为不变资本和可变资本具有重要的意义。第一，它进一步揭示了剩余价值产生的源泉。剩余价值不是由全部资本产生的，也不是由不变资本产生的，而是由可变资本产生的，即雇佣工人的剩余劳动是剩余价值产生的唯一源泉。第二，它为确定资本家对雇佣工人的剥削程度提供了科学依据。

9. 剩余价值规律是资本主义的基本经济规律，它的内容是：资本主义的生产目的和动机是追求尽可能多的剩余价值，达到这一目的的手段是不断扩大和加强对雇佣劳动的剥削，剩余价值规律决定着资本主义生产的实质；决定着资本主义生产发展的一切主要方面和主要过程；决定了资本主义生产方式的发展及其历史趋势。

10. 剩余价值率是剩余价值与可变资本的比率，它反映着资本对雇佣劳动的剥削程度。剩余价值量的大小归根结底取决于两个因素：一个是剩余价值率的高低，另一个是可变资本总量。

11. 剩余价值生产有两种基本方法：绝对剩余价值生产和相对剩余价值生产。绝对剩余价值生产是指在必要劳动时间不变的条件下，由于延长工作日的长度而生产剩余价值的方法。相对剩余价值生产是指在工作日不变的条件下，缩短必要劳动时间而相应地延长剩余劳动时间而生产剩余价值的方法。相对剩余价值的生产是由于社会劳动生产率的提高，降低了劳动力的价值，从而缩短了必要劳动时间，相应延长了剩余劳动时间的结果。

12. 超额剩余价值是指企业由于提高劳动生产率而使商品个别价值低于社会价值的差额。追求超额剩余价值是各个企业改进生产技术、提高劳动生产率的直接动机，而各个资本主义企业追求超额剩余价值的结果，却是相对剩余价值的形成。

13. 劳动力和劳动是两个不同的概念。劳动是指劳动者运用劳动资料作用于劳动对象，使之发生预期变化的过程；劳动力则是指劳动者体内具有的体力和脑力所形成的劳动能力。在资本家同工人的买卖关系中，工人出卖的是劳动力，而不是劳动，能够成为商品的只是劳动力，劳动根本就不能成为商品。

14. 资本主义工资是劳动力价值或价格的转化形式。资本主义工资在现象上表现为劳动的价值或价格，是由工资的支付方式和工资的实际运动造成的。资本主义工资的基本形式是：计时工资和计件工资。计时工资是按一定的劳动时间来支付工资，其实质是劳动力的月价值、周价值、日价值的转化形式。计件工资则是按照工人完成的产品数量或完成的工作量来支付的工资，它是计时工资的转化形式。

15. 进一步考察工资的数量变化规律，需要引进名义工资和实际工资两个概念。名义工资即货币工资，是指工人出卖劳动力所得到的货币数量。实际工资是指工人用货币工资实际买到的各类生活资料和服务的数量。资本主义工资的变动趋势具有以下特征：第一，名义工资一般呈增加趋势；第二，从资本主义发展的历史过程来看，实际工资则有时降低有时提高。在经济危机和战争时期，实际工资是下降的；在经济高涨时期，则有所提高。

16. 劳动力具有商品属性，既不是由法律赋予的，也不是由理论赋予的，而是由客观存在的社会生产关系决定的。在我国经济由计划经济向市场经济全面转轨的过程中，劳动力具有商品属性有利于人力资源的合理配置，有利于提高劳动者个人的效率，有利于提高企业的效率，有利于提高整个社会的效率。然而，必须清醒地看到，只要劳动力具有商品属性，雇佣劳动与资本的对立就不会消失，即使是在社会主义制度下也是如此。

17. 资本是商品经济不同发展阶段上不同社会形态所共有的范畴。资本的一般属性是价值增殖，即企业首先要有一定数量的货币资本，用于购买生产要素，然后将生产要素结合起来进行生产，并把生产成果通过流通渠道销售出去，换回比垫支的货币更多的货币，用于补偿消耗的生产要素并增加社会财富，积累资本。资本的特殊属性取决于资本与什么样的所有制相结合，资本与资本主义私有制相结合，它体现的是资本主义生产关系；资本与社会主义公有制相结合，它体现的则是社会主义生产关系。

18. 在生产自动化程度比较高的企业，工人劳动的复杂程度比生产非自动化的企业要高得多。劳动复杂程度提高了，单位时间里创造的价值和剩余价值也就越多了。生产自动化程度较高的企业，在同一生产部门内有比其他企业高得多的劳动生产率，它所生产的产品的个别价值就大大低于社会价值，因此，该企业就可以获得较多的超额剩余价值。事实表明，只要劳动的复杂程度不断提高，单位时间内劳动创造的价值就会大幅度上升，劳动力价值的上升和剩余价值的增加是并行不悖的。由此可见，在生产自动化条件下，资本所有者所获得的巨额剩余价值，仍然来源于雇佣工人的剩余劳动。

复习与思考

1. 简述商品流通与资本流通的区别与联系。
2. 怎样理解资本总公式及其矛盾？解决资本总公式矛盾的条件是什么？
3. 为什么说劳动力成为商品是货币转化为资本的前提？
4. 怎样理解资本主义生产过程是劳动过程与价值增殖过程的统一？
5. 剩余价值是怎样生产出来的？当代西方发达国家剩余价值生产有何特点？
6. 资本的本质是什么？资本划分为不变资本和可变资本的依据和意义是什么？
7. 绝对剩余价值生产与相对剩余价值生产有何区别与联系？
8. 怎样认识资本主义工资的本质？第二次世界大战后西方发达国家的工资制度有何新变化？
9. 怎样理解市场经济体制下劳动力的商品属性？承认市场经济体制下劳动力的商品属性有何意义？
10. 怎样认识商品经济条件下资本的属性？
11. 怎样认识生产自动化条件下剩余价值的源泉问题？

普通高等教育高级应用型
人才培养规划教材

第四章
资本积累与再生产

前一章阐明了剩余价值是怎样产生的，揭露了资本主义生产的实质。这一章进一步分析剩余价值怎样转化为资本，揭示资本积累的实质和资本主义积累的规律，阐明资本主义积累的历史趋势。

第一节　资本主义再生产和资本积累

一、资本主义简单再生产

社会不能停止消费，因而也不能停止生产，社会生产总是连续不断地进行。这种不断重复和经常更新的生产过程就是**社会再生产过程**。社会再生产过程一方面是物质资料的再生产；另一方面也是生产关系的再生产，它是这两个方面的统一。

社会再生产按其规模可以分为简单再生产和扩大再生产。**简单再生产**就是在原有规模上进行的再生产；**扩大再生产**是大于原有规模的再生产。资本主义再生产的特征是扩大再生产。但是，由于简单再生产是扩大再生产的基础和出发点，因此，对资本主义再生产的分析，要从简单再生产开始。

资本主义的简单再生产就是工人所创造的剩余价值全部用于资本家的个人消费，生产只是在原有的规模上重复进行。例如，假定以一年作为一个生产周期，年初资本家投入的资本是5 000，其中不变资本为4 000，可变资本为1 000。再假定剩余价值率是100%，则全年生产出来的产品价值为$4\ 000c+1\ 000v+1\ 000m=6\ 000$，其中$1\ 000m$全部被资本家用于个人消费。这样，下一年投入生产的资本数量及生产的产品价值就同上年一样，仍为5 000，这就是资本主义的简单再生产。

资本主义简单再生产虽然只是生产过程按同一规模的重复，但是，从它的这种重复或连续性来考察，可以消除它作为孤立的生产过程所具有的假象，使我们认识到资本主义生产过程的一些新的特征。

（1）从资本主义简单再生产过程可以看出可变资本是由工人创造的，资本家为了进行生产，必须将可变资本转化为劳动力，工人在为资本家劳动一定时间以后得到工资。从一次生产过程来看，工人得到工资时，他们生产的产品可能还没有卖掉。这就造成了一种假象，好像工资是资本家自己拿出货币垫付给工人的。资产阶级经济学家从这一假象出发，大肆宣扬资本家出钱养活了工人。但是，从连续进行的再生产过程来看，工人这一时期得到的工资，正是他前一个时期劳动创造的，是资本家将工人前一时期生产的产品出卖后所得货币的一部分，用来支付工人这一时期的工资。可见，工人所得到的工资，是他自己创造的价值的一部分。

（2）从资本主义简单再生产过程还可以看出，不仅可变资本而且全部资本都是工人创造的。资本家最初的资本无论是从哪里来的，经过若干再生产周期，原来的资本就会被他耗费掉。资本家的资本之所以还存在，因为它是由工人所创造的剩余价值积累起来的。例如，资本家有 1 万元资本，每年生产剩余价值 2 000 元。在简单再生产条件下，剩余价值全部被资本家耗费掉，这样，经过 5 年，他所耗费的价值总额就和原来资本的数额相等。而他仍然持有的 1 万元资本则全部是由剩余价值转化而来的。资本家可能会为自己辩护：他消费的只是剩余价值，资本依旧是原来的资本。但这种辩解是徒劳的，因为他手中资本的数量之所以没有变化，只是因为占有了同样数量的剩余价值，否则他的资本早就一无所有了。由此可以得出一个结论：无产阶级取得政权之后，把资本家的财产变为社会共有财产是完全合理的。

（3）从资本主义简单再生产过程还可以看出，工人的个人消费是资本主义再生产过程的一个条件，是为资本家再生产出可供剥削的劳动力。如果孤立地考察一次生产过程，工人的个人消费是在生产过程以外进行的，是为了维持工人的生存，这纯粹是工人自己的事，与资本主义生产过程无关。但是，从再生产过程来考察，工人在这次生产过程中的劳动消耗，必须得到补偿，才能提供下一次生产过程所需要的劳动力。在资本主义制度下，工人的个人消费只能是再生产出自己的劳动力，此外，他仍然是一无所有的，必须继续出卖劳动力。所以，即使在生产过程以外，工人也是资本的附属物，他可以选择受雇于这个或那个资本家，但是不能摆脱整个资本家阶级的剥削。可见，无论在生产过程以内还是以外，工人的个人消费都是资本主义再生产的一个条件。工人在经济上的这种隶属地位，正如马克思指出的“罗马的奴隶是由锁链，雇佣工人则由看不见的线系在自己的所有者手里”①。因此，无产阶级的解放，必须推翻整个资产阶级的统治，消灭资本主义制度。

以上所揭示出的资本主义生产过程的新特征表明，资本主义再生产同时是资本主义生产关系的再生产。我们知道，生产资料和劳动者的分离是资本主义生产的基础。资本主义的再生产，就是不断地再生产着这种分离：一方面，不断再生产出资本家，他们作为生产资料的占有者，继续保持其资本家的地位，掌握进行剥削的条件；另一方面，不断地生产出一无所有的雇佣劳动者，继续为资本家提供进行剥削的对象。总之，这也就意味着资本主义的生产关系被不断再生产出来。

① 《马克思恩格斯全集》第 23 卷，北京：人民出版社，1972 年，第 629 页。

二、扩大再生产和资本积累

如果资本家不把全部剩余价值用于个人消费，而是把其中的一部分合并到原有的资本中去，用来购买生产资料和劳动力，使生产在扩大的规模上进行，这就是**资本主义的扩大再生产**。把剩余价值转化为资本或剩余价值的资本化，就是**资本积累**。例如，假定资本家原有资本5 000，其中不变资本4 000，可变资本1 000，剩余价值率100%，则第一年生产结果为$4\ 000c+1\ 000v+1\ 000m=6\ 000$。再假定资本家将1 000$m$中的一半即500$m$用于个人消费，另一半500$m$转化为资本，按原来不变资本和可变资本4:1的比例，合并到原有资本中去。这样，第二年的资本总额增大为5 500，其中不变资本4 400，可变资本1 100。由于资本增大，购买的生产资料和劳动力增加，生产就在扩大的规模上进行。如果剩余价值率不变，则第二年的生产结果就扩大为$4\ 400c+1\ 100v+1\ 100m=6\ 600$。

从以上说明中可以看出，剩余价值是资本积累的源泉，资本积累是扩大再生产的重要源泉。在扩大再生产过程中，资本家是以无偿占有的剩余价值来增大自己的资本，以便占有更多的剩余价值。如果说，在简单再生产的条件下，原有的资本要经过若干生产周期才会变成资本化的剩余价值，那么，在扩大再生产条件下，追加资本一开始就是由工人创造的剩余价值形成的。

对资本积累的分析表明，劳动力的买卖从形式上看是等价交换，表面上看起来，交换的双方是平等的商品所有者，交换是按照等价原则进行的。但实际上劳动力买卖的真实内容是，资本家用无偿占有的剩余价值去无偿占有工人所创造的更多的剩余价值。①资本家用来购买劳动力的资本，是由他无偿占有的剩余价值转化而来的。表面上是等价交换，实际上资本家什么也没有拿出来。②出卖劳动力的工人在生产过程中创造的价值，不仅包括补偿劳动力的价值，而且还包括资本家无偿占有的剩余价值。

可见，资本积累不仅是资本家剥削工人的结果，反过来又成为资本家扩大剥削的手段。剥削越多，积累越多；积累越多，剥削也就越多。在资本积累过程中，商品生产所有权规律转变为资本主义的占有规律。商品生产所有权规律是以商品生产和商品交换为基础的占有规律。本来，在简单商品经济条件下，劳动和所有权是统一的，商品生产者以自己的劳动占有自己的劳动产品，并以等价交换的形式占有别人的商品，这就是商品生产的所有权规律的内容。而资本主义占有规律则是指占有生产资料的资本家无偿占有工人生产的产品，劳动者反而不能占有自己的劳动产品，所有权对资本家来说表现为无偿占有别人劳动产品的权利，而对工人来说则表现为不能占有自己的劳动产品。马克思指出："商品生产按自己本身内在的规律越是发展成为资本主义生产，商品生产的所有权规律也就越是转变为资本主义的占有规律。"[①] 这就是说，商品生产所有权规律转变为资本主义的占有规律是劳动力成为商品的必然结果。商品生产所有权规律是以生产资料所有权与劳动的结合为基础的，然而在资本主义生产的条件下，由于劳动力成为商品，劳动与所有权是分离的。商品生产越是发展为资本主义生产，资本家与工人之间虽

① 《马克思恩格斯全集》第23卷，北京：人民出版社，1972年，第644页。

仍然按照等价交换原则不断买卖劳动力，形式上仍符合商品生产所有权规律，但实质上资本家按照资本主义的占有规律，不断地无偿占有工人创造的剩余价值，再转化为资本积累去购买追加劳动力，以便无偿占有工人创造的更多的剩余价值。所以，在等价交换的形式下，资本家不断地使用无偿占有的剩余价值增殖资本，来继续榨取更多的剩余价值，以扩大生产规模，扩大对工人的剥削。总而言之，由资本积累而实现的资本主义扩大再生产，同时也是资本主义生产关系的扩大再生产，一方面再生产出更大、更多的资本家；另一方面再生产出更多的雇佣工人。

资本积累的实质是，资本家不断地用无偿占有的剩余价值，扩大资本的规模，加重对工人的剥削，以继续榨取更多的剩余价值。

资本积累具有客观必然性。第一，这是由剩余价值规律决定的。资本家作为人格化的资本，对剩余价值的贪求是无限的。为了榨取更多的剩余价值，资本家除了提高对工人的剥削程度以外，还必须增加资本的数量，以扩大剥削的规模。这是资本家进行资本积累的内在动力。第二，这是由竞争规律决定的。在竞争中，大企业在生产、销售和信贷方面比小企业具有优势条件。资本家只有不断地进行资本积累，才能扩大生产规模，改进生产技术，从而提高自己的竞争能力，免遭破产的命运。这是资本家进行资本积累的外在动力。

三、影响资本积累规模的主要因素

既然资本积累的源泉来自剩余价值，那么在剩余价值分为积累基金和资本家个人消费基金的比例不变的情况下，积累的规模归根到底要受剩余价值数量的制约。因此，一切决定剩余价值量的因素也影响资本积累的规模。具体地说，影响资本积累的因素有以下几个：

（1）对工人的剥削程度。一般来说，对工人的剥削程度越高，剩余价值量也就越大。资本家除了采用延长劳动时间、加强劳动强度、缩短必要劳动时间的方法外，还用压低工资的方法来加强对工人的剥削，以便增加剩余价值，加速资本积累。

（2）预付资本的大小。在利润率等其他条件不变的情况下，预付资本越大，利润量越多，资本积累量就越多。

（3）生产要素效率的提高。其中最重要的是科技在生产中的运用，可以带来劳动生产率的提高和生产成本的下降等，都能提高利润率，增加资本积累量；而其生产要素效率的提高，使包括生产资料和消费资料在内的产品的社会生产成本下降，从而使这些产品的价格得以下降，同量的资本积累额可以购买更多的生产要素，使资本积累的实际效果提高。

（4）所用资本和所费资本的差额。**所用资本**是指投入生产中的全部资本；**所费资本**是指生产中实际耗费的资本。二者差额的产生是由于厂房、机器设备等劳动资料形态的资本需要全部投入生产过程，但其使用价值可以在较长期、多次的生产过程发挥作用，因而其价值也按照使用价值的耗费程度逐次分批转移到产品中；也就是说，生产中所用的是全部资本，而所耗费的只是被转移的那部分价值。所以，所用资本总是大于所费资本。而其随着资本总量的增大，所用资本和所费资本的差额也在增大。机器设备等劳动资料的价值在部分被转移后，并不影响其仍然可以全部在生产过程中继续无偿发挥作用；而已转移并通过产品出售加以回收的那部分资本价值，在实际用于更新原有设备前，也可暂时用于企业的扩大再生产，起到与资本积累相似的作用。

(5) 在利润量一定的情况下，积累率即利润中用于积累的部分所占比重的高低影响着资本积累的绝对量的大小。

资产阶级经济学家为了掩盖资本积累的本质，宣称资本积累是资本家为了“社会进步”而实行节欲的结果。这种论调根本不符合事实。首先，资本家之所以要进行资本积累，是由资本主义的客观经济规律决定的，并不是出于他为社会谋利益的善良愿望。其次，资本积累也不是资本家节欲的结果，因为积累的实体是剩余价值，没有工人创造的剩余价值，资本家无论怎么节欲也“生”不出一个资本的原子来，并且积累规模也是由剩余价值量的大小决定的。最后，资本积累和资本家的挥霍浪费实际上是一同增加的。资本主义发展的历史证明，随着资本的增长，资本家的挥霍浪费也是增长的，因为这种挥霍是炫耀财富从而是取得“信誉”的手段，以至于成了资本家经营上的一种必要。总之，用资本家的“节欲”来歪曲资本积累的来源和本质，是替资本家剥削工人进行辩护的虚伪论调。

第二节　资本主义积累的一般规律

一、资本的有机构成、资本积聚和资本集中

为了考察资本积累对无产阶级命运的影响，首先要分析资本的构成及其在积累过程中的变化。资本积累不仅是资本在量上的增大，而且资本在构成上也会发生变化。这种变化是影响无产阶级状况的十分重要的因素。

资本的构成要从两个方面来理解。从物质形态上看，资本是由生产资料和劳动力构成的，两者之间存在一定的比例。一般地说，这种比例是由生产的技术水平决定的，即技术水平越高，每个劳动力运用的生产资料就越多；反之，则越少。这种反映生产技术水平的生产资料和劳动力的比例，叫做**资本的技术构成**。从价值形态上看，资本是由不变资本和可变资本构成的，它们之间的比例叫做**资本的价值构成**。资本的技术构成和价值构成之间有着密切联系，一般说来，资本的技术构成决定资本的价值构成，技术构成的变化会引起价值构成的变化。为了表达这种联系，马克思把这种“由资本技术构成决定并且反映技术构成变化的资本价值构成叫做资本的有机构成”①，用 $c:v$ 来表示。

从资本积累的规律来看，资本的有机构成具有不断提高的趋势。这是因为，资本主义生产的目的是无止境地追求剩余价值，增加剩余价值的方式不外乎两种，即增加绝对剩余价值和增加相对剩余价值。由于绝对剩余价值生产受生理和社会条件的制约呈不断下降的趋势，因而，不断地提高劳动生产率，通过缩短必要劳动时间来相对增加剩余劳动时间的方式就成了增加剩余价值的主要手段。在不考虑土地肥力和独立生产者的技能

① 《马克思恩格斯全集》第23卷，北京：人民出版社，1972年，第672页。

等因素的条件下，劳动生产率的提高，表现为劳动的量比它所推动的生产资料的量相对减少，或者说，表现为劳动过程的主观因素的量比客观因素的量相对减少。资本技术构成的这一变化反映在资本的价值构成上，是资本价值的不变部分的增加和可变部分的减少。资本价值构成对于资本技术构成的反映虽然只是近似的，不完全是按比例的。但是，从总体和长期的趋势来看，资本的有机构成随着劳动生产率的提高具有不断提高的趋势。而劳动生产率和有机构成的提高同时也就是加速资本积累的方法。剩余价值不断转化为资本，表现为进入生产过程的资本量不断增长。这种增长又成为不断扩大生产规模和提高劳动生产率的基础。

资本有机构成的提高，一般要以个别资本的增大为前提。个别资本的增大有两种形式：资本积聚和资本集中。

资本积聚是指单个资本依靠自身的积累来使实际资本在价值形态和生产要素形态上实现量的扩大。资本积累是资本积聚的前提和基础，资本积聚则能通过资本规模的扩大来增强资本积累的能力。

资本集中是指把若干个已有的、规模相对较小的资本合并重组为规模较大的资本。资本集中的主要途径有三种：一是并购（包括兼并、收购），即在竞争中居优势地位的资本并购居劣势地位的资本，包括部分并购或整体并购；二是联合，即原有的分散的单个资本联合成新的更大的资本；三是通过向社会发行股票等方式，把社会闲散资金集中起来使之转化为资本。

资本积聚和资本集中都能使单个资本的规模增大，并且二者有相互促进的作用；资本积聚使单个资本增大，增强了资本的竞争力，有利于它在竞争中加快资本集中；资本集中又使单个资本具有更大的增殖能力，促进资本积累并推动资本积聚。

资本积聚和资本集中又有明显的区别：①资本积聚以剩余价值的积累为前提，资本集中不以积累为必要前提。②资本积聚的实现会受到社会所能提供的实际生产要素增长的制约，资本集中若采取原有资本之间的兼并和联合的途径，则较少受社会实际生产要素增长的限制。③资本积聚在增大单个资本的同时，也增大了社会总资本；资本集中若采取原有资本之间的兼并或联合的途径，则一般不能直接增大社会总资本，但可以改变资本的结构和质量。④通过资本积聚的方式扩大单个资本规模，一般速度较慢，资本集中则可以用最快的速度实现资本规模的扩大。所以，马克思以修建耗资巨大的铁路为例，说明资本集中具有资本积聚无法比拟的高效："假如必须等待积累去使某些单个资本增长到能够修建铁路的程度，那么恐怕直到今天世界上还没有铁路。但是，集中通过股份公司转瞬之间就把这件事完成了。"①

竞争和信用是资本集中的强有力杠杆。在优胜劣汰的市场竞争中，规模较大、效益较好的资本，可利用其较强的信誉和信用地位，获得用户信任和银行等金融机构的支持，进而能更有效地击败竞争对手，然后以很低的价格收购对手的资产，或通过清偿债务和自愿联合的方式将其吞并，促进资本集中。同时，信用关系的发展，又使企业有了更多的融资渠道，企业对这些融资渠道的利用，实际上也就是对社会各类闲散资金的集

① 《马克思恩格斯全集》第23卷，北京：人民出版社，1972年，第688页。

中，反过来又增强企业的信用。

企业对社会各类闲散资金的集中，超出了对既有资本进行集中的局限，使单个资本的扩大有了更广阔的资金来源。企业融资就是指企业为了从事生产经营或举办各项事业，以有偿方式从不同资金所有者手中换取所需资金的行为。通过融资行为，使单个资本的扩大不仅可表现为扩大所占有（有所有权）的资本量，也可以表现为扩大可使用（借入的有使用权）的资本量。融资方式可按不同角度划分为以下几类：

一是间接融资和直接融资。**间接融资**是企业向银行等金融机构融通资金的方式。由于金融机构所提供的资金一般是从社会范围筹集来的，企业并未与资金的最终所有者发生直接联系，而只是通过银行等中介实现资金融通，所以称为间接融资。间接融资体现了企业和中介金融机构通过借贷行为而形成的债务与债权关系。**直接融资**是企业向资金的最终所有者或各类投资者直接融通资金的方式。直接融资包括体现权益关系（如股票）和体现债务关系（如债券）两种类型。

二是权益融资和负债融资。通过发行股票等体现权益关系的方式筹集资金，是直接的资本集中的方式，这部分资本不再是借入资本；只要企业仍然存在，企业就不再将这部分资金返还投资者，而只是根据企业的赢利状况确定每年的所有者收益（股息等）。因此，购买了公司股票的投资者就是公司财产的最终所有者之一，并按照他持有股份的比例，在该公司拥有相应的权益。通过向银行申请贷款或通过发行企业债券等负债方式筹集资金，形成的企业债务，企业对所借入的资金承担按期还本付息的责任。贷出资金的一方不享有企业的所有者权益，而是以债权人的身份按照事先的约定收取利息和回收本金。

二、相对过剩人口和失业

随着资本积累的发展和资本有机构成的提高，社会总资本中不变部分和可变部分的比例会发生变化，不变资本部分相对增加，可变部分相对减少。假定原来的比例是1∶1，后来变成2∶1、3∶1、4∶1、5∶1、6∶1、7∶1……因而随着资本的增长，资本总价值中转化为劳动力的部分不是1/2，而是1/3、1/4、1/5、1/6、1/7……转化为生产资料的部分则递增为2/3、3/4、4/5、5/6、6/7……因为对劳动的需求不是由总资本的大小决定的，而是由总资本中可变部分的大小决定的。所以，在资本有机构成提高的条件下，可变资本随着总资本的增长而按比例地减少。对劳动的需求，同资本量相比相对地减少，而且随着总资本量的增长以递减的速度减少。从表面上看，总资本的可变部分的相对减少，好像是因为工人人口的绝对增长总是比可变资本增长得快。但事实上却是，资本主义积累不断地并且同它的能力和规模成比例地生产出相对的，即超过资本增殖的平均需要的，因而是过剩的或追加的工人人口。这种人口过剩既不是绝对的，也不是自然的，而是由资本主义制度造成的相对于资本增殖需要而言的**人口过剩**。

当然，在现实经济运行过程中，相对人口过剩规律并不是以简单的机械的方式赤裸裸地表现出来的，而是随着资本积累运动而周期性地变化，并分布在不同的生产部门之中。在有些部门，资本构成发生变化而资本的绝对量没有增长；在有些部门，资本的绝对量的增长是同它的可变组成部分或它所吸收的劳动力的绝对减少结合在一起的；在有些部门，资本时而在一定的技术基础上持续增长，并按照它增长的比例吸收追加的劳动力，时而有机构成发生变化，资本的可变组成部分缩小；在一切部门，资本可变部分的增长，从而就业工人人数的增长，总是同过剩人口的激烈波动、同过剩人口的暂时产生结合在一起的。从总体的发展趋势上看，随着资本积累的发展，资本的有机构成总是在不断提高，因此，工人人口本身在生产出资本积累的同时，也以日益扩大的规模生产出使他们成为相对过剩人口的手段，这就是**资本主义生产方式特有的人口规律**。

相对人口过剩是资本积累的必然产物，同时反过来又成为资本积累的杠杆，甚至成为资本主义生产方式存在的一个条件。劳动力商品是资本主义经济存在的前提，这种特殊的商品同样也要受到价值规律和市场机制的调节。相对过剩人口的存在构成了劳动力市场和剩余价值规律发生作用的机构和条件。这是因为，第一，现代资本主义经济的运动是由繁荣、危机、萧条和复苏等阶段组成的周期性的波动过程，资本增殖对于劳动力的需要随着经济的周期性波动而在不断发生变化，相对过剩人口的存在可以随时调节和满足不同时期资本对劳动力的需要，从而起到劳动力蓄水池的作用。第二，过剩人口形成一支可供支配的产业后备军，它绝对地隶属于资本，不仅可以随时为资本增殖的需要提供劳动力资源，而且通过劳动市场的竞争，对工人的就业和工资水平形成压力，从而把劳动力市场的作用范围限制在符合资本增殖需要的界限之内。

相对过剩人口的存在意味着，在资本主义经济制度下，失业问题是制度性的，是资本主义制度的顽疾。它通过以下几种形式表现出来：

第一种是**流动的过剩人口**。这是指在城市时而被解雇、时而被雇用的那种过剩人口。由于资本主义生产的无政府状态，在竞争中经常有一些企业减产、倒闭；由于采用新技术也会减少对劳动力的需求，这样就会使一部分工人失业。当一些部门受到利润的刺激而扩大生产时，他们又不同程度地被雇用。

第二种是**潜在的过剩人口**。这就是指农村的失业人口。这部分过剩人口之所以是潜在的，因为他们往往还保留着一小块土地，形式上没有失业，但靠那一小块土地难以维持生活，时刻等待着补充城市工人或农业工人的队伍。

第三种是**停滞的过剩人口**。这是指那些职业极不固定、从事家内劳动和打短工的劳动者。这些人工作不稳定，经常处于失业和半失业状态，工作时间最长，劳动条件最恶劣，工资水平最低。此外，处于相对过剩人口最底层的，还是那些失去工作再也不能就业的人们，如丧失劳动能力的以及各种被迫流浪和堕落的人，等等。

三、资本主义积累的一般规律和无产阶级贫困化

随着资本积累的进行，资本在量上不断增大。一方面，通过资本的积聚和集中，社会财富越来越集中在少数资本家手里；同时，社会资本构成越高，越要求扩大个别资本的规模，这就更加加剧了社会财富的集中。另一方面，随着资本积累的进行，无产阶级的队伍也在增长。而资本有机构成的不断提高则造成大规模的产业后备军，无产阶级遭受的劳动折磨及其贫困状况也就越加严重。

资本主义积累的一般规律的内容，概括地说就是，随着资本积累的不断进行，必然产生两个对立的方面：财富在资产阶级一方积累，贫困在无产阶级一方积累，形成严重

的贫富两极分化。马克思在深入考察了资本积累对资产阶级和无产阶级的影响后，得出这样一个结论“社会的财富即执行职能的资本越大，它的增长规模和能力就越大，从而无产阶级的绝对数量和他们的劳动生产力越大，产业后备军也就越大。可供支配的劳动力同资本的膨胀力一样，是由同一些原因发展起来的。因此，产业后备军的相对量和财富的力量一同增长。但是同现役劳动军相比，这种后备军越大，常备的过剩人口也就越多，他们的贫困同他们所受的劳动折磨成正比。最后，工人阶级中贫困阶层和产业后备军越大，官方认为需要救济的贫民也就越多。这就是资本主义积累的绝对的、一般的规律”①。

资本主义积累的一般规律深刻地揭示了资本主义生产关系的对抗性。在资本主义制度下，无产阶级创造的社会财富虽然越来越多，但他们自己却始终处于被剥削和贫困的境地，这正是无产阶级革命的经济根源。

资本积累的必然结果是无产阶级的贫困。无产阶级的贫困既存在绝对贫困，又存在相对贫困。

无产阶级的绝对贫困包含两层含义。一层含义是指资本主义制度下无产阶级贫困到除了自身的劳动力外一无所有，他们唯一能够出卖的东西就只有自己的劳动力。在无产阶级所创造的社会财富中，他们只能得到维持劳动力再生产所必需的部分，其余的社会财富则被资产阶级无偿占有，无产阶级始终是劳动力的出卖者，所以，无产阶级的这种贫困状况始终是绝对的。马克思指出：被剥夺了劳动资料和生活资料的劳动能力是绝对贫困本身。“工人的绝对贫困……无非是说，劳动能力是工人唯一能够出售的商品，工人只是作为劳动能力与物质的、实际的财富相对立。”② 无产阶级的这种绝对贫困状况，就是在今天一些工人物质生活水平较高的发达资本主义国家里，仍然是无可否认的现实。正如马克思说的：“吃穿好一些，待遇高一些，特有财产多一些，不会消除奴隶的从属关系和对他们的剥削，同样，也不会消除雇佣工人的从属关系和对他们的剥削。”③无产阶级的这种绝对贫困，只有当消灭资本主义雇佣劳动制度时才能被消除。

无产阶级绝对贫困的另一层含义则是指随着资本积累的不断进行，特别是在经济危机爆发和经济停滞时期，无产阶级整个生活状况有时会发生绝对恶化。整个生活状况包括物质生活（生活条件、劳动条件）、政治生活、精神生活和文化生活状况。这就是马克思在分析资本积累的必然结果时指出的：“在一极是财富的积累，同时另一极，即在把自己的产品作为资本来生产的阶级方面，是贫困、劳动折磨、受奴役、无知、粗野和道德堕落的积累。”④ 所以，在考虑无产阶级这种绝对贫困的状况时，必须把构成贫困的各种因素综合加以考察。同时也要看到，无产阶级的这种绝对贫困由于受到各种相反因素的影响，并不表现为经常处于绝对恶化的状况，而表现为有的时候的绝对恶化。

无产阶级的相对贫困是指在国民收入中，无产阶级的工资收入所占的份额同资产阶

① 《马克思恩格斯全集》第23卷，北京：人民出版社，1972年，第707页。
② 《马克思恩格斯全集》第47卷，北京：人民出版社，1979年，第40页。
③ 《马克思恩格斯全集》第23卷，北京：人民出版社，1972年，第678页。
④ 《马克思恩格斯全集》第23卷，北京：人民出版社，1972年，第708页。

级的剥削收入所占的份额相比是逐渐下降的。也可以表现为无产阶级的生活水平相对于资产阶级的生活水平，其差距越来越大。马克思说："工人的状况与资本家的状况相比，相对恶化。"① "工人可以得到的享受纵然增长了，但是，与资本家的那些为工人所得不到的大为增加的享受相比，与一般社会发展水平相比，工人所得的社会满足的程度反而降低了。"② 无产阶级相对贫困的状况，从资本主义制度确立以来已为大量的现实资料所证实。即使在工人物质生活水平较高的发达资本主义国家，无产阶级的相对贫困仍然是活生生的事实。这表明随着无产阶级创造的社会财富的增多，无产阶级与资产阶级之间的贫富对立也在随之加深，无产阶级相对地更加贫困了。

以美国为例，它存在着严重的劳动者贫困和贫富对立。美国是世界上最富有的国家，同时也是发达国家中贫困率最高的国家之一。一方面，美国富人越来越富，2004年，美国拥有百万美元净资产的家庭，共拥有资产达11万亿美元，比2003年增加了8%。另一方面，美国贫困人口增加，贫困人口占总人口的比例由2003年的12.5%上升到2004年的12.7%，总人数从3 590万上升到3 700万，平均每8个美国人中就有1人生活在贫困之中。2004年，有营养不良成员的家庭数目达到了390万户。2005年，有72.7万人无家可归，即每400个美国人当中就有1人无家可归。③

第三节　资本主义积累的历史趋势

一、资本的原始积累

资本主义生产方式在封建社会内部的萌芽、成长，是一个相当缓慢的过程，"这种方法的蜗牛爬行的进度，无论如何也不能适应十五世纪末各种大发现所造成的新的世界市场的贸易需求"④，不能满足资本主义发展的需要。同时，作为人类社会历史上生产方式的一次根本性变革，资本主义的产生不可避免地伴随着暴力以及广大劳动阶级的苦难。马克思指出："为资本主义生产方式奠定基础的变革的序幕是在十五世纪最后三十多年和十六世纪最初几十年演出的。"⑤ 这种变革的序幕就是资本的原始积累。

马克思指出："货币和商品，正如生产资料和生活资料一样，开始并不是资本，它们需要转化为资本。但是这种转化本身只有在一定的情况下才能发生，这些情况归结起来就是：两种极不相同的商品所有者必须相互对立和发生接触；一方面是货币、生产资料和生活资料的所有者，他们要购买别人的劳动力来增殖自己所占有的价值总额；另一方面是自由劳动者，自己劳动力的出卖者，也就是劳动的出卖者。"⑥

所以，"创造资本关系的过程，只能是劳动者和他的劳动条件的所有权分离的过

① 《马克思恩格斯全集》第6卷，北京：人民出版社，1961年，第642页。
② 《马克思恩格斯全集》第1卷，北京：人民出版社，1995年，第349～350页。
③ 《2005年美国的人权纪录》，载《人民日报》，2006年3月10日。
④ 马克思：《资本论》第1卷，北京：人民出版社，1975年，第818页。
⑤ 马克思：《资本论》第1卷，北京：人民出版社，1975年，第786页。
⑥ 马克思：《资本论》第1卷，北京：人民出版社，1975年，第782页。

程，这个过程一方面使社会的生活资料和生产资料转化为资本，另一方面使直接生产者转化为雇佣工人。因此，所谓**原始积累**只不过是生产者和生产资料分离的历史过程。这个过程之所以表现为'原始的'，因为它形成资本及与之相适应的生产方式的前史。"①

这里，对直接生产者特别是农民的剥夺，是整个过程的基础。在英国，"地理大发现"以后，由于欧洲市场扩大了对羊毛的需求，促使封建贵族发起了一场延续300多年的圈地运动。他们圈占农民的土地，将耕地变为牧场，而土地上的农民则被迫流离失所成为流民。而在这种情况下，他们不得不到资本家开设的手工工场去出卖劳动力。与此同时，通过"掠夺教会地产，欺骗性地出让国有土地，盗窃共有地，用剥削方法、用残暴的恐怖手段把封建财产和克兰财产变为现代私有财产"②，建立了土地私有制，从而奠定了资本主义私有财产制度的基础。

资本原始积累的另一方面内容是，货币财富在少数人手中积累并转变为资本。这一过程是通过殖民制度、国债、重税、保护关税制度、商业战争等暴力和非暴力方式完成的。在这个过程中，政府发挥了重要的作用，就是说，资产阶级利用集中的有组织的社会暴力，来大力促进从封建生产方式向资本主义生产方式的转变过程，缩短了过渡时间。他们不仅通过各种方式对国内的劳动阶级加快剥夺，还发动了血腥的殖民战争，对落后国家和民族实行野蛮和疯狂的掠夺。所以，马克思指出："资本来到人间，从头到脚，每个毛孔都滴着血和肮脏的东西。"③

资本主义生产关系经过几个世纪的发育和发展，到18世纪初期和中期逐渐壮大。一方面，以圈地运动和海外殖民为主要过程的资本主义原始积累逐步完成，为资本主义的进一步发展奠定了基础；另一方面，欧美各国相继发生了资产阶级革命，新生的资产阶级取得政治上的统治权，实行了一系列有利于资本主义发展的经济、政治、法律、文化等措施，所以，从18世纪60年代开始，欧美先进国家先后发生了范围广阔、影响深远的资本主义工业革命。

工业革命先是从工业领域开始，逐渐扩展到交通运输、农业等领域，并在每个领域都实现了以机器为主体的工厂制度代替手工技术为基础的手工工场。工业革命后建立的工厂制度，以其高度的劳动生产率逐渐排挤了一个个行业的手工工业，掌握了一个个产业部门，使社会生产方式发生了彻底的变革。一方面，工厂制度使原来的手工劳动者成为听由机器支配的资本关系的附属品；另一方面，资本主义生产方式的胜利排挤了封建地主和大部分中间阶级，社会阶级结构分化为两极，即资产阶级和无产阶级。所以说，工业革命不仅引起了生产技术的革新，使生产力获得了空前的巨大发展，开创了人类物质文明发展的新时代，而且引发了生产关系上的重大变革，并最终使资本主义制度得以确立。

在工业革命的同时，农业领域也发生了巨大的变革，即资本主义农业革命。资本主义农业的发展可以概括为三条道路：即通过圈地运动彻底剥夺农民土地，最后建立起资本主义租佃农场的英国式道路；通过市场竞争使小农经济逐步分化，最后建立资本主义

① 马克思：《资本论》第1卷，北京：人民出版社，1975年，第782~783页。

② 马克思：《资本论》第1卷，北京：人民出版社，1975年，第801页。

③ 马克思：《资本论》第1卷，北京：人民出版社，1975年，第829页。

家庭农场的美国式道路；通过赎买封建义务解放农奴，使封建农业转向市场经济的普鲁士式道路。在生产关系发生变革的基础上，农业部门也通过采用机器生产，实现了生产方式的巨大变革。这样，资本主义生产关系进一步占据了农业领域。

二、资本主义制度的历史暂时性

资本主义私有制是对以个体劳动为基础的私有制的否定；而资本积累过程又造成了对资本主义私有制自身的否定。这种否定不是重新建立私有制，而是在资本主义生产方式所成就的社会化大生产的基础上建立起生产资料的社会主义公有制，并实行有利于劳动者共同富裕的分配方式。

马克思在对自由资本主义进行深入研究的基础上揭示了资本主义必将为社会主义所代替的历史必然趋势。在马克思去世后，垄断资本主义（私人垄断资本主义和国家资本主义，特别是国家垄断资本主义）的发展，一方面是资本主义发生了许多马克思不可预见的变化，主要是资本主义生产关系的某些局部调整；另一方面，也为未来的社会主义准备了更为充分的主、客观条件，使马克思的预见更接近于变成现实。垄断资本主义的发展为从资本主义向社会主义过渡准备了客观的物质条件。

首先，生产的高度社会化为向社会主义过渡创造了物质条件。在垄断资本主义阶段，规模巨大的垄断企业早已超越了自由竞争资本主义时代的分散、盲目竞争，而在一个或者若干个生产部门，一个国家甚至全世界的范围内进行协调，从而可以对本国，甚至全世界的产、供、销情况进行有根据的估计。这是“二战”后，随着国家垄断资本主义的发展，一些国家采取激化手段，对企业进行引导和调节的基本条件。同时，规模巨大的垄断组织使科学技术研究也高度社会化了。一些过去由个人从事的科研事业，纳入了垄断组织或资产阶级国家的总体规划之中。如美国的“阿波罗”登月计划，共有2万家企业和200多所大学的科技人员参与，投入40多万人，花费240亿美元。规模巨大的垄断组织不仅使生产、科研高度社会化，而且使其国际化。战后，由于跨国公司的发展，垄断企业已经超越国界，形成国际性垄断组织。国家亦同垄断组织结合，出面结成国际垄断同盟。欧共体正是国际垄断同盟的代表作。生产的高度社会化为社会主义生产创造了必要的物质条件。

其次，管理社会化为社会主义准备了社会性管理条件。进入垄断资本主义阶段以后，在股份公司及垄断组织中，资本所有权和经营管理权进一步分离，企业的经营管理权已经由职业企业家及其经理阶层来行使。银行也已经发展为适应社会大生产需要的绝妙管理机器，成为国民经济的神经中枢和社会经济生活的中心。随着国家垄断资本主义的发展，与国家干预与调控相关的各种社会性管理机构也迅速发展。剔除了资本家私有制和资产阶级官僚统治以后，这些管理资源与管理机构均可以直接为社会主义所用。

最后，资本日益社会化为资本主义私有制转变为社会主义公有制创造了经济组织条件。股份公司作为一种资本联合的组织形式，由于其控制权仍掌握在资本家手中，其性质是资本主义的，但股份公司极大地推动了资本的社会化，私人垄断资本与国有垄断资本是股份公司制的自然发展，或者说正是通过或借助于这种资本组织形式实现了更高层次的资本社会化。马克思指出：“在股份公司内，职能已经同资本所有权相分离。资本主义生产极度发展的这个结果，是资本再转化为生产者的财产所必需的过渡点，不过这种财产不再是各个相互分离的生产者的私有财产，而是联合起来的生产者的财产，即直接的社会的财产。”① 股份公司制度“是在资本主义体系本身的基础上对资本主义的私人产业的扬弃；它越是扩大，越是侵入新的生产部门，它就越会消灭私人产业”②。股份公司的发展，以及作为股份公司“二次方、三次方”的私人垄断资本与国家垄断资本的出现充分暴露了资本主义私人占有制的暂时性，使其更加接近于社会主义公有制。

垄断资本主义阶段生产关系在国内、国际范围的局部调整虽然在一定程度上适应并促进了生产力的发展，但不可能从根本上克服资本主义的基本矛盾。资本主义的基本矛盾的发展导致了无产阶级与资产阶级、殖民地与附属国及新殖民主义政策下发达资本主义国家与发展中国家的矛盾日益激化，这为从资本主义过渡到社会主义准备了主观条件。

在世界范围内实现从资本主义向社会主义的过渡，是一个漫长的、曲折的、充满复杂斗争的过程。首先，由于资本主义国家政治经济发展不平衡的作用，整个资本主义世界的体系只能一部分一部分逐渐地崩溃。因此，在垄断资产阶级统治的某些薄弱环节可能首先爆发社会主义革命并取得成功。马克思主义经典作家基于对自由竞争资本主义的分析和考察提出的社会主义革命在主要发达资本主义国家同时取得胜利，在垄断资本主义时代是不现实的。其次，无产阶级进行社会主义革命的手段可能采取暴力革命推翻资产阶级国家机器这一基本形式，也不排除在一定条件下和平过渡的可能性。因为和平过渡的方式可以减少牺牲和破坏，有利于无产阶级革命胜利后的经济发展。所以，马克思在谈到无产阶级用暴力夺取政权的时候，曾经指出：“我们从来没有断言，为了达到这一目的，到处都应该采取同样的手段。”③ 最后，已经诞生的社会主义国家由于其脱胎于相对落后的经济基础，面临着发展生产力，赢得与资本主义的比较优势的艰巨任务。而与发达资本主义体系的长期和平共存，必然面临发达资本主义国家在政治、经济、文化等方面的渗透、控制，进而产生一系列矛盾，甚至发生重大挫折。但是，不论历史发展进程如何曲折、复杂，资本主义制度在全世界范围内最后消亡，社会主义在全世界范围的最后胜利是不可避免的，这是人类社会历史发展的必然趋势。

第四节　资本积累理论的再认识

一、失业问题的再认识

马克思通过对资本积累过程的分析，发现了资本积累与资本有机构成提高之间的内在联系，并根据资本对劳动力的需求取决于可变资本的规模而非总资本的规模的原理，得出了相对过剩人口即失业既是资本主义积累的必然产物，又是资本主义再生产运行的

① 马克思：《资本论》第3卷，《马克思恩格斯全集》第25卷，北京：人民出版社，1972年，第494页。
② 马克思：《资本论》第3卷，《马克思恩格斯全集》第25卷，北京：人民出版社，1972年，第496页。
③ 马克思：《关于海牙代表大会》，《马克思恩格斯全集》第18卷，第179页。

必要条件的结论。很长时间里，人们根据马克思的失业理论认为，失业只是资本主义生产方式的特有现象，一旦建立了社会主义制度，废除了资本主义所有制，失业问题自然而然就会消失。

在我国进入改革开放时期后，随着国有企业改革的深入，国有企业作为自主经营、自负盈亏的法人地位逐步确立起来，许多不适应激烈竞争的国有企业处于停产状态，甚至破产，工人随之下岗待业。以此同时，随着农村体制改革的深入，大量农业剩余劳动力涌向城市，进入劳动力市场，城市就业竞争加剧，城市的失业问题突显出来。在这种背景下，人们开始对马克思的失业理论进行反思。

有一种观点认为，马克思对相对过剩人口及其形式的分析，是失业问题在资本主义制度下存在的特殊表现方式，而失业问题并不是资本主义经济中才有的现象。一般来讲，失业是劳动力供给超过需求时表现出的总量失衡，这种现象并非自古就有，是生产社会化和市场经济发展的必然产物，是市场经济国家中存在的一般经济现象。① 其理由如下：

（1）随着生产社会化的发展，社会分工不断细化和改变，从而会导致产业结构的调整和升级，生产要素也会随着产业结构的调整变化而配置组合。这样，从传统产业中被排挤出来的劳动力，如果不能适应现代科学的应用以及新兴产业发展的需要，就可能失业。这种由经济结构调整发生的失业，称之为结构性失业。

（2）在市场经济条件下，资源以市场为基础进行配置，价格、竞争、供求、风险等市场机制在其中发挥基本作用，以实现资源配置的最优效率。因此，市场配置资源，必然会使一些经营不善、严重亏损的企业被淘汰出局。于是，企业经营不善而发生亏损倒闭以及一些个体经营者的破产，都会造成失业。这种由竞争发生的失业，可称之为竞争性失业。

（3）在市场经济发展过程中，经济运行会呈现有规律的周期性的波动，当经济波动处于低谷时，社会上必然会出现大量的失业人口。因此，这种经济周期性波动会导致对劳动力需求的波动，失业就不可避免。这种因经济周期波动出现的失业，称之为周期性失业。

（4）在市场经济体制下，就业是由劳动力市场来调节的，但劳动力市场的发育和经营是一个渐进的过程。如果就业信息渠道不畅通，就业信息网络建设滞后，就会发生岗位空缺与失业并存，即用工单位找不到所需要的劳动力，而劳动者也找不到适合自己的工作岗位。这种由信息不畅造成的失业，称之为摩擦性失业。

（5）在一些由计划经济体制转向市场经济体制的国家中，由于企业拥有了用工自主权，原来“隐藏”在企业内部的富余人员，就会进入社会失业者的行列，成为公开的失业者。这种企业内部的富余人员，虽然处在工作岗位，但他们的劳动力得不到充分利用，而且收入也不能达到正常的工资收入水平，因此，称为隐蔽性失业。

因此，在市场经济中，特别是在现代市场经济中，失业会作为一种普遍性的经济问题而存在，无论是资本主义市场经济还是社会主义市场经济都无法避免。值得指出的是，在资本主义生产方式下，作为失业特殊形式的相对过剩人口是私人资本对雇佣劳动

① 刘诗白主编：《马克思主义政治经济学原理》，成都：西南财经大学出版社，2004 年，第 87 页。

的排挤和压迫，失业服从私人资本增殖的需要；而在以公有制为主体、多种所有制形式并存的市场经济中，这种排挤和压迫的范围与程度都缩小了，但由于市场经济中各种不可避免的因素的作用，失业本身并不会完全消失。

二、无产阶级贫困化的再认识

资本主义的发展史一再证明，尽管各个资本主义国家的具体国情不同，在资本主义发展的不同阶段上，资本主义积累的一般规律的实现形式是有区别的，但是，只要存在资本与雇佣劳动的对立关系，这一规律就必然要发生作用。在资本主义发展的自由竞争阶段，由于资本主义政府普遍没有意识到调节社会生产和收入分配的重要性，对社会经济运行采取自由放任的态度，加上这一时期社会财富的增长还没有达到相当丰富的程度，私人资本对雇佣劳动的榨取处在不受任何节制的状态。所以，这一时期无产阶级的贫困化是触目惊心的。当资本主义发展到垄断阶段后，特别是第二次世界大战结束以来，在新的科技革命的推动下，西方发达国家的社会生产力以前所未有的速度增长起来；同时，随着国家垄断资本主义的发展，资本主义国家加强对社会经济运行的宏观调控，建立了社会福利制度，社会阶级矛盾在一定程度上有所缓和，无产阶级贫困化的程度有所减轻，无产阶级贫困化的实现形式有所变化。这种变化，使人们对马克思关于无产阶级贫困化理论产生了疑问。有人认为，马克思的无产阶级贫困化理论对资本主义自由竞争的历史阶段是适用的，对现代资本主义则过时了。这种观点是否能成立，需要进一步探讨。

无产阶级贫困化这一概念主要不是工人的物质生活状况的历史与现状的对比，而是工人的物质生活状况与资产阶级的物质生活状况的对比。因此，无产阶级贫困化是指无产阶级在资本主义社会中的地位和命运随资本积累而相对恶化。马克思指出："工资的任何显著的增加是以生产资本的迅速增加为前提的，生产资本的迅速增加，就要引起财富、奢侈、社会需要和社会享受等同样迅速增加。所以，工人可以得到的享受纵然增长了，但是，比起资本家的那些工人所得不到的大为增加的享受来，比起一般社会发展水平来，工人所得到的社会满足的程度反而降低了。我们的需要和享受是由社会产生的，因此，我们对于需要和享受是以社会的尺度，而不是以满足它们的物品去衡量的。因为我们的需要和享受具有社会性质，所以它们是相对的。"① 从资本主义全社会来看，"不管工人的报酬高低如何，工人的状况必然随着资本的积累而日趋恶化"②。

所以，无产阶级贫困化主要是一个相对贫困的概念，而非绝对贫困的概念。考察任何时期的无产阶级贫困化问题，都必须把它放到所考察时期的无产阶级与资产阶级的物质生活的对比之中，才能得到符合实际的、令人信服的结论。根据马克思关于无产阶级贫困化概念的说明，考察当代资本主义国家中无产阶级贫困化问题的主要指标有：工人工资在国民收入中的比重、工人财产与少数富人财产占全部社会财产的比重、工人财产的增长速度与少数富人财产的增长速度的对比关系等。据有关资料显示：美国制造业工

---

① 《马克思恩格斯选集》第1卷，北京：人民出版社，1972年，第367~368页。

② 《马克思恩格斯全集》第23卷，北京：人民出版社，1972年，第708页。

人的工资在他们所创造的国民收入中的比例，1947 年为 50%，1950 年为 47.4%，1963 年为 43.4%，1970 年为 42.8%，1973 年为 41.8%，在 25 年中下降了 8.2 个百分点。此外，美国 1% 最富有的人拥有全国财产的 40%，而 80% 的工薪阶级只占全国财产的 16%，二者之间的差距高达 200 倍。这就意味着，20 世纪 60 年代以来，美国社会财富增长的 40% 流入少数人的手中，而多数穷人只得到其中的 1%。① 因此，无产阶级贫困化在当代西方发达国家依然存在。

当然，无产阶级贫困化问题也可以从工人物质生活的历史与现状的对比来考察。从这个角度考察的贫困化，称为绝对贫困化。无产阶级的绝对贫困化是指无产阶级物质生活状况的绝对恶化。列宁指出："工人的贫困化是绝对的，就是说，他们简直愈来愈穷，生活更坏，吃得更差，更吃不饱，更要挤在地窖和阁楼里。"② 列宁指的这种贫困现象，在当代主要表现为实际工资下降、失业率提高、失业人口增加以及生活在贫困线以下的人口大量存在等方面。但是，绝对贫困化并不是一个普遍的、长期的趋势，而是在一部分工薪阶层中存在，并且是短期的、间隙出现的现象。比如，在当代，经济危机或经济发展停滞时期，失业率上升，实际工资下降，相当一部分工薪阶层的生活水平下降，生活更加艰难。物价上涨和通货膨胀时期，工薪阶层的实际工资下降，购买力锐减，他们所能买到的消费品和劳务大幅度下降。

在西方发达国家，为了缓和国内的社会矛盾和争取选民的支持，在社会财富大幅度增长的前提下，"二战"以后，普遍建立了社会福利制度。为了更好地实施这一制度，他们提出了"贫困线"概念。所谓贫困线，是指政府官方确定和颁布的维持最低生活需要的收入标准。有资料显示，按家庭收入不到全国中等收入的 40% 列为贫困标准计算，20 世纪 80 年代中期，美国家庭的贫困率为 13.6%，加拿大为 8.9%，英国为 7%，法国为 6.1%。③ 从历史发展来看，西方发达国家官方公布的生活在贫困线以下的人口也有所增长。以美国为例，1972 年美国政府公布的"贫困线"是四口之家的年收入低于 4 275 美元，当年生活在这一贫困线下的人口为 2 450 万人，占人口总数的 11%。到 2000 年，美国生活在贫困线以下的人口为 3 200 万，占人口总数的 12.7%，贫困率比 20 世纪 70 年代提高了 1.7 个百分点。④

考察当代的贫困问题，还必须从全球范围着手。因为贫困问题作为人与自然、人与人之间关系的总和，它不仅存在于发达国家的历史和现实之中，而且存在于世界范围的历史与现实之中。在当代，贫困不仅从经济全球化浪潮中的富国与穷国之间的差距上表现出来，而且在不同制度类型的国家内部富人与穷人之间的差距上表现出来。据联合国开发计划署在《2000 年人类发展报告》中的统计："全球收入不平等状况在 20 世纪加剧了，其程度超过了以往任何时候。最富和最穷国家的收入差距，1820 年大约为 3:1，1950 年大约为 35:1，1973 年大约是 44:1，1992 年是 72:1。"⑤ 在当代，发展中国家的

① 高英东：《美国社会的贫与富》，载《社会》，1999 年第 11 期。
② 《列宁全集》第 18 卷，北京：人民出版社，1959 年，第 430 页。
③ 程恩富主编：《现代政治经济学》，上海：上海人民出版社，2000 年，第 109 页。
④ 中华人民共和国国务院新闻办公室：《2000 年美国的人权纪录》，载《人民日报》2001 年 2 月 28 日，第 3 版。
⑤ 联合国开发计划署：《2000 年人类发展报告》，北京：中国财政经济出版社，2001 年，第 6 页。

贫富差距往往高于发达国家，例如，厄瓜多尔的基尼系数在20世纪80年代为0.57，巴西、巴拉圭为0.59，而同期的发达国家的基尼系数一般只有0.45左右。以致世界银行把20世纪80年代称为“穷人被遗弃的10年”①。在这10年里，世界经济有了很大的发展，全世界的人均GDP也有了很大的提高，但是，贫困不仅没有得到有效的遏制，反而进一步在世界范围内蔓延。据资料显示，1990年世界上每天收入不到1美元的绝对贫困人口高达10亿人，而到了1995年这一数字发展到13亿人，约占世界人口的1/5，而且每年还在以2 500万人的速度增长。发展中国家的贫困更为严重，据联合国统计：发展中国家1/3的人口生活在贫困之中，8亿人处于饥饿之中，每年有1 200万儿童在5岁前死去。从贫困的区域分布来看，南亚、非洲和拉美地区的贫困程度最为严重，南亚居住着占世界人口1/3的人，贫困人口却占了一半；非洲6.3亿人口中，约有50%的人口处于饥饿状态；拉美地区约有2亿人口生活在贫困之中，约占该地区人口的1/3以上。

贫困是当代国际社会必须面对的严峻挑战，它的产生有其共同的原因，比如在发展中国家人口增长速度往往高于经济增长速度，尤其是高于粮食生产增长的速度，其原因在于，发展中国家陷入一种“贫困恶性循环”之中，即收入水平低导致储蓄水平低，储蓄水平低又导致资本积累不足，资本积累不足又导致生产率增长缓慢，生产率增长缓慢又导致收入水平低。显然，这与发达国家存在的贫困原因是不同的。发达国家的贫困根源于资本雇佣劳动制度，是资本积累一般规律发生作用的结果，而发展中国家的贫困与各个发展中国家的历史背景和经济、政治、社会、文化、种族、宗教以及自然地理环境等内在和外在因素的综合作用密切相关。

本章小结

1. 社会再生产按其规模可以分为简单再生产和扩大再生产。简单再生产就是在原有规模上进行的再生产；扩大再生产是大于原有规模的再生产。资本主义再生产的特征是扩大再生产。但是，由于简单再生产是扩大再生产的基础和出发点，因此，对资本主义再生产的分析，要从简单再生产开始。

2. 分析资本主义简单再生产，可以消除作为孤立的生产过程所具有的假象，使我们认识资本主义生产过程的一些新的特征：①从资本主义简单再生产过程可以看出可变资本是由工人创造的；②从资本主义简单再生产过程还可以看出，不仅可变资本而且全部资本都是工人创造的；③从资本主义简单再生产过程还可以看出，工人的个人消费是资本主义再生产过程的一个条件，是为资本家再生产出可供剥削的劳动力。

3. 如果资本家不把全部剩余价值用于个人消费，而是把其中的一部分合并到原有的资本中去，用来购买生产资料和劳动力，使生产在扩大的规模上进行，这就是资本主义的扩大再生产。把剩余价值转化为资本或剩余价值的资本化，就是资本积累。剩余价值是资本积累的源泉，资本积累是扩大再生产的重要源泉。

① 世界银行：《1990年世界发展报告》，北京：中国财政经济出版社，1990年，第1页。

4. 资本积累的实质是，资本家不断地用无偿占有的剩余价值，扩大资本的规模，扩大对工人的剥削，以继续榨取更多的剩余价值。资本积累具有客观必然性。第一，这是由剩余价值规律决定的；第二，这是由竞争规律决定的。

5. 影响资本积累的因素有以下几个：①对工人的剥削程度；②预付资本的大小；③生产要素效率的提高；④所用资本和所费资本的差额；⑤在利润量一定的情况下，积累率即利润中用于积累的部分所占比重的高低影响着资本积累的绝对量的大小。

6. 反映生产技术水平的生产资料和劳动力的比例，叫做资本的技术构成。反映不变资本和可变资本之间的比例，叫做资本的价值构成。资本的技术构成和价值构成之间有密切联系，一般说来，资本的技术构成决定资本的价值构成，技术构成的变化会引起价值构成的变化。由资本技术构成决定并且反映技术构成变化的资本价值构成叫做资本的有机构成，用 $c:v$ 来表示。从资本积累的规律来看，资本的有机构成具有不断提高的趋势。

7. 资本有机构成的提高，一般要以个别资本的增大为前提。个别资本的增大有两种形式：资本积聚和资本集中。资本积聚是指单个资本依靠自身的积累来使实际资本在价值形态和生产要素形态上实现量的扩大。资本集中是指把若干个已有的、规模相对较小的资本合并重组为规模较大的资本。资本集中的主要途径有三种：一是并购（包括兼并、收购），即在竞争中居优势地位的资本并购居劣势地位的资本，包括部分并购或整体并购；二是联合，即原有的分散的单个资本联合成新的更大的资本；三是通过向社会发行股票等方式，把社会闲散资金集中起来使之转化为资本。

8. 由资本主义制度造成的相对于资本增殖需要而言的人口过剩，称为相对人口过剩。它是资本积累的必然产物；又是资本主义生产方式运行的必要条件。

9. 资本主义积累的一般规律的内容，概括地说就是，随着资本积累的不断进行，必然产生两个对立的方面：财富在资产阶级一方积累，贫困在无产阶级一方积累，形成严重的贫富两极分化。

10. 资本积累的必然结果是无产阶级的贫困。无产阶级的贫困既存在绝对贫困，又存在相对贫困。无产阶级的绝对贫困包含两层含义。一层含义是指资本主义制度下无产阶级贫困到除了自身的劳动力外一无所有，他们唯一能够出卖的东西就只有自己的劳动力；另一层含义则是指随着资本积累的不断进行，特别是在经济危机爆发和经济停滞时期，无产阶级整个生活状况有时会发生绝对恶化。

11. 创造资本关系的过程，只能是劳动者和他的劳动条件的所有权分离的过程，这个过程一方面使社会的生活资料和生产资料转化为资本，另一方面使直接生产者转化为雇佣工人。因此，所谓原始积累只不过是生产者和生产资料分离的历史过程。这个过程之所以表现为“原始的”，因为它形成资本及与之相适应的生产方式的前史。

12. 资本主义制度的历史暂时性：资本主义私有制是对以个体劳动为基础的私有制的否定；而资本积累过程又造成了对资本主义私有制自身的否定。这种否定不是重新建立私有制，而是在资本主义生产方式所成就的社会化大生产的基础上建立起生产资料的社会主义公有制，并实行有利于劳动者共同富裕的分配方式。

复习与思考

1. 分析资本主义简单再生产过程有何意义?
2. 怎样理解在资本积累的过程中，商品生产所有权规律转变为资本主义的占有规律?
3. 如何理解资本积累的实质和必然性?
4. 影响资本积累规模的因素有哪些?
5. 资本积聚与资本集中的区别和联系是什么?
6. 相对过剩人口是怎样形成的? 怎样理解和认识失业是生产社会化和市场经济发展的一般经济现象?
7. 怎样进一步认识资本主义制度下，无产阶级贫困的特殊性和世界范围内贫困存在的一般性?
8. 怎样认识资本主义积累的历史趋势?

普通高等教育高级应用型
人才培养规划教材

第五章

资本循环与周转

以上各章主要从个别资本的直接生产过程研究资本主义生产的实质及其运动规律。然而，资本的增殖，不仅需要在直接生产过程中运动，而且也要在流通过程中运动。因此，在考察了资本的直接生产过程之后，还必须考察资本的流通过程。本章以单个资本为考察对象，将生产过程和流通过程统一起来分析研究，即以资本的循环与周转来考察资本运动的特点和规律。

第一节 资本的循环

一、产业资本循环的三个阶段和三种职能形式

1. *产业资本以及资本循环*

分析资本循环是以产业资本为对象进行分析的。产业资本是社会再生产过程中在生产领域发挥职能的资本，即投入到工业、矿业、农业、交通运输业和建筑业等物质生产领域里的资本。资本家投资于产业部门，也像投资于其他部门一样，是为了获取剩余价值。但要实现资本价值增殖，就必须使资本处于不断地运动中，使其不停地吸收活劳动。产业资本的价值增殖是在资本的不断循环运动中实现的。所谓产业资本循环，是指产业资本依次经过购买、生产和销售三个阶段，采取货币资本、生产资本、商品资本三种职能形式，实现价值增殖，并回到原来出发点的全部运动过程。①

2. *产业资本循环的三个阶段*

产业资本循环依次经过购买、生产和销售三个阶段。

第一个阶段是购买阶段。购买阶段是生产的准备阶段，即用货币资本到市场上购买劳动力和生产资料等生产要素的过程。用公式表示如下：

① 教育部社会科学研究与思想政治工作司：《马克思主义政治经济学原理》，北京：高等教育出版社，2003 年。

$$G-W\begin{cases}A\\Pm\end{cases}$$

其中 G 表示货币，W 表示商品，A 表示劳动力，Pm 表示生产资料。在这一个阶段，货币资本转化为生产资本，为生产剩余价值做准备。

资本家在购买生产资料和劳动力之间，必须保持适当的比例，即一定数量、性能的生产资料，只能配备一定数量和质量的劳动力。这种比例关系是由资本技术特点决定的。就资本循环第一阶段公式来看，是一定数量的货币额转化为一定数量的商品，货币仍然充当购买手段和支付手段的职能，似乎仅仅是一般商品流通。那么它为什么又是资本循环的一个特定阶段呢？因为货币在购买生产资料的同时，购买了劳动力这种特殊商品，从而为生产剩余价值准备了条件。也就是说，货币在这里是作为货币资本发挥作用的。资本购买阶段的内容，实际上就是货币资本转化为生产资本。

第二个阶段是生产阶段。生产阶段是将购买到的劳动力和生产资料结合进行剩余价值生产的阶段，生产出包含剩余价值的商品。用公式表示如下：

$$W\begin{cases}A\\Pm\end{cases}\cdots P\cdots W'$$

其中 P 表示生产过程，W'表示包含剩余价值的商品，“…”表示流通过程中断。在这一个阶段，生产资本转化为商品资本。生产阶段是资本循环中具有决定意义的阶段，在这个阶段中发生了价值增殖。

从形式上看，这个公式与一般商品生产过程并无区别，因为在任何社会形态下，都必须具备生产资料和劳动力这两个要素，并使它们结合起来，才有现实的生产。那么为什么又说它是资本循环的一个特定阶段呢？资本的生产过程与一般商品生产过程的根本区别在于：生产资料与劳动力的结合方式不同。在一般商品生产过程中，劳动者使用自己所有的生产资料，是生产的主人，直接占有生产成果；而在资本的生产过程中，生产资料所有者是资本家，劳动者是被雇佣的，他们按资本家的意志和特定目的进行生产，受资本家的指挥、监督和管理，生产成果归资本家所有。所以，在资本生产过程中，生产要素的特殊结合方式决定其生产出来的产品不是一般的商品，而是包含着雇佣劳动所创造的包含一定量剩余价值的商品。所以，生产资料和劳动力成为生产资本的要素。

生产阶段是资本循环过程中具有决定意义的阶段。资本的价值增殖就发生在这个阶段。在这个阶段，生产资料与劳动力不仅发挥着生产要素的作用，而且发挥着资本的作用，具有生产价值和剩余价值的职能。

第三个阶段是销售阶段。销售阶段也称为出卖阶段，是把生产出来的带有剩余价值的商品销售出去，实现价值和剩余价值。用公式表示如下：

$$W'-G'$$

其中 G'表示包含剩余价值的货币。在这个阶段，商品资本转化为货币资本。资本经过三个阶段后，实现了剩余价值并回到原点。从现象上看，这个公式与一般商品流通过程中的销售阶段没有多大的区别，都是出卖商品，换回货币，只是价值形式的变化。但从本质上考察就会发现，这里的商品（W'）已不是简单商品生产的产物，而是资本主义生产的结果，商品（W'）是预付资本价值和剩余价值的物质承担者，体现了资本家对雇佣劳动的剥削关系。所以，这里的商品（W'）不仅仅是商品，而且是商品资本。$W'-G'$的运动过程，不仅是商品价值形态变化的过程，而且是资本和剩余价值的实现过程。G'是代表着价值增殖了的货币量。资本循环第三阶段的结束，就完成了由商品资本到货币资本的转化过程。

销售阶段是一个十分关键和特殊的阶段。其原因在于：①如果W'卖不掉，资本不能顺利地通过销售阶段，资本循环就不能回到它原来的出发点，资本的再生产过程就会中断。因此，马克思把这一阶段称为“惊险的跳跃”。②W'是全部售出还是部分售出，将关系到预付资本价值能否收回，剩余价值能否实现，从而关系到一个企业的命运。③商品出售速度的快慢，在不同程度上影响同一资本在再生产中作用的大小，从而影响再生产规模的大小。因此，销售阶段关系着这一资本循环的终结，又关系着下一次资本循环的开始。

综上所述，资本循环的三个阶段，可以用公式表示如下：

$$G-W\begin{cases}A\\ \quad\cdots P\cdots W'-G'\\ Pm\end{cases}$$

其中购买阶段和销售阶段属于流通领域，生产阶段属于生产领域。所以，产业资本的循环过程是流通过程和生产过程的统一。

产业资本循环的三个阶段是相互连接、有机统一的，资本只有不停地从一个阶段转到另一个阶段，它的循环才能顺利地进行。资本循环正常地进行，必须顺利地通过所有的三个阶段。如果资本循环在第一阶段遇到障碍，货币就会变成贮藏货币，不能发挥资本的作用。资本在第二阶段受阻，意味着生产资料和劳动力处于闲置状态，不能生产出剩余价值。资本在第三阶段受阻，表明商品卖不出去，就不能实现剩余价值。

在资本循环中，第一阶段与第三阶段是资本的流通过程，第二阶段是资本的生产过程。生产过程是起决定作用的过程，它生产使用价值和剩余价值；但流通过程也是不可缺少的，它为剩余价值生产准备条件和实现剩余价值。所以，产业资本循环是生产过程与流通过程的统一。

3. 产业资本循环的三种职能形式

在循环的三个阶段中，产业资本分别采取了货币资本、生产资本和商品资本三种职能形式。三种职能形式并不是三种独立的资本，而是同一产业资本在循环的不同阶段所采取的三种不同职能形式。三种职能形式都是为了生产和实现剩余价值这一目的的，但是各自有自己特殊的职能。

货币资本是指以货币形式存在的资本。其职能是可以用来购买生产资料和劳动力等生产要素，为生产价值和剩余价值做准备。

生产资本是指以生产资料和劳动力形式存在的资本。其职能是可以生产出价值和剩余价值，将生产资料和劳动力结合可以进行生产，生产出带有乘余价值的商品。

商品资本是指以商品资本形式存在的资本。其职能是可以实现价值和剩余价值，将商品销售出去，资本家收回了预付资本的价值，同时实现了剩余价值。

二、产业资本的三种循环形态

产业资本的每种职能形式都会形成自己的独立循环，所以，产业资本包括三种循环形式：货币资本循环、生产资本循环和商品资本循环。三种循环形式可用如下公式表示：

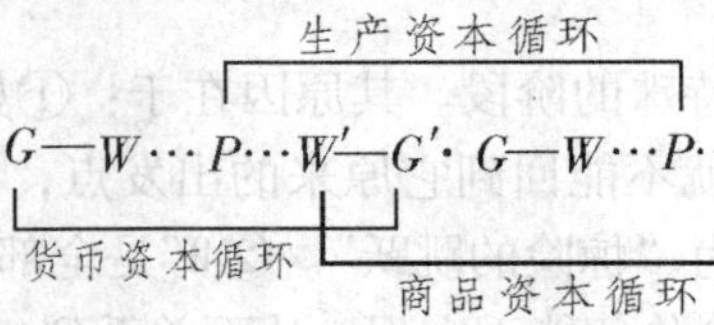

1. 货币资本循环（$G-G'$）

货币资本循环是指从货币资本出发，用货币资本购买生产要素，生产要素结合生产出包含剩余价值的商品，然后销售这些商品，又重新回到货币资本的循环形式。

这一循环形式的特点是起点和终点都是货币，并且终点是已经增殖的货币。所以，该种循环形式清楚地揭示了资本主义生产目的和动机就是赚钱，取得剩余价值。充分反映了资本运动的本质特征。

这一循环形式也存在一定的片面性。经过前后的买卖过程后获得一个增殖的货币，似乎价值增殖在流通领域中产生，掩盖了剩余价值的真正来源。其实剩余价值并非在流通领域中产生，而是在生产过程中由工人创造出来的。

2. 生产资本循环（$P-P$）

生产资本循环是指从生产出发，生产要素结合生产出包含剩余价值的商品，然后销售这些商品，收回货币，再用货币资本购买生产要素，重新回到生产的循环形式。

这一循环形式的特点是起点和终点都是生产过程，两个流通过程变成了中间环节，成为生产过程的媒介。生产过程是具有决定性作用的一个环节，在生产过程中发生了价值增殖，同时也纠正了货币资本循环造成的假象——价值增殖在流通领域中产生。

这一循环形式也存在一定的片面性。因为起点和终点都是生产过程，似乎资本主义生产不是为了追逐剩余价值，而是为生产而生产，不能揭示资本主义生产的实质。

3. 商品资本循环（$W'-W'$）

商品资本循环是指从商品资本出发，销售包含剩余价值的商品，收回货币，再用货币购买生产要素，生产要素结合生产出包含剩余价值的商品的循环形式。

这一循环形式的特点是起点和终点都是包含剩余价值的商品资本，是生产过程的直接结果，反映了资本生产和再生产过程，表明了商品资本全部出售是产业资本正常运转的条件，同时也表明了生产与消费的内在联系。

这一循环形式同样存在一定的片面性。一方面在销售阶段，好像生产出来的商品是为了满足社会的需要；另一方面在购买和生产阶段，好像购买生产要素是为了生产出满足社会需要的新商品。所以，商品资本循环造成了另一种假象，似乎资本主义生产和再生产的目的不是为了追逐剩余价值，而是为了满足社会的需要。资本追求剩余价值的目的和动机被掩盖了。

产业资本的三种循环形式从不同侧面反映了产业资本运动的特性在于价值增殖，从不同侧面揭示了资本主义生产的实质，同时各自又有一定的片面性。因此，我们要将三种循环形式统一起来考察研究，才能全面揭示和把握资本运动的实质和规律。

三、产业资本循环是三种循环形态的统一

产业资本的三种循环形式并不是孤立的，产业资本循环是货币资本循环、生产资本循环和商品资本循环三种循环形式的统一。在现实中，产业资本循环是连续不断地进行的，连续性是资本主义生产的特征，产业资本实现连续不断循环必须具备两个条件：

第一，产业资本三种职能形式在空间上的并存性。即全部产业资本必须按照一定比例分割成三个部分，同时并存于货币资本、生产资本、商品资本三种职能形式上。这三种职能形式依次更替，保持循环的连续性。例如，某资本家有九万元的资本，按照必要的比例分割，假设每一部分各为三万元。这样的话，当他的三万元商品资本转变为货币资本时，同时就会有三万元的生产资本转变为商品资本，并会有三万元的货币资本转变为生产资本。这样才能使资本循环连续进行，不至于中断。如果产业资本不分割为三个部分或者三个部分的比例失调，循环就会中断或者不能顺利进行。

第二，产业资本三种职能形式在时间上的继起性。要使产业资本连续循环，不仅要把全部资本分成三部分同时并存于三种职能形式上，而且资本的每一种职能形式必须相继依次通过三个阶段，不停地进行各自的循环，在时间上不能有任何的间隔。也就是说，产业资本的每一种职能形式都必须同时依次通过资本循环的三个阶段，依次改变它们的形式，最后又回到原来的形式上。如果有任何一种循环形式受到阻碍而中断，都会使资本循环的连续性遭到破坏。

产业资本三种职能形式在空间上的并存性和时间上的继起性这两个条件并不是孤立的，而是互为条件、互相联系的。并存性决定继起性，并存性是继起性的前提条件，如果没有并存性，各种职能形式和循环形式就不能相继转化。继起性是并存性的保证，如果各种职能形式和循环形式不能相继转化，三种职能形式和循环形式的并存性就会遭到破坏，因此，并存性又是继起性的结果。

马克思的资本循环理论，进一步揭示了资本的本质和特征，进一步说明资本不是静止的，而是一种运动，资本在运动中实现价值增殖。同时也进一步揭示了资本主义经济中的各种关系和矛盾。由于竞争与生产无政府状态，资本循环连续进行所必须的条件经常遭到破坏，因而资本循环的中断是常见的现象。

第二节　资本的周转

资本循环和资本周转都是资本的运动形式，只是对二者考察的角度和侧重点有所不同而已。考察资本循环着重研究资本正常运动的条件，而考察资本周转则着重研究资本运动速度的快慢、时间的长短以及它们对剩余价值生产的影响。

一、资本循环和资本周转的关系

资本循环不断反复、周而复始的运动，就叫做资本周转。当资本循环不是作为一个孤

立的行为，而是作为周期性的过程时，即为资本周转。从中我们可以看出，资本循环和资本周转是既有区别又有联系的两个概念。

资本循环和资本周转的联系为：两者都是资本运动的一种形式，都是生产过程和流通过程的有机统一，并且都是为了价值增殖。

资本循环和资本周转又是存在区别的，其区别主要在于：资本循环是指产业资本从一定的职能形式出发，并回到原来出发点的全部运动过程。而资本周转则是指不断重复进行的资本循环运动过程，使资本循环过程不断反复进行下去。

资本循环理论和资本周转理论所揭示的问题是不同的。资本循环理论是从资本运动的连续性方面揭示价值增殖是如何在产业资本的循环运动中产生和实现的。而资本周转理论则是从资本运动的速度方面揭示资本周转快慢对剩余价值生产带来的影响。

二、资本周转时间和周转次数

资本周转速度是指预付资本运动的快慢，可用资本周转时间和资本周转次数来表示。

1. 资本周转时间

资本周转时间是指从预付一定形式的资本（货币资本、生产资本、商品资本）开始，经过一个循环过程，到资本带着剩余价值回到这种形式为止的时间，也就是产业资本的一个循环周期的时间，是生产时间和流通时间的总和。

（1）生产时间。生产时间是指资本停留在生产领域的时间，即从生产资料和劳动力进入生产过程开始到生产出产品为止所需要的时间，包括劳动时间和非劳动时间。

所谓劳动时间，是指生产一种商品所经历的劳动过程的全部时间。是劳动者运用劳动资料作用于劳动对象生产出某种产品所需要的时间，是劳动力和生产资料相结合发挥作用的时间，在这个时间段内创造了剩余价值。影响劳动时间的因素主要包括：第一，产品本身的性质。不同的生产部门生产产品的时间长短是不同的。例如，纺纱厂每天可以把一定数量的棉花纺成棉纱，而飞机制造厂生产一架飞机需要更长的时间。第二，制造产品的生产技术水平。生产同样的产品，有的企业生产技术水平较高，劳动时间就短。而有的企业生产技术水平较低，则劳动时间就长。

所谓非劳动时间，是指生产资料已进入直接生产领域，但没有与劳动力结合的时间，是劳动过程中断的时间。包括停工时间、生产资料储备时间和自然力独立作用时间。停工时间是指生产过程中断，已经进入生产过程的生产资料暂时不发挥作用的时间。生产资料储备时间是指生产资料作为生产过程的条件已经具备，但尚未进入生产过程的时间。任何生产部门都需要有一定的原材料储备。在有的部门，由于原材料的生产带有季节性，储备的时间还需要长一些。自然力独立作用时间是指商品生产过程中劳动过程中断，受自然力独立作用的时间。例如，酿酒的发酵时间，农业中动植物的自然生长期等。值得注意的是非劳动时间是不创造价值和剩余价值的，所以要尽量减少非劳动时间。

（2）流通时间。流通时间有广义的流通时间和狭义的流通时间。狭义的流通时间是指资本停留在流通领域内的时间，包括从货币资本转变为生产资本的时间和从商品资本转变为货币资本的时间，即资本家购买生产资料和劳动力的时间以及出售商品所需要的时间。用公式表示如下：

（狭义）流通时间 = 购买时间 + 出售时间（出卖时间）

广义的流通时间是指资本通过一次循环所经历的全部时间，即周转时间，所以：

（广义）流通时间 = 生产时间 + （狭义）流通时间

我们这里所分析的是狭义的流通时间。购买时间是货币资本转化为生产资本所需要的时间，即资本家购买生产资料和劳动力所需要的时间。出售时间也叫销售时间或出卖时间，是商品资本转变为货币资本的时间，即资本家出售商品所需要的时间。一般情况下，购买比较容易，而出售相对比较困难，出售时间占流通时间的大部分。影响流通时间的因素主要包括：第一，市场的供求状况。在生产要素市场上如果供过于求，则厂家购买时间短；反之，则购买时间长。在产品市场上如果供过于求，则厂家出售时间长；反之，则出售时间短。第二，价格波动状况。一般来说，价格稳定的话，出售者和购买者较容易达成买卖，流通时间短；如果价格波动大，不确定因素多，出售者和购买者较难达成买卖，流通时间长。第三，竞争程度。在生产要素市场上如果购买竞争激烈，则厂家较难买到生产要素，购买时间长；反之，购买时间短。在产品市场上出售竞争激烈，则厂家较难卖出产品，出售时间长；反之，出售时间短。第四，生产地点距离市场的远近。生产地点距离市场近，则出售时间较短；反之，出售时间较长。第五，交通运输和通信条件。交通运输和通信条件较好，则出售时间较短；反之，出售时间较长。第六，商品本身的质量和款式。一般来说，商品质量好、款式多、款式新颖的话，较容易出售，出售时间短；反之，出售时间长。

2. 资本周转次数

资本周转次数是指在一定时期，资本所经历的循环次数。这里的一定时期通常是指一年，用 U 表示"年"这一时间单位，用 u 表示一定资本周转一次所需要的时间，用 n 表示资本周转次数。资本周转次数等于一年时间除以一定资本周转一次的时间，用公式表示如下：

$$\text{周转次数}\ (n) = \frac{\text{一年时间}}{\text{资本周转一次的时间}} = \frac{U}{u}$$

资本周转次数越少，表示资本周转速度越慢；资本周转次数越多，表示资本周转速度越快。例如，资本甲周转一次需要 3 个月，则周转次数是 $n = 12/3 = 4$，即一年周转 4 次。资本乙周转一次需要 6 个月，则周转次数是 $n = 12/6 = 2$，即一年周转 2 次。所以，资本甲的周转速度比资本乙的周转速度快。

三、固定资本和流动资本

资本周转速度的快慢还跟生产资本的构成，即固定资本和流动资本的比例有关。根据资本价值周转方式的不同，可将生产资本划分为固定资本和流动资本。

1. 固定资本

固定资本是指以机器、设备、工具、厂房等劳动资料形式存在的资本。其特点是，在生产过程中，其物质形态全部参加生产过程，并且其物质形态基本保持不变，其价值按照磨损程度逐步转移到新产品中去，并随着产品的出售逐步收回，即其价值是"多次转移，多次收回"。

2. 流动资本

流动资本是指以原料、燃料、辅助材料等劳动对象形式存在的和用于劳动力的那部分资本。以劳动对象形式存在的那部分资本，其物质形态在每次生产过程中全部耗费，因而每次生产过程都要重新购买，不断更新。其价值在生产过程中也一次性转移到新产品中去，并随着产品的出售一次性收回。其价值周转方式的特点是“一次转移，一次收回”。用于劳动力的那部分资本不存在价值转移的问题，但其以工资的形式在一次生产过程中支付给工人，工人用自己的工资购买消费资料。因而它的价值不像劳动资料和劳动对象那样转移到新产品中去，而是在生产过程中由工人的劳动重新创造出来。工人新创造出来的相当于购买劳动力的资本价值，在商品出售以后，又全部回到产业资本家手中。所以，用于劳动力的那部分资本也是一次性全部投入生产过程中，并随着商品出售一次性全部收回。所以，我们也把这部分叫做流动资本。

3. 固定资本和流动资本的区别

固定资本和流动资本的不同之处主要有：第一，两者的价值转移方式不同。固定资本的价值是分多次逐渐转移到新产品中去，而流动资本的价值是一次性全部加入到新产品中去的。第二，两者的周转时间不同。固定资本周转一次的时间较长，而流动资本周转一次的时间较短。固定资本周转一次，流动资本可以周转多次。第三，两者的价值回收方式和期限不同。固定资本是一次预付，分批多次逐渐收回，回收期限较长。而流动资本是一次预付，一次收回，回收期限较短。第四，两者的物质更新方式不同。固定资本的物质要素在发挥作用的时间内，不需要不断购买和更新。而流动资本的物质要素则不同，它们在生产过程中一次全部消费，需要不断地购买和更新。

4. 固定资本、流动资本的划分与不变资本、可变资本的划分的区别

在第三章我们讲过不变资本和可变资本，这一章我们又讲了固定资本和流动资本。固定资本、流动资本的划分与不变资本、可变资本的划分的区别包括以下几个方面：

第一，划分的依据不同。固定资本、流动资本的划分是以资本价值周转方式的不同为依据的。不变资本、可变资本的划分是以资本的不同部分在剩余价值生产过程中所起的作用的不同为依据的。

第二，划分的内容不同。不变资本包括用于购买劳动资料和劳动对象的资本，可变资本是用于购买劳动力的资本。固定资本只包括用于购买劳动资料的资本，流动资本包括用于购买劳动对象和劳动力的资本。其关系如下表所示：

<table>
<tr><th>按在剩余价值生产过程中所起的作用不同来划分</th><th>资本的各个部分</th><th>按资本价值周转方式的不同来划分</th></tr>
<tr><td rowspan="2">不变资本</td><td>劳动资料
（机器、设备、厂房等）</td><td>固定资本</td></tr>
<tr><td>劳动对象
（原料、燃料、辅助材料）</td><td rowspan="2">流动资本</td></tr>
<tr><td>可变资本</td><td>工资</td></tr>
</table>

第三，划分的目的不同。固定资本、流动资本划分的目的是为了揭示生产资本的不同部分对资本周转速度从而对剩余价值生产的不同影响。不变资本、可变资本划分的目的是为了揭示可变资本是剩余价值的真正源泉，从而揭示资本主义剥削的秘密。

5. 固定资本的折旧

固定资本的价值是按照它的磨损程度逐渐转移到新产品中去的。固定资本的磨损分为有形磨损和无形磨损。

有形磨损又叫物质磨损，是指固定资本由于使用或自然力的作用，逐渐丧失其物理性能而发生的损耗。包括由于生产过程中的使用而发生的实物磨损和由于自然力的作用而发生的自然损耗。

无形磨损又叫精神磨损，是指由于劳动生产率的提高、技术进步、市场需求变化使产品过时等原因所引起的企业固定资本价值的损失。劳动生产率的提高，使生产同样性能的生产设备的成本降低、价格下降，使原有设备的价值相应降低。由于科技进步，出现新的效能更高的设备，使用原有设备已不经济，不得不提前报废。市场需求的重大变化，会使原有产品过时而无销路，企业不得不提前报废生产该产品的设备。

既然固定资本的价值是按照它的磨损程度逐渐转移到新产品中去的，那么，为了保证再生产的顺利进行，必须把那部分转移的价值从销售商品的收入中提取出来，并以货币形式积累起来，以便在固定资本价值全部转移完毕时，用于固定资本的实物更新。这种做法叫做固定资本的折旧，按损耗程度提取的那部分金额叫做折旧费或折旧基金。折旧费通常以年为单位提取，其计算公式为：

$$\text{每年平均提取的折旧费}=\frac{\text{固定资本原始价值}}{\text{固定资本平均使用年限}}$$

例如，一企业的某台设备价值是20万元，使用年限为10年，则每年平均提取的折旧费＝20万元/10年＝2万元/年。

每年平均提取的折旧费与固定资本原始价值的比率，叫做折旧率，其计算公式为：

$$\text{折旧率}=\frac{\text{每年平均提取的折旧费}}{\text{固定资本原始价值}}\times 100\%$$

接上一例子，折旧率＝2万元/20万元＝10%。10年后，这台机器的价值全部损耗，但10年中也积累了20万元的折旧费，可以用于购买一台新的机器，以保证生产的顺利进行。

四、预付资本的总周转

从前面对生产资本构成的分析中可以看出，固定资本和流动资本周转速度是不同的，固定资本周转一次，流动资本可以周转多次。因此，资本周转速度通常是指整个预付资本的总周转速度。预付资本的总周转速度是指预付资本各个组成部分的平均周转速度。其计算公式为：

$$\text{预付资本一年的总周转速度}=\frac{\text{一年中固定资本周转价值总额}+\text{一年中流动资本周转价值总额}}{\text{预付资本总额}}$$

例如：

生产资本构成	预付资本量	年周转次数	年周转价值
固定资本 流动资本	80 000 20 000	1/10 5	8 000 100 000
合　计	100 000		108 000
预付资本一年的总周转速度			$1\frac{2}{25}$次

$$\text{预付资本一年的总周转速度}=\frac{8\ 000+100\ 000}{100\ 000}=\frac{108\ 000}{100\ 000}=1\frac{2}{25}\text{次。}$$

预付资本一年的总周转速度是 $1\frac{2}{25}$次，即周转一次需要 $\frac{25}{27}$年的时间。

生产资本的构成对预付资本总周转的影响主要有两个方面：第一，固定资本和流动资本在生产资本中所占的比重。如果固定资本所占的比重越大，则预付资本总周转速度越慢；如果流动资本所占的比重越大，则预付资本总周转速度越快。第二，固定资本和流动资本各自的周转速度。在固定资本和流动资本所占比重既定的情况下，如果固定资本和流动资本各自的周转速度越快，则预付资本总周转速度越快；如果固定资本和流动资本各自的周转速度越慢，则预付资本总周转速度越慢。

五、加速资本周转的意义和途径

1. 加速资本周转的意义

资本周转速度的快慢对资本主义剩余价值生产有着重大影响，其影响主要有三个方面：

第一，加快资本周转可以节省预付资本量。为了获得剩余价值，资本家需要预先垫付一笔货币资本，以购买生产资料和劳动力，这笔预先垫付的资本叫做预付资本。加快资本周转速度可以减少无形磨损，也可以加快固定资本更新，购买更先进的设备，提高固定资本的利用率。加快资本周转特别可以节省预付的流动资本。所以，资本周转速度加快，维持同样生产规模所需要的预付资本量减少，资本家就可以把节省的资本用来扩大生产规模，以获得更多的剩余价值。

第二，加快资本周转可以增加年剩余价值量。一般来说，资本周转速度加快，意味着预付资本中可变资本的周转速度也加快。

一年内等量的预付可变资本便可以雇佣更多的工人，生产出更多的剩余价值，增加年剩余价值量。通常用 M 表示年剩余价值量，m' 表示剩余价值率，v 表示可变资本，n 表示流动资本（包含可变资本）的周转次数，则年剩余价佳量可用公式表示如下：

$$M = m' \cdot v \cdot n$$

例如，假设有甲乙两个资本，预付的可变资本都是 5 000 元，剩余价值率都是 100%，资本甲的预付可变资本一年周转 12 次，资本乙的预付可变资本一年周转 6 次。到年终，资本甲获得的年剩余价值量 $M = 100\% \cdot 5\ 000 \cdot 12 = 60\ 000$ 元，资本乙获得的年剩余价值量 $M = 100\% \cdot 5\ 000 \cdot 6 = 30\ 000$ 元。

第三，加快资本周转可以提高年剩余价值率。年剩余价值率（通常用 M' 表示）是指一年内生产的剩余价值总量与预付可变资本的比率。其计算公式为：

$$M' = \frac{M}{v} = \frac{m' \cdot v \cdot n}{v} = m' \cdot n$$

从公式中可以看出，可变资本周转速度提高，可以提高年剩余价值率。接上面例子有以下结果：

资本甲的年剩余价值量 $M = 100\% \cdot 5\ 000 \cdot 12 = 60\ 000$（元）；

资本甲的年剩余价值率 $M' = \frac{60\ 000}{5\ 000} = 12 = 1\ 200\%$。

资本乙的年剩余价值量 $M = 100\% \cdot 5\ 000 \cdot 6 = 30\ 000$（元）；

资本乙的年剩余价值率 $M' = \frac{30\ 000}{5\ 000} = 6 = 600\%$。

2. 年剩余价值率与剩余价值率的区别

年剩余价值率和剩余价值率是不同的两个概念，其不同之处主要有两个方面：第一，两者表示的关系不同。剩余价值率是一定时间内的剩余价值量和实际使用的可变资本的比率。表示的是资本家对工人的剥削程度。年剩余价值率是一年内生产的剩余价值总量与预付可变资本的比率。表示的是一年内预付可变资本的增殖程度。例如，在上面的例子中，甲乙资本对工人的剥削程度相同，剩余价值率都是 100%，但是两者的年剩余价值率却不同。第二，两者在数量上一般也不相等。年剩余价值率 $M' = m' \cdot n$，预付可变资本年周转次数一般大于 1，所以，年剩余价值率一般大于剩余价值率。只有当预付可变资本一年周转一次的时候，年剩余价值率才和剩余价值率相等。

3. 加速资本周转的途径

因为资本周转速度的快慢对资本主义剩余价值生产有着重大影响，所以，资本家总是想办法加速资本的周转。加速资本周转的途径主要有：

第一，尽量缩短劳动时间。劳动时间是生产一种商品所经历的劳动过程的全部时间。采用先进的生产技术，可以提高劳动生产率，缩短劳动时间。

第二，尽量缩短非劳动时间。非劳动时间包括停工时间、生产资料储备时间和自然力作用时间。减少非劳动时间的办法主要包括：一是减少停二时间，提高劳动资料的利用效率；二是减少不必要的生产性库存；三是采用新科技、新工艺，缩短劳动对象受自然力作用的时间。

第三，尽量缩短流通时间。流通时间包括购买时间和销售时间。为了尽量缩短购买时间，企业应跟生产要素供应商建立稳定的关系。销售时间占流通时间的大部分，要缩短销售时间，就要及时掌握市场信息，改进运输工具和通信工具，保证产品的质量和款式等。

第四，减少固定资本比重，提高流动资本比重。流动资本周转速度比固定资本周转速度快，所以，减少固定资本在总资本中的比重，提高流动资本在总资本中的比重，可以加速资本周转。

第五，提高企业管理水平。企业要注重管理，强化管理意识。企业内部要建立起科学的管理制度。协调好人、财、物等各方面的关系。

本章小结

1. 产业资本循环，是指产业资本依次经过购买、生产、销售三个阶段，采取货币资本、生产资本、商品资本三种职能形式，实现价值增殖，并回到原来出发点的全部运动过程。

2. 购买阶段是生产的准备阶段，即用货币资本到市场上购买劳动力和生产资料等生产要素的过程。生产阶段是将购买到的劳动力和生产资料结合进行剩余价值生产的阶段，生产出包含剩余价值的商品。销售阶段也称为出卖阶段，是把生产出来的带有剩余价值的商品销售出去，实现价值和剩余价值。

3. 在循环的三个阶段上，产业资本分别采取了货币资本、生产资本和商品资本三种职能形式。三种职能形式并不是三种独立的资本，而是同一产业资本在循环的不同阶段所采取的三种不同职能形式。

4. 货币资本是指以货币形式存在的资本。其职能是可以用来购买生产资料和劳动力等生产要素，为生产价值和剩余价值做准备。生产资本是指以生产资料和劳动力形式存在的资本。其职能是可以生产出价值和剩余价值，将生产资料和劳动力结合起来进行生产，生产出带有剩余价值的商品。商品资本是指以商品资本形式存在的资本。其职能是可以实现价值和剩余价值，将商品销售出去，资本家收回了预付资本的价值，同时实现了剩余价值。

5. 产业资本包括三种循环形式：货币资本循环、生产资本循环和商品资本循环。产业资本的三种循环形式从不同侧面反映了产业资本运动的特性在于价值增殖，从不同侧面揭示了资本主义生产的实质，同时各自又有一定的片面性。因此，我们要将三种循环形式统一起来考察研究，才能全面揭示和把握资本运动的实质和规律。

6. 在现实中，产业资本循环是连续不断进行的，连续性是资本主义生产的特征，产业资本实现连续不断循环必须具备两个条件：第一，产业资本三种职能形式在空间上的并存性。即全部产业资本必须按照一定比例分割成三个部分，同时并存在货币资本、生产资本、商品资本三种职能形式上。第二，产业资本三种职能形式在时间上的继起性。

7. 资本循环不断反复、周而复始的运动，叫做资本周转。资本循环和资本周转都是资本的运动形式，只是对二者考察的角度和侧重点有所不同而已。考察资本循环着重研究资本正常运动的条件，而考察资本周转则着重研究资本运动速度的快慢、时间的长短以及它们对剩余价值生产的影响。

8. 资本周转时间是指从预付一定形式的资本（货币资本、生产资本、商品资本）开始，经过一个循环过程，到资本带着剩余价值回到这种形式为止的时间，也就是产业资本的一个循环周期的时间，是生产时间和流通时间的总和。

9. 资本周转次数是指在一定时期，资本所经历的循环次数。周转次数等于一年时间除以一定资本周转一次的时间。资本周转次数越少，表示资本周转速度越慢；资本周转次数越多，表示资本周转速度越快。

10. 固定资本是指以机器、设备、工具、厂房等劳动资料形式存在的资本。其特点是，在生产过程中，其物质形态全部参加生产过程，并且其物质形态基本保持不变，其价值按照磨损程度逐步转移到新产品中去，并随着产品的出售逐步收回，即其价值是“多次转移，多次收回”。流动资本是指以原料、燃料、辅助材料等劳动对象形式存在的和用于劳动力的那部分资本。以劳动对象形式存在的那部分资本，其物质形态在每次生产过程中全部耗费，因而每次生产过程都要重新购买，不断更新。其价值在生产过程中也一次性地转移到新产品中去，并随着产品的出售一次性收回。其价值周转方式的特点是“一次转移，一次收回”。

11. 固定资本的价值是按照它的磨损程度逐渐转移到新产品中去的。固定资本的磨损分为有形磨损和无形磨损。有形磨损又叫物质磨损，是指固定资本由于使用或自然力的作用，逐渐丧失其物理性能而发生的损耗；无形磨损又叫精神磨损，是指由于劳动生产率的提高、技术进步、市场需求变化使产品过时等原因所引起的企业固定资本价值的损失。

12. 预付资本的总周转速度是指预付资本各个组成部分的平均周转速度。生产资本的构成对预付资本总周转的影响主要有两个方面：第一，固定资本和流动资本在生产资本中所占的比重；第二，固定资本和流动资本各自的周转速度。

13. 资本周转速度的快慢对资本主义剩余价值生产有着重大影响，其影响主要有三个方面：第一，加快资本周转可以节省预付资本量；第二，加快资本周转可以增加年剩余价值量；第三，加快资本周转可以节省预付资本量。

14. 年剩余价值率和剩余价值率是不同的，两个概念的不同之处主要有两个方面：第一，两者表示的关系不同。剩余价值率是一定时间内的剩余价值量和实际使用的可变资本的比率。表示的是资本家对工人的剥削程度。年剩余价值率是一年内生产的剩余价值总量与预付可变资本的比率。第二，两者在数量上一般也不相等。年剩余价值率 $M' = m' \cdot n$，预付可变资本年周转次数一般大于1，所以，年剩余价值率一般大于剩余价值率。只有当预付可变资本一年周转一次的时候，年剩余价值率才和剩余价值率相等。

15. 加速资本周转的途径主要有：第一，尽量缩短劳动时间；第二，尽量缩短非劳动时间；第三，尽量缩短流通时间。流通时间包括购买时间和销售时间；第四，减少固定资本比重，提高流动资本比重；第五，提高企业管理水平。

复习与思考

1. 产业资本在循环中经历哪些阶段和采取哪些职能形式？
2. 怎样理解产业资本循环是三个循环的统一？
3. 实现产业资本正常循环的基本条件是什么？
4. 什么是资本周转？它与资本循环有何区别与联系？
5. 什么是资本周转时间？它包括哪些内容？
6. 什么是固定资本和流动资本？它们与不变资本与可变资本有何区别？
7. 什么是固定资本折旧？固定资本折旧率是由哪些因素决定的？
8. 影响资本周转的因素有哪些？
9. 加速资本周转的意义和途径是什么？
10. 年剩余价值率与剩余价值率有何区别？

第六章

社会总资本的再生产与经济危机

前面研究的是个别资本的运动。在现实经济中，个别资本的运动是交织在一起的，从而形成社会资本的运动。本章进一步考察社会总资本的运动，通过考察，说明社会资本再生产的实现条件和两大部类积累的辩证关系，揭示资本主义经济危机的必然性和周期性。

第一节　社会总资本的再生产

一、社会总资本及其运动特点

1. 社会总资本

在资本主义经济中，各个企业的资本都通过自身的不断循环和周转，实现价值增殖。这种各自独立发挥资本职能的资本，我们称之为单个资本或个别资本。在社会化大生产的条件下，这些单个资本之间是相互联系、相互依存的。这种相互联系、相互依存的所有单个资本的总和，我们称之为社会资本或社会总资本。

2. 社会总资本运动的特点

社会总资本运动是指社会总资本的再生产和流通。社会总资本的运动是由各个单个资本的循环相互交错形成的。社会总资本的运动包括两个方面：一方面是生产消费以及与之相适应的资本流通；另一方面是个人消费以及与之相适应的一般商品流通。而单个资本的运动只包括生产消费以及与之相适应的资本流通。社会总资本运动有如下特点：

第一，社会总资本运动包括生产消费和个人消费。社会总资本的再生产和流通，不仅包括生产消费，而且还包括个人消费。从单个资本的运动来看，资本家将剩余价值的一部分用于个人消费，工人也将所得工资用于个人消费。但是这种个人消费是在资本运动过程之外的，不属于资本流通范围。从社会总资本运动的角度来看，资本家和工人购买个人消费品的过程，同时也是生产消费品的企业出售产品的过程，是商品资本转化为货币资本的过程。所以，社会总资本运动不仅包括生产消费，还包括个人消费。

第二，社会总资本运动包括资本流通和一般商品流通。因为社会总资本运动包括生产消费和个人消费，所以，社会总资本运动也包括与生产消费相适应的资本流通和与个人消费相适应的一般商品流通。

第三，社会总资本运动还包括剩余价值的流通。剩余价值一般可以分为两部分，一部分是作为追加的资本投入到生产中去，另一部分被资本家用于个人消费。作为追加资本的那部分加入到资本流通中去，作为资本家个人消费的那部分加入到一般商品流通中去。所以，社会总资本运动还包括剩余价值的流通。

二、研究社会总资本运动的出发点和核心问题

研究社会总资本运动的出发点和核心问题是考察社会总产品的实现问题。社会总产品是指社会各个物质生产部门在一定时期内（通常是指一年）所生产的全部物质资料的总和。是由一国的工业、农业、建筑业、交通运输业等物质生产部门的劳动者共同创造的结果。它既是生产过程的结果，又是再生产过程的条件，是整个社会存在和发展的物质基础。

1. 社会总产品的实物补偿和价值补偿

从社会总产品出发考察社会资本运动，核心问题就是社会总产品各个组成部分是如何实现的，也就是社会总产品的补偿问题。社会总产品的补偿有实物补偿和价值补偿两个方面。

社会总产品的实物补偿，即物质补偿，是指产品价值的各个部分实现为货币形式后，又如何转化为所需要的商品，也就是资本家所需要的生产资料和人们所需要的消费资料从何处取得。

社会总产品的价值补偿是指产品价值的各个组成部分如何从商品形式转化为货币形式，也就是社会总产品价值的各个组成部分如何通过流通而全部收回。

要想保证社会总资本的再生产顺利进行，社会总产品就必须全部销售出去，才能够补偿预付的不变资本和可变资本的价值并实现剩余价值，实现价值补偿；并且能够在市场上购买到所需要的生产资料和劳动力，以及资本家和工人用于个人消费的消费资料，实现实物补偿。社会总产品的各个组成部分既在价值上得到补偿，又在实物上得到补偿，社会总资本的再生产才能不断进行下去。

2. 社会总产品实现的关键在于社会生产要按比例发展

社会总产品实现的关键在于社会生产要按比例发展。社会总产品的实现，它的价值补偿和实物补偿，是通过社会各部门的相互交换来实现的。要使社会各部门的全部产品都能顺利实现，要求各部门之间必须保持适当的比例关系。也就是社会生产要按比例发展，按比例分配社会劳动，这是任何社会再生产得以顺利进行的条件。只有这样才能顺利实现实物补偿和价值补偿，保证社会总资本运动顺利进行下去。

三、研究社会总资本再生产的理论前提

考察社会资本再生产的理论前提是社会总产品的价值构成和社会生产的两大部类原

理。为了考察社会总产品的实现及其所需要的条件，首先要分析社会总产品的构成情况以及与此相适应的社会生产的划分。

社会总产品从物质形态上来看，主要包括生产资料和消费资料两部分。生产资料是人们从事生产劳动所必需的一切物质条件，是生产力中物的要素。主要包括矿藏、土地、森林、机器、厂房、设备、原材料等。消费资料又称生活资料，是用于满足人类物质生活和精神生活需要的各种产品。包括人们衣食住行用的各种消费品。马克思根据社会总产品的实物形态，将社会生产分为两大部类：第Ⅰ部类是生产生产资料的部门（简称Ⅰ）；第Ⅱ部类是生产消费资料的部门（简称Ⅱ）。

社会总产品或社会生产分为两大部类，是从物质产品的使用价值，即从物质产品在社会再生产过程中的地位和作用来划分的，是对社会生产所有物质生产部门最概括、最恰当的分类。有些产品既可以用作生产资料，又可以用作消费资料，但这并不影响把社会生产划分为两大部类的正确性。

必须指出，社会总产品划分为两大部类归根结底是由社会生产过程中包含着两种不同性质的消费，即生产消费和个人消费引起的。前者只能用生产资料来满足，后者则只能用消费资料来满足。正是马克思第一次科学地划分了生产消费和个人消费，才使社会生产划分为两大部类。

社会总产品从价值构成上来看，包括三个部分：不变资本（c）、可变资本（v）和剩余价值（m）。马克思在分析了社会总产品的实物形态后，紧接着又分析了它的价值形态。他指出："这两个部类中，每一部类借助于这些资本而生产的全部年产品的价值，都分成：代表生产上消费掉的、按其价值来说只是转移到产品中去的不变价值 c 的价值部分和由全部年劳动加入的价值部分。后者又分成：补偿预付可变资本 v 的部分和超过可变资本而形成的剩余价值 m 的部分。因此，每一部类的全部年产品的价值，和每个个别产品的价值一样，也分成 $c+v+m$。"①

社会总产品的实物构成和价值构成，以及社会生产两大部类原理，是研究社会资本再生产的理论前提。

第二节　社会总资本简单再生产及其实现条件

再生产按其规模不同可以分为简单再生产和扩大再生产两种形式。资本主义再生产的特点是扩大再生产，而不是简单再生产。但分析社会总资本的再生产，必须先从简单再生产开始。

一、社会总资本的简单再生产

分析社会总资本再生产从简单再生产开始，是因为：①简单再生产是扩大再生产的基础，是它的重要组成部分和一个现实的因素。扩大再生产只有在原有的生产规模能够保持的基础上才能进行，而且简单再生产所生产的剩余价值，为扩大再生产所需要的资

① 《马克思恩格斯全集》第24卷，北京：人民出版社，1972年，第439页。

本积累提供了前提条件。②考察社会总资本再生产的实现问题，在理论分析上的主要困难是如何说明简单再生产的实现条件。这个困难解决了，分析扩大再生产的实现问题就容易了。

资本主义简单再生产是指资本家把工人创造的剩余价值全部用于个人消费，没有积累，生产过程在原有规模上重复进行的再生产。为研究的方便，我们假定：①整个社会生产都是资本主义性质的，社会上只有资本家和雇佣劳动者两个阶级；②生产周期为一年，全部不变资本都在一年内消耗掉，它的价值全部转移到新产品中去；③一切商品都按价值出售，商品的价值和价格也不发生背离；④不存在对外贸易。

现在，我们建立一个社会总资本简单再生产的图示：

假设第Ⅰ部类的不变资本价值为4 000，可变资本价值为1 000，剩余价值为1 000；第Ⅱ部类的不变资本价值为2 000，可变资本价值为500，剩余价值为500。社会总产品的总价值是9 000，其构成可用如下公式表示：

$$\begin{array}{l} \text{Ⅰ}:4\,000c+1\,000v+1\,000m=6\,000 \\ \underline{\text{Ⅱ}:2\,000c+\ \ 500v+\ \ 500m=3\,000} \\ \quad\ \ 6\,000c+1\,500v+1\,500m=9\,000 \end{array}$$

为了使社会资本简单再生产能够顺利进行下去，社会总产品的各个组成部分都必须实现价值补偿和实物补偿，这就必须经过两大部类之间以及两大部类内部进行产品的交换。社会资本简单再生产的基本交换关系包括三个方面：

第Ⅰ部类内部的交换关系。第Ⅰ部类内部各部门各企业之间的交换，即第Ⅰ部类中的4 000c。这部分在实物形态上由生产资料构成，在价值形态上代表本部类消耗掉的不变资本价值。因此，这部分产品的价值补偿和实物补偿，可以通过第Ⅰ部类内部各部门各企业之间的交换而实现。

第Ⅱ部类内部的交换关系。第Ⅱ部类内部各部门各企业之间的交换，即第Ⅱ部类中的$500v+500m$。这部分在实物形态上由消费资料构成，在价值形态上代表本部类工人和资本家个人消耗掉的可变资本价值和剩余价值。因此，这部分产品的价值补偿和实物补偿，可以通过第Ⅱ部类内部工人和资本家购买本部类的各种消费品而实现。

第Ⅰ部类和第Ⅱ部类之间的交换关系。通过上述两方面的交换，第Ⅰ部类还剩下1 000v +1 000m 的产品。这部分在实物形态上是生产资料，在价值形态上是第Ⅰ部类的可变资本和剩余价值。它是用于第Ⅰ部类的工人和资本家个人生活消费的，但是，这部分产品在实物形态上是生产资料，不能作为生活消费品，因而无法在第Ⅰ部类内部得到实现，必须和第Ⅱ部类的消费资料相交换。第Ⅱ部类还剩下2 000c 的产品。这部分在实物形态上是消费资料，在价值形态上是第Ⅱ部类消耗掉的不变资本价值。但是，这部分产品在实物形态上是消费资料，不能替换第Ⅱ部类已经消耗掉的生产资料，因而无法在第Ⅱ部类内部得到实现，必须和第Ⅰ部类的生产资料相交换。所以，两大部类的各部门各企业之间也必须进行交换，即第Ⅰ部类中的1 000v +1 000m 和第Ⅱ部类中的2 000c 之间进行交换，交换后，第Ⅰ部类的工人和资本家得到了个人消费所需要的价值为2 000的消费资料，第Ⅱ部类的资本家得到了再生产所需要的价值为2 000 的生产资料。各部分产品实现了价值补偿和实物补偿。

社会资本简单再生产的三种基本交换关系可用下图表示：

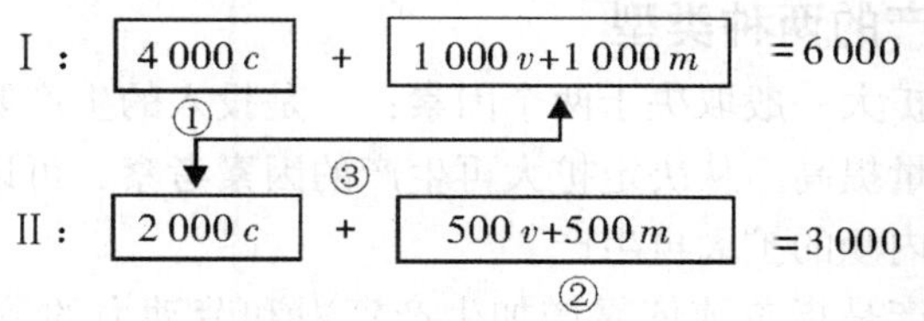

二、简单再生产的实现条件

从以上三个方面的交换关系的分析中我们可以看出，要想保证简单再生产的顺利实现，是有一定条件的。

1. Ⅰ $(v+m)$ ＝Ⅱc

在以上三个方面的交换关系中，两大部类之间的交换是最基本的交换关系，因此，第Ⅰ部类中的 $v+m$ 和第Ⅱ部类中的 c 之间的交换，是社会资本简单再生产的基本实现条件。可用公式表示为Ⅰ $(v+m)$ ＝Ⅱc，即第Ⅰ部类的可变资本加剩余价值等于第Ⅱ部类的不变资本。表明第Ⅰ部类生产资料的生产和第Ⅱ部类对生产资料的需要之间，以及第Ⅱ部类消费资料的生产和第Ⅰ部类对消费资料的需要之间，都必须保持一定的比例。

这个公式是简单再生产实现的基本条件。后面两个都是由此引申出来的实现条件。

2. Ⅱ $(c+v+m)$ ＝Ⅰ $(v+m)$ ＋Ⅱ $(v+m)$

这个公式即第Ⅱ部类生产的消费资料总价值等于两大部类可变资本和剩余价值之和。表明消费资料产品的实现与两大部类工人和资本家个人消费之间必须保持一定的比例。

3. Ⅰ $(c+v+m)$ ＝Ⅰc＋Ⅱc

这个公式即第Ⅰ部类生产的生产资料价值总和应等于两大部类不变资本价值的总和。表明生产资料的生产同两大部类对生产资料需要之间必须保持一定的比例。

三、简单再生产条件下各部类内部的比例关系

要保证简单再生产的顺利实现，还要求各部类内部必须保持一定的比例关系。一是第Ⅱ部类内部的比例关系，即生产必要消费资料的部门与生产奢侈品部门的比例关系；二是第Ⅰ部类内部的比例关系，即制造本部类所需生产资料与制造第Ⅱ部类所需生产资料之间的比例关系。总之，只有保持各个部类内部的各种生产之间的比例关系，两大部类之间的比例关系才有可能理顺，社会再生产才能顺利进行。

第三节　社会总资本的扩大再生产

资本主义再生产的特点是扩大再生产，而不是简单再生产。因此，对扩大再生产的分析具有重要的理论意义和现实意义。

一、扩大再生产的两种类型

社会生产的逐年扩大一般取决于两个因素：一是投入的生产要素的数量增长；二是投入的生产要素的质量提高。从决定扩大再生产的因素考察，可以把扩大再生产划分为外延的扩大再生产和内涵的扩大再生产。

外延的扩大再生产是指单纯依靠增加生产资料和劳动力的数量而实现的扩大再生产。这种扩大再生产的实现形式主要是新建企业或扩建企业，它可以吸收较多的劳动力就业；可以发展新兴产业，调整、充实和改善国民经济结构；可以调整社会生产力的布局，发挥地区资源优势。

内涵的扩大再生产是指以技术进步为基础，依靠提高生产资料和活劳动的使用效率而实现的扩大再生产。这种扩大再生产形式具有技术的进步性和投资的高效性。它的实现形式主要是原有企业的挖潜、改造、革新，即提高原有企业的劳动生产率。因此，内涵扩大再生产可以降低原材料的消耗；可以提高产品的质量和增加产品功能；可以减少污染物的排放；可以提高生产效率。

外延扩大再生产和内涵扩大再生产是有区别的，但它们又是密切联系的。一般而言，外延扩大再生产是内涵扩大再生产的出发点；内涵扩大再生产则是外延扩大再生产的进一步发展和提高。二者相互渗透，相互包含。

就个别资本而言，纯粹的外延扩大再生产和纯粹的内涵扩大再生产是可能的，但从社会再生产来看，这种状态是不可能长期存在的。社会扩大再生产一般都是外延扩大再生产和内涵扩大再生产的有机结合。但是，在经济发展的不同阶段上，又会出现以外延扩大再生产为主或以内涵扩大再生产为主的情况。一般而言，在工业化初期，是以外延扩大再生产为主；而当工业化发展到一定水平时，扩大再生产内涵性就日益增强。

资本主义再生产的特征是扩大再生产，其特点是：资本家把剩余价值的一部分转化为追加资本，使生产规模扩大。所以，资本积累是扩大再生产的主要源泉。但资本积累不是扩大再生产的唯一源泉。本章考察的是以资本积累为源泉的扩大再生产。

二、扩大再生产的前提条件

在资本主义经济中，扩大再生产往往与资本积累联系在一起。剩余价值是资本积累的源泉，资本家只要不把剩余价值全部用于个人消费，而是把其中一部分作为追加资本投入生产，生产规模就会扩大。单个资本的扩大再生产是如此，社会总资本的扩大再生产也是如此。

要实现资本积累，必须有两个条件：一是货币贮藏要达到一定的数量，因为在一定的生产技术水平下，扩建一个老企业或开办一个新企业，都有一个起码的投资量，低于这个数量，就无法形成新的生产能力。而企业在一次资本周转后可能积累的剩余价值是有限的。因此，在进行实际资本积累和扩大再生产时，在剩余价值不断货币化的基础上，有一个货币贮藏或货币积累的较长过程。二是要有扩大再生产的物质条件，也就是说，当货币贮藏到一定数量，可以进行资本积累时，货币必须能够购买到追加的生产资料和追加的劳动力（或追加的消费资料）。由于在存在大量失业人口的情况下，问题的关键在于货币能否购买到追加的生产资料。这就要求社会生产要事先扩大。

这就存在一个难题，即扩大再生产所需要的生产资料究竟是从哪里来的？马克思通过对第Ⅰ部类追加的不变资本的分析说明，只有对简单再生产内部的结构进行调整，才能为扩大再生产创造物质条件。马克思认为，要扩大再生产首先要有两个前提条件：

1. Ⅰ $(v+m)>$ Ⅱc

要扩大再生产，必须有追加的生产资料，以作为两大部类追加的不变资本之用。这个追加的生产资料要有第Ⅰ部类的剩余产品提供。则第Ⅰ部类的 $v+m$ 与第Ⅱ部类的 c 交换后必须要有剩余，以作为扩大再生产追加的生产资料。所以，第一个前提条件是Ⅰ $(v+m)>$ Ⅱc。该公式表明，为了能够提供追加的生产资料，第Ⅰ部类中代表可变资本和剩余价值的这两部分产品，在价值量上必须大于第Ⅱ部类的不变资本。只有这样，这两部分产品补偿了第Ⅱ部类已消耗的生产资料之后，才能余下一部分生产资料来满足两大部类对追加的生产资料的需要。

2. Ⅱ $(c+m-\frac{m}{x})>$ Ⅰ $(v+\frac{m}{x})$

要扩大再生产，还必须有追加的消费资料，以作为两大部类追加的可变资本之用。这个追加的消费资料要由第Ⅱ部类的剩余产品提供。则第Ⅱ部类的消费资料，除了满足两大部类简单再生产过程中工人和资本家所需要的消费资料以外，还必须有一个余额，以作为扩大再生产追加的消费资料。如果用 $\frac{m}{x}$ 表示剩余价值中被资本家个人消费的部分，那么 $m-\frac{m}{x}$ 就表示剩余价值中被用作积累的部分。所以第二个前提条件是Ⅱ $(c+v+m)>$ Ⅰ $(v+\frac{m}{x})$ + Ⅱ $(v+\frac{m}{x})$，公式两端减去Ⅱ $(v+\frac{m}{x})$，即Ⅱ $(c+m-\frac{m}{x})>$ Ⅰ $(v+\frac{m}{x})$。这个公式表明，为了能够提供追加的消费资料，第Ⅱ部类中的不变资本与供积累用的剩余价值之和，必须大于第Ⅰ部类的可变资本与供资本家个人消费用的剩余价值之和。只有这样，第Ⅱ部类所提供的消费资料，才能在用于第Ⅰ部类原有工人和资本家的消费之后，还有余下一部分来满足两大部类扩大再生产对追加消费资料的需要。

三、扩大再生产的实现条件

以上两个前提条件得到满足后，表明扩大再生产就有了可能，但不是一定就可以实现。要使扩大再生产能够顺利实现，还必须有两个实现条件：

1. Ⅰ $(v+m)=$ Ⅱc + ⅠΔc + ⅡΔc

要想使扩大再生产顺利进行，第Ⅰ部类新增加的生产资料必须和第Ⅱ部类需要补偿的生产资料以及两大部类需要追加的生产资料之和相等。用 Δc 表示追加的不变资本，它在物质形态上是追加的生产资料，则有Ⅰ $(v+m)=$ Ⅱc + ⅠΔc + ⅡΔc。该式不仅表明扩大再生产必须有追加的生产资料，还表明追加多少生产资料。Ⅰ $(v+m)$ 比Ⅱc 多出的部分正好等于第Ⅰ部类和第Ⅱ部追加的生产资料。

2. $\text{Ⅱ}\ (c+m-\frac{m}{x}) = \text{Ⅰ}\ (v+\frac{m}{x}) + \text{Ⅰ}\Delta v + \text{Ⅱ}\Delta v$

要想使扩大再生产顺利进行，第Ⅱ部类用于补偿不变资本的消费资料及其所提供的追加消费资料必须和第Ⅰ部类的资本家和工人所需要的消费资料以及两大部类需要追加的消费资料之和相等。用 Δv 表示追加的可变资本，它在物质形态上是追加的消费资料，则有 $\text{Ⅱ}\ (c+m-\frac{m}{x}) = \text{Ⅰ}\ (v+\frac{m}{x}) + \text{Ⅰ}\Delta v + \text{Ⅱ}\Delta v$。该式不仅表明扩大再生产必须有追加的消费资料，还表明追加多少消费资料。$\text{Ⅱ}\ (c+m-\frac{m}{x})$ 比 $\text{Ⅰ}\ (v+\frac{m}{x})$ 多出的部分正好等于第Ⅰ部类和第Ⅱ部类追加的消费资料。

四、两大部类积累的辩证关系

扩大再生产实现的前提条件和实现条件表明，两大部类的积累不是各自孤立的，而是辩证统一的关系。

首先，进行扩大再生产，两大部类必须同时具有积累的物质条件，即不仅要有相应的生产资料，而且要有相应的消费资料。其次，进行扩大再生产，两大部类的积累是互为条件的，以第Ⅱ部类为例，它从自己的剩余价值中拿出一部分追加到不变资本中去，和第Ⅰ部类追加的可变资本相交换，这既是第Ⅱ部类本身不变资本的积累，又是为第Ⅰ部类可变资本的积累提供了必要的条件。再次，进行扩大再生产，两大部类的积累规模是互相制约的。第Ⅰ部类积累规模大于第Ⅱ部类积累的规模，第Ⅰ部类大于的部分生产资料就卖不出去；反之亦然。总之，从扩大再生产的一般规律来看，两大部类的积累是相辅相成的，任何一方都不能孤立地确定与发展。

五、生产资料生产优先增长

马克思在论述社会资本再生产问题时，考察的是纯粹外延的扩大再生产，即在生产技术和资本有机构成各年都不变的条件下的扩大再生产，并没有专门提出和论述两大部类的增长谁快谁慢的问题。

列宁在进一步研究社会资本扩大再生产时，首先提出了生产资料生产优先增长的规律。列宁把生产技术的进步和资本有机构成提高的因素引入马克思的扩大再生产公式中，得出这样一个结论，在资本主义社会中，生产资料的生产比消费资料的生产增长得更快。因为在技术进步的条件下，劳动生产率的提高主要表现为活劳动生产率的提高，即同一劳动时间可以生产更多的生产资料，反映在整个社会的生产上，就要求第Ⅰ部类的增长比第Ⅱ部类的增长更快一些。在上述条件下，生产资料生产优先增长的规律是成立的，而且在现实的经济生活中发挥过作用。

但是，不能对生产资料生产优先增长规律作片面的、绝对化的理解，即不能把生产资料生产优先增长理解为它可以无条件地增长更快。因为随着现代科学技术的发展，物化劳动越来越节约，不仅固定资本在节约，而且原材料、燃料也在节约。另一方面，随着人们收入水平的提高，人们的消费结构在不断变化，进入人们生活消费的产品和劳务越来越多，这反映在两大部类的关系上，在一定时期内就会出现第Ⅱ部类增长超过第Ⅰ部类增长的情况。在我国，进入改革开放时期以来，随着社会生产力的迅速发展，人们收入水平得到较快的提高，引起人们消费结构的迅速变化和消费品数量的增长，从而带动了第Ⅱ部类的较快增长。

第四节　资本主义的经济危机

社会总资本再生产理论揭示了资本主义条件下社会再生产要想能够顺利进行，社会生产两大部类以及各部类内部各部门之间必须保持一定的比例关系。但是，由于资本主义本身固有的矛盾，这种比例关系往往遭到破坏，使得社会再生产不能顺利进行，导致经济危机。

所谓**经济危机**，是指资本主义经济发展过程中每过一段时间就要爆发的生产过剩的危机。资本主义经济危机的实质是生产的相对过剩。所谓生产的相对过剩，即生产的商品相对于人民群众有支付能力的需求来说是过剩了，这种生产过剩不是生产的产品绝对超过了人们的物质生活需要。

资本主义经济危机的根源在于资本主义的基本矛盾，即生产社会化与生产资料资本主义私人占有之间的矛盾，是资本主义基本矛盾发展到一定程度上引起的。

一、经济危机的可能性和必然性

生产过剩的经济危机是资本主义经济特有的现象，是资本主义以前一切时代所从来没有出现过的。在资本主义以前，当发生战争、出现天灾或瘟疫时，社会生产在一定时期内会陷入瘫痪，造成社会生产的危机。这种危机的特征是生产严重不足，而不是生产过剩。因而，它同资本主义生产过剩的经济危机是根本不同的。尽管如此，生产过剩的经济危机的一般的、抽象的可能性，早在简单商品经济中就潜伏着了。

经济危机的抽象的一般的可能性，首先是由货币充当流通手段引起的。生产过剩的危机最一般的表现就是商品买卖脱节，商品卖不出去。在商品流通下，货币充当交换的媒介，使买和卖在时间上和空间上分裂成了两个相互独立的行为，商品生产者将商品卖出去，但不一定立即去买；在这个地方将商品卖出去，但不一定在这个地方将所需的商品买进来。这样一来，其他商品生产者将不能把自己的商品卖出去，商品买卖出现了脱节。其次，货币作为支付手段进一步加强了商品买卖脱节的可能性。随着商品生产和商品交换的发展，商品买卖出现了赊购赊销现象，商品生产者之间逐渐形成了较为复杂的债务连锁关系。在这种情况下，如果一部分债务人到期不能支付债务，就会迫使其他债务人也不能支付，从而整个信用关系遭到破坏。

但是，在简单商品经济的条件下，危机只是一种可能性，它还没有变为现实性，也就是说，它还没有成为社会范围的生产过剩。因为在简单商品经济中：①小商品生产者的目的是为了换取生产资料来维持自己的生产或换取生活用品来满足自己的生活需要，因此他们的生产目的是为了使用价值，而不是为了价值。②在简单商品经济中，占统治地位的是自给自足的自然经济，商品生产的比重不大，因此商品买卖的脱节和支付连锁关系的破坏，虽然对某些商品生产者影响很大，但不至于牵动整个社会经济。③在简单商品经济中，小商品生产者之间的联系不是很广泛，往往被局限在比较狭小的范围内。因此，如果某个地方发生了买卖脱节或支付方面的困难，对商品经济的整体影响是十分有限的。加上小商品生产者通常对本地市场和固定买主是熟悉的，因而供求关系是比较稳定的。

马克思指出，在简单商品经济中，买卖脱节所表现的危机的可能性，只是“**危机的最抽象的形式**”，只是“危机的形式上的可能性”，“这个形式本身所包含的只是：危机的形式已经存在”。在仅仅存在危机可能性的条件下，“没有危机是可能的，也是现实的”。①

随着简单商品经济向资本主义商品经济的发展，危机的可能性得到进一步加强，并且获得了更加具体的内容。在资本主义制度下，商品生产已经成为占统治地位的生产形式，商品的形态变化已经表现为资本的形态变化，商业和信用关系也得到了普遍的发展，因此，买卖脱节和支付连锁关系遭到破坏的可能性进一步加强。但是，无论资本形态的变化，或是商业和信用关系的发展，都只能说明危机的可能性，而不能构成危机普遍必然爆发的原因。在资本主义历史上，在16—18世纪中，市场联系和信用关系已经有了很大发展，但并没有发生过普遍性的经济危机。19世纪初，当资本主义成为占统治地位的生产方式之后，危机才成为一种周期性发生的现象。因此，要揭示经济危机产生的必然性，必须对资本主义生产方式本身所特有的条件进行分析。

资本主义生产方式的特殊性表现在：①工业革命后，生产力得到了巨大的发展，生产社会化水平空前提高；②社会化的生产资料和生产成果被资本家占有，社会生产采取了雇佣劳动方式；③生产要素的配置广泛通过市场来进行，自由竞争成为经济生活的主导力量。由此产生了生产的社会性与生产资料和生产成果的私人资本主义占有形式之间的矛盾，即资本主义生产方式的基本矛盾。这一矛盾是生产过剩的经济危机的真正根源。

在生产高度社会化的条件下，社会生产各个部门和各个企业之间的经济联系日益加强，整个社会经济已经结成一个有机的整体。这种社会化的大生产，客观上要求有一个统一的中心来安排和协调社会生产各个部门和各个企业之间的各种比例关系，进行统一的计划和管理。要做到这一点，生产资料和生产成果必须归社会共同占有和分配。但是，资本主义的现实情况却是，社会化的生产资料和生产成果日益集中到少数资本家手中，由他们私人占有和支配，社会生产只服从他们榨取剩余价值的目的。因此，资本主义社会的经济生活就不可避免地出现一系列对抗和冲突，并不可避免地导致经济危机。

资本主义基本矛盾首先表现为个别企业内部生产的有组织性和整个社会生产无政府状态之间的矛盾。社会化生产客观上要求按比例配置各种生产资源，使各个部门和各个企业之间投入和产出相互协调，但是，资本主义企业只服从资本家榨取剩余价值的目的，生产什么，生产多少，谁也管不了，它们只是盲目地服从竞争规律和市场调节。从

① 《马克思恩格斯全集》第26卷（Ⅱ），北京：人民出版社，1973年，第581、582、585页。

企业内部管理来讲，为了获取更多的剩余价值，资本家及其代理人竭力加强组织管理，使各个生产要素合理配置、高效运转。而整个社会生产却处于无政府状态，谁也不能干预和改变私人企业生产经营活动。因此，随着竞争和无政府状态的加剧，资本主义各个生产部门之间比例失调现象也日益严重。当社会生产的比例关系失调达到一定程度时，就会出现普遍性的买卖脱节，爆发生产过剩的经济危机。

资本主义基本矛盾还表现为社会生产的无限扩大趋势与劳动人民有支付能力的需求相对缩小之间的矛盾。社会生产具有无限扩大的趋势是由剩余价值规律决定的。资本家对剩余价值的无限贪欲，在外部竞争的强大压力下，使他们必须不断地改进技术、改善管理，不断地扩大生产规模，所以，资本主义经济中客观上具有一种不顾市场限制而盲目提高生产能力和扩大生产规模的趋势。同时，在现代技术迅速发展的背景下，社会生产迅速扩大也有物质条件，使社会生产无限扩大具备了可能性。然而，资本主义企业在追求剩余价值的过程中，伴随着技术进步和资本有机构成的提高，不仅在业工人的工资增长被局限在劳动力价值的水平上，而且会形成大量的相对过剩人口，劳动人民有支付能力的需求呈现相对缩小趋势。社会需求跟不上社会生产增长的矛盾，即生产与消费的对抗性关系是资本主义基本矛盾的突出表现。当需求与生产的矛盾发展到一定程度，即当若干重要的商品由于群众无力购买而找不到销路的时候，社会总产品的实现条件就遭到猛烈的破坏，于是，普遍的生产过剩的危机就会爆发。马克思指出："一切真正的危机的最根本的原因，总不外乎群众的贫困和他们的有限的消费，资本主义生产却不顾这种情况而力图发展生产力，好像只有社会的绝对的消费能力才是生产力发展的界限。"①

二、经济危机的周期性

纵观资本主义生产发展史，自19世纪20年代爆发第一次生产过剩的经济危机以来，经济危机每隔一段时间就出现一次。初步统计，19世纪，西方资本主义工业国发生过9次经济危机，其中，1873年的经济危机最为深刻，它大大加速了资本和生产的集中，促进了垄断组织的发展。20世纪上半叶，西方国家发生了5次经济危机，其中，1929—1933年的经济危机是以往各次危机中最深刻、最严重的一次，它使整个资本主义世界的工业产量下降了44%，贸易额下降了66%，仅1933年资本主义世界的失业人数就高达3 000万人。从第二次世界大战以后，到20世纪70年代，西方发达国家就发生了6次经济危机，其中，1974—1975年的危机特别严重，是战后资本主义世界最严重的危机。

经济危机根源于资本主义所固有的矛盾，因而，经济危机周期性爆发的原因也只能从资本主义矛盾运动中去寻找。

资本主义的各种矛盾是经常存在的，但只有当这些矛盾发展到极其尖锐的程度时，使再生产的比例发生严重失调，才会爆发经济危机。在危机期间，大量的企业倒闭，工厂关门，生产猛烈下降，社会生产力遭到严重破坏。因此，危机强制性地使社会生产与低下的消费水平相适应，再生产所需要的比例关系得到恢复，从而资本主义经济逐步得到复苏，并进入新一轮的经济繁荣。然而，随着资本主义经济的恢复与发展，资本主义

① 《马克思恩格斯全集》第25卷，北京：人民出版社，1974年，第548页。

的固有矛盾，特别是群众消费跟不上生产发展的矛盾重新发展和激化，再生产过程中比例失调现象重新激化，从而导致新的危机爆发。

经济危机的周期性，即每隔一定时间重复出现一次的周而复始的现象，从一次危机爆发到下一次危机的爆发，构成资本主义再生产的一个周期。一般包括四个阶段：危机阶段、萧条阶段、复苏阶段、高涨阶段。

1. 危机阶段

危机阶段是上一个周期的终点，也是下一个周期的起点。经济危机往往在资本主义经济最繁荣的时候爆发。

危机阶段的主要表现有：经济处于瘫痪和混乱状态；商品积压，销售停滞；工厂停工减产，生产急剧下降；信用关系遭到破坏；失业人数激增，实际工资下降；人民生活困苦不堪。在这个阶段，资本家为了阻止价格下跌，往往采取破坏生产力的手段，毁坏部分商品和机器设备，强行改变供过于求的状况。例如，在资本主义经济危机中，曾出现过将大量牛奶倒入下水道、将小麦销毁等现象。正如马克思和恩格斯所说的："在危机期间，发生一种在过去一切时代看来都好像是荒唐现象的社会瘟疫，即生产过剩的瘟疫。"①

2. 萧条阶段

萧条阶段的主要表现有：生产不再继续下降，倒闭现象暂停；失业人数不再继续增加；价格停止下跌。但人们购买能力仍然较低，销售仍然比较困难，依然有大量的失业工人，生产处于停滞状态。

萧条阶段持续一段时间后，市场状况有所好转，经济开始逐步回升，经济逐渐摆脱停滞局面，萧条阶段逐渐过渡到复苏阶段。

3. 复苏阶段

在复苏阶段，商品价格开始回升，利润逐渐增加。在这一阶段，资本家往往改进技术，进行固定资本更新，从而推动生产资料部门的恢复和发展，劳动力需求增加，从而推动整个社会生产的恢复。

当社会生产和流通能够恢复到或者超过经济危机以前的最高点时，复苏阶段便进入高涨阶段。

4. 高涨阶段

高涨阶段是资本主义再生产周期繁荣的阶段，这一阶段的主要表现有：生产不断扩大，商品畅销，利润激增，信用和投机活动活跃，整个社会呈现出一片繁荣的景象。但繁荣的背后隐藏着危机，新的危机因素逐渐积累，资本主义经济危机往往在高涨阶段突然爆发。

恩格斯曾经这样描述资本主义再生产周期的过程："运动逐渐加快，慢步转成快步，工业快步转成跑步，跑步又转成工业、商业、信用和投机事业的真正障碍赛马中的狂奔，最后，经过几次拼命的跳跃重新陷入崩溃的深渊。如此反复不已。"②

① 马克思、恩格斯：《共产党宣言》，《马克思恩格斯选集》第1卷，北京：人民出版社，1972年，第257页。
② 恩格斯：《反杜林论》，《马克思恩格斯选集》第3卷，北京：人民出版社，1972年，第316页。

三、"二战"后经济危机和再生产周期的特点

第二次世界大战以后，随着新科技革命和国家垄断资本主义的不断发展，资本主义经济危机和再生产周期出现了一些新的特点。第一，周期长短不规则，经济危机频繁。在19世纪，经济危机大约每隔10年左右爆发一次；到了20世纪，经济危机大约每隔7至8年爆发一次，"二战"以后，一些主要的资本主义国家经济危机爆发的时间周期缩短到5年左右。第二，周期阶段交替不明显。"二战"之前，经济危机的阶段交替是比较明显的，"二战"以后，随着国家对经济生活的干预，经济危机持续的时间明显缩短，周期性进程中各个阶段的特征不明显。第三，危机的程度有所减弱。"二战"前，每一次经济危机都伴随着生产的急剧下降，大量工人失业，国民经济遭到极大的破坏。"二战"后，国家加强了对经济的干预力度，主要资本主义国家在危机阶段生产的下降程度比战前小，失业率也比战前较低。第四，出现了"滞胀"现象。所谓"滞胀"，是指经济停滞与通货膨胀同时并存的现象。"二战"后，资本主义国家经济危机期间出现了"滞胀"现象。资本主义国家为了刺激经济增长，过度发行货币，实行赤字财政，导致通货膨胀。

四、经济危机的影响

经济危机对资本主义的发展具有双重作用，有其积极的一面，也有其消极的一面。

1. 积极的一面

（1）具有暂时的调节作用。资本主义经济危机是一种相对过剩的危机，即生产的商品相对于人民群众有支付能力的需求来说是过剩了。经济危机通过破坏现有生产力，把生产降到与有支付能力的需求相适应的水平，使生产和需求得到暂时的平衡。但是，这并不能从根本上解决问题，资本主义的基本矛盾依然存在。

（2）加速了资本的集中，为技术进步创造了必要的条件。伴随着每一次经济危机，都有大量的工厂倒闭、破产，大量的工厂被兼并。这加速了资本的集中，使个别资本不断增大，为技术的进步创造了必要的条件。这对于社会科技的发展是有利的。

2. 消极的一面

（1）使资本主义基本矛盾进一步尖锐化。经济危机加速了生产和资本的集中过程，使生产的社会化程度不断提高，同时生产资料和产品不断集中在少数人的手里。这就使得资本主义的基本矛盾进一步深化。

（2）各阶级阶层之间的矛盾进一步激化。经济危机加速了财富的集中，使得社会财富不断集中在少数人的手里，贫富差距拉大，激化了不同阶级和阶层之间的矛盾。

（3）使得各资本主义国家之间的矛盾和摩擦进一步加剧。为了摆脱危机，资本主义国家想方设法在世界范围内争夺资源和市场，各资本主义国家之间在世界范围内的各种摩擦难以避免。

本章小结

1. 相互联系、相互依存的所有单个资本的总和，称之为社会资本或社会总资本。社会总资本运动有如下特点：第一，社会总资本运动包括生产消费和个人消费；第二，社会总资本运动包括资本流通和一般商品流通；第三，社会总资本运动还包括剩余价值的流通。

2. 研究社会总资本运动的出发点和核心问题是考察社会总产品的实现问题。社会总产品是指社会各个物质生产部门在一定时期内（通常是指一年）所生产的全部物质资料的总和，是由一国的工业、农业、建筑业、交通运输业等物质生产部门的劳动者共同创造的结果。

3. 社会总产品的补偿有实物补偿和价值补偿两个方面：社会总产品的实物补偿，即物质补偿，是指产品价值的各个部分实现为货币形式后，又如何转化为所需要的商品，也就是资本家所需要的生产资料和人们所需要的消费资料从何处取得。社会总产品的价值补偿是指产品价值的各个组成部分如何从商品形式转化为货币形式，也就是社会总产品价值的各个组成部分如何通过流通而全部收回。

4. 考察社会资本再生产的理论前提是社会总产品的价值构成和社会生产的两大部类原理。第Ⅰ部类是生产生产资料的部门（简称Ⅰ）；第Ⅱ部类是生产消费资料的部门（简称Ⅱ）。

社会总产品从价值构成上来看，包括三个部分：不变资本（c）、可变资本（v）和剩余价值（m）。

5. 资本主义简单再生产是指资本家把工人创造的剩余价值全部用于个人消费，没有积累，生产过程在原有规模上重复进行的再生产。社会资本简单再生产的基本交换关系包括三个方面：第Ⅰ部类内部的交换关系；第Ⅱ部类内部的交换关系；第Ⅰ部类和第Ⅱ部类之间的交换关系。

6. 简单再生产的实现条件：①Ⅰ$(v+m)$ =Ⅱc。这是简单再生产实现的基本条件。后面两个都是由此引申出来的实现条件。②Ⅱ$(c+v+m)$ =Ⅰ$(v+m)$ +Ⅱ$(v+m)$。这个公式即第Ⅱ部类生产的消费资料总价值等于两大部类可变资本和剩余价值之和。表明消费资料产品的实现与两大部类工人和资本家个人消费之间必须保持一定的比例。③Ⅰ$(c+v+m)$ =Ⅰc+Ⅱc。这个公式即第Ⅰ部类生产的生产资料价值总和应等于两大部类不变资本价值的总和。表明生产资料的生产同两大部类对生产资料需要之间必须保持一定的比例。

7. 从决定扩大再生产的因素考察，可以把扩大再生产划分为外延的扩大再生产和内涵的扩大再生产。外延的扩大再生产是指单纯依靠增加生产资料和劳动力的数量而实现的扩大再生产。内涵的扩大再生产是指以技术进步为基础，依靠提高生产资料和活劳动的使用效率而实现的扩大再生产。

8. 扩大再生产首先要有两个前提条件：①Ⅰ$(v+m)$ >Ⅱc。要扩大再生产，必须有追加的生产资料，以作为两大部类追加的不变资本之用。②Ⅱ $(c+m-\frac{m}{x})$ > Ⅰ $(v+\frac{m}{x})$。要扩大再生产，还必须有追加的消费资料，以作为两大部类追加的可变资本之用。

9. 扩大再生产的实现条件：①Ⅰ $(v+m)$ = Ⅱc + ⅠΔc + ⅡΔc。要想使扩大再生产顺利进行，第Ⅰ部类新增加的生产资料必须和第Ⅱ部类需要补偿的生产资料以及两大部类需要追加的生产资料之和相等。②Ⅱ $(c+m-\frac{m}{x})$ = Ⅰ $(v+\frac{m}{x})$ + ⅠΔv + ⅡΔv。要想使扩大再生产顺利进行，第Ⅱ部类用于补偿不变资本的消费资料及其所提供的追加消费资料必须和第Ⅰ部类的资本家和工人所需要的消费资料以及两大部类需要追加的消费资料之和相等。

10. 扩大再生产实现的前提条件和实现条件表明，两大部类的积累不是各自孤立的，而是辩证统一的关系。首先，进行扩大再生产，两大部类必须同时具有积累的物质条件，即不仅要有相应的生产资料，而且要有相应的消费资料；其次，进行扩大再生产，两大部类的积累是互为条件的；再次，进行扩大再生产，两大部类的积累规模是互相制约的。

11. 列宁在进一步研究社会资本扩大再生产时，首先提出了生产资料生产优先增长的规律。列宁把生产技术的进步和资本有机构成提高的因素引入马克思的扩大再生产公式中，得出这样一个结论："在资本主义社会中，生产资料的生产比消费资料的生产增长得更快。"但是，不能对生产资料生产优先增长规律作片面的、绝对化的理解，即不能把生产资料生产优先增长理解为它可以无条件地增长更快。

12. 经济危机是指资本主义经济发展过程中每过一段时间就要爆发的生产过剩的危机。资本主义经济危机的实质是生产的相对过剩。所谓生产的相对过剩，即生产的商品相对于人民群众有支付能力的需求来说是过剩了，这种生产过剩不是生产的产品绝对超过了人们的物质生活需要。

13. 生产过剩的经济危机的一般的、抽象的可能性，早在简单商品经济中就潜伏着了。经济危机的抽象的一般的可能性，首先是由货币充当流通手段引起的；其次，货币作为支付手段进一步加强了商品买卖脱节的可能性。

14. 生产的社会性与生产资料和生产成果的私人资本主义占有形式之间的矛盾，即资本主义生产方式的基本矛盾。这一矛盾是生产过剩的经济危机的真正根源。资本主义基本矛盾首先表现为个别企业内部生产的有组织性和整个社会生产无政府状态之间的矛盾。资本主义基本矛盾还表现为社会生产的无限扩大趋势与劳动人民有支付能力的需求相对缩小之间的矛盾。

15. 经济危机根源于资本主义所固有的矛盾，因而，经济危机周期性爆发的原因也只能从资本主义矛盾运动中去寻找。

16. 经济危机的周期性，即每隔一定时间重复出现一次的周而复始的现象，从一次危机爆发到下一次危机的爆发，构成资本主义再生产的一个周期。一般包括四个阶段：

危机阶段、萧条阶段、复苏阶段及高涨阶段。

17. 第二次世界大战以后，随着新科技革命和国家垄断资本主义的不断发展，资本主义经济危机和再生产周期出现了一些新的特点。第一，周期长短不规则，经济危机频繁；第二，周期阶段交替不明显；第三，危机的程度有所减弱；第四，出现了“滞胀”现象。所谓“滞胀”，是指经济停滞与通货膨胀同时并存的现象。

复习与思考

1. 社会总资本运动有何特点？
2. 考察社会总资本再生产运动的出发点和核心问题是什么？
3. 考察社会总资本再生产所依据的两个理论前提是什么？
4. 社会总资本简单再生产的实现条件是什么？
5. 什么是外延扩大再生产和内涵扩大再生产？
6. 社会总资本扩大再生产的前提条件是什么？
7. 社会总资本扩大再生产的实现条件是什么？
8. 怎样认识两大部类积累的辩证关系？
9. 怎样认识生产资料生产优先增长的规律？
10. 怎样认识经济危机的实质和根源？
11. 经济危机周期性的原因和阶段特征是什么？
12. 第二次世界大战后的经济危机有何特点？

第七章

职能资本与平均利润

根据前面的分析我们知道，生产出来的商品按照价值规律交换，资本家占有了全部的剩余价值。但是，在资本主义社会中，不同产业部门之间要对剩余价值进行再分配，于是形成了平均利润。在资本主义社会，产业资本在运动过程中会分离出商业资本的职能形式，产业资本和商业资本独立完成资本的特定职能，因此我们称之为职能资本。

本章主要介绍平均利润理论，分析各种职能资本，以及由于竞争和资本的转移是如何形成平均利润的。

第一节　成本价格和利润

一、所费资本转化为成本价格

所费资本是指在生产过程中实际消耗的资本，原材料在生产过程中全部被消耗掉，机器设备、厂房等只有一小部分被消耗掉。

商品的总价值包括三部分：生产商品所消耗的不变资本的价值（c）、可变资本价值（v）和剩余价值（m），即 $W=c+v+m$。对资本家来说，实际只支付了不变资本的价值（c）和可变资本价值（v）。剩余价值（m）是被资本家无偿占有的，不支付任何代价。所以 $c+v$ 是资本家的生产费用，构成了资本家的生产成本，我们称之为成本价格（用 K 表示）。商品的价值构成由 $W=c+v+m$ 变成 $W=K+m$。所以，成本价格是不变资本和可变资本的转化形式。

所费资本转化为成本价格是由资本主义生产方式的性质决定的。本来，生产商品本身的耗费与生产商品的资本主义耗费是完全不同的两种耗费。生产商品本身的耗费是指生产中全部物化劳动和活劳动的耗费，形成商品的价值。而生产商品的资本主义耗费是指生产中消耗的不变资本和可变资本的价值。这是两个不等的量，前者大于后者，其差额就是剩余价值。

成本价格具有十分重要的经济意义：①它是企业生产的商品销售价格的最低界限，它的补偿是企业实现再生产的必要条件；②它是企业生产经营活动盈亏的界限，是企业在竞争中成败的关键；③它掩盖了不变资本和可变资本的界限，抹杀了剩余价值的真正来源。

二、剩余价值转化为利润

剩余价值是由可变资本带来的，但是，在资本主义生产过程中，随着不变资本和可变资本转化为成本价格，掩盖了不变资本和可变资本在剩余价值生产过程中所起的不同作用。从现象上看，剩余价值不再表现为可变资本的产物，而是表现为成本价格的产物。由 $W=c+v+m$ 变成 $W=K+m$，剩余价值成了成本价格的一个余额。当资本家不再把剩余价值看成是可变资本的产物，而是看成全部所费资本的增加额时，剩余价值便转化为利润，利润是剩余价值的转化形式。

由此可见，剩余价值是利润的本质，利润是剩余价值的现象形态或转化形式。从公式 $W=c+(v+m)$ 可知，剩余价值是相对于可变资本而言的，从公式 $W=K+m$ 可知，利润是相对于全部所费资本而言的。

三、剩余价值率转化为利润率

1. 利润率

通过前面的学习我们知道剩余价值率 $(m')=\frac{\text{剩余价值}(m)}{\text{可变资本}(v)}$，随着所费资本转化为成本价格、剩余价值转化为利润，剩余价值率也转化为利润率。所谓利润率，是剩余价值与预付总资本的比率，即利润率 $(p')=\frac{\text{剩余价值}(m)}{\text{不变资本}(c)+\text{可变资本}(v)}$，或 $\frac{m}{C}$。

因此，剩余价值率和利润率其实是同一剩余价值量与不同资本量对比得出来的不同比率，所以说利润率是剩余价值率的转化形式。

2. 剩余价值率和利润率的区别

剩余价值率和利润率虽然是同一剩余价值量与不同资本量对比得出来的不同比率，但两者是存在区别的，其区别主要有两个方面：

第一，两者表示的关系不同。剩余价值率又叫剥削率，表示的是资本家对工人的剥削程度；而利润率表示的是资本家所预付的总资本的增殖程度。

第二，两者在量上的不同。剩余价值率和利润率是同一剩余价值量与不同资本量对比得出来的不同比率，从 $m'=\frac{m}{v}$ 和 $p'=\frac{m}{c+v}$ 中可以看出，分子是同一剩余价值量，分母上一个是可变资本，一个是全部预付资本，所以在量上利润率总是小于剩余价值率。

3. 影响利润率的因素

资本主义利润率的高低受各种因素影响，利润率经常会发生变化，影响利润率的因素主要有下面几个：

第一，剩余价值率的高低。在资本有机构成不变的前提下，剩余价值率越高，则剥削程度越大，资本家占有的剩余价值量就越多，从而利润率也越高。否则，利润率越低。由此可见，剩余价值率与利润率是呈同方向变化的。

第二，资本有机构成的高低。在剩余价值率和劳动力价值既定的前提下，资本有机构成越高，不变资本在总资本中所占的比重就越大，而可变资本在总资本中所占的比重就越小。因为劳动力价值既定，可变资本在总资本中所占的比重越小，则所使用的劳动力就越少。又因为剩余价值率既定，所使用的劳动力越少，意味着创造的剩余价值量也越少，从而利润率也就越低。由此可见，资本有机构成的高低与利润率的高低是呈相反方向变化的。

第三，不变资本的节省。不变资本的节省本身不会带来更多的利润，但在其他条件不变的情况下，不变资本的节省可以提高利润率。在剩余价值量和剩余价值率既定的前提下，不变资本的节省意味着预付资本总量减少，即生产同样的剩余价值只需要较少的预付资本，则利润率会提高。

第四，资本周转速度的快慢。在剩余价值率和资本有机构成一定的前提下，一年中资本周转速度越快，则同量的资本会带来更多的剩余价值量，从而可以提高年利润率。所以，资本周转速度与年利润率是同方向变化的。

第五，原材料价格的变动。原材料价格上涨，生产成本会提高，预付总资本就会增加，利润率会下降。反之，利润率会上升。所以，原材料价格与利润率是反方向变化的。

第二节　产业资本与平均利润

一、平均利润与生产价格

1. 利润转化为平均利润

在决定利润率高低的因素作用下，各个生产部门的利润率有很大差异。但在资本主义现实的经济生活中，不论资本投在哪个部门，等量资本大体上都要取得等量利润。这种状况是由竞争形成的。

资本主义竞争有两种类型：一是部门内部的竞争；一种是部门之间的竞争。部门内部的竞争是指同一生产部门生产同种商品的各个企业，为了获得有利的商品生产和销售条件、获得更多的超额剩余价值，提高利润率而展开的竞争。部门内部竞争的手段是改进技术、改善管理、提高劳动生产率。我们知道，企业之间的劳动生产率不同，产品的个别价值就不一样，但在市场上，商品不是按个别价值出售的，而是按这种商品的社会价值出售的。因此，个别价值低于社会价值的企业，就可以获得超额剩余价值或超额利润。为了追逐超额剩余价值或超额利润，各个企业竞相采用新技术、改善经营管理来降低产品的个别价值即生产成本。当所有企业都采用了新技术和新的经营管理方式，整个生产部门的资本有机构成就会提高，利润率就下降了。

部门之间的竞争是指不同生产部门的企业为了获得较高的利润率，将资本由利润率较低的生产部门转到利润率较高的生产部门的竞争。部门之间竞争的手段是资本转移，随着资本由利润率较低的生产部门流出，该部门的供给减少，产品价格上升，从而利润率提高；而资本流入的生产部门，供给增加，产品价格下降，从而利润率减少。因此，随着部门之间竞争的发展，使得各个生产部门不同的利润率平均化。

在资本主义经济中，假设各生产部门的剩余价值率一致，但由于各部门资本有机构成不同，会造成各生产部门创造的剩余价值不同，从而具有不同的利润水平。假设社会只有三个部门：资本有机构成较低的食品部门、资本有机构成中等的纺织部门和资本有机构成较高的机械部门。假设剩余价值率都是100%。我们来看下表的情况：

部门	预付资本（K）	资本有机构成（c/v）	剩余价值率（m'）	剩余价值（m）	利润率（p'）
食品	100	70/30	100%	30	30%
纺织	100	80/20	100%	20	20%
机械	100	90/10	100%	10	10%

从表中我们可以看出，三个部门的预付资本均是100，剩余价值率都是100%，但三个部门的资本有机构成不同，所以，每个部门创造出来的剩余价值也不一样。

食品部门创造的剩余价值：$m = v \times m' = 30 \times 100\% = 30$

纺织部门创造的剩余价值：$m = v \times m' = 20 \times 100\% = 20$

机械部门创造的剩余价值：$m = v \times m' = 10 \times 100\% = 10$

由前面利润率 $p' = \dfrac{m}{c+v}$ 可知：

食品部门 $p' = \dfrac{30}{70+30} = 30\%$

纺织部门 $p' = \dfrac{20}{80+20} = 20\%$

机械部门 $p' = \dfrac{10}{90+10} = 10\%$

可见，在预付资本和剩余价值率一样的前提下，资本有机构成低的部门可变资本比重大，创造的剩余价值量也较大，故利润率也较高。反之，资本有机构成高的部门可变资本比重小，创造的剩余价值量也较小，故利润率也较低。

但是，等量的预付资本在不同的部门获得不同的利润，这与实际情况不符。在资本主义自由竞争中，各部门的资本家不论从事哪种商品的生产经营活动，都要求获得大致相同的利润，即利润趋于平均化，形成平均利润。

那么平均利润是怎样形成的呢？平均利润率的形成是部门间竞争的结果。资本家为了获得更多的利润，会把资本从利润率低的部门撤出，转移到利润率高的部门。从而导致利润率低的部门资本减少，生产规模缩小，供不应求，价格上涨，从而使利润率上升。反之，利润率高的部门由于资本增加，生产规模扩大，供过于求，价格下跌，从而使利润率下降（如下图所示）。

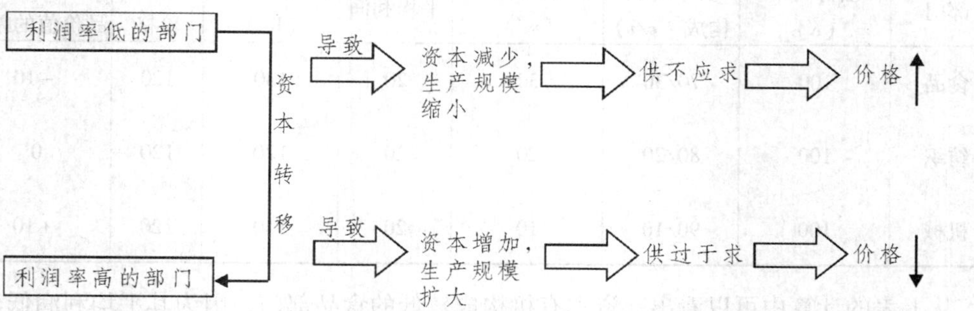

资本的这种转移和利润率的变动会持续到各部门利润率趋于大致相等时为止。这时候，等量的资本投到哪个部门的利润都差不多，平均利润形成。各部门原来不同的利润率转化为社会一般的利润率，我们称之为平均利润率。按照平均利润率归资本家占有的利润，叫做平均利润。可用下面公式表示：

$$平均利润率=\frac{社会剩余价值总额}{社会总资本}$$

$$平均利润=预付资本\times平均利润率$$

根据上表，我们看看资本在不同部门之间转移后形成平均利润的情况：

部门	预付资本（K）	资本有机构成（c/v）	剩余价值率（m'）	剩余价值（m）	平均利润率（p'）	平均利润	平均利润与剩余价值的差额
食品	100	70/30	100%	30	20%	20	−10
纺织	100	80/20	100%	20	20%	20	0
机械	100	90/10	100%	10	20%	20	+10

由上表计算可以看出，当社会形成平均利润率后，每个部门等量的预付资本获得等量的利润。资本有机构成较低的食品部门虽然创造了30的剩余价值，但是最后只获得了20的平均利润。而资本有机构成较高的机械部门虽然只创造了10的剩余价值，最后也获得了20的平均利润。食品部门减少的，正是机械部门增加的，社会剩余价值总和跟社会平均利润总和是一样的，这表明平均利润的形成是剩余价值在社会各部门之间重新瓜分的结果。

平均利润率的高低一般取决于两个因素。第一，各部门的利润率水平。如果各部门的利润率水平都比较高，则平均利润率水平也较高；反之，平均利润率水平就较低。第二，社会总资本在各部门之间的分配，即投在各部门的资本在社会总资本中所占的比重。如果投在利润率高的部门的资本占社会总资本的比重较大，则平均利润率也较高。反之，平均利润率就较低。

2. 生产价格

随着利润转化为平均利润，商品的价值也转化为生产价格。所谓生产价格即生产成本（成本价格）和平均利润之和。根据上例我们分析生产价格的形成：

部门	预付资本（K）	资本有机构成（c/v）	剩余价值率（m'）	平均利润	商品价值（W）	生产价格	生产价格与商品价值的差额
食品	100	70/30	30	20	130	120	−10
纺织	100	80/20	20	20	120	120	0
机械	100	90/10	10	20	110	120	+10

从上表的计算中可以看出，资本有机构成较低的食品部门，因为其平均利润低于其创造的剩余价值，所以，其生产价格低于商品价值。而资本有机构成较高的机械部门，因为其平均利润高于其创造的剩余价值，所以，其生产价格高于商品价值。从上表我们也可以看出，纺织部门生产价格的总额等于商品价值的总额，这说明生产价格的形成是商品价值中剩余价值部分在不同生产部门进行平均分配的结果。

生产价格形成后，商品的价格围绕生产价格上下波动，这不是对价值规律的否定，而是价值规律作用的表现形式发生了变化。生产价格与价值之间虽然有一定的背离，但这并不意味着生产价格脱离了价值，其依然是以价值为基础的。主要表现在：第一，从个别部门来看，资本家所获得的平均利润可能和本部门工人创造的剩余价值有量上的差别；但从全社会来看，被资本家所占有的全部平均利润之和等于全部工人创造的剩余价值总和。第二，从个别部门来看，价值与生产价格在量上有差异，但从全社会来看，生产价格总额等于价值总量。第三，生产价格的变动，最终取决于生产商品的社会必要劳动时间的变化。生产商品的社会必要劳动时间减少了，商品价值量就要降低，从而生产价格也会下降。

二、市场价值与市场价格

生产价格的形成是部门之间竞争引起利润平均化的结果。而部门之间的竞争是以部门内部竞争为基础的。部门内部的竞争是指同一生产部门生产同类商品的不同企业之间的竞争。这些企业通过改进技术、提高劳动生产率、加速资本周转、改善经营管理等方式，达到降低成本价格和商品的个别价值，从而提高产品的竞争力。部门内部的竞争使各企业生产同类商品的个别价值均衡为一个社会价值。由于商品的社会价值是通过部门内部的市场竞争形成的，因此又称为市场价值。

市场价值的货币表现我们称之为市场价格。市场价格的高低首先取决于市场价值的高低。但除此之外，市场价格还受到市场供求关系的影响。如果某种商品供求不一致，就会产生市场价格和市场价值的背离。当供不应求的时候，市场价格就会高于市场价值；当供过于求的时候，市场价格就会低于市场价值。供求关系的变化所产生的市场价格与市场价值的背离可以相互抵消，因此，市场价格的总额与市场价值的总额是趋于一致的。即商品价值与价格的一致是从商品交换过程的长期趋势来看的，是价格涨落的平均数。

三、平均利润率趋向下降的规律

马克思认为，资本主义生产方式的发展，从长期来看，存在平均利润率下降的趋势。引起平均利润率下降的因素主要是社会资本平均有机构成的提高。在剩余价值率不变的条件下，资本有机构成高，则同量的资本推动的活劳动少，利润率便低；反之，资本有机构成低，则同量的资本推动的活劳动多，利润率便高。

由于各资本家为了追逐超额利润和在竞争中处于有利地位，他们会不断改进生产技术和劳动组织，从而节省劳动力，促使整个部门的资本有机构成提高。各部门资本有机构成的提高必然导致社会资本的平均有机构成提高。可见，社会资本有机构成的变化趋势是不断提高，从而导致在剩余价值率不变甚至提高时，平均利润率会趋于下降。

但是，这里有两点值得注意：

第一，平均利润率下降，并不意味着雇佣工人受剥削程度的减轻和剩余价值率的降低。剩余价值率是影响利润率的其中一个因素，但不是唯一因素。我们举例说明：

例如，社会资本100万，资本有机构成为$60c:40v$，如果剩余价值率是100%，则利润率为40%。如果剩余价值率提高到150%，同时资本有机构成提高到$80c:20v$，则利润率下降为30%。可见，虽然平均利润率下降了，但是，剩余价值率却从100%提高到了150%，工人受剥削的程度提高了。

第二，平均利润率下降，并不意味着资本家获得的利润量的减少。虽然一方面资本有机构成在提高，可变资本在资本中的比重减少；但另一方面，资本总量也在不断增大。因此，可变资本相对量缩小的同时绝对量仍然可能增大。例如：

假设原有资本100万，资本有机构成为$60c:40v$，剩余价值率是100%，则剩余价值为40万，利润率为40%。当资本有机构成提高到$80c:20v$，但同时社会总资本也增至400万，其中不变资本为320万，可变资本为80万，剩余价值率依然是100%，则剩余价值为80万，利润率为20%。可见，虽然平均利润率从40%下降到20%，但同时资本家获得的利润量从40万增加到了80万。

虽然平均利润率有下降的趋势，但这种趋势是非常缓慢的，因为还存在一些阻碍平均利润率下降的因素，这些因素主要有：

第一，剥削程度的提高。剥削程度提高，可以用较少的可变资本获得更多的剩余价值，从而在一定程度上阻碍了利润率的下降。

第二，相对过剩人口的存在。由于大量相对过剩人口的存在，使得某些资本家宁愿用较低的工资雇佣工人采用手工劳动而不使用更先进的机器。这些部门资本有机构成低，工资水平也较低，剩余价值率则较高，对平均利润率的降低起到阻碍作用。

第三，不变资本价值降低。随着社会劳动生产率的提高，不变资本中的要素，如机器设备、原材料等的价值相应降低。不变资本的量在不断增加，但其价值量还可能减少，这也延缓了资本有机构成的提高，阻碍了平均利润率的下降。

第四，对外贸易的发展。对外贸易的发展，可以在国际市场上获得廉价的生产资料和生活资料，可以降低不变资本的价值和劳动力价值，提高利润率。将商品输入落后国家，也往往可以取得高额利润。对落后国家进行直接投资，利用当地廉价的原材料和劳动力，也可以获得较高的利润。这些都会阻碍平均利润率的下降。

第三节　商业资本和商业利润

一、商业资本

1. 商业资本及其特点

商业资本是指在流通领域专门从事商品买卖，以获取剩余价值为目的的职能资本。它是从产业资本中分离出来，独立地在流通领域中发挥作用的资本。早在奴隶社会中，就存在一些专门从事商品买卖的商人阶层，他们积累了一定的货币财富，这是早期的商业资本。到了封建社会，随着社会经济的发展，形成了一些大商人，他们掌握了大量的货币财富，对经济、政治产生了重大的影响。但是，资本主义社会以前的商业资本跟资本主义时期的商业资本存在根本区别：

第一，产生的条件不同。资本主义以前的商业资本产生的经济条件是简单商品经济；而资本主义商业资本产生的经济条件是发达商品经济。

第二，各自的职能不同。资本主义以前的商业资本的职能是为买卖双方的直接消费服务；而资本主义商业资本的职能主要是为产业资本生产和实现剩余价值服务。

第三，牟利的手段不同。资本主义以前的商业资本主要通过贱买贵卖的不等价交换和商业欺诈手段来牟利；而资本主义商业资本则是通过参与利润的平均化过程从产业资本家那里瓜分利润。

第四，利润的来源不同。资本主义以前的商业资本，其利润来源主要是小生产者的部分劳动产品和瓜分奴隶主、封建主从直接生产者手中剥削来的一部分剩余产品；而资本主义商业资本的利润则是来自产业工人创造的一部分剩余价值。

第五，反映的社会关系不同。资本主义以前的商业资本，一方面反映了商人剥削小生产者和其他劳动者的关系，另一方面反映了商人与奴隶主或封建主共同瓜分劳动者的剩余劳动的关系；资本主义商业资本反映了产业资本家和商业资本家共同分割剩余价值的关系。

2. 商业资本的作用

商业资本成为一种独立的资本形式，对产业资本家和整个资产阶级都具有重要作用。主要表现在：

第一，由商业资本家专门负责商品买卖后，产业资本家可以致力于从事生产活动，从而减少流通资本，增加生产资本，获取更多的剩余价值。

第二，可以促使流通业务的专门化，从而缩短流通时间，节省流通费用，加速资本周转，提高社会平均利润率。

第三，可以促进贸易的发展，扩大国内外市场。商业资本的活跃，可以扩大城乡之间以及不同国家之间的各种物资交流和贸易。

当然，商业资本的活动也存在一定的消极作用，如商业投机、虚假需求、生产和消费的差距，等等。

二、商业利润

商业利润是商业资本家投资于商业经营活动所获得的利润，商业利润也是平均利润，是剩余价值的一部分。

从表面上看，商业利润是商品销售价格高于商品购买价格的差额，但其真正来源是产业工人在生产过程中创造出来的剩余价值的一部分。因为商业资本家承担了产业资本家的部分职能，产业资本家愿意将剩余价值的一部分让渡给商业资本家。产业资本家让渡利润的方法是：将商品按低于生产价格的价格出售给商业资本家，然后，商业资本家再按照商品的生产价格把商品销售出去，获得商业利润。

商业资本参与剩余价值的分配以后，剩余价值便被分割成产业利润和商业利润。商品的生产价格也成了生产成本（成本价格）与产业利润和商业利润之和。体现了产业资本家和商业资本家共同瓜分剩余价值的关系。我们来看下面的例子：

一年内整个社会支付的产业资本、资本有机构成、剩余价值率等如下表所示。假设不变资本中的固定部分的价值在当年全部转移到新产品中去。

预付资本（K）	资本有机构成（c/v）	剩余价值率（m'）	剩余价值（m）	商品价值	平均利润率（p'）	平均利润	生产价格
900	720/180	100%	180	1 080	20%	180	1 080

当只有产业资本的时候，资本家可以获得 180 的利润。假定商业资本家为了销售 1 080的商品，需要预付 100 的商业资本，这样社会的总资本就变成了 900 + 100 = 1 000。由于商业资本本身并不创造剩余价值，所以，整个社会的剩余价值总量仍是 180，这 180 要在社会总资本 1 000 中分配，见下表：

	预付资本（K）	资本有机构成（c/v）	剩余价值率（m'）	剩余价值（m）	平均利润率（p'）	利润（p）	价格
产业资本	900	720/180	100%	180	18%	162	1 062
商业资本	100					18	1 080

$$平均利润率 = \frac{社会剩余价值总额}{社会总资本} = \frac{180}{1\ 000} = 18\%$$

产业资本获得的利润 = 预付资本 × 平均利润率 = 900 × 18% = 162

商业资本获得的利润 = 预付资本 × 平均利润率 = 100 × 18% = 18

则产业资本家为了保证获得 162 的产业利润，会将商品以 1 062 的价格出售给商业资本家，这个价格低于 1 080 的生产价格。商业资本家以 1 062 的价格购入商品，再以 1 080 的生产价格出售商品，获得 18 的商业利润。由此可见，商业利润也是平均利润。

三、商业劳动和商业剥削的特点

商业工人和产业工人一样，都是雇佣工人。商业资本家雇佣商业工人的目的同样是为了获取剩余价值，商业工人出卖劳动力则是为了获得劳动力的价值。但是，商业工人的劳动与产业工人的劳动又有根本的区别，产业工人在生产过程中从事劳动，可以创造价值和剩余价值，是生产性劳动；而商业工人的劳动，除了一部分从事保管、包装和运输等的劳动是生产性劳动之外，绝大部分劳动是从事商品买卖活动的劳动，这部分劳动是实现商品价值和剩余价值所需要的劳动，是社会必要劳动，但它并不是创造价值和剩余价值的劳动，是非生产性劳动。作为社会必要劳动，商业工人自然有权从社会总剩余价值中分得自己的劳动收入；作为雇佣劳动，商业工人只能得到与其劳动力价值相当的工资收入。因此，商业工人的劳动也分为有酬劳动和无酬劳动。商业工人从社会总剩余价值中分得的那部分剩余价值，也分为劳动力价值和商业利润。商业工人在有酬劳动时间通过劳动实现劳动力的价值，用于补偿商业资本的可变部分；在无酬劳动时间，商业工人为资本家实现了产业资本家让渡的商业利润。商业劳动对商业资本来说，与创造剩余价值的劳动一样，同样是剩余价值的源泉，是一种直接的生产劳动。

四、商业资本的周转

商业资本周转实际上是商品资本的独立化运动，表现为货币资本转化为商品资本（$G-W$）和商品资本转化为货币资本（$W-G'$）。即 $G-W-G'$ 的运动过程。商业资本在一年中所周转的次数，也就是购买和销售两个流通阶段的资本运动过程在一年中反复进行的次数。

1. 商业资本周转的限制条件

商业是联系生产和消费的重要环节。商业资本的周转速度一般受两个方面的限制：第一，从购买过程来看，要受到产业部门生产时间的限制。产业部门必须不断生产出商品，这样才能保证随时向商业提供货物。

第二，从销售过程来看，要受到消费者消费范围和速度的限制。必须有消费者购买，商品才能销售出去。

2. 加快商业资本周转速度的意义

在社会总资本中，商业资本所占比例的大小与商业资本的周转速度有关。商业资本周转速度越快，实现同量的商品价值所必要的商业资本越小，商业资本在社会总资本中所占的比重也越小，从而参加剩余价值分配的总资本量也越小，平均利润率就越高。所以，加快商业资本周转，对产业资本家和商业资本家都是有利的，可以提高他们的平均利润率。

3. 商业资本周转的作用

（1）商业资本周转速度对利润率的影响。在社会总资本一定的情况下，商业资本周转越快，商业资本的绝对量就越少，产业资本的绝对量就越大，从而剩余价值生产的就越多，利润率就越高；反之则低。

（2）商业资本周转对商品销售价格的影响。不同商业部门资本周转上的差异，却会直接影响不同商业部门商业“加价”的大小。在年平均利润率一定的情况下，商业资本周转越快，商品加价就低；商业资本周转越慢，商品加价就高。

一定资本的商业利润中加到单个商品的生产价格上的大小，与不同营业部门的商业资本的周转次数或周转速度成反比。因此，商业资本只是根据它自身周转速度的快慢，把应得的商业利润率，以不同的百分比，加到它所周转的商品上。据马克思《资本论》第3卷，“一定量商品资本周转一次获得的利润，同实现这个商品资本的周转所需的货币资本的周转次数成反比”。利润小、周转快，这是零售商业的一个原则。

本章小结

1. 所费资本转化为成本价格，是由资本主义生产方式的性质决定的。本来，生产商品本身的耗费与生产商品的资本主义耗费是完全不同的两种耗费。生产商品本身的耗费是指生产中全部物化劳动和活劳动的耗费，形成商品的价值。而生产商品的资本主义耗费是指生产中消耗的不变资本和可变资本的价值。这是两个不等的量，前者大于后者，其差额就是剩余价值。

2. 成本价格具有十分重要的经济意义：①它是企业生产的商品销售价格的最低界限，它的补偿是企业实现再生产的必要条件；②它是企业生产经营活动盈亏的界限，是企业在竞争中成败的关键；③它掩盖了不变资本和可变资本的界限，抹杀了剩余价值的真正来源。

3. 当资本家不再把剩余价值看成是可变资本的产物，而是看成全部所费资本的增加额时，剩余价值便转化为利润，利润是剩余价值的转化形式。由此可见，剩余价值是利润的本质，利润是剩余价值的现象形态或转化形式。

4. 剩余价值率和利润率其实是同一剩余价值量与不同资本量对比得出来的不同比率，所以说利润率是剩余价值率的转化形式。剩余价值率和利润率虽然是同一剩余价值量与不同资本量对比得出来的不同比率，两者是存在区别的，其区别主要有两个方面：第一，两者表示的关系不同。第二，两者在量上的不同。利润率总是小于剩余价值率。

5. 影响利润率的因素主要有下面几个：第一，剩余价值率的高低；第二，资本有机构成的高低；第三，不变资本的节省；第四，资本周转速度的快慢；第五，原材料价格的变动。

6. 资本主义竞争有两种类型：一是部门内部的竞争；一种是部门之间的竞争。部门内部的竞争是指同一生产部门生产同种商品的各个企业，为了获得有利的商品生产和销售条件、获得更多的超额剩余价值，提高利润率而展开的竞争。部门之间的竞争是指不同生产部门的企业为了获得较高的利润率，将资本由利润率较低的生产部门转到利润率较高的生产部门的竞争。随着部门之间竞争的发展，使得各个生产部门不同的利润率平均化。

7. 平均利润率就是按照社会总资本平均计算的利润率，是剩余价值总额与社会总资本的比率。按照平均利润率归资本家占有的利润，叫做平均利润。

8. 平均利润率的高低一般取决于两个因素：第一，各部门的利润率水平。如果各部门的利润率水平都比较高，则平均利润率水平也较高；反之，平均利润率水平就较低。第二，社会总资本在各部门之间的分配，即投在各部门的资本在社会总资本中所占的比重。

9. 生产价格即生产成本（成本价格）和平均利润之和。生产价格形成后，商品价格围绕生产价格上下波动，这不是对价值规律的否定，而是价值规律作用的表现形式发生了变化。

10. 社会资本有机构成的变化趋势是不断提高的，从而导致在剩余价值率不变甚至提高时，平均利润率会趋于下降。平均利润率下降，并不意味着雇佣工人受剥削程度的减轻和剩余价值率的降低。平均利润率下降，并不意味着资本家获得的利润量的减少。

11. 商业资本是指在流通领域专门从事商品买卖，以获取剩余价值为目的的职能资本。它是从产业资本中分离出来，独立地在流通领域中发挥作用的资本。商业资本的作用：第一，由商业资本家专门负责商品买卖后，产业资本家可以致力于从事生产活动，从而减少流通资本，增加生产资本，获取更多的剩余价值；第二，可以促使流通业务的专门化，从而缩短流通时间，节省流通费用，加速资本周转，提高社会平均利润率；第三，可以促进贸易的发展，扩大国内外市场。商业资本的活跃，可以扩大城乡之间以及不同国家之间的各种物资交流和贸易。

12. 商业利润是商业资本家投资于商业经营活动所获得的利润，商业利润也是平均利润，是剩余价值的一部分。

13. 商业工人的劳动，除了一部分从事保管、包装和运输等的劳动是生产性劳动之外，绝大部分劳动是从事商品买卖活动的劳动，这部分劳动是实现商品价值和剩余价值所需要的劳动，是社会必要劳动，但它并不是创造价值和剩余价值的劳动，是非生产性劳动。

14. 加快商业资本周转速度的意义：在社会总资本中，商业资本所占比例的大小与商业资本的周转速度有关。商业资本周转速度越快，实现同量的商品价值所必需的商业资本越小，商业资本在社会总资本中所占的比重也越小，从而参加剩余价值分配的总资本量也越小，平均利润率就越高。所以，加快商业资本周转，对产业资本家和商业资本家都是有利的，可以提高他们的平均利润率。

复习与思考

1. 什么是成本价格？它对资本主义生产有何意义？
2. 什么是利润？利润与剩余价值的区别和联系是什么？
3. 什么是利润率？利润率与剩余价值率的区别和联系是什么？
4. 影响利润率高低的因素有哪些？
5. 什么是部门内部竞争和部门之间竞争？二者有何区别与联系？
6. 什么是平均利润率？它是怎样形成的？
7. 什么是平均利润？为什么平均利润形成后资本主义剥削关系被进一步掩盖了？
8. 什么是生产价格？它与价值的关系如何？
9. 为什么说生产价格形成后，并没有否定价值规律，只是改变了价值规律的作用形式？
10. 什么是市场价值与市场价格？
11. 怎样理解平均利润率下降规律？
12. 什么是商业资本和商业利润？商业利润的来源和获得的途径是什么？
13. 怎样认识商业劳动的性质与特点？
14. 怎样认识商业资本的作用和加快商业资本周转速度的意义？

第八章

借贷资本与信用

借贷资本是从职能资本运动中独立出来的特殊资本形式，它以利息的形式参与剩余价值的分割。随着借贷资本的形成，增加了职能资本家扩大生产经营规模的融资渠道。有了借贷资本，职能资本家除了使用自有的资本以外，还可以通过借入或融通资本来扩大生产经营规模。借贷资本的运动是以信用为基础的，随着借贷关系和信用的发展，在借贷资本基础上形成的银行资本以及一种更为特殊的资本形式——虚拟资本也或快或慢地发展起来。

本章将分析借贷资本的形成及借贷资本和利息的本质，分析信用制度与银行的关系以及虚拟资本的产生及其对社会经济运动的影响。

第一节　借贷资本与信用的形成

一、借贷资本的形成及其本质

借贷资本是资本的所有者为了取得利息而暂时贷给职能资本家使用的货币资本。这里存在一个问题：资本的所有者为什么自己不使用其资本从事生产经营活动，以获取更多的剩余价值，而是把资本贷给其他资本家去进行生产经营活动，仅以利息的形式参与剩余价值的分割？对此，需要对职能资本的运动进行进一步的分析，因为借贷资本是职能资本运动的产物，同职能资本的再生产过程有密切的联系。

在职能资本的再生产过程中，一方面许多职能资本家会出现资本不足的困境；另一方面，许多职能资本家又会出现资本暂时闲置的现象。资本不足主要来自两个方面：①当市场上出现某种难得的商机，需要及时扩大生产经营规模，而在短期内单靠自身的积累很难筹集所需要的大量资本；②当市场出现波动影响产品的正常销售而库存增加，流动资金就会出现短缺，为了保证再生产的正常进行，职能资本家就会产生借入资本的需求。而闲置的货币资本则主要来自三个方面：①固定资本折旧费在固定资本更新前会暂时闲置。固定资本的价值是逐渐转移的，折旧费是一部分一部分回收而来的，回收的折旧费准备用于固定资本的更新。而固定资本的更新要在它完全报废之后才会进行，此前，逐步回收的折旧费就会处于闲置状态。②流动资本的一部分在资本周转时也会暂时闲置。由于商品的出售时间与原材料的购买时间往往不一致，商品卖出之后，不一定立即用所得钱款去购买原材料，这部分流动资本会暂时闲置；同时，在商品卖出之前，工资是按月支付的，尚未支付的工资也会暂时闲置。③用于积累而没有立即投资的剩余价值会暂时闲置。积累的资本要实际投入扩大再生产，必须达到一定的数量。在这之前是不足以作为追加资本来运用的，从而形成暂时闲置的货币资本。

资本的本性是价值增殖，而价值增殖只有在资本的运动中，才会实现。资本一旦退出循环和周转而闲置起来，其价值不仅不会增殖，在物价上涨时反而会贬殖。因此，资本闲置与资本的本性是相矛盾的。闲置资本的所有者一定会找出路，以便资本的价值增殖。在资本的运动中，各个单个资本的循环是相互交错的，当一部分企业卖掉了商品，完成了商品资本向货币资本的转换，而形成部分货币资本闲置时；另一部分企业正需要购买原材料和支付工资，处于货币资本向生产资本的转化阶段，而预留的货币资本出现缺口，或者固定资本需要提前更新、生产规模需要扩大，而折旧基金和积累资本尚且不足，这时它们都急需补充自己的货币资本。于是，拥有闲置货币资本的资本家就会将它贷给急需货币资本的资本家使用，从而在资本家之间形成了借贷关系。资本家之间借贷关系的存在，使从职能资本运动中游离出来的暂时闲置的货币资本转化为借贷资本。

借贷资本是生息资本的一种形式。生息资本是一种古老的资本形态，在资本主义社会以前就已出现，而借贷资本是资本主义生产方式下的生息资本。生息资本在不同的生产方式下有不同的表现形式。在资本主义生产方式以前，生息资本表现为高利贷资本，而在资本主义生产方式下表现为借贷资本。它们都是通过贷款来占有他人的劳动，就此而言，它们的性质是相同的，都是生息资本。不同的是，它们在不同的生产方式下，形成的基础和反映的生产关系是不同的：①形成的基础不同。借贷资本是从职能资本运动中游离出来的货币资本转化而来的，而高利贷资本则是由作为一般贮藏手段的货币转化而来的。②贷款对象和借款目的是不同的。借贷资本的贷款对象主要是职能资本家，借入的目的是作为资本使用；而高利贷资本的贷款对象主要是农民、手工业者以及奴隶主或封建主，借入的目的是作为一般的流通手段或支付手段的货币使用。③利息的来源和数量的决定规律不同。借贷资本的利息是雇佣劳动创造的剩余价值的一部分，它是在平均利润率一定的基础上，由借贷资本市场的供求关系决定的；而高利贷资本的利息来源于奴隶、农奴和小生产者的剩余劳动甚至必要劳动，它主要由超经济强制和惯例所决定。由此可见，它们体现的经济关系是不同的。借贷资本体现的是市场经济条件下，借贷资本家和职能资本家共同瓜分剩余价值的经济关系。

二、借贷资本的特点

借贷资本是从职能资本运动中独立出来的一种特殊的资本形式，它在许多方面与职能资本不同，而具有自己的特点。

(1) 借贷资本是一种具有特殊转让形式的商品的资本，又称资本商品。借贷资本是从职能资本运动中游离出来的货币资本转化而来的，作为资本的货币具有双重的使用价值：一是货币的使用价值，作为一般等价物，它可以购买任何商品；二是资本的使用价值，作为生产利润的能力，它可以成为瓜分剩余价值的手段。当具有这种特殊使用价值的货币资本作为商品来让渡时，它就成为资本商品。借贷资本正是如此。借贷资本家把货币资本贷给职能资本家，就像商品所有者把商品的使用价值让渡给消费者一样，借贷资本家是把借贷资本的特殊使用价值让渡给职能资本家。

所不同的是，首先，借贷资本家转让资本商品的方式不司于一般商品的转让，一般商品的转让采取买卖的方式，即卖主放弃商品的所有权，转让出商品的使用价值，收回商品的等价物；而借贷资本家转让资本商品采取借贷的方式，即借贷资本家转让货币资本时，只是暂时放弃其使用权而非永久地放弃所有权，也没有得到任何等价物。其次，二者的支付方式也不同。在一般商品的买卖中，买方支付的是商品的价格；而在资本商品的借贷中，借方支付的是利息。在马克思看来，利息不是借贷资本的价格，而是在一定时期内获取资本的使用权而支付的报酬。再次，二者的消费结果也不同。一般商品在消费以后，使用价值消失了，其价值也随之消失，或转移到其他使用价值上；而资本商品的消费，它的使用价值和价值不仅保留下来，而且还会增殖。

（2）借贷资本是一种作为财产的资本。借贷资本家手中的货币不是普通的货币，它只是作为一种财产资本归借贷资本家所有。它只有到了职能资本家手中，才作为职能资本发挥作用。这就是说，财产资本和职能资本，或财产和资本的区别在于：前者处于静止状态，不会带来任何收入；后者处于运动状态，会带来收入。一种财产一旦由静止状态转入运动状态，即转入生产经营领域，它就转化为资本。由于借贷资本家将借贷资本贷出时，只是暂时让渡它的使用权，而没有放弃它的所有权，他只是凭借资本的所有权，到期从职能资本家那里获取利息收入。因此，同一个借贷资本具有双重身份：对于借贷资本家，它是财产资本；对于职能资本家，它是职能资本。财产资本和职能资本的分离，引起资本的所有权和使用权的分离，资本的所有权归借贷资本家，资本的使用权归职能资本家。资本所有权和经营权的分离意味着资本的生产关系发生了变化，更加复杂化，买卖关系和借贷关系交错在一起，改变了剩余价值的独占局面，使之向分享方向发展。

（3）借贷资本是最具拜物教性质的资本。拜物教就是对物的偶像崇拜。它是人脑对客观外界的一种虚幻的、歪曲的反映，是一种头足倒立的世界观。马克思认为，商品、货币、资本等社会生产关系的体化物，表现为独立于人们之外而存在，并支配人们的活动和命运的神秘力量。社会生产关系对人的统治表现为物对人的统治，由此产生了人们对这种神秘力量的盲目的崇拜心理。在职能资本的运动中，产业资本的运动形式是：$G-W\cdots P\cdots W'-G'$，即产业资本要经过生产过程和流通过程；商业资本的运动形式是：$G-W-G'$，即商业资本也要经过买卖两个流通阶段。它们经过运动所带来的利润还可以表现为某种社会生产关系的产物。在借贷资本的运动中，借贷资本的运动形式则是 $G-G'$，即把借贷资本贷出，到一定时期收回更多的货币。这种特殊的运动形式造成一种假象，似乎不经过任何生产过程和流通过程，货币本身可以生产出更多的货币；似乎借贷资本的运动与职能资本的运动是相互脱离的无关的过程。借贷资本运动的特点，进一步掩盖了资本对雇佣劳动的剥削关系，使资本拜物教达到顶峰。事实上，货币本身是不可能产生更多货币的，它只有在产业资本家手中，投入生产过程，榨取雇佣劳动生产的剩余价值，才能使自己的价值增殖。借贷资本家才能以利息的形式获得一部分剩余价值。

三、利息与企业利润

借贷资本使资本的所有权和使用权发生分离，平均利润也随之分为两个部分：利息和企业利润。借贷资本家贷出货币资本，就是为了使资本的价值增殖，利息就是资本价值增殖的表现；职能资本家要想借到货币资本，只能将获得的平均利润分出一部分，以利息的形式支付给借贷资本家。因此，**利息是职能资本家为了取得货币资本的使用权而分给借贷资本家的一部分平均利润**。由于平均利润是剩余价值的转化形式，利息就是剩余价值的特殊转化形式，体现了借贷资本家和职能资本家共同瓜分和争夺剩余价值的关系。马克思指出："在再生产过程中，执行职能的资本家作为别人所有的资本的代表，同雇佣工人相对立；货币资本家则由执行职能的资本家来代表，参与对劳动的剥削。"①

平均利润分割为利息和企业利润，本来只发生在使用借贷资本的场合，但是，这种分割一旦发生，即使在使用自有资本的场合，平均利润也会发生这种分割。对于单纯使用自有资本的职能资本家来讲，他们既是资本的所有者，又是资本的使用者。作为资本的所有者，他要获得利息；作为资本的使用者，他要获得企业利润。这样一来，似乎利息是资本自身的产物，而企业利润是资本家使用资本进行生产经营的结果，是资本家的"劳动报酬"。这就进一步掩盖了利息、利润与剩余价值的关系，从而资本与雇佣劳动的对立看不见了，资本主义的真实关系完全被掩盖了。马克思指出：利息和企业利润，"二者不过是剩余价值的不同部分，并且它的分割丝毫不能改变剩余价值的性质、它的起源和它的存在条件"②。

四、利息率

利息量是根据利息率来计算的。利息率是一定时期内利息量与借贷资本量的比率。它通常可分为月息率和年息率，前者按月计算，后者按年计算。利息率的计算公式是：

$$\text{利息率} = (\text{利息量} / \text{借贷资本量}) \times 100\%$$

例如，10 000 元借贷资本每年得到 500 元利息，那么，资本的年利率就为 500/10 000 = 5%。按习惯的说法就是年利五厘。

利息率的高低一般取决于两个因素：①平均利润率的高低。利息是平均利润的一部分，在正常的情况下，利息率随平均利润的变动而变动，当经济繁荣时，平均利润率上升，利息率随之上升；当经济萧条时，平均利润下降，利息率随之下降。在其他条件不变时，利息率与平均利润率同方向变化，表明借贷资本家与职能资本家在榨取剩余价值方面有利益的一致性，他们获得收入的多少，归根结底取决于雇佣工人创造的剩余价值

① 《马克思恩格斯全集》第 25 卷，北京：人民出版社，1995 年，第 427 页。
② 《马克思恩格斯全集》第 25 卷，北京：人民出版社，1995 年，第 427 页。

的多少。②借贷资本的供求状况。当平均利润一定时，利息率取决于平均利润分割为利息和企业利润的比例。这个比例一般取决于借贷资本市场上的供求情况。如果借贷资本供过于求，利息率就比较低；如果借贷资本供不应求，则利息率就比较高。这表明，借贷资本家与职能资本家在榨取剩余价值方面也存在着利益的矛盾性。当借贷资本供求平衡时，利息率只能由社会的习惯和法律等因素来决定。

利息率的变动是有一定界限的。它的最高界限是平均利润率，因为利息是平均利润的一部分，在正常的情况下，利息率低于平均利润率，不能等于更不能高于平均利润率，否则，借入借贷资本的职能资本家将得不到任何利润，甚至亏本，他就不会去借入借贷资本了。利息率的最低界限不能等于零，否则，借贷资本家无利可图，就没有人愿意贷出货币资本了，宁可把货币储存起来而不愿冒贷款的风险。因此，利息率总是在平均利润率与零之间上下变动。

第二节　信用的形式及其作用

一、信用及其形式

信用是以加值偿还为条件的借贷行为，是价值的一种特殊运动形式，即货币或商品的贷与借的运动。信用是随着商品货币关系的存在和发展而产生和发展起来的。到了资本主义社会，信用得到了空前的发展。在资本主义社会，信用是借贷资本的运动形式，它反映的是职能资本家与借贷资本家之间以及职能资本家之间的信用关系，体现着资本家对雇佣工人的剥削关系。马克思曾经引用图克对信用的描述："信用，在它的最简单的表现上，是一种适当的或不适当的信任，它使一个人把一定的资本额，以货币形式或估计为一定货币价值的商品形式，委托给另一个人，这个资本额到期后一定要偿还。"①所以，信用是定期以加值偿还为条件的单方面价值转让的运动。

信用主要分为商业信用和银行信用。

商业信用是职能资本家之间采取赊购赊销商品，延期支付方式而形成的借贷关系。赊购商品可以不付现金，这就等于卖主把相当于商品价格总额的货币资本贷给了买主，因此，买主必须支付利息。这笔利息加在商品价格中，赊购商品的价格高于用现金支付的商品价格。这样一来，商品的买卖关系就变成了商品的借贷关系，即商业信用。商业信用是现代信用制度的基础。

商业信用早在简单商品经济条件下就已产生。到了资本主义社会，商业信用得到了广泛的发展，它是适应资本主义生产和流通的需要而发展起来的。①商业信用是产业资本加快循环和周转的需要。各个产业部门的周转时间是不一致的，当一些企业急需出售商品时，另一些企业则急需购买商品，而自己的商品尚未卖出去又缺乏现款。在这种情况下，前一类企业必须借助商业信用把商品赊销给后一类企业。否则，要卖的商品卖不出去，要买的商品买不进来，买卖不能成交，两类企业的生产都会中断，资本的循环受

① 《马克思恩格斯全集》第25卷，北京：人民出版社，1974年，第452页。

阻，延长了资本周转时间。②商业信用是商业资本存在和发展的需要。随着商品经济不断扩大和发展，商品流通的规模越来越大，需要增加大量的商业资本，而商业资本家的自有货币资本是有限的，不能满足需要，这个矛盾只能依靠商业信用来解决。因此，商业信用作为资本主义生产和流通不可缺少的媒介而得到广泛的发展。

商业信用的工具是商业票据。在商业信用中，债权人为了确保自己的债权，要求债务人必须出据书面的债务凭证，以证明所发生的债务关系并保证债务人按期偿还欠款。商业票据分为期票和汇票两种。期票是债务人向债权人开出的并承诺在一定时期支付款项的凭证。期票经过债权人在它的背面作了转让债权的签字即“背书”之后，在到期前可以作为流通手段和支付手段，向别的企业购买商品或偿付债务。在商业信用发达的情况下，许多企业彼此欠债，它们之间的债务结算可以用到期前的期票相互抵消，只有余额才用现金支付。汇票是由债权人向债务人发出的命令，要求债务人向第三者，即持票人支付一定款项的凭证。汇票在债务人签名盖章承认以后才生效，这种手续称为“承兑”。

商业信用的特点是：①商业信用的对象是处在产业资本循环一定阶段上的商品资本，提供商业信用的过程，就是商品资本通过一定时间实现为货币资本的过程。②商业信用的债权人和债务人都是商品的生产者或经营者，因而这种信用体现了职能资本家和借贷资本家之间的关系。③商业信用的目的是为了把商品及时卖出去，实现商品中包含的资本价值和剩余价值。④商业信用的发展程度和发展状况是由社会生产和流通的发展程度和发展状况决定的，生产和流通越是发展，商业信用的规模就越大，而生产和流通出现波动，商业信用也会出现波动，生产和流通扩展，商业信用扩展，生产和流通收缩，商业信用也收缩。

商业信用的上述特点，决定了它具有一定的局限性：①商业信用的规模和期限受单个企业拥有的资本量的限制，其规模不可能超过企业所掌握的资本量，只能是后备资本的补充部分。所以，每次提供的信用既不可能持久也不可能规模很大。②商业信用的规模还要受到资本周转状况的限制。当资本周转顺畅时，信用规模可以扩大；当资本周转受阻时，信用规模就会缩小，甚至会发生商业信用危机。③商业信用要受到商品使用价值流转方向的限制。商品的物质形态制约着商品的流向，因而以商品的形态提供的信用也具有一定的方向性，贷者只能将自己的商品贷给需要这些商品的企业。

商业信用是信用的基础，但是，它的局限性使它不能满足市场经济不断发展的需要。由此，银行信用应运而生。

银行信用是银行向工商企业提供贷款而形成的借贷关系。银行信用是在商业信用的基础上形成和发展起来的，但是，银行信用有自身的特点：①银行信用集中了社会上大量的出贷者，聚集了大量的货币资本，因而借贷资本的数量不受个别企业资本数量的限制，它的规模较大。②银行信用的对象不是商品资本，而是货币资本，因而借贷活动可以不受商品流转方向的限制投向任何一个部门，活动范围广泛。③银行信用的信誉较高，借贷的期限较长，因而银行信用在货币资本的贷款数量、经营范围和借贷期限等方面都远远超过了商业信用，它克服了商业信用的局限性，能更好地适应市场经济的发展。④银行信用的运动状态与再生产周期的各个阶段上的产业资本的运动状态不完全一致，在繁荣状态，银行信用往往不一定出现同程度扩张；在萧条阶段，银行信用也不一定出现同程度萎缩，因而，银行信用可以成为反经济周期的重要工具。

银行信用大大突破了商业信用的局限性，扩大了信用的规模和范围。只要有信用保证，银行信用能够向任何货币资本的使用者提供更多的借贷资本，并允许更长的借贷期限和更灵活的信用方式。正是在这种信用关系中，现代银行产生和发展起来，反过来又促进了信用制度的进一步发展，成为经济运行的强大推动力。

随着现代经济的发展，在商业信用和银行信用的基础上，出现了一系列新的信用形式：国家信用、消费信用以及企业信用等。

国家信用是国家以发行国债的方式向社会公众筹集资金的一种信用形式。在这种信用关系中，国家处于债务人的地位，社会公众处于债权人的地位。国家信用在国内的基本形式是国债，它通常以公债券和国库券的形式来实现。公债券是政府发行的一种长期债券，发行公债券筹措的资金，主要用于弥补财政赤字和特定需要的财政开支。国库券是由国库直接发行的一种短期公债，它主要为了解决短期急需的国库开支。当向国内公众发行的公债券和国库券还不能满足财政开支时，一国政府可以向外国政府和金融机构及国际性组织借款。随着资本在国际上流动规模的不断加大，国家信用也越来越成为国际信用体系的重要方面。

消费信用是工商企业、银行及其他金融机构以商品、货币或劳务等形式向消费者提供的信用。消费信用的方式主要有：赊账、分期付款和发放消费信贷，等等。赊账、分期付款都属于商业信用的范畴；消费信贷则是由银行向企业和个人提供的一种信用，它根据接受贷款的对象不同分成两类：一是买方信贷，即银行直接对消费者发放贷款；二是卖方信贷，即银行凭分期付款的单据并以此作抵押，对销售商品的企业发放贷款。消费信用是工商企业、银行及其他金融机构对暂时缺乏购买力的消费者提供的贷款活动，对于扩大商品销路、增加消费需求、加速商品流通有十分明显的作用。

企业信用是投资者作为资本所有者和企业作为资本使用者之间建立起来的直接融资关系。它以资本所有权与实际资本的占有、支配、使用权等权能的分离为特征，以现代公司为载体，以股票、债券及其他权益证书为工具的信用形式。企业信用作为一种借贷行为，比如企业发行债券的场合，其活动特征与借贷资本是相同的；如果企业信用作为一种投资行为，比如企业发行股票的场合，由于投资者的财产与企业法人财产相分离，投资者的范围更加广泛，不只是货币资本家，还有一般的工资劳动者；经营者也不一定是职能资本家，可以是职业经理人。企业财产以一种更加独立的方式参与到信用关系之中。

二、银行、银行资本和银行利润

银行是专门经营货币资本的企业，是借款人和贷款人的信用中介。在现代信用制度中，银行发挥着核心作用。银行是在货币经营业的基础上，随着商业信用的发展而发展起来的。

在古代，货币经营业主要从事与货币流通相关的技术性业务：如代替顾客保管、收付现金和进行结算；代替顾客主要是商人把货币从一个地方汇到另一个地方；以及为各国商人兑换不同的铸币和金块银块等。随着商品经济的扩大，货币经营业集中的闲置货币越来越多，货币的借贷日益成为货币经营业的经常业务。马克思指出："一旦借贷的职能和信用贸易同货币经营业的其他职能结合在一起，货币经营业就得到了充分的发展"①，而发展成银行业。

在货币经营业向银行业的发展过程中，商业信用的发展起了重要的作用。随着商业信用的发展和普及，商业票据作为支付手段和流通手段的使用逐渐流通起来。但是，商业票据的流通要以它的有效性，即随时可以"兑现"为保证，因此，它必须要取得货币资本所有者的支持。由此产生了用银行信用工具即银行券取代商业票据的客观需要，而专门从事这种业务的银行也就成长起来。银行信用产生后，突破了商业信用的局限性，在时间和空间上扩大了信用的规模和范围，从而成为社会扩大再生产的一个重要条件。

银行最一般的职能是充当借贷中介和支付中介，其主要业务有信用业务和结算业务。

作为借贷中介，银行的信用业务包括负债业务和资产业务两个方面。负债业务就是吸收存款。银行存款的主要来源是：①职能资本家暂时闲置的货币资本。职能资本家的货币收支是通过银行办理的。闲置的货币资本存入银行主要不是为了取得利息，而是便于收支和取得贷款。②食利者阶层的货币资本。食利者阶层是为收取利息而把自己的货币资本存入银行的。③其他居民的小额储蓄存款。居民将收入的一部分存入银行主要是为了满足未来消费的需要。这些小额储蓄存款本身不是货币资本，但由银行集中以后，也会发挥借贷资本的作用。银行正是通过把社会分散的货币集中起来，变为巨额的借贷资本，然后把它们贷给职能资本家。

银行的资产业务就是发放贷款。银行从事资产业务时，除了用现金，还可以用银行自己发行的票据即银行券。银行的贷款方式主要有：①期票贴现，即银行用现款购买未到期的期票。期票持有人为了融通资金，将未到期的期票卖给银行，以换取现金。银行办理期票贴现实际上就是发放短期贷款。期票贴现时要从期票票面金额中扣除贴现利息。贴现利息一般要相当于贷款利息，否则，银行资本家就不会经营贴现业务。贴现利息 = 期票票面金额 × 贴现率。贴现率一般相当于当时的市场利息率。比如，一张 10 万美元的半年后到期的期票，年贴现率为 8%，贴现利息 = 100 000 美元 × 8% × (6/12) = 4 000 美元。银行在购买这张期票时扣除贴现利息 4 000 美元，实际付给对方 96 000 美元。银行用现金购买尚未到期的期票，就成为持有期票的债权人。到期后，它可以持票向最初发票人或背书人兑取现款 100 000 美元。②抵押贷款，即银行以借款者的一定抵押品作为保证而提供的贷款。抵押品包括有价证券、商品和不动产等。贷款到期，贷款人必须如数还本付息，否则，银行有权处理抵押品作为补偿。③信用贷款，即银行无须贷款人提供抵押品作担保，仅凭确有偿还能力的贷款人的信用所提供的贷款。这种贷款一般以企业必须向银行提供自己的经营情况为条件，且贷款利息率通常较高。④长期投资，即银行以购买股票的方式向企业进行的投资。银行投资入股，成为其他企业的股东，凭借股票获取股息。当股票数量达到一定比例后，银行可以控制企业。同时，银行也可以从股票的投机活动中牟取暴利。⑤购买政府债券、公司债券和各种有价证券等贷

① 《马克思恩格斯全集》第 25 卷，北京：人民出版社，1974 年，第 357 页。

款形式。

作为支付中介，银行经营结算业务，即为存款客户代办预付款和转账结算。结算的工具是支票。支票是活期存款户向银行发出的提取一定款项的凭证。在现代社会中，企业一般都要在银行设立户头，存有现款。企业之间的交易可以不要现款，只要开出转账支票，通过银行转账即可。银行根据转账支票，代为办理非现金结算业务，也可以根据企业开出的现金支票代为付款。在现代社会中，银行还办理“消费信用卡”，为消费者购买消费品进行非现金结算。

随着市场经济的发展，银行在不断扩大自身经营规模的司时，也在不断扩大自己的经营范围和业务内容。除了传统的借贷中介和支付中介业务，银行还积极向证券、保险、信托等领域发展。如购买工商企业的股票、开展证券经营业务；充当企业的财务顾问；拓展信托租赁业务；代理保险业务；提供国际贸易中的信用担保、信用证及其他单证服务；向客户提供各种咨询信息服务等。此外，还不断创造新的金融工具，包括衍生金融工具，提供各种金融服务以满足金融市场的需求。随着银行的大型化和银行业务的扩大，银行的地位和作用也发生着很大的变化。当资本集中形成了银行垄断组织之后，银行就由过去的借贷中介人变成了万能的垄断者。尽管如此，充当借贷中介人始终是银行的一般职能。

经营银行的目的与经营其他企业一样，也是为了获取利润。为此，必须投入资本。投入银行的资本包括两个部分：自有资本和借入资本。自有资本占银行资本的小部分；从外面吸收进来的存款即借入资本占银行资本的绝大部分。银行资本是在借贷资本的基础上形成的，但它与借贷资本是不同的：①银行资本有两个部分，即现金和有价证券。以有价证券存在的资本可能是虚拟资本（关于虚拟资本后面再作分析）。借贷资本只能是真实的货币资本。②银行资本的运动形式不会都呈现为借与还两个阶段，因为它的运动形式有两个：银行信用和有价证券的买卖。在有价证券的买卖中，因为像股票等有价证券只取息而不还本。③银行资本是一种部门资本，与产业资本、商业资本并存。作为部门资本，如果用于借贷就属于借贷资本，如果不用于借贷则不属于借贷资本。在银行资本中，有相当一部分资本处于不流动状态，如存款准备金等，处于这种状态下的资本不进入市场，不具有借贷资本的属性。

银行利润是贷款利息的一部分，是贷款利息减去存款利息和银行费用的余额。银行作为独立经营的企业，自有资本部分也要获得与职能资本大体相同的平均利润。如果投入银行的资本得不到平均利润，银行资本家就会将资本转移到其他部门；如果银行利润高于平均利润，职能资本家就会将资本转移到银行业中来。所以，银行利润参与利润平均化过程是由市场经济的竞争规律决定的。银行利润归根结底来自雇佣工人创造的剩余价值，它反映了银行资本家与职能资本家共同瓜分剩余价值的关系。银行雇员与商业雇员一样，他们的劳动虽然投在流通领域中，本身不直接创造价值和剩余价值，但这种劳动是社会分工体系中不可缺少的有用劳动。作为雇佣劳动，也分为必要劳动和剩余劳动两部分。必要劳动转移的剩余价值补偿银行费用包括工资；剩余劳动转移的剩余价值构成银行利润。

三、信用货币

信用货币是随着货币形式和信用关系的发展而产生的。最初的信用货币是用以代替金属货币充当支付手段和流通手段的信用证券。从历史上看，信用货币曾经相当于纸币，正是货币形式由金属货币演变纸质的价值符号即纸币时，在此前后出现了由借贷行为而产生的各种信用凭证，如商业票据、银行券等。它们代替金属货币充当支付手段和流通手段，能够节省流通费用，方便携带和结算。

商业票据是由工商企业发行的，其信用能力有限，只能在彼此有经济来往并互相了解的企业之间流通。为了突破商业票据的局限性，扩大信用货币的流通范围，银行发行了银行券。银行券是以商业票据为基础，代表流通中的商业票据的信用货币。它的信用较高，流通较广。但银行券的发行必须具备两个条件：①银行券必须拥有与发行银行券相适应的商业票据。如果发行的银行券超过了银行拥有的商业票据，银行券所代表的价值就不会稳定。②银行必须要有足够数量的黄金储备，作为银行券兑换的保证。

银行券作为信用货币，与纸币不同。纸币是由货币作为流通手段的职能引起并由国家强制发行的，而银行券是由货币作为支付手段的职能引起并由银行以票据贴现等信用方式发行的。纸币的流通以金属货币的流通为基础，而银行券的流通则以商业票据为流通的基础。纸币一旦发行就不会自动流回发行它的国库，而银行券却随着债务人向银行偿还债务时按期返回到银行。纸币一般是不兑换的，而典型的银行券可以自由兑换金属货币。

随着商品货币关系和信用的发展，信用形式发生了很大变化，由银行信用产生的各种信用凭证，如支票、汇票、期票、存款货币、信用卡等，被社会广泛作为流通与支付手段，执行货币的基本职能。这类信用货币被称为狭义信用货币，而商业票据和银行券被称为广义信用货币。

马克思指出："信用货币是直接从货币作为支付手段的职能中产生的，而由出售商品得到的债券本身又因债权的转移而流通。"① 信用货币具有双重的性质：它既是体现债权债务关系的信用凭证，又是以信用为基础的货币符号。信用货币作为一纸证券，本身并没有价值，它之所以在流通中代替货币，是因为以信用作为基础，能够兑现现实的货币。

信用货币是社会经济发展的产物，它本身也在不断变化。在银行信用成为主要的信用形式后，信用货币作为主要的信用工具发挥着越来越重要的作用。在现代发达国家中，以银行存款货币代替有形的纸币，通过银行非现金结算业务进行的结算已占交易支付的90%以上。信用货币不仅为商品流通创造了方便、安全、快速的条件，而且为银行与客户之间、银行与银行之间的货币往来和结算业务提供了有利的条件，对于加强银行自身在国民经济中的地位，促进银行体系的发展具有重要的作用。

① 《马克思恩格斯全集》第25卷，北京：人民出版社，1972年，第160页。

四、银行体系

随着市场经济和银行信用的发展，银行自身也在不断发展，并逐渐形成了一个种类繁多、结构复杂的体系。这个体系由商业银行、专业银行、政策性银行、非银行金融机构和中央银行组成。

（1）商业银行。商业银行是以办理工商企业和居民的存贷款为主要业务，并为客户提供转账结算等多种服务的银行。商业银行的职能主要是：吸收工商企业和居民可以随时签发支票的活期存款及其他形式的存款；办理贷款、贴现和汇兑业务；发行信用流通工具；提供转账结算；代理收支；提供保险箱等。商业银行以其机构数量多，业务渗透面广和资产总额比重大的特点，始终在银行体系中居于其他金融机构所不能替代的重要地位。

（2）专业银行。专业银行是从事专门经营范围和提供专门性金融服务的银行。它们的业务活动方式与一般商业银行的存款、贷款、汇兑业务活动方式是有区别的。专业银行的存在是经济发展和社会分工发展在金融领域中的表现。专业银行的种类很多，主要有投资银行、储蓄银行、农业银行、抵押银行及进出口银行等。投资银行是专门对工商企业办理投资和长期信贷业务的银行；储蓄银行是办理居民并以吸收储蓄存款为主要资金来源的银行；农业银行是向农业提供信贷的专业银行；抵押银行是专门经营以土地、房屋及其他不动产为抵押品的长期贷款银行；进出口银行是通过金融渠道支持本国对外贸易的专业银行。

（3）政策性银行。政策性银行又称为政策性专业银行，是由政府投资设立的、根据政府的决策和意向专门从事政策性金融服务的银行。政策性银行不以赢利为目的，并且根据分工的不同，服务于特定的领域。比如农业银行、进出口银行等。

（4）非银行金融机构。非银行金融机构是指不经营银行的信用中介、支付中介和发行信用货币等业务，而是吸收社会资本，并以某种方式运用资本获取利润的金融机构。非银行金融机构的种类很多，主要包括保险公司、消费信贷机构、信托投资公司、证券公司等。

（5）中央银行。中央银行是银行体系中的中心环节，处于核心领导地位，享有发行货币的垄断权。中央银行代表国家领导和管理全国的银行及非银行金融机构，是国家货币金融政策的执行者和监督者。同时，中央银行又独立于政府，受国家主权机构委托，负责货币的发行、决定再贴现率和法定准备金率，因此，它又是货币政策的制定者。中央银行的职能主要是：发行货币、代理国库存款、拨付和结算、代理政府公债的发行、保管商业银行的存款准备金、对商业银行贷款或提供再贴现、制定利息率、调控货币供应量、监督和管理金融市场，等等。

五、信用的作用

在现代社会中，信用特别是银行信用的作用是巨大的。这种作用的表现是双重的：一方面促进了市场经济发展；另一方面又加深了市场经济固有的矛盾。信用对市场经济的促进作用主要表现在以下几点：

第一，信用促进了资本的再分配和利润率的平均化。在市场经济中，社会生产是建立在等量资本获取等量利润的基础上的，它以一定数量的资本和资金能够在各个部门之间自由转移为前提。但是，各个部门的生产资本都是固定在一定的物质形态上，它们不能直接转移，一般只有变成货币资本后才能自由转移，而要做到这一点，仅靠单个企业的力量，资本转移的速度就十分缓慢，利润平均化的过程也就会变得很困难。现代信用制度通过集中起来的借贷资本，有利于工商企业依靠银行的贷款或投资，短时间内增加资本，并且随时将资本从利润率较低的部门转向利润率较高的部门，加速资本在各个部门之间的自由转移和有效分配，从而促进利润率的平均化。

第二，信用可以大大节省流通时间和流通费用。现代信用制度的发展，使大量的商品交换可以采用赊购赊销、非现金结算以及由银行提供贷款等方式进行，因而可以加快商品的实现过程，缩短商品的流通时间，节省与商品流通和货币相关的各种费用。流通时间的缩短和流通费用的节省，使社会的生产资本相应增加，从而可以增加利润的总量，提高平均利润率。

第三，信用加速了资本的集中，促进了股份公司的形成和发展。现代信用制度可以很快地聚集资本，贷款给职能资本家使用，使单个企业的资本数量迅速增加。同时，信用作为企业之间相互竞争的有力杠杆，大大加速了大企业吞并小企业的过程，促进了资本的积聚和集中。此外，股份公司的建立和发展，与信用制度有着密切的关系。因为股票的发行要以信用为基础，而且大多数股份公司的股票主要依靠银行发行，银行往往又是股份公司的投资者，他们购买的股票多，从而加速了股份公司的发展。所以，信用是股份公司迅速发展的条件。

信用在促进市场经济发展的同时，也加剧了市场经济固有的各种矛盾。一方面，信用制度的发展，使社会经济生活中形成了纷繁复杂的债权债务关系。在债权债务关系链条中，只要某些环节出了问题，就会引起连锁反应，引发信用危机；另一方面信用制度的发展可能造成生产和流通方面的虚假繁荣，引起信用膨胀和通货膨胀，造成社会生产的比例失调，引发经济危机。

关于信用制度及其发展对现代经济的影响，马克思曾深刻地指出："信用制度加速了生产力的物质上的发展和世界市场的形成，使二者作为新生产形式的物质基础发展到一定的高度，是资本主义生产方式的历史使命。同时，信用加速了旧生产方式解体的各种要素。"①

第三节　股份公司与虚拟资本

一、股份公司

股份公司是由若干股东以入股方式筹集社会资本而形成的一种企业组织形式或资本

① 《马克思恩格斯全集》第25卷，北京：人民出版社，1974年，第499页。

组织形式。它是随着机器大工业和信用制度的发展而产生的。由于生产技术的进步和资本有机构成的提高，使企业的规模不断扩大，然而，建立大型企业需要巨额的资本，单个资本的局限性已不能适应这种形势发展的需要，客观上需要资本家联合起来，合资经营。同时，现代信用制度的发展为股份公司的建立提供了条件。马克思指出："信用制度是资本主义的私人企业逐渐转化为资本主义的股份公司的主要基础。"① 股份公司的资本即股份资本，是以资本的所有权和资本的使用权的分离为前提的，投资者凭借对资本的所有权，参与公司的管理和公司利润的分配，这本身就是一种信用形式。同时，股份公司的股票一般要借助银行来大量发行。可见，没有信用制度，也就不会有股份公司的产生和发展。此外，信用制度还强化了生息资本的效应，即收入的资本化，从而鼓励人们从事货币投资以取得利息。马克思指出："生息资本的形成造成这样的结果：每一个确定的和有规则的货币收入都表现为资本的利息，而不论这种收入是不是由资本生出。货币收入首先转化为利息，有了利息，然后得出产生这个货币收入的资本。同样，有了生息资本，每个价值额只要不作为收入花掉，都会表现为资本，也就是都会表现为本金，而和它能够生出的可能的或现实的利息相对立。"② 在信用制度中，生息资本的运动使一切资本的增殖都表现为能够获得一定的利息，同时使一切货币收入都视为资本的增殖。利息成为完全与生产过程无关的，是资本所有权所带来的果实。这种收入资本化的效应，正是信用制度特别是银行信用发展的结果，而它也就成为人们购买公司股票的动机和理由。

股份公司的发展除了竞争和信用这两大杠杆对于资本集中的推动之外，与股份公司自身的企业组织形式和企业制度的优点分不开。股份公司不管是有限责任公司还是股份有限公司，其优点是：①公司股东仅以其出资额为限承担有限责任，这就有利于减少和分散投资风险，是公司可以大规模筹集资金的重要原因；②公司股票一经售出，便不能退股，但是，可以通过资本市场自由买卖，这就给投资人带来了很大的灵活性；③公司的企业法人资产与投资人即股东的资产相分离，所有权与经营权相分离，公司可以脱离它的所有者而独立存在，并不会因为股东决定出售股票或个人出现安危而影响企业的存续；④公司资产制度的特点，使公司可以不受地区、行业、资本数额及来源的限制，在一个很大的空间范围内进行资本的组合和经营。

正因为如此，股份公司一经出现，便得到迅速的发展，成为一种能够适应现代生产力发展的企业组织形式，对现代生产力的迅速发展起到了巨大的推动作用。马克思指出："由于股份公司的成立，生产规模惊人地扩大了个别资本不可能建立的企业出现了。"③ 股份公司使生产资料和劳动力更加集中，提高了资本的社会化的程度。股份公司的出现，意味着资本由单个资本形式转变为联合资本形式即社会资本形式。这是资本主义生产关系内部的变化和调整，因而有利于社会生产力的发展和生产社会化程度的提高。尽管股份公司并没有根本改变企业的资本属性，但它毕竟不同于单个资本组成的私

① 《马克思恩格斯全集》第25卷，北京：人民出版社，1974年，第498页。
② 《马克思恩格斯全集》第25卷，北京：人民出版社，1974年，第526页。
③ 《马克思恩格斯全集》第25卷，北京：人民出版社，1974年，第493页。

人企业，它扩大了分享雇佣劳动创造的剩余价值的范围，对于缓解市场经济的各种矛盾起到了积极的作用。

二、股票与股票价格

股份公司的资本是通过发行股票而筹措起来的。**股票是股份公司发给股东的借以证明其股份数额并用以取得股息的凭证**。股票是股份资本所有权的凭证，是股份资本分配收益的权利证书。股票持有人就是股份公司的股东，是公司资产的所有者。在形式上，每个股东不仅可以凭股票获取相应的股息，而且有权参与讨论公司的重大经济活动。但是，实际上股份公司的大权掌握在少数大股东的手中。因为在股东大会上，投票权不是按股东人数，而是按股票多少计算。从理论上讲，股票控制额为51%，但实际上只要掌握了30%左右的股票，就可以控制股份公司，因为股份公司发行股票存在分散化和小额化的趋势。由于持股人数众多，股权分散，根本就不可能形成集中统一的意见与大股东相抗衡，而且有许多小股东购买股票只是为了在证券市场上套利，对公司的决策根本没有兴趣。所以，股份公司是大资本控制和利用中小资本及社会闲散资金，扩大资本支配权，实现资本集中的工具。

股票具有三个主要的特点：①不可兑回性。股票被股东认购后，股东不能退股兑回本金，如果他不转让股票，他就只能靠逐年获得股息和红利慢慢地收回投入的资金。②风险性。股东购买股票就必须以出资额为限承担债务责任，公司一旦出现亏损或破产，股东的投资就会损失。同时，股票价格也是经常波动的，股票的市值是不稳定的。③流通性。股票是一种有价证券，它可以作为买卖对象被转让，也可以作为抵押品。持有人通过转让股票，可以收回购买股票时所投放的资金。

股票持有人根据股票的票面金额定期从公司赢利中获得的收入称为股息。股息是公司所得利润的一部分。股息的分配以股东的股票面额为依据。股票可以分为优先股和普通股，优先股一般按一定比率优先取得固定股息；普通股则在优先股的股息被支付后，以剩余的企业利润并根据企业经营状况确定的股息率来分配。股息本质上是雇佣工人创造的剩余价值的一部分。

股票价格就是股票买卖的价格。股票本身没有价值，仅仅是资本所有权的凭证，它所以能够出卖，只是因为凭股票能够定期领取一定的股息收入。所以，股票价格只是一种资本化的收入或股息收入的资本化。换言之，股票价格等于这样一笔货币资金，将它存入银行所获得的利息等于它购买股票所带来的股息。股票的票面金额与股票价格往往是不一致的。股票的票面金额代表的是股票持有人投入股份公司的资本价值，是固定不变的，而股票价格是变动的。股票价格的变动取决于两个基本因素：股息和银行利率。在银行利率不变的情况下，股息越高，股票价格越高；股息越低，股票价格越低。当股息一定时，银行利率越高，股票价格越低；银行利率越低，股票价格越高。股票价格与股息成正比，与银行利率成反比。其计算公式是：

$$股票价格 = 股息 / 银行利率$$

比如，一张票面金额为10美元的股票，一年可以领取1美元的股息，而当年的银行利率为5%，那么这张股票的价格就是1美元÷5%=20美元。因为如果将这20美元存入银行，得到的利息正好是1美元。值得指出的是，这里讲的股票价格是股票的平均价格，它的市场价格还要受到证券市场上股票的供求关系的影响，有时高于股票的平均价格，有时低于股票的平均价格，围绕股票平均价格上下波动。

在实际生活中，影响股票价格的因素还有很多：从企业内部看，企业经营的状况及利润的高低是直接影响股息的因素；从企业外部看，除了股票的供求关系之外，经济的周期波动，货币供应量的变化，物价水平的变化，国家政府的政策的变化，国际石油等主要生产资料价格的变化，重大政治事件的发生，股市投机者的恶意炒作等，都会引起股票价格的波动。

三、证券市场

股份公司有两种形式：有限责任公司和股份有限公司。有限责任公司的资本直接以股东认缴的出资额构成，并不以股票的形式存在。只有股份有限公司的资本划分为等额股份，发行面值相等的股票，股东可以购买不同数量的股票。股票的发行和买卖，都要通过一定的市场来进行，当这种交易十分频繁时，就产生了证券市场。成熟的证券市场一般都会由国家有关法律来规范，并由政府进行监管。

证券市场是专门从事股票、债券以及其他有价证券交易的市场。它与银行借贷市场一起同属于资本市场，又是金融市场的主要组成部分。资本市场是以融通长期资金为目的的资本交易市场。所谓长期一般为一年以上，一年以下的融资称为货币市场。资本市场又分直接融资市场和间接融资市场。证券市场属于直接融资市场，证券的出售者称为融资者，证券的购买者称为投资者，二者直接交易完成融资行为。银行借贷市场属于间接融资市场，资本的需求者称为融资者，资本的供给者称为投资者，二者通过银行中介来实现交易，完成融资行为。

证券市场是在银行信用制度的基础上发展起来的。因为证券的发行和买卖要以信用制度为保证，也要以信用机制为基础；同时，证券的发行和买卖与银行信用和银行借贷市场之间有着密切的关系。证券市场与银行借贷市场之间既有区别又有一致性。

证券市场与银行借贷市场之间的区别主要表现在：证券市场进行的是证券的买卖交易，在证券市场上，证券投资者直接承担投资风险，他通过股息、红利、债息以及证券买卖的差价取得收益。由于风险大，债权人不断转让股份，其流动性很大，债权人和债务人的关系是不固定的；又由于可以把资本划分为较小的等额股份，加上资本收益的预期较高，证券市场可以在短时间内筹集大量的资本，因此，证券市场是一种长期资本市场。银行借贷市场进行的是资金的借贷交易，在银行借贷市场中，存款者就是资本的供给者，他只承担投资的间接风险，因而也只能获得稳定而较低的利息；同时，在借贷市场中，只要签订了借贷合同，债权人和债务人的关系就固定下来，债权人不会经常流动；又由于银行信用在借贷中的中介作用，银行借贷的风险较小，因此，银行借贷市场是一种短期资金市场。

证券市场与银行借贷市场之间的一致性表现在：①证券市场与银行借贷市场之间有密切的相互依存性。证券市场一方面要依赖于银行信用发行和推销股票与债券；另一方面它的资本来源有相当一部分直接来自于银行资本或者其他金融机构的资本，银行本身就是证券的买卖者。反过来，银行也依赖于证券市场扩大自己的信用范围，直接筹集银行资本；同时，证券市场促使工商企业提高经济效益，社会财富和企业利润的增加又为银行提供了存款来源。②证券市场与银行借贷市场之间有很强的互补性。由于证券市场与银行借贷市场各有自己的特点，它们可以满足不同的资本供给者与需求者的需要。证券市场可以满足追求资本高收益的投资者的需要；银行借贷市场则可以满足追求稳定的资本收益的投资者的需要。一般而言，银行借贷市场比较适合中小企业融资的需要；而证券市场则比较适合大企业对巨额资金的需要。这种互补性对金融市场和资本市场都是十分重要的，有利于资源的合理配置。③证券市场和银行借贷市场都是资本交易场所，而资本交易在性质上具有追求价值增殖的同一性，从而决定了人们出于对资本收益比较而对市场进行不断的选择，这就使资本总是在这两个市场之间往返流动。在资本供给量一定的情况下，证券市场与银行借贷市场之间存在某种替代性。当货币资本流向证券市场比较多时，流向银行借贷市场就比较少，反之，流向证券市场比较少，流向银行借贷市场的就比较多。这说明两个市场之间客观上存在一定的竞争性。通过竞争，两个市场上的资本收益也会趋于平均化。

在现代信用制度下，股份公司和证券市场为企业之间的兼并与收购提供了一个有效的途径。在资本集中的过程中，不仅表现为分散的单个资本合并为一个个的大资本；而且表现为不同企业之间通过兼并与收购，即并购，进行资本重组而形成一个更大的资本。在现代市场经济中，并购是企业重新分配资源，扩大企业规模，追求更好的效率的重要手段。股份公司把企业的全部资本划分为等额股份，一个企业的资本可以分为数万、数十万、数百万甚至数千万份，这就等于创造了一个标准化的、大批量的商品，即股票。而收购方只要收购一个企业的部分产权，就可以取得收购企业的经营控制权，根本不需要收购整个企业的产权。这与收购方通过中介机构与被收购企业的股东和管理层进行艰苦的谈判相比，不仅效率更高，而且可以大大节约收购成本。此外，证券市场是通过竞争来决定股票价格的，而股票价格反映了市场对一个企业的价值评价，集中了有关企业的资产的质量、赢利能力、行业前景等信息，这就为收购方对被收购企业进行收购判断提供了有利的条件，使之可以很好地确定自己的收购策略。有了股份公司和证券市场对信用制度的支持，收购方可以利用银行信用来筹集收购资金，以确保并购目的的实现。当今世界上的500强企业，几乎都是通过并购而发展起来的。

第四节　虚拟资本及其作用

一、虚拟资本的产生

虚拟资本是指以有价证券形式存在、能给持有者定期带来一定收入的资本。在市场经济社会中，各种有价证券包括股票、债券和票据都能给它的持有者定期带来一定收入，同时能够被人们当作商品来买卖，并且有自己独特的价格决定方式。因此，有价证券容易造成一种假象：仿佛它们本身就是资本。在现实生活中，人们就是把有价证券当作资本，把购买有价证券看成是一种投资行为。比如，某人拥有的股票，年收益为300

美元，如果市场利率为5%，那么，他的资本就等于300美元÷5%=6 000美元，这样，这6 000美元就被他看成是形成300美元收入的资本价值。实际上，这个资本额并不是现实存在的资本，而是一种独立于现实资本之外的、幻想的资本形式。一切有价证券都不是真正的资本，而是虚假的资本，是虚拟资本。

有价证券之所以是虚拟资本，是因为有价证券本身并没有价值，它也不是价值符号，它只是现实资本的所有权或债权的证书。以股票为例，当人们用货币购买了股票之后，真正的资本就转移到股份公司方面去了，进入了企业的生产经营之中，而此时留在股票持有者手里的股票，不过是一种资本所有权的证书或"现实资本的纸制复本"①，人们可以凭借它从股份公司领取一定的收入。股票在证券市场上的流通，形成了虚拟资本的运动。正是因为占有股票就能占有一部分剩余价值，因而，对它的所有者而言，股票就是资本，虽然它不是实际运行中的资本。

虚拟资本是信用制度发展的产物。首先，货币的虚拟化为虚拟资本的产生提供了前提。货币是一般等价物，经历了从贵金属到铸币、再到银行券的演变过程。这一过程实际上就是货币逐步虚拟化的过程。当贵金属作为货币固定下来后，商品世界就被分裂为两极：一极是商品，一极是货币。商品代表要实现价值的使用价值；货币以黄金、白银为材料代表商品的价值。随着信用制度的产生和发展，产生了代替金银及其铸币进行流通的信用工具。最初的信用工具是商业票据——期票和汇票，后来银行开始发行银行券。银行券是由货币作为支付手段的职能引起的，并且是由银行通过票据贴现等信用方式发行的。银行券的发行必须以商业票据为基础。在银行券可以自由兑换金属货币的条件下，银行券的发行量既要适应商业票据流通的需要，也要受到商品流通所需要的货币量的调节。可是，20世纪30年代以后，随着各国陆续放弃金本位制，银行券不再可以兑换黄金，银行券变成了纸币，成为纯粹的货币符号。它们的价值已不再是具有实际价值的物品的保障，而只是一纸信用凭证。这种银行券的运动，只能受到纸币流通规律的支配。恩格斯指出："不能兑现的银行券，只有在它实际上得到国家信用支持的地方……才会成为一般的流通手段。因此，这种银行券受不能兑现的国家纸币的规律的支配。"② 银行券的这种变化，说明了货币本身的虚拟化，而货币的虚拟化是由庞大的信用体系来支持的，它又推动了虚拟资本的产生。

其次，借贷资本信用关系为虚拟资本的产生提供了根据。借贷资本通过资本使用权的定期转让，凭借资本所有权来获得利息收入，也就是依靠资本所有权的债权证明书获取定期收入。借贷资本作为生息资本，具有收入资本化的效应，即人们把利息收入看成是资本带来的，而不管资本的运动是否与生产过程有关，是否与实际财富的创造有关。"在生息资本上，资本关系取得了最表面、最富有拜物教性质的形式。"③ 在借贷资本信用关系中，股票、债券等一切资本所有权证明书，虽然只是现实资本的纸制复本，但可以凭借它获取定期的收入并可以在证券市场上自由地买卖，以实现价值的增殖，因而逐

① 《马克思恩格斯全集》第25卷，北京：人民出版社，1974年，第540页。
② 《马克思恩格斯全集》第25卷，北京：人民出版社，1974年，第594页。
③ 《马克思恩格斯全集》第25卷，北京：人民出版社，1974年，第440页。

渐被人们视为可以独立获取收入的资本形式。这种资本具有不同于现实资本的存在形式，是虚拟资本。借贷资本本身不是虚拟资本，它是以现实资本即货币资本的形式作为生息资本的，但在借贷资本信用关系的基础上产生的股票、债券等有价证券，不仅能依托于现实资本的运动定期获得收入，而且其本身还可以独立运动，可以独立地进行自由买卖并从这种买卖的差价中获利。因而，有价证券完全脱离了现实资本，而取得了一种虚拟的独立的资本形态。

再次，信用制度的逐步完善为虚拟资本的最终形成奠定了基础。股票、债券的发行，从购买者手中获得的现实资本，投入生产经营活动之中，这一过程必须依托信用体系，尤其要依托于银行信用的参与。股票和债券作为企业与投资者之间的信用工具的产生，使同一资本取得了双重的存在：一是投入生产经营活动发挥作用的实际资本，企业获得了资本的使用权或法人财产权；二是以证券形式存在的资本所有权证书，作为现实资本的纸制复本，它本身并没有价值，但它的持有者可以凭借它定期获得收入。股票、债券同一般资本借贷关系中的债权、债务关系是不同的。股票一经出售就不能兑回，股票持有者要承担有限责任；债券虽然到期要还本付息，但在到期之前要变现是比较困难的。对于投资人来说，购买股票和债券都有一定的风险。因此，股票、债券必须能够交易，证券持有者才可能根据自身需要对自己持有的证券进行调整和处理，或收回现金以作他用，或仅仅是为了回避风险而卖掉证券。正是在这种背景下，证券交易市场应运而生。证券市场出现后，证券持有人进行交易的目的也发生了变化，他不再是为了调整资金用途或回避投资风险而进行证券买卖，而是为了赚取证券买卖的差价——一种典型的资本带来的收入。这样一来，基于企业与投资者之间的信用关系而产生的股票和债券，现在却摆脱了这种关系而呈现出自己相对独立的运动形式，具有相对独立的运动规律，甚至成为另一种独立收入的源泉，虚拟资本最终形成了。

虚拟资本产生后，对信用特别是银行信用产生了深刻的反作用。这种反作用表现在以下两方面：

（1）虚拟资本促进了银行资本的虚拟化。股票、债券、不动产抵押单等有价证券的独立运动及其发展，使有价证券日益资本化，在这种背景下，银行在发放贷款时也同意债务人用股票、债券、不动产抵押单等作担保以取得贷款，甚至同意人们在购买股票时，用先购买的股票作担保来获得贷款，再去购买更多的股票。这就使银行的资本分为两个部分：一是现金（包括银行券）；二是有价证券（包括股票、企业债券、公债券、国库券、不动产抵押单、汇票等）。正如马克思所指出的，“银行家资本的最大部分纯粹是虚拟的，是由债权（汇票）、国家证券（它代表过去的资本）和股票（对未来收益的支取凭证）构成的”。银行资本的虚拟化不仅表现为发放贷款时作为担保手段吸纳的股票、证券等，还有相当部分是银行作为一项投资直接购入的企业股票和证券。

（2）虚拟资本导致了大量金融衍生品的产生和发展。金融衍生品是指以货币、外汇、股票、债券等传统金融工具为基础衍生出来的，作为买卖对象的金融商品。如利率期货、股票指数期货、股票期权等。这些金融衍生品具有双重的虚拟性：一是实物资产价值在传统金融工具上的虚拟，如股票、债券等的价格已背离了它们原来所代表的实际资本的价值；二是已经虚拟的传统金融工具在金融衍生工具上进一步虚拟。传统的虚拟资本如股票持有者的收入有一部分在很大程度上取决于所投资的企业的利润及利润分配情况，而衍生证券的利润则已与企业的生产经营没有什么关系了，它源于衍生证券市场上的利润再分配。显然，这对银行信用支撑的金融体系的影响是非常深刻的。

二、虚拟资本与现实资本的关系

现实资本是指以实物或货币形式存在的、投入生产经营过程并能生产剩余价值的资本。现实资本又称实际资本或真实资本。前面指出，虚拟资本不过是现实资本的“纸制复本”，它的产生和发展是以生息资本为基础的，是不能发挥资本的职能作用的，并不是真正意义上的资本。但是，虚拟资本的产生使同一资本表现出两个不同的运动。比如，有一笔100万美元的资本，用于购买某个企业的股票，进入该企业的100万美元就是现实资本，它进入资本循环的过程；而投资者手中的100万美元的股票进入证券市场运行，则是虚拟资本，它进入另一个独特的运动过程。虚拟资本与现实资本之间的关系，既存在统一性，又存在矛盾性。

（1）虚拟资本与现实资本之间的统一性表现在：虚拟资本是现实资本的所有权证书，它的存在和运动必须以现实资本为基础；反过来，虚拟资本的运动对现实资本也产生着重要的影响。现实资本对虚拟资本的基础性作用主要表现在两个方面：一是股票和债券的发行取决于工商企业在实际经济运行中对货币资本的需要，而股票和债券的投资者的收益则取决于工商企业的生产经营情况；二是现实资本的规模决定着股票和债券的发行规模，同时现实资本的循环周期影响着虚拟股票和债券行情的周期波动。虚拟资本对现实资本运动的影响主要表现在三个方面：一是虚拟资本的发行就是货币资本集中的过程，作为现实资本循环运动的起点，虚拟资本能否按计划目标顺利发行，影响着现实资本运用的规模和过程；二是虚拟资本在市场上的流向影响着现实资本的分配结构和比例关系；三是虚拟资本有很强的流动性，扩大了现实资本的活动范围。

（2）虚拟资本与现实资本之间的矛盾性表现在：虚拟资本虽然是现实资本的价值代表，但它的价格却不是由现实资本的价值决定的，而是由预期收益和平均利润率决定的。因此，虚拟资本的价格变动就与现实资本的价值变动相背离，而呈现出相对独立的运动。马克思指出：“作为纸制复本，这些证券只是幻想的，它们的价值额的涨落，和它们有权作为代表的现实资本的价值变动完全无关，尽管它们可以作为商品来买卖，因而可以作为资本价值来流通。它们的价值额，也就是，它们在证券交易所内的行情，在利息率的下降与货币资本特有的运动无关，而单纯是利润率趋向下降的结果时，会随着利息率的下降而必然出现上涨的趋势。”① 虚拟资本的价格与预期收益大小和预期收益的可靠程度成正比，与利息率成反比；同时，虚拟资本与资本市场上的货币供应量相关，当货币供应量不足时，价格会下跌，货币供应量增加时，价格则上涨。

从数量上来看，虚拟资本也不等于现实资本。虚拟资本的数量等于各种有价证券的价格总额，虚拟资本数量的变化取决于各种有价证券的发行数量和它们的价格水平。在有的时候，虚拟资本数量的变化可以反映现实资本数量的变化。比如，发行新的股票或

① 《马克思恩格斯全集》第49卷，北京：人民出版社，1979年，第418页。

债券，引起现实资本的增加，或企业停业或企业破产，引起股票和债券价格下降以致废弃，虚拟资本数量的变化就反映现实资本数量的变化。然而，在一般的情况下，虚拟资本数量的变化并不反映现实资本数量的变化。比如，当商品价值不变时，不管股票市场的行情怎样变化，即不管虚拟资本数量怎样变化，在工商企业运行的现实资本的数量是不会变化的。虚拟资本与现实资本在数量上的差异，是由虚拟资本运动脱离现实资本运动而具有自身的独立性所引起的。随着信用制度的发展，平均利润率的下降，虚拟资本的增长速度往往快于现实资本的增长速度。

三、虚拟资本在现代市场经济中的作用

虚拟资本在市场上的交易使它成为一种资本商品，这种资本商品有自己独特的价格决定方式，也有自己独特的价值运动方式。从表面上看，虚拟资本对于投资者而言，与其他资本形式没有什么区别，都是可以增殖的、能够带来收入的资本。然而，在遇到金融危机或信用紧缩导致各种证券及衍生证券的价格大幅度下降，即虚拟资本大幅度缩水时，人们就会深切地感受到它的虚拟性质。但是，虚拟资本不等于虚无资本，不等于仅仅存在于人们头脑中的、不可捉摸的资本。虚拟资本是市场经济和信用制度的产物，它在现代市场经济运行中的作用是十分重要的。

第一，虚拟资本的存在和发展有利于货币资本的有效配置。有价证券通过证券交易所进行交易，这种交易在社会经济中起着自发分配货币资本的作用，它把货币所有者手中的货币资本，通过有价证券的买卖，分配到国民经济各个部门中去作为长期投资。同时通过证券交易使自己的货币增殖，货币所有者找到了一条直接投资、直接分享投资收益的渠道；而企业则找到了一条直接融资的途径，通过发行有价证券，把证券持有者手中的货币资本作为企业法人财产而加以独立自主地运用。虚拟资本强有力地推动了股份制经济和证券市场的发展，而股份制经济和证券市场成为企业有效融资、扩大生产经营规模的有力工具。社会分散的闲置货币可以最大限度地被集中起来加以运用，人们在以往社会里不能拥有的生产力，在当今社会里可以迅速地加以实现。

第二，虚拟资本的运动有利于提高社会经济的运行效率。虚拟资本的价格随着证券市场供求关系的变化而变化，这种变化自发地调节着货币资本在社会各个部门中的流向和流量。在证券市场上，当某个行业由于市场供求关系的变化出现产品滞销、开工不足，或某个企业由于经营不善出现亏损时，这一行业和企业的股票价格就会随人们预期收益的下降而下跌，人们就会纷纷抛售这一行业和企业的股票；而另一行业和企业却出现了产品旺销、生产扩大和赢利上升，其股票价格就会随人们预期收益的上升而上涨，人们就会纷纷抢购这一行业和企业的股票，货币资本就这样从市场前景与效益不好的行业和企业向市场前景与效益好的行业和企业流动，从而整个社会的经济效益就提高了。此外，随着虚拟资本的发展，资本日益证券化，资本交易方式不断创新，新的金融衍生工具不断出现，这一切不仅拓宽了企业融资的渠道，分散了企业投资的风险；而且有利于企业充分利用资本市场实现资产重组，使资源得到优化配置，能够在低成本的基础上实现规模扩张。

第三，虚拟资本的存在和发展有利于加速新的社会经济部门的形成和发展。随着有

价证券及其衍生证券交易规模的不断扩大，围绕着金融市场、资本市场和证券市场的各种服务部门和经营部门迅速发展起来，形成一系列新的产业。这些新产业创造了大量的就业机会，促进了新经济的形成。社会的金融资产获得惊人的发展，其增长速度超过了社会总产值实际价值的增长速度。据统计，1980—1985 年、1985—1990 年、1990—1996 年，美国的实际 GDP 年增长率分别为 2.7%、2.8%、2.1%，而金融资产年平均增长率分别为 14.38%、10.32%、8.3%；日本的实际 GDP 年增长率分别为 4.0%、4.9%、1.8%，而金融资产年平均增长率分别为 10.1%、11.7%、2.7%；英国的实际 GDP 年增长率分别为 2.1%、3.5%、1.4%，而金融资产年平均增长率分别为 24.2%、49.5%、7.7%。[①] 到了 20 世纪 90 年代后期，全球上市公司的总市值已超过了全球每年生产的所有产品的总价值，而在 1989 年，全球股票的总市值只有全球年度总产值的 42%。虚拟资本的急剧膨胀，是由虚拟资本的独立运动形成的，我国有学者把这一现象称为“虚拟经济”。“虚拟经济”的规模可以用金融资产的数量（SQ）与证券的一般价格水平（SP）的乘积，即 $SQ \times SP$ 来表示。“虚拟经济”一方面加速了社会资本的流通和优化配置，促进了社会经济的发展，另一方面又导致了财富的虚拟化，使虚拟资本价值更加脱离实际资本的价值。

虚拟资本的膨胀和“虚拟经济”的发展带来了一系列新的问题，其中最为突出的是引发了“泡沫经济”。所谓**泡沫经济，是指虚拟资本的过度膨胀引起股票、债券以及房地产价格上涨，形成经济虚假繁荣的现象**。在虚拟资本交易规模膨胀的情况下，货币供应量被分割为两部分：一部分用于商品和劳务的交易媒介，另一部分用于有价证券的交易媒介。在金融资产过度膨胀的国家，短期投机资本非常发达。这些资产在各种金融资产和其他产业之间流动，一旦出现较高收益的机会，就会集中流向某种资产或行业而造成该产业产出价格的高估。在众多的行业和产品中，金融资产没有经济周期，房地产则具有较高的稀缺性，它们最适合短期投机资本的口味，一旦这些属于虚拟经济范畴的资产价格被炒起来，就会吸引其他资产大量进入，从而产生经济泡沫。经济泡沫越大，在货币供应量不变的情况下，用于虚拟资本交易的货币量就越多，用于商品和劳务交易的货币量就越少。而实际经济中的货币量越少，购买实际商品和劳务的总需求就越少。总需求越少，商品和劳务的价格水平就越低，货币购买力也就越强。由于货币购买力是某种货币汇率的基础，从长期来看，虚拟资本越是膨胀，其货币购买力越高，其汇率也越是被高估。但是，一旦投机资本发现经济泡沫过大，就会迅速撤除资金，这时就会引发经济泡沫的破灭，导致那些来不及撤除的资金被套，其持有的金融资金或房地产价格大幅度下跌，遭受巨大损失，形成大量坏账和呆账。这时金融资产的虚拟性就完全暴露出来。总之，只要银行和非银行金融机构为房地产和证券业不加节制地直接或间接融资时，虚拟经济（包括房地产和证券业）就会迅速膨胀，泡沫经济就会迅速形成。20 世纪 90 年代，日本、墨西哥以及东南亚地区发生的金融危机和信用危机，就是虚拟资本过度膨胀和泡沫经济形成的恶果。

面对虚拟资本的膨胀和“虚拟经济”的发展，必须加强宏观经济调控，建立一套

---

① 资料来源：IMF，International Financial Statistics Yearbook 1997 计算整理。

严格的法律和规章制度，严格控制金融资产的盲目扩张，使之不要超过实际经济太远。然而，在发达国家和新兴市场经济国家，对于包括房地产和证券业在内的虚拟经济，目前尚无有效的控制。对金融资产膨胀的有效控制，是发达国家和新兴市场国家共同面临的重要课题。

本章小结

1. 借贷资本是职能资本循环和周转的产物，是一种通过货币借贷关系来参与剩余价值分配的资本形式。借贷是一种信用，借贷资本是生息资本的一种形式。借贷资本形成后，借贷资本的所有权和使用权发生分离，平均利润随之分割为利息和企业利润。利息是平均利润的一部分。

2. 利息是借贷资本家以及货币持有者凭借货币资本所有权从货币资本使用者即职能资本家那里取得的一部分剩余价值，是剩余价值的特殊转化形式。利息取得了一种纯粹是由资本到来的而可以脱离生产经营活动的表象，即收入资本化的效应。

3. 利息率是一定时期内利息量与借贷资本量的比率。它的变动一般取决于平均利润率的高低和借贷资本的供求关系。在借贷资本的供求关系一定时，平均利润率越高，利息率越高；反之，平均利润率越低，利息率就越低。在平均利润率一定时，借贷资本供不应求，利息率上升；借贷资本供过于求，利息率下降。借贷资本供求平衡，利息率的高低取决于习惯和法律。

4. 作为借贷资本运动的形式，商业信用和银行信用的发展奠定了信用制度的基础。银行信用突破了商业信用的局限，扩大了信用的规模和范围，成为市场经济中主导力量。在市场经济中，还出现了国家信用、消费信用和企业信用。

5. 信用增加了投资机会；加速了资本的聚集和集中；加快了商品流转的速度，节省了流通费用；并成为国家调节和干预经济运行的有力工具。同时，信用也会造成虚假繁荣，引发货币信用危机，刺激投机，增加市场的盲目性。

6. 银行是经营货币资本业务的企业，是货币资本借贷关系的中介和货币支付的中介。银行是在商业信用和银行信用的基础上产生的。银行在信用制度的发展中发挥着核心作用，银行在经营货币资本的过程中，产生了银行资本和银行利润。

7. 银行资本由银行资本家少量的自有资本和大量的借入资本组成。银行利润是存贷款利息差减去银行费用的余额，来源于雇佣工人创造的剩余价值。银行利润与产业利润、商业利润一样，也要求不能低于社会上的平均利润。

8. 随着货币形式和信用关系的发展，产生了信用货币。信用货币有广义和狭义之分，广义的信用货币是指能代替金属货币充当支付手段和流通手段的各种信用凭证，如银行券、商业票据等；狭义的信用货币是指由银行信用产生的各种信用凭证，如支票、汇票、期票、存款货币等。信用货币既是债权债务关系的信用凭证，又是以信用为基础的货币符号。信用货币为商品流通创造了方便、安全、快速的条件；同时，为银行与客户之间、银行与银行之间的货币往来和结算提供了有利的条件，对于加强银行自身在国民经济中的地位，促进银行体系的发展具有重要的作用。

9. 信用制度是股份公司的基础，促进了股份制经济和证券市场的产生。股份公司是由若干股东以入股方式筹集社会资本而形成的一种企业组织形式和资本组织形式。股份公司为资本集中提供了一个优于其他企业的企业组织形式，这种优越性表现在：①公司股东仅以其出资额为限对公司债务承担有限责任，以减少和分散投资风险；②公司股票一经售出，便不能退股，但可以在资本市场自由买卖，为投资人带来了很大的灵活性；③公司的法人资产与投资人即股东的资产相分离，所有权和使用权相分离，公司可以脱离它的所有者而独立存在，并不因为股东决定出售股票或者个人安危而影响企业的存续；④公司资产制度的特点，使它可以不受地区、行业、资本数额及来源的限制，在一个很大的空间范围内进行资本的组合和经营。

10. 股票是股份公司发给股东的借以证明其股份数额并用以取得股息的凭证。股票具有不可兑回性、风险性、流通性的特点。股息是股票持有人凭借股票获取的收入。股息实质上是雇佣工人所创造的剩余价值的一部分，是剩余价值的转化形式。股票本身没有价值，但它可以自由买卖。股票买卖的价格即股票价格，是资本化的收入。它与预期股息的高低成正比；与银行利率成反比。在实际生活中，影响股票价格的因素很多：首先是公司生产经营的状况；其次是股票的供求关系、经济周期、货币供应量、物价变动、政府政策以及重大政治事件等企业外部因素；再次是股市投机者人为地操控股价、炒作股票以牟取暴利。

11. 证券市场是专门从事股票、债券和其他有价证券交易的市场。证券市场与银行借贷市场的区别在于：证券市场是一种长期资本市场，债权人与债务人的关系不固定，风险较大；银行借贷市场主要是一种短期资本市场，债权人与债务人的关系是相对固定的，风险较小。然而，证券市场与银行借贷市场又有密切的相互依赖性、很强的互补性，都是资本交易市场，都可以实现资本价值的增殖。股份公司和证券市场为企业之间的兼并和收购提供了新的有效途径。并购是企业重新配置资源、扩大企业规模、追求更好的效率的重要手段。

12. 虚拟资本是能定期带来收入的、以有价证券形式存在的资本。当有价证券可以进行交易并给持有者带来资本化的收入时，就转化为虚拟资本。有价证券之所以可以成为虚拟资本，是因为有价证券本身没有价值，也不是价值符号，它只是现实资本的所有权或债权的证书。虚拟资本是信用制度发展的产物，是现实资本的“纸制复本”。现实资本是以实物和货币形式存在的、投入生产经营过程并能生产剩余价值的资本。虚拟资本虽然代表着现实资本的价值，但它的价格却不是由现实资本的价值决定的，而是由预期收入和平均利润率决定的。虚拟资本的价格与预期收益成正比，与利率成反比。虚拟资本的数量变化可以反映现实资本数量的变化，但多数情况下，并不反映现实资本数量的变化。虚拟资本的增长速度往往快于现实资本的增长速度。

13. 虚拟资本的存在和发展有利于货币资本的有效配置；有利于提高社会经济的运行效率；有利于加快新的社会经济部门的形成和发展。但是，虚拟资本的膨胀也引发了一系列新的经济问题，最突出的是引发了“泡沫经济”。泡沫经济是指虚拟资本过度膨胀引发的股票、债券以及房地产价格上涨的虚假经济繁荣的现象。当虚拟资本过度膨胀、价格上涨预期逆转，泡沫经济就会破灭，从而引发严重的信用危机和金融危机。怎样有效地调控虚拟资本的增长，防范“泡沫经济”的形成和金融危机的发生，是摆在发达国家和新兴市场经济国家面前的重要课题。

复习与思考

1. 为什么说借贷资本是职能资本循环和周转的必然产物？借贷资本形成后，资本关系发生了什么变化？
2. 为什么说在一般情况下，利息只能是平均利润的一部分？
3. 利息率的变动取决于哪些因素？
4. 商业信用和银行信用各有哪些特点？为什么说银行信用在现代信用体系中居于主导地位？
5. 怎样认识信用在现代市场经济中的积极作用和消极影响？
6. 银行是怎样产生的？银行体系由哪些组成部分构成？
7. 什么是信用货币？信用货币在现代市场经济中有哪些重要的作用？
8. 股份公司为什么能成为一种适应现代生产力发展的企业组织形式？它的产生和发展与信用制度有什么关系？
9. 怎样全面认识虚拟资本和信用制度之间的相互关系？
10. 虚拟资本在现代市场经济中有哪些积极作用？虚拟资本的过分膨胀与“泡沫经济”的形成有何联系？

第九章

地　租

土地是现代市场经济中的重要而稀缺的生产要素。土地所有者正是凭借对土地的所有权，通过出租土地给职能资本家从事生产经营活动，参与对雇佣工人创造的剩余价值的分割。本章通过对地租和资本主义生产关系在农业中的发展的分析，阐明现代地租的本质、来源及其主要形式，揭示在土地所有权和使用权相分离、资本和雇佣劳动相结合的基础上，土地所有者、农业资本家和农业工人之间的相互关系，以及剩余价值的分配规律。

第一节　土地所有制与地租

一、资本主义土地所有制的形成

任何地租都是以土地所有制的存在为前提的，土地所有制的性质和所处的经济环境不同，地租的本质及其所体现的生产关系也不同。

资本主义土地所有制是以剥削剩余价值为基础的土地占有形式，即土地所有者凭借对土地的所有权，通过出租土地给职能资本家从事生产经营活动，从雇佣工人创造的剩余价值中榨取地租的所有制形式。资本主义土地所有制是随着资本主义生产方式在农业中的发展，从封建土地所有制和小农土地所有制的瓦解中逐渐形成的。马克思指出："我们所考察的土地所有权形式，是土地所有权的一个独特的历史形式，是封建土地所有权或小农维持生计的农业……受资本和资本主义生产方式的影响而转化成的形式。"①

在西方发达国家中，由于各自不同的具体历史条件，资本主义土地所有制的形成是不尽相同的。归结起来，资本主义土地所有制的形成有两条典型的道路：一条是逐步改良的道路，以19世纪50—60年代欧洲德意志联邦的普鲁士为代表，列宁称之为"普鲁士道路"。当时的普鲁士，封建的农奴制经济占主导地位，普鲁士政府为了推进国家的

---

① 《马克思恩格斯全集》第25卷，北京：人民出版社，1974年，第694页。

工业化，自上而下推行“农业改革”，解除了广大农奴身上的封建枷锁，使封建土地所有制逐渐演变为资本主义土地所有制。在这一历史演变过程中，部分地主或农奴主逐步转化为在自己土地上开办资本主义农场的农业资本家，而原来依附于地主或农奴主的农民或农奴则大部分转化为农业雇佣工人。然而，这种自上而下的“农业改革”是不彻底的，封建残余在相当长的时间里一直存在着，使农业中的资本主义生产关系的发展步履维艰。另一条是革命的道路，以18世纪末到19世纪上半叶的美国为代表，列宁称之为“美国式道路”。美国是一个新兴的国家，没有经历过典型的封建社会。独立之后，为了推进国家的工业化，通过革命手段，废除了以奴隶制为基础的大土地所有制，使小农经济得到迅速发展，再经过小农经济的分化而自由发展为资本主义农场，使农民的小土地所有制转变为资本主义土地所有制。由于这条道路彻底摆脱了封建关系的束缚，农业中的资本主义生产关系发展十分迅速。

西方发达国家通过这两条道路，使资本主义生产方式在农业中占据了统治地位，形成了以雇佣劳动为基础的土地所有制形式。这种土地所有制形成后，一方面大量的农民或农奴摆脱了封建的人身依附关系，成为有人身自由的劳动者，同时也丧失了主要的生产资料，成为出卖劳动力的雇佣劳动者；另一方面大量的土地集中到了少数土地所有者手中，他们不再从事农业的生产经营活动，而是将土地出租给农业资本家，自己坐享其成、不劳而获，凭借对土地的所有权获取地租。

资本主义土地所有制与封建土地所有制相比较，有两个显著的特征：①土地的所有权与使用权相分离。土地所有者完全脱离对农业的生产经营活动，通过出租土地而获取地租；而农业资本家在租来的土地上投入资本，雇佣农业工人从事生产经营活动，以谋取利润。土地所有者除了获取地租以外，不再享有别的权利，土地所有权取得了纯粹经济的形式。②土地所有权与人身依附关系相分离。农民或农奴完全摆脱了对土地所有者的人身依附关系和其他超经济强制，成为可以自由出卖自己劳动力的雇佣工人；而土地所有者与农业资本家之间则是一种纯粹的经济上的契约关系。

在现代的西方发达国家中，除了以雇佣劳动为基础的土地所有制外，随着农业现代化的发展，以自主劳动为基础的土地所有制也成长起来。以这种土地所有制为基础的农业经营单位，称为现代家庭农场。现代家庭农场与传统的小农经济不同，现代家庭农场与市场的联系紧密，以现代农业技术为基础，生产的专业化程度高，生产经营的规模达到一定程度，经济收益较高；而传统的小农经济则与市场的联系微弱，以传统的农业技术为基础，生产的专业化程度低，生产经营的规模小，经济收益微薄，自给自足特征浓厚。现代家庭农场与以雇佣劳动为基础的现代化的大农场也不同，现代家庭农场以自主劳动为基础，只是在农忙季节雇佣少量的短工。现代化的大农场则以雇佣劳动为基础，常年雇佣着相当数量的劳动力从事农业劳动。在经营规模上，现代家庭农场也比现代化大农场小得多；专业化程度也要低一些。现代化大农场所使用的土地可以是经营者自有的，也可以是从纯粹的土地所有者那里租用的。当现代化大农场的土地依靠租借时，其经营所得的利润的一部分就要转化为地租。与这种经营方式相联系的土地所有制就是典型的资本主义土地所有制，即本章考察的对象。

二、资本主义地租的本质

马克思认为，任何地租都是土地所有权在经济上的实现形式，但在不同的土地所有制下，地租的性质是不同的，它所反映的社会生产关系也是不一样的。**资本主义地租是资本主义土地所有制在经济上的实现形式，是资本主义农业中超额利润的转化形式。**归根结底，资本主义地租来源于农业雇佣工人剩余劳动创造的剩余价值，它体现着大土地所有者和农业资本家在共同瓜分剩余价值上既存在利益的一致性，也存在利益的对立性。

在资本主义社会，大土地所有者把拥有的土地出租给农业资本家，目的是获取相应的地租。如果大土地所有者无利可图，得不到任何地租的话，他宁可让土地撂荒也不会白白让人使用。而农业资本家租用大土地所有者的土地，投入相当数量的资本从事农业生产经营活动，目的是为了使投入的资本得到增殖，获得利润。而且农业资本家获得的利润不能低于社会平均利润，不然的话，他就会把资本投入到其他部门去。农业资本家获得的利润只能来源于农业雇佣工人创造的剩余价值，大土地所有者获得的地租也只能来源于农业雇佣工人创造的剩余价值。这样一来，在资本主义社会中，农业雇佣工人创造的剩余价值必然分解为两个部分：农业资本家的利润和大土地所有者的地租。可见，资本主义地租实质上是农业雇佣工人创造的剩余价值的一部分，它体现了大土地所有者与农业资本家之间瓜分剩余价值的经济关系，也体现了大土地所有者与农业资本家之间共同剥削农业雇佣工人的经济关系。

资本主义地租与封建地租的区别主要表现在：①二者存在的经济基础不同。封建地租建立在封建土地所有制的基础之上，并在不同程度上存在着超经济强制，租种土地的农民对封建地主有人身依附关系；而资本主义地租的经济基础是资本主义土地所有制，土地所有者与农业资本家之间，农业资本家与农业工人之间都是一种纯粹的经济关系，而不存在人身依附关系，一般不存在超经济强制。②二者包含的内容不同。封建地租通常包括农民的全部剩余劳动或剩余产品，而资本主义地租并不包含农业雇佣工人创造的全部剩余价值，只是剩余价值的一部分，即超过平均利润以上的超额利润部分。③二者采取的形式不同。封建地租采取的形式有三种：即实物地租、劳役地租和货币地租。以实物地租为主要形式。而资本主义地租则主要采取货币地租形式。④二者所体现的生产关系不同。封建地租体现的是封建社会中两大阶级之间的关系，即封建地主对农民的剥削关系。而资本主义地租则体现的是三大阶级之间的关系，即土地所有者、农业资本家共同剥削农业雇佣工人之间的关系，特别是体现了农业资本家与土地使用者在瓜分剩余价值过程中，既有利益的一致性又有利益的对立性的关系。

值得指出的是，在现代市场经济社会中，地租与租金是有区别的。真正意义上的地租是指农业资本家为了取得土地使用权而支付给土地所有者的代价，它是纯粹由土地所有权而引起的。而人们习惯上所说的租金则是指农业资本家在一定期限内向土地所有者支付的包括货币地租在内的全部货币总额。其中除了真正的地租外，还包括固定资本的利息和折旧费、农业资本家的一部分平均利润和农业工人的一部分工资。为什么在租金中会包括农业资本家的一部分平均利润和农业工人的一部分工资？这是因为在资本主义社会中，既存在资本相对过剩和人口相对过剩，又存在土地所有权垄断。在土地所有者占垄断地位的条件下，拥有相对过剩资本的资本家往往只能让渡一部分平均利润，才能获得土地的使用权；而农业雇佣工人则往往只能让渡一部分工资，才能获得就业的机会。因此，真正意义上的地租与租金在性质上是不同的，在数量上也是不相等的，不能混为一谈。租金的数量一般大于地租的数量。只有明确了二者的区别，才能真正理解资本主义地租的本质。

第二节　资本主义地租的形式

地租根据它的形成条件和原因的不同，可以区分为不同的形式。其中，级差地租和绝对地租是两种基本形式。

一、级差地租

农业生产的基本生产资料是土地，而土地不是整齐划一的，而是有优劣之分的。有的土地处于平原或丘陵地带，自然条件好：土地肥沃、气候湿润、地势平坦；有的土地处于山区，自然条件差：土地贫瘠、气候干旱、地势陡峭；有的土地离市场比较近，农产品的储存和运输成本比较低；有的土地离市场比较远，农产品的储存和运输成本比较高。因此，在其他条件相同的情况下，同样的资本投在优等地上，就会比投在中等地上得到更多的收益；同样的资本投在中等地上，就会比投在劣等地上得到更多的收益。所以，除了租种劣等地的资本家外，其他农业资本家都能获得超额利润。农业资本家必须把所得到的这部分超过平均利润以上的超额利润，以地租的形式交给大土地所有者。**这种由经营较优土地而带来的超额利润所形成的地租，称为级差地租。**

可见，土地好坏的差别是级差地租产生的条件。那么，级差地租产生的原因是什么呢？对此，需要进一步分析农业经营中所形成的超额利润与工业经营中所形成的超额利润的不同之处。

首先，农业中的基本生产资料之一是土地，而土地与其他生产资料的不同之处在于它是自然界所赋予的，而且在数量上是不可多得的。一旦某块土地被某个农业资本家所租用，在租约期内，别的农业资本家就不可能使用它，于是，就产生了对土地的经营垄断。这种垄断排除了其他生产部门与农业部门的竞争，使农业中所形成的超额利润具有经常性和稳定性。而工业中所使用的基本生产资料是厂房、机器、设备、工具等，这些物质资本是人们在经济活动中生产出来的，其数量是可变的。当个别工业企业采用先进技术，提高劳动生产率，使个别生产价格低于社会生产价格时，就可以得到超额利润。但是，工业中的超额利润是不稳定的，一旦其他企业也采用先进技术，提高劳动生产率，这种超额利润就会随之消失。因而，工业中的超额利润是不稳定的。

其次，土地数量是有限的，决定了农业中存在土地的经营垄断，从而决定了农产品的社会生产价格由劣等地的生产条件决定，而不是由中等地或平均生产条件决定。由于土地数量有限，当优等地和中等地的经营被垄断时，经营劣等地的资本家若得不到平均利润，他就会退出农业生产经营，而将资本转移到别的更加有利可图的部门去。这就会造成农产品供给的减少，引起农产品价格的上涨。这种价格上涨的现象一直要持续到经营劣等地的资本家也能获得平均利润为止。这就是说，为了使劣等地投入耕种以满足社会对农产品的需求，就要使经营劣等地的资本家也能获得平均利润。因此，农产品的社会生产价格只能由劣等地生产的农产品的个别生产价格决定。这样一来，经营优等地和中等地的资本家，由于自然条件的优越，有较高的劳动生产率，其农产品的个别生产价格就低于社会生产价格，但他们必然仍按社会生产价格出售自己的农产品，因此，他们必然会得到数额不等的超额利润。然而，农业资本家不能占有这些超额利润，因为他们经营的土地是从土地所有者那里租来的，他们只能把得到的超额利润以级差地租的形式交给土地所有者。

由此可见，**级差地租产生的原因是农业中存在土地经营的垄断，而土地的肥沃程度和离市场的远近是级差地租产生的条件**。值得指出的是，级差地租不是土地的产物。西方一些经济学家把级差地租归结为土地的恩赐是完全错误的。实际上，在市场经济条件下，任何地租都来源于农业雇佣工人的剩余劳动。级差地租是超额利润或超额剩余价值的转化形式，来源于农业雇佣工人的剩余劳动。因为耕种优等地和中等地的农业工人的劳动是一种较高劳动生产率的劳动，应该视为一种加强的劳动。所以，这样的劳动比耕种劣等地的劳动能创造出更多的价值，形成超额利润。农业工人的剩余劳动是级差地租的唯一来源。

由于级差地租形成的具体条件的不同，级差地租可以划分为两种形态：级差地租Ⅰ和级差地租Ⅱ。

1. 级差地租Ⅰ

级差地租Ⅰ是指农业资本家将同量资本投在面积相同而肥沃程度和所处位置不同的土地上，具有不同的劳动生产率而形成的超额利润转化而来的级差地租。土地肥沃程度的差别包括自然肥力的差别和社会对土地改良的差别。土地肥力不是一成不变的，它会在人类的生产活动的影响下不断变化。在多数情况下，土地肥力会随着人类对土地的改良而增强；但是，如果人类的生产活动违背了自然规律，对土地进行掠夺性经营，就会导致土地肥力的下降。然而，在一定的时期内和一定的技术条件下，不同土地的肥沃程度总是存在的，并会使投入在它们之上的资本具有不同的生产率。因此，投在优等地和中等地上的资本比投在劣等地上的资本具有较高的生产率，其产品的个别生产价格就比劣等地的产品的个别生产价格要低。然而，农产品的社会生产价格是由劣等地的个别生产价格决定的。这样一来，经营优等地和中等地的资本家在按社会生产价格出售自己的农产品后就必然会得到数额不等的超额利润。在土地所有权的作用下，这种超额利润就转化为级差地租Ⅰ。为了更清楚地说明级差地租Ⅰ的形成，下面以同量资本同时投在肥沃程度不同的三种土地上的经营情况进行比较。

土地等级	投入资本（元）	平均利润（元）	产量（担）	个别生产价格（元）		社会生产价格（元）		级差地租Ⅰ（元）
				每担	全部产品	每担	全部产品	
劣等地	10 000	2 000	80	150	12 000	150	12 000	0
中等地	10 000	2 000	100	120	12 000	150	15 000	3 000
优等地	10 000	2 000	120	100	12 000	150	18 000	6 000

从表中的数据可以看出，三块土地的面积相同，投入的资本相同，平均利润相同；但土地的肥沃程度不同，其产品就不一样。单位产品的个别生产价格分别是劣等地150元、中等地120元和优等地100元。农产品每担都按150元的社会生产价格出售。结果，除了经营劣等地的资本家没有获得超额利润外，经营中等地和优等地的资本家除了获得平均利润外，还分别获得3 000元和6 000元的超额利润。这些超额利润就转化为级差地租Ⅰ。

土地位置的差别，即土地离市场的远近和交通条件的好坏也是形成级差地租Ⅰ的条件。因为土地距离市场远近和交通条件好坏的不同，可以引起农产品的运输成本的差异。经营位置距离市场近或交通条件好的土地，花费的运输成本就少，它的个别生产价格就低；经营位置距离市场远或交通条件差的土地，花费的运输成本就多，它的个别生产价格就高。农产品的社会生产价格是由位置距离市场远和交通条件差的个别生产价格决定的。因此，经营位置距离市场较近或交通条件较好的土地的资本家，就可以获得超额利润。这部分超额利润也形成级差地租Ⅰ。

2. 级差地租Ⅱ

级差地租Ⅱ是指农业资本家连续对同一土地追加投资，从而形成较高的劳动生产率所获得的超额利润转化而成的级差地租。在资本主义发展的初期，农业生产的发展主要靠扩大耕种面积，那时的级差地租主要是级差地租Ⅰ。随着资本主义的发展和人口的增长，可开垦的荒地越来越少；同时，农业技术也在不断进步，农业的经营方式也在发生变化，由主要靠扩大土地经营面积的粗放经营转化为主要在原有土地上追加投资的集约经营。通过在同一土地上追加投资、采用先进技术、改良品种、加强田间管理等措施，实行集约经营，提高劳动生产率，增加单位面积的产量，以满足社会经济和人口增长对农产品的需求。只要追加投资的劳动生产率高于原有劣等地的劳动生产率，追加投资所增加的产量的个别生产价格就低于劣等地产量的个别生产价格。由此，追加投资就可以获得超额利润，并转化为级差地租Ⅱ。

土地等级	投入资本（元）	平均利润（元）	产量（担）	个别生产价格（元）		社会生产价格（元）		级差地租（元）	
				每担	全部产品	每担	全部产品	Ⅰ	Ⅱ
劣等地	初次 10 000	2 000	80	150	12 000	150	12 000	0	
	追加 10 000	2 000	100	120	12 000	150	15 000		3 000
优等地	初次 10 000	2 000	120	100	12 000	150	18 000	6 000	
	追加 10 000	2 000	150	80	12 000	150	22 500		10 500

从表中的数据可以看出，经营劣等地的农业资本家最初的投资 10 000 元没有超额利润，就没有任何级差地租。然而，当他追加投资 10 000 元改良土地、采用先进农业技术时，追加投资的产量达到 100 担，如果农产品的社会生产价格不变，仍为 150 元/担，就可以获得超额利润 3 000 元，在土地所有权的索取下，这 3 000 元超额利润便转化为级差地租Ⅱ。在优等地上追加投资也会产生同样的结果。经营优等地的资本家初次投资 10 000 元所得到的 6 000 元超额利润，是优等地的自然优势下较高的农业劳动生产率的产物，这 6 000 元超额利润在土地所有权的索取下转化为级差地租Ⅱ。当经营优等地的资本家追加投资 10 000 元对优等地进行进一步改良后，农产品的产量进一步提高，达到 150 担。在农产品的社会生产价格仍为 150 元/担时，可以产生10 500元的超额利润。在土地所有权的索取下，这 10 500 元超额利润便转化为级差地租Ⅱ。

值得指出的是，表中所列数据中追加投资都是在原有基础上的等量追加，即初次投资 10 000 元，追加投资也是 10 000 元。这样做仅仅是为了分析的方便和便于理解，从理论上讲，也可以把增加的产量看作追加投资的结果，并对之进行独立的分析。在现实生产中，不可能都是进行等量的追加投资的。事实上追加投资总是和原有投资合在一起使用的，其产量也是不可能按资本分开的。比如，经营优等地的资本家在第二年生产时，不是分两次投资，而是一次就投资 20 000 元，当年就生产出 270 担，比第一年的投资增加了 10 000 元，产量增加了 150 担。

农业资本家追加投资所产生的超额利润能否转化为级差地租Ⅱ，在土地所有者与农业资本家签订土地契约时是不确定的。因为在签约时，农业资本家是否追加投资以及追加投资是否能带来新的超额利润都是不确定的。土地所有者在与农业资本家签订土地契约时，只能确定级差地租Ⅰ。因为由土地肥力和位置优越而产生的超额利润是明明白白的，在土地出租前就已客观存在。因此，土地所有者在与农业资本家签订土地契约时，理所当然地将它占为己有。然而，农业资本家追加投资所产生的超额利润是在签订土地契约之后才产生的。在租约有效期内，这部分超额利润归农业资本家占有。只是到了租约期满后重新签订合同时，土地所有者才会要求提高地租额，将追加投资所产生的超额利润占为己有。这样，原来由农业资本家追加投资而产生的超额利润就以级差地租Ⅱ的形式落到土地所有者的手中。因此，土地所有者总是力图缩短租期，以利于及时提高地租数额。而农业资本家则会力争延长租期，以便在租约有效期内最大限度地收回投资，并获取更多的超额利润。可见，在资本主义制度下，土地所有权与使用权相分离的条件下，土地所有者不仅同雇佣工人的利益相对立，而且同资本家的利益也相对立。大土地所有权的存在，不利于土地的改良和合理利用，阻碍了农业现代化的发展。

二、绝对地租

农业资本家租种劣等地不向土地所有者交纳级差地租，但是，这并不是说不交纳任何地租。在土地私有制下，不论租种哪一类土地，即使是最劣等的土地，也必须交纳地租，否则，土地所有者宁肯让土地闲置，也不会白白让农业资本家使用。**这种由土地所有权垄断所产生的，无论土地等级优劣都必须交纳的地租，就是绝对地租。**当然，租种劣等地的农业资本家也必须获得平均利润，否则，他就会把他的资本转移到别的部门中去。劣等地的经营既要保证农业资本家获得平均利润，又要保证支付给土地所有者的绝对地租，那么，绝对地租是从何而来的呢？

绝对地租是由农业中的超额利润转化而来的，但形成绝对地租的超额利润的产生，不是因为农产品的个别生产价格低于社会生产价格，而是由于农产品的价值高于社会生产价格，这中间的差额便是农产品的超额利润。这就是说，绝对地租是农产品的价值高于农产品的社会生产价格的差额。问题是，农产品的价值为什么会高于农产品的社会生产价格呢？前面在分析平均利润和生产价格时已经指出，资本有机构成不同的部门，其生产价格和商品价值是不一致的。资本有机构成低的部门，其产品的生产价格低于价值；资本有机构成高的部门，其产品的生产价格高于价值。当资本可以在各个部门之中自由转移时，随着供求关系的变化，价值转化为生产价格，剩余价值转化为平均利润，等量资本等量利润的原则得到实现。当生产价格形成后，产品的市场价格不再以价值为基础，而是以生产价格为基础。但是，在资本主义发展的一定时期中，农业资本有机构成低于社会平均资本有机构成是客观存在的普遍现象。正是这种现象的存在，使同量资本在农业中可以比工业中吸收更多的劳动力，从而可以生产更多的剩余价值。在剩余价值率相同的情况下，农业部门创造的剩余价值高于平均利润，从而农产品的价值就高于社会生产价格。因此，农产品按高于社会生产价格的价值出售，农产品的价值和生产价格之间的差额就形成农业中的超额利润。这种超额利润在土地所有权的索取下，就转化为绝对地租。绝对地租的形成可以用下表加以说明：

生产部门	资本有机构成	剩余价值率（m'）	剩余价值	利润率（p'）	平均利润	产品价值	生产价格	绝对地租
工业	$80c:20v$	100%	20	20%	20	120	120	0
农业	$70c:30v$	100%	30	20%	20	130	120	10

表中数据表明，工业和农业的资本分别为100，剩余价值率都是100%，利润率都是20%，平均利润都是20，但是，二者的资本有机构成不同，工业部门为$80c:20v$，所以，产品的价值和生产价格都是120；农业的资本有机构成低于工业，为$70c:30v$，其产品价值为130，农产品的价值与生产价格的差额为10，这个差额形成农业中的超额利润并转化为绝对地租。

为什么农产品能够长期按高于生产价格的价值出售，获得稳定的超额利润并转化为绝对地租呢？根本原因是：农业中存在着土地私有权的垄断。土地私有权的垄断与私有权是有区别的。在工业中同样存在私有权，但并不能形成私有权垄断。这是因为一些资本家对机器设备等生产资料的私有权并不能排斥其他资本家拥有同样的生产资料，因而他们无法排斥其他资本家到这个部门来投资。虽然在工业部门中也存在资本有机构成的不同，等量资本带来的利润也是不同的，但是，由于工业各部门之间存在竞争和资本的自由转移，各部门之间的利润趋于平均化，形成平均利润。而农业部门的情况就不一样，土地作为农业生产的重要生产资料，数量是有限的，它一旦被私人占有之后，对土地的私有权就形成一种垄断，阻碍和排斥着工商业等部门的资本自由转移到农业部门中去，因而使农业部门不参与工业部门的利润平均化过程。医此，农产品就能按高于社会生产价格的价值出售，获得稳定的超额利润并转化为绝对地租。

绝对地租产生于超额利润，而超额利润又是剩余价值的转化形式，因此，**绝对地租的源泉归根结底仍然是农业雇佣工人创造的剩余价值。绝对地租产生的原因是土地私有权的垄断，而农业中资本有机构成低于社会平均资本有机构成，则是绝对地租产生的客观经济条件。**

三、垄断地租

在现代市场经济中，地租除了级差地租和绝对地租这两种形式之外，还有垄断地租。**垄断地租是由垄断价格带来的超额利润转化而成的地租。**它是资本主义地租的一种特殊形式。垄断价格是由独占而形成的价格，它与一般生产价格或产品价值所决定的价格是不同的。比如，在工业企业中，由于专利权形成某种产品的独占而规定的价格就是一种垄断价格。在农业中也会出现这种现象，由于某种独特的自然条件而生产的某些独特的产品，就会形成垄断价格，从而形成一种超额利润。当土地所有者凭借土地所有权将这种超额利润占为己有时，这种超额利润就成为垄断地租。比如，某个葡萄园生产的葡萄有一种独特的品质，由这种葡萄生产的葡萄酒特别好，并且其产量比较小，因此就会提供一个垄断价格，葡萄种植者将会实现一个相当大的超额利润。如果这块具有独特品质的土地是租借而来的，这种超额利润就会转化为垄断地租，归土地所有者占有。这样，垄断价格产生垄断地租。这种垄断价格不是由一般的生产价格或价值决定的，而是由购买者有支付能力的需求决定的。这种垄断价格的形成是对特别优越的土地的经营垄断的结果。无论是农业还是非农业用地都是如此。而这种特别优越的土地的所有权又属于土地所有者，因此，这种由垄断价格而获得的超额利润就以地租的形式落入土地所有者手中。

由此可见，对土地的所有权的垄断使这种超额利润转化为垄断地租。这种垄断地租的来源，其主要部分来源于整个社会剩余价值的一部分，是通过商品买卖实现再分配的结果。

垄断地租产生于垄断价格，反过来，垄断价格也会产生于地租。由于土地所有权垄断的存在，开垦耕地也要支付地租，导致农产品供给短缺，农产品价格不仅高于它的社会生产价格，而且高于它的价值。在这种情况下，地租就会产生垄断价格。

四、矿山地租和建筑地段地租

在现代市场经济中，对土地所有权的垄断和土地经营权的垄断在非农业部门中也广泛存在，尤其是与土地联系比较紧密的采掘业和建筑业。开采矿山和使用建筑地段的资本家都必须向土地所有者交纳地租，这种地租称为矿山地租或建筑地段地租。矿山地租或建筑地段地租的形成与农业地租的形成有相同之处，都要遵循共同的规律。但是，矿山地租或建筑地段地租也有各自的特点。

1. 矿山地租

矿山地租是经营矿山的资本家为了采矿而向矿山土地所有者交纳的地租。由于各个矿山的矿藏量的多少、品位的高低、埋藏的深浅以及交通条件等方面都存在差别，因而，同一种矿产品的生产费用是不同的，其个别生产价格也就不一样。在矿山有限并存在经营垄断的条件下，矿产品的社会生产价格同农产品的社会生产价格一样，是由在劣等条件下生产的矿产品的个别生产价格决定的。因此，经营优等条件和中等条件的矿山资本家就可以获取超额利润，并转化为级差地租交纳给矿山的土地所有者。从采矿业中的普遍情况来看，所需购买的原材料较少而需投入的劳动力较多，因而采矿业的资本有机构成通常低于其他工业部门的资本有机构成，矿产品的价值会高于它的社会生产价格。采矿业与农业的情况是一样的，都存在土地所有权的垄断，所以，矿产品也可以按高于它的社会生产价格的价值出售，从而获得超额利润，并转化为绝对地租。此外，还有极少数稀有而珍贵的矿产品，由于生产中和生活中的特殊需要，因而也可以按高于其价值的垄断价格出售。由这种垄断价格所产生的超额利润转化为垄断地租。

2. 建筑地段地租

建筑地段地租是资本家租用土地修建工厂、商店、写字楼、住宅、码头、车站等建筑物而向土地所有者交纳的地租。在建筑地段地租中，土地的位置对级差地租有决定性的影响。位置特别优越的地段的土地，如繁华的城市中心地区、经济发达的中心城市的车站、码头，还同时具有垄断地租的性质。随着经济与社会的不断发展，人口不断向城市聚集，城市规模不断扩大，城市建设日新月异，建筑地段地租也不断上涨。

随着城市建筑地段地租的不断上涨，城市房地产的价格也在不断飙升，往往导致城市中低收入阶层的居住陷入困境，而土地私有者却获得更多的收入。为此，政府必须肩负起为城市低收入阶层提供低租金的公寓或经济适用住房的责任，不断改善城市低收入阶层的居住条件。同时，政府要对由城市建筑地段地租引起的房地产的垄断价格进行适当的干预，以防止房地产投机者的恶意炒作引起房地产价格的暴涨。

以上各种地租都是由租用土地的资本家交纳给土地所有者的。随着经济与社会的不断发展，在发达国家和新兴市场国家中，土地所有者自己以雇佣劳动方式经营土地的现象越来越多。在这种情况下，土地所有者事实上同时扮演着两个角色：土地所有者和土地经营者。因此，他们也获得了两份收入：一份是经营土地所获得的平均利润；一份是作为土地所有者所得到的地租。如果一些小的土地所有者，以自己劳动为主来经营土地，他事实上就同时扮演着三个角色：土地所有者、土地经营者和劳动者。他的收入就由劳动收入、土地收入和经营收入构成。

第三节　土地价格

土地是生产经营活动必不可少的生产要素，不仅农业生产离不开土地，工商业生产经营也离不开土地，甚至非生产经营活动如文化、教育、卫生、体育以及政府的活动都离不开土地。在现代市场经济中，为了更好地利用土地，土地成为人们买卖的对象，有了自己的价格，即土地价格。

虽然人们在开垦处女地时花费了人类劳动，但是，自然界广袤的土地却不是人类劳动的产物而是天然就存在的。如果买卖一块已被开垦的土地，它的价格中包含了开垦这块土地所耗费的人类劳动这一因素，但是，这一因素在整个土地价格中是很小的一部分，可以忽略不计。因此，我们一般说土地没有价值。没有价值的土地为什么能买卖而且有价格呢？土地之所以能买卖，是因为在市场经济中，一切被占有、有使用价值并可以带来一定收入的东西都可以当作商品来买卖。土地是被土地所有者占有并可以凭借土地所有权获得地租的财产，因而可以成为买卖的对象。人们购买土地实际上是在购买取得地租的权力，所以，马克思认为，土地价格实际上“不是土地的购买价格，而是土地所提供的地租的购买价格”①。从这个意义上讲，土地价格是资本化的地租收入。它不是价值的货币表现，而类似于股票价格。股票价格是资本化的股息，土地价格则是资本化的地租。

因此，土地所有者把出卖土地所得到的货币存入银行所取得的利息，必须与他原来的地租收入相等，他才愿意出卖这块土地。所以，土地价格的高低取决于两个因素：地租和利息率。用公式表示为：

土地价格 = 地租÷利息率

例如，某土地所有者有一块土地，每年收取地租 2 000 元，当他卖掉这块土地时，所获得的货币在存入银行后，必须每年获得 2 000 元利息收入。假定利息率为 5%，这块土地的价格便是 40 000 元。由此可见，土地价格与地租成正比，与银行利息率成反比。

随着经济与社会的不断发展，土地价格有不断上涨的趋势。究其原因，主要有两个方面：一是作为不可再生的资源，土地的数量是既定的，而人类对土地的需求会随着人口的增加和经济社会的发展而不断增加，供求矛盾十分突出，所以，地租有不断上涨的趋势；二是随着资本有机构成的提高，平均利润呈现下降趋势，从而利息率也有下降的趋势。因此，即使地租不上涨，土地价格也在不断上涨。

第四节　马克思地租理论在我国市场经济发展中的应用

马克思的地租理论揭示了土地所有权和土地经营权在现代市场经济发展过程中是可以分离的。在土地所有权和土地经营权相分离的条件下，土地所有者权益的实现方式是获取绝对地租，即绝对地租存在的根本原因是土地所有权的垄断；而土地经营的垄断则是级差地租存在的根本原因。为了获取尽可能多的级差地租Ⅰ，土地所有者会将土地出租的时间缩短，从而阻碍了土地的集约化经营，导致了对土地的掠夺性经营。同时，由于土地数量的有限性和土地需求的不断增长，地租和土地价格也在不断增长，从而对低收入阶层的基本生活产生了极其不利的影响。马克思的这些分析，为我国在发展社会主义市场经济的过程中，在坚持土地国家所有制和土地集体所有制的前提下，如何运用地租机制去有效调节土地资源的合理配置和合理利用，提供了理论指导。

① 《马克思恩格斯全集》第 25 卷，北京：人民出版社，1974 年，第 705 页。

一、农村土地集体所有制下的地租问题

在我国，现有的土地所有制有两种形式，即土地国家所有制和土地集体所有制。在农村，土地所有制的主要形式是土地集体所有制。在土地集体所有制下，又有两种经营方式：一种是集体所有集体经营，另一种是集体所有家庭承包经营。目前，我国农村的主要经营模式是集体所有制下的家庭承包经营。从表面上看，承包集体所有的土地，对集体成员来讲，是不需要交纳任何地租的。但是，在这种经营模式发展的一定时期，承包经营的农户每年要向村委会上交一定数量的货币，以维持村委会正常履行其职能和村民的公益事业，如道路、学校的修建等。承包经营农户上交的货币，就其性质而言，属于地租。与土地私有制下的地租不同的是，这种地租由集体占有，主要部分用于集体福利。由于不同农村集体之间的土地存在差异，即存在土地数量的多少、土地肥沃程度的不同、离城市市场的远近等，因此，承包农户上交的地租也有所不同。所以，农村集体所有制下的地租，既含有绝对地租的成分，也含有级差地租的成分，甚至极少数含有垄断地租的成分。由此形成了不同农村集体之间富裕程度的差异。在土地集体所有集体成员家庭承包的体制下，土地承包经营权的有偿转让问题一直没有得到很好的解决。

在我国的一部分地区，主要是靠近城市，尤其是靠近大城市的地区，一部分农村集体利用自己拥有的土地和区位优势，率先发展乡镇集体企业。随着乡镇集体企业的发展壮大，不仅解决了农业剩余劳动力的就业问题，而且初步实现了农业生产的规模经营。它们在更高层次上，实行集体所有集体经营的模式，初步走上了共同富裕的道路。土地集体所有集体经营的模式与土地租借经营相比，除了获得平均利润之外，还可以获得超额利润，即归土地所有者占有的地租，从而为增加资本积累奠定了坚实的基础。

总之，在农村土地集体所有制下，绝对地租在一定范围内仍然存在；级差地租则普遍存在，但由于土地家庭承包经营的年限相当长，由集约经营产生的超额利润，归土地经营者所有；极少数农村集体占有特别优越的土地，还可以获得垄断地租。

二、城市土地国家所有制下的地租问题

1. 城市绝对地租

在我国，城市的土地是国家所有的，当然也是国家垄断的。在发展市场经济的过程中，任何企业、事业单位和个人使用国家所有的土地，必须交纳相应的地租。这种地租属于什么性质？它的来源是什么？人们的认识还没有取得一致。有学者认为，马克思所说的产生绝对地租的条件是不适合工业的，因此，考察城市的绝对地租时，必须把非农业地租和农业地租统一起来加以考察。所以，社会绝对地租只能来自商品生产价格的一部分。这样一来，马克思的生产价格的计算公式在考虑了地租因素之后，应修改为：生产价格 = 成本价格 + 平均利润 + 平均绝对地租。① 这就是说，在城市，任何企业、事业单位和个人使用国家所有的土地所交纳的地租属于绝对地租的范畴，而城市绝对地租来

① 张喜燕：《〈资本论〉与中国经济理论热点》，北京：中央党校出版社，1999 年，第 245 页。

自于加入了平均绝对地租之后的商品生产价格。这种意义上的商品生产价格高于原有意义上的商品生产价格，即生产价格 = 成本价格 + 平均利润。二者的差额所形成的超额利润，交纳给国家就成为城市绝对地租。

2. 城市级差地租

马克思曾详细讨论过建筑地段地租，并把城市地租包含在建筑地段地租之中。在建筑地段地租中，主要由区位条件形成的级差地租占主导地位。在城市之中，由于历史原因形成了城市中心区、繁华区和边缘区，从而产生了不同区位的交通、通信、人口密度、人口流动频率的差异，这些差异都会对各种企业的经营收益产生直接的影响。区位条件优越的企业可以获得相当数量的超额利润，并转化为级差地租。城市级差地租不同于农业级差地租之处，在于区位条件对级差地租的形成起决定性的作用，而且随着城市化步伐的加快，这种作用越来越明显。

但是，进一步考察城市的土地，可以看到，城市土地不存在绝对劣等的土地。这是因为城市处在不断的发展之中，区位条件也处在不断的变化之中；同时，不同的区位对不同的企业来讲，优劣是相对的。比如，城市郊区对于商业企业而言，区位条件显然不如城市中心区，但对于工业企业来讲，它却优于城市中心区。正是城市土地使用上的复杂性，使城市土地不可能具有对整个城市而言的绝对劣等地，但仍然存在对某些行业的绝对劣等地。

影响城市级差地租最重要的因素是区位条件，除此之外，城市产业的性质也是影响城市级差地租的重要因素。一般而言，第三产业用地效益高于第二产业，第二产业用地效益又高于第一产业。同时，各个产业内部差别也比较大。另外，城市的规模对城市级差地租也有较大的影响。一般而言，城市越大，其土地收益就越大，小城市、小城镇的土地收益远远小于大城市的土地收益。

总之，城市级差地租是城市土地使用费用中比重较大的一个部分，对企业的影响也较大。因此，在城市土地归国家所有的条件下，正确计算级差地租的数量和确定级差地租的归属，对于合理评价企业的经营能力和经营效果，合理评价不同地区、不同行业以及不同部门之间的发展差距，合理分配级差地租，有十分重要的意义。

3. 城市垄断地租

垄断地租是由特别优越的土地的独占而形成的产品的垄断价格的产物。这种垄断价格是由购买者的购买欲望和购买能力所决定的。马克思指出："当我们说垄断价格时，一般是指这样一种价格，这种价格只由购买者的购买欲和支付能力决定，而与一般生产价格或产品价值所决定的价格无关。"① 在城市，垄断地租的产生也不例外。在城市，垄断地租产生的基础是这块土地具有特别优越的位置，及其对这个位置有支付能力的需求。在城市，特别优越地段的土地总是稀缺的，一般而言，这种位置不可能在短期内改变。由于位置上的特殊性而形成地面之上的建筑物的特殊价值，谁想占有它，就必须支付特别高的价格，这种价格就是垄断价格。由它形成了城市的垄断地租。

城市的垄断地租与城市的级差地租是有区别的，不能混为一谈。从二者的形成条件

① 《马克思恩格斯全集》第25卷，北京：人民出版社，1974年，第873页。

看，级差地租的形成条件是土地等级的差别，土地位置越优越，土地经营的收益越高，成本越低，个别生产价格低于社会生产价格，从而形成超额利润。而城市垄断地租虽然也与土地位置有关，但转化为垄断地租的超额利润更主要的是由对土地产品——地段优越的地面上的建筑物的特殊需求和足够的支付能力所决定的。只要这种特殊需求和足够的支付能力存在，即使这种优越位置并未带来空间利用上的充分合理和节约，生产率没有提高，垄断地租仍然会存在。再从二者形成的基础看，级差地租的超额利润最终会与产品的价值相一致，并不超过其价值；而垄断地租所依据的垄断价格却远远超过其价值。在城市的房地产买卖中，远远高于其价值的垄断价格是屡见不鲜的。

在承认市场经济和土地国家所有的条件下，垄断地租的客观存在，对于国家利用地租机制去合理调节城市用地，促进土地合理利用和土地资源的合理配置具有十分重要的意义。由于存在垄断地租，那些区位效益高从而有能力支付高额地租的产业和生产经营活动，就会向城市区位优越的区域聚集；而那些占据了城市中心区而不能产生高区位效益，因而无力支付高额地租的产业和生产经营活动，将被迫退出城市中心区域，让位于区位效益高的产业和生产经营活动。总之，国家可以运用垄断地租机制，去限制土地使用上的浪费现象，促进城市产业结构的优化升级，协调土地使用者之间的利益关系。

本章小结

1. 资本主义土地所有制是以剥削剩余价值为基础的土地占有形式，即土地所有者凭借对土地的所有权，通过出租土地给职能资本家从事生产经营活动，从雇佣工人创造的剩余价值中榨取地租的所有制形式。

2. 资本主义土地所有制是随着资本主义生产方式在农业中的发展，在封建土地所有制和小农土地所有制的瓦解中逐渐形成的。资本主义土地所有制的形成有两条典型的道路：一条是逐步改良的道路，以19世纪50—60年代欧洲德意志联邦的普鲁士为代表，列宁称之为"普鲁士道路"。另一条是革命的道路，以18世纪末到19世纪上半叶的美国为代表，列宁称之为"美国式道路"。

3. 资本主义土地所有制与封建土地所有制相比较，有两个显著的特征：①土地的所有权与使用权相分离。②土地所有权与人身依附关系相分离。

4. 在现代的西方发达国家中，除了以雇佣劳动为基础的土地所有制外，随着农业现代化的发展，以自主劳动为基础的土地所有制也成长起来。以这种土地所有制为基础的农业经营单位，称为现代家庭农场。

5. 资本主义地租是资本主义土地所有制在经济上的实现形式，是资本主义农业中超额利润的转化形式。归根结底，资本主义地租来源于农业雇佣工人剩余劳动创造的剩余价值，它体现着大土地所有者和农业资本家在共同瓜分剩余价值上既存在利益的一致性，也存在利益的对立性。

6. 资本主义地租与封建地租的区别主要表现在：①二者存在的经济基础不同。②二者包含的内容不同。③二者采取的形式不同。④二者所体现的生产关系不同。

7. 在现代市场经济社会中，地租与租金是有区别的。真正意义上的地租是指农业资本家为了取得土地使用权而支付给土地所有者的代价，它是纯粹由土地所有权而引起的。而人们习惯上所说的租金则是指农业资本家在一定期限内向土地所有者支付的包括货币地租在内的全部货币总额。其中除了真正的地租外，还包括固定资本的利息和折旧费、农业资本家的一部分平均利润和农业工人的一部分工资。

8. 级差地租是由经营较优等级的土地具有较高生产率所产生的超额利润的转化形式。级差地租产生的自然条件是土地的优劣差别，而土地的经营垄断是级差地租形成的根本原因。级差地租的唯一源泉是农业雇佣工人的剩余劳动创造的剩余价值。

9. 级差地租可以划分为两种形态：级差地租Ⅰ和级差地租Ⅱ。级差地租Ⅰ是农业资本家将等量资本投在面积相同而肥沃程度和所处位置不同的土地上，具有不同的劳动生产率的结果；而级差地租Ⅱ则是由于土地经营者连续对同一土地追加投资而产生较高生产率的结果。

10. 由于级差地租Ⅱ是在土地租借合同签订以后农业资本家追加投资，实行集约化经营的结果，所以，在土地租借合同期内，它归农业资本家所有。但是，土地租借合同到期后，土地所有者会以提高地租数额的办法，将集约化经营的成果收入囊中。为了攫取更多的级差地租Ⅱ，土地所有者往往会缩短租期，从而导致了农业资本家对土地的掠夺式经营。这表明土地私有制在资本主义生产方式的限度内也具有不合理性。

11. 绝对地租是指租借任何土地都必须交纳的地租。绝对地租产生的条件是农业资本有机构成低于社会平均资本有机构成，而绝对地租产生的原因是土地所有权的垄断。同级差地租一样，绝对地租的源泉也是农业雇佣工人剩余劳动所生产的剩余价值。

12. 垄断地租是由独占特别优越的土地而形成的产品垄断价格所带来的超额利润的转化形式。它是现代地租的一种特殊形式。

13. 除了农业地租之外，还有矿山地租和建筑地段地租。矿山地租是经营矿山的资本家为了采矿而向矿山土地所有者交纳的地租。矿山地租也存在级差地租、绝对地租和垄断地租等形式。建筑地段地租则是资本家为修建企业、住宅、车站、码头等建筑物而向土地所有者交纳的地租。由于在建筑地段地租中，区位条件是影响其数量多少的重要因素，此外，产业性质和城市规模也是重要的影响因素。

14. 土地价格不是土地价值的货币表现，而是地租的资本化。土地不是人类劳动的产物，而是自然形成的。尽管人们在开垦处女地时也耗费了人类劳动，但其在土地买卖的价格中只占很小一部分，完全可以忽略不计。由于经济与社会发展和人口的增长，人类对土地的需求越来越大，引起了地租的不断上涨，同时，随着资本有机构成不断提高，利息率趋于下降，从而引起土地价格不断上涨。

15. 马克思的地租理论对于我国在发展市场经济的过程中，如何利用地租机制，更有效地利用和合理配置土地资源，仍有现实的指导意义。

复习与思考

1. 资本主义土地所有制是怎样形成的？它与封建土地所有制的区别主要表现在哪些方面？

2. 什么是资本主义地租？它与封建地租的主要区别是什么？

3. 什么是级差地租？它形成的条件和原因是什么？

4. 什么是级差地租Ⅰ和级差地租Ⅱ？二者的主要区别是什么？

5. 围绕级差地租Ⅱ，土地所有者和土地经营者展开了哪些方面的争执？这说明了什么？

6. 什么是垄断地租？它形成的条件和原因是什么？

7. 矿山地租有何特点？

8. 影响建筑地段地租的因素主要有哪些？

9. 怎样理解土地价格的本质？土地价格的变动趋势是什么？

10. 如何认识土地集体所有制下的地租问题？

11. 如何认识土地国家所有制下的城市地租问题？

第十章

资本的社会化与国内垄断

资本主义经济制度经历了两个发展阶段：自由竞争资本主义阶段和垄断资本主义阶段。16世纪后期到19世纪后期为自由竞争资本主义阶段；19世纪末20世纪初，资本主义生产关系发生了一系列变化，形成了一系列新的特点，资本主义进入了垄断阶段。垄断形成后，资本主义经济继续发展，到第二次世界大战后，西方发达国家发生了第三次科学技术革命。这次新的科学技术革命，无论在广度上还是在深度上，都远远超过了前两次科学技术革命，从而极大地推动了社会生产力的发展，在私人垄断的基础上产生了国家垄断，垄断资本主义现代化。本章通过对垄断的形成和发展的考察，揭示资本社会化条件下，资本主义生产关系和基本矛盾的变化，说明垄断的实质、特征和矛盾。

第一节　国内垄断资本的形成和发展

一、国内垄断资本的形成

垄断从一般意义上讲，是指经济生活中，经济主体对原材料、燃料的购置和商品销售市场的把持和独占。然而，**在自由竞争基础上形成的垄断，同一般意义上的垄断不同，它是指少数资本主义大企业或大企业的联合所形成的对生产和市场的控制和独占。**在资本主义的发展过程中，垄断现象的产生是资本主义生产方式自身运动的必然结果。

在资本主义的发展过程中，自由竞争会引起生产集中，而科学技术的不断进步又为生产集中提供了物质基础。所谓**生产集中，是指在市场经济的运行过程中，生产资料、劳动力和商品生产日益集中到少数大企业，使它们在社会商品生产和销售中所占比重越来越大。**生产集中是自由竞争的必然产物，因为面对激烈的竞争，企业只有不断提高劳动生产率，降低产品的生产成本，提高产品的质量和功能，使自己的产品物美价廉，才能击败竞争对手。然而，并不是所有的企业都能做到这一点。一般而言，在工业化发展的一定阶段，只有规模较大的企业可以率先提高劳动生产率，降低产品的生产成本。大企业凭借自己雄厚的资本实力，可以有效地使用新的机器设备，采用新的生产技术，并可以广泛地实行生产专业化，从而可以很快地提高劳动生产率，降低生产成本，在竞争中处于有利的优势地位。而那些中小企业，资本实力弱，难以跟上新机器新技术进步的步伐。由于劳动生产率低，产品生产成本高，在价值规律的作用下，中小企业往往处于微利状态，甚至出现亏损。中小企业一旦资不抵债，就会破产倒闭。破产倒闭的企业的一部分资本转到取胜的大企业手中，一部分消失。所以，自由竞争的过程，就是大企业吞并中小企业、大资本吞并小资本，使生产和资本逐渐集中在少数大企业手中的过程。

19 世纪 20 年代，人类历史上出现了前所未有的生产过剩的经济危机。此后，经济危机每隔一段时间就爆发一次。从 19 世纪 70 年代到 20 世纪初，经济危机在西方主要国家中多次爆发。经济危机进一步加剧了生产集中和资本集中的过程。在经济危机中，大批中小企业破产倒闭，而实力雄厚的大企业抗危机的能力较强。它们不仅没有破产倒闭，反而可以轻而易举地吞并处于危机之中的中小企业，从而加快了资本集中的步伐。

19 世纪 70 年代后，西方出现了第二次科学技术革命，为生产集中提供了物质基础，大大加快了生产集中的步伐。在科技革命的强力推动下，电力工业、冶金工业、化学工业以及机器制造业等重工业迅速发展起来，并取代轻工业成为国民经济的主导产业。产业结构的这一显著变化，在客观上要求生产进一步集中。因为重工业只有达到一定的规模，劳动生产率才能大幅度地提高，产品的生产成本才能大幅度地降低。因而，重工业的发展需要集中大量的资本，集中大量的生产资料和劳动力。

为了适应重工业发展的需要，股份公司也广泛地发展起来。19 世纪中叶，随着有限责任制度的建立，股份公司作为一种新型的企业组织形式和资本组织形式也逐渐发展起来。股份公司通过发行股票以筹集股份资本，可以在短时间内，把大量分散的资本集中起来，建立规模巨大的企业。因此，到了 19 世纪后半期，随着重工业的发展，股份公司也广泛发展起来，从而加速了生产的集中和资本的集中。

总之，自由竞争、经济危机、科技革命带来的产业结构变化以及股份公司的发展等因素的综合作用引起了生产和资本的集中。然而，生产和资本的集中发展到一定阶段必然导致垄断。

当生产和资本集中到一定程度，就会形成若干个大企业为了操纵和控制一个部门或几个部门的生产、销售以及原材料和能源的来源，以获取高额利润而组成的联盟。这是因为当生产和资本的集中达到相当高度时，既会产生垄断的可能性，又会产生垄断的必要性。从可能性上看，少数大企业之间容易达成协议和建立联盟。在中小企业大量存在的情况下，企业之间要达成协议或组成联盟，以操纵和控制整个行业的生产和销售是不可想象的。从必要性上看：①当大型企业存在时，要创办能与之竞争的新企业是困难的。一方面，当少数大企业已控制和操纵一个部门的生产和销售时，要打破这种局面，需要有巨额资本，而巨额资本在短时间内一下子积累起来是十分困难的；另一方面，即使能通过股份制筹措到大量资本，创办起相当规模的新企业，要开辟市场，购买原材料，生产出更好更便宜的商品也不是一件容易的事。因此，当少数大企业控制和操纵了一个部门的生产和销售之后，自由竞争就受到阻碍。②大企业之间的激烈竞争具有极大的破坏性。因为大企业财大气粗，一方要想搞垮另一方是十分困难的，激烈竞争的结果往往是两败俱伤。为了避免两败俱伤，大企业之间不得不谋求暂时的妥协，达成协议，以垄断组织的形式来瓜分市场和操纵价格，获取高额垄断利润。③中小企业与大企业相比，力量悬殊，根本无法与大企业相对抗。它们只能从属于大企业，从事一些辅助性的、技术简单的、加工层次低的零部件生产。因此，在整个部门中，大企业始终占据垄断地位。列宁曾深刻地指出："生产集中发展到相当程度，可以说，就自然而然地直接走向垄断。"①

19 世纪 60—70 年代，在西方国家，自由竞争达到顶端，垄断虽然开始出现，但只是经济生活中的个别现象。1873 年经济危机之后，垄断组织有了广泛的发展，但是，它们还不稳固，还带有暂时性质。19 世纪末 20 世纪初，垄新已成为全部经济生活的基础，它不仅在传统工业和生产部门中占据了统治地位，而且在新兴工业部门和非物质生产部门中占据了统治地位。这时，资本主义由自由竞争阶段发展到垄断阶段。

二、垄断及其组织形式

垄断是指少数大企业或企业联合，为获取高额垄断利润而控制和操纵一个或几个部门的生产和销售。这种由大企业或企业联合控制和操纵一个或几个部门的生产和销售以获取高额垄断利润的组织称为垄断组织。在垄断的发展过程中，垄断组织出现了许多形式。

1. 卡特尔（Cartel）

卡特尔是垄断组织的初级形式，它是生产和销售同类产品的企业为垄断商品的销售市场，获取高额垄断利润而订立的协定。协定中的内容主要包括销售市场的划分、产品产量的确定、商品价格的规定等。参加协定的企业在生产上、销售上、购买上以及法律上都保持自己的独立性。卡特尔最早在 1865 年出现于德国，此后在德国广泛流行。因此，德国曾被称为卡特尔国家。当今，世界市场上著名的国际卡特尔是石油输出国组织，即欧佩克。

2. 辛迪加（Syndicate）

辛迪加是垄断组织的中级形式，它是生产和销售同类产品的企业为垄断商品的销售市场和购买市场，获取高额垄断利润而签订的协定。协定中的主要内容包括商品销售价格的规定和原材料收购价格的规定。与卡特尔一样，参加协定的企业在生产上和法律上都是独立的，但是，在采购原材料和销售产品上，则丧失了独立性。这些方面的工作由共同成立的总办事处统一办理。辛迪加最早出现的时间与卡特尔大致相同，19 世纪末 20 世纪初在欧洲各国特别是法国曾广泛流行。

3. 托拉斯（Trust）

托拉斯是垄断组织的高级形式，它是由许多生产同类产品的企业或与产品有密切联系的企业合并组成的垄断组织。加入托拉斯的企业，在生产上、销售上和法律上都丧失了独立性，由董事会统一组织和经营全部企业的生产经营活动，它们的投资者成为股东。整个企业的领导权和控制权掌握在最大股东手中，其他股东退出对自己企业的经营

① 《列宁全集》第 22 卷，北京：人民出版社，1958 年，第 189 页。

管理活动，仅仅按其股份大小获取股息和红利。托拉斯是一种稳定的垄断组织形式，它最早出现在美国。1882 年以后，托拉斯在美国广泛流行。第一次世界大战以后，托拉斯在欧洲也广泛流行起来。

4. 康采恩（Konzem）

康采恩是垄断组织的超级形式，它是由不同的经济部门中的若干企业联合组成的垄断组织。加入康采恩的企业在职能上有一定的联系，各个企业在形式上还保持着独立性，但实质上是受占统治地位的最大资本家或资本家集团控制的。康采恩以实力最为雄厚的大企业为核心，把不同部门的企业联合起来组成企业集团。核心企业通过购买股票、人事参与和财务改造等办法，把其他企业置于自己的改造之下。康采恩突破了生产部门的界限，使垄断的广度和深度都进一步加强。康采恩于 20 世纪 30 年代首先出现在法国，以后在德国、日本等国家得到迅速发展。

康采恩在第二次世界大战前，主要由以血缘关系维系的家族控制和领导。“二战”以后，随着新的科学技术革命的兴起，产业结构发生了迅速的变化，新兴的工业部门的投资需求不断增长，传统的工业部门的技术改造对投资需求也在不断增长，技术发展的不平衡性进一步加剧，各个部门的利润率差距增大。在传统工业部门已被大资本占领和设备相对过剩的情况下，继续对传统工业部门扩大投资，利润率必然会下降。因此，资本家不得不把他们的投资转向新兴产业和新技术部门，而不管这些部门与原有部门之间是否存在生产经营联系。因此，“二战”以后，这种超级的垄断组织也发生了一系列变化。

首先是血缘关系有所淡化，职业经理人更多地进入企业集团的管理高层，成为企业集团的实际控制者。其次是企业集团的经营范围和投资领域大大拓展，出现了投资多样化、部门多样化的趋势。大公司日益向综合化、多样化方向发展，出现了许多大型的“混合联合公司”。混合联合公司与康采恩相同的地方是，它们都包括了许多企业，并横跨许多部门。二者不同的地方是，参加康采恩的企业在法律上是独立的，而混合联合公司所属企业只有相对的独立性，它们都是总公司的子公司或分支机构，在经营管理上要受总公司的指挥和领导。据统计，1981 年美国 500 家最大工业公司中，有 412 家是混合联合公司。再次，企业集团大多数已跨出国门，在世界范围内从事生产经营活动，成为跨国公司。可以说，跨国的混合联合公司已成为发达国家中普遍的占主导地位的垄断组织形式。

三、垄断利润和垄断价格

垄断组织不管形式如何，其实质都是一样的。它们都是通过对生产和市场的垄断以操纵和规定垄断价格，保证垄断资本家或垄断资本家集团获取高额垄断利润。

1. 垄断利润

获取高额垄断利润是垄断企业生产经营的唯一动机和目的。前面已经指出，在自由竞争阶段，企业一般只能获得平均利润。尽管个别企业通过改进技术、改善管理，提高劳动生产率可以获得超过平均利润的超额利润，但这种现象是暂时的。一旦新技术和新的管理方式被普遍采用，少数先进企业所获得的超额利润就会消失。加上资本可以在各个部门之间自由转移，资本有机构成不同的部门的利润率会平均化。然而，在垄断阶段，垄断企业可以凭借其在生产和流通中的垄断地位，阻止资本在不同部门之间的自由转移，使本部门形成的超过平均利润的超额利润不参与利润的平均化过程。也就是说，在垄断阶段，平均利润率规律的作用范围受到限制，不能充分发挥作用。一般而言，垄断高额利润表现为垄断企业的利润率经常高于非垄断企业的利润率。

因此，**垄断利润是垄断企业凭借其在生产和流通中的垄断地位，通过规定垄断价格并设置“进入壁垒”而获得的超过平均利润的高额利润**。垄断利润的来源包括三个方面：一是垄断企业内部雇佣工人创造的剩余价值，以及由于垄断新技术和大规模生产所提高的劳动生产率而实现的超额剩余价值；二是通过规定垄断价格，从非垄断企业雇佣工人创造的剩余价值和小生产者创造的价值之中攫取一部分；三是通过规定垄断价格在流通中掠夺消费者的一部分收入。

2. 垄断价格

垄断企业攫取垄断利润的重要手段是制定垄断价格。在自由竞争时期，商品的价格以生产价格为中心随供求关系的变化而上下波动。只有在供不应求时，商品价格才会高于社会生产价格，形成超额利润。但这种局面是不能长久的，随着投资的增加，供不应求的商品不断增多，商品价格就会回落到社会生产价格的水平，超额利润就消失了。然而，在垄断阶段，由于垄断的形成，阻碍了资本在不同部门之间的自由转移，利润率平均化受到限制，无法发挥应有的作用。因而出现了凭借垄断地位制定商品价格的现象。**这种凭借垄断地位制定的目的在于获取高额垄断利润的价格，就是垄断价格。**

垄断价格一般表现为出售自己生产的商品时的垄断高价和购买原材料时的垄断低价。垄断企业按垄断高价出售商品，扣除商品的生产成本，余额就构成包括垄断利润在内的垄断高额利润。垄断企业按垄断低价，从非垄断企业、小生产者和发展中国家收购原材料，就会使其生产成本低于社会平均成本，从而可以获取垄断高额利润。同时，为了将竞争对手驱逐出市场，垄断企业在销售自己的产品时，也会实施倾销战略，将商品价格人为地降低。一旦目的达到，垄断企业就会逐步恢复垄断高价，将损失弥补回来，并获取垄断高额利润。

在现代发达国家中，垄断企业在规定产品价格时，一般是按照“价格领头制”的原则行事。所谓价格领头制，是指由该部门最大的垄断企业或最有实力的垄断企业率先制定产品价格，其他企业照此价格执行。垄断企业制定价格时，先确定一个目标利润率，再根据目标利润率确定利润，再加上生产经营成本，由此形成的商品价格总是超过商品的生产价格，甚至超过商品的价值，以保证获取垄断利润。当然，垄断企业也不能随心所欲地制定产品的价格，既不能随心所欲地抬高产品的销售价格，也不能随心所欲地压低原材料的收购价格。因为在市场经济的条件下，任何生产经营者包括垄断企业都要受到来自多方面的制约：①市场需求的制约。如果商品的价格定得太高，消费者的需求就会大幅度地减少。因为消费者能支配的收入毕竟是有限的，在一种商品的消费上支出过多，其他商品的消费就会减少。所以，从平衡各种消费出发，当一种商品的价格过高时，消费者必然会作出减少该商品消费的决定。②替代品的制约。当商品的价格过高时，消费者就会寻求价格便宜的替代品；生产经营替代品的企业也会乘虚而入，通过提供价格便宜的替代品来抢占市场。③垄断竞争的制约。如果商品的价格过高，会引诱其他资本不顾一切地进入该行业与之竞争。如果价格适中，其他资本就会因为预期收益难以弥补过高的进入成本而不会贸然进入。这种价格被称为“进入阻止价格”。④产品成本的制约。要维持过高的产品价格，产品的产量和销量就要相应减少，否则，就会出现产品的积压。然而，较低的产量会引起设备利用率下降和产品成本的上升，最终会引起利润的减少。所以，垄断企业在制定产品价格时，必须对价格和产量之间的关系进行权衡比较，使之符合长期利润最大化的目标。

虽然垄断价格在较长的时间内偏离生产价格或价值，但是，垄断价格仍然不能脱离市场的供求关系和社会购买力，不能无限制地提高。同时，垄断价格本身不能增加，也不能减少社会生产的价值总量，它只是一种有利于垄断企业的重新分配的手段。所以，垄断价格形成后，并没有违背价值规律，只是进一步改变了价值规律作用的表现形式。

四、垄断与竞争的关系

垄断是在自由竞争中随着重工业的崛起而成长起来的，但是，垄断成长起来后，并没有消除竞争，而是与竞争并存，使竞争更加复杂更加激烈。列宁指出：“从自由竞争中成长起来的垄断并不消除自由竞争，而是凌驾于竞争之上，与之并存，因而产生许多特别尖锐特别剧烈的矛盾、摩擦和冲突。”①

垄断之所以不能消除竞争，是由以下因素决定的：①竞争是商品经济的产物，是商品经济的内在规律。垄断统治形成后，没有也不可能消除商品经济，因而，竞争规律必然存在并起着调节经济运行的重要作用。②任何垄断都无法达到“纯粹垄断”的程度，同一行业之中几家垄断企业并存，以及垄断企业与非垄断企业并存是垄断资本主义社会的普遍现象。③由于技术和经济等方面因素的影响，各个部门的发展是不平衡的，同一部门中的各个垄断企业之间也是不平衡的，它们之间必然存在竞争关系。因此，从自由竞争中成长起来的垄断，不可能消除竞争，而是与竞争并存，使竞争更加复杂更加激烈。

垄断阶段的竞争与自由竞争阶段的竞争不同，主要表现在以下几个方面：

1. 竞争类型更加多样

在垄断阶段，垄断竞争与非垄断竞争并存。所谓**垄断竞争，是指垄断企业之间的竞争**。垄断竞争有两种类型：一是垄断企业之间的竞争，即一方面是同一部门内部各垄断企业为争夺原材料、产品销售市场以及人才、技术等资源而展开的竞争；另一方面是不同部门之间在资本转移过程中展开的竞争。二是垄断企业内部的竞争，即垄断企业内部各分支机构或下属企业为争夺控制权和利润分配额而展开的竞争。所谓**非垄断竞争则是指垄断企业之外的中小企业之间的竞争**。非垄断竞争主要是为获取较好的销售地位和较高的利润率而展开的竞争。在垄断阶段，垄断竞争成为竞争的主要形式，并与非垄断竞争并存，主导着社会经济的运行。

---

① 《列宁全集》第2卷，第二版，北京：人民出版社，1972年，第807～808页。

2. 竞争形式更加丰富

在垄断阶段，价格竞争与非价格竞争并存。所谓**价格竞争，是指以降低成本为主要手段展开的竞争**。而降低成本的主要方式是改进技术、改善管理、提高劳动生产率。通过成本的降低来降低价格，通过降低价格来抢占市场。因而，价格竞争是自由竞争时期竞争的基本方式。但是，在垄断阶段，垄断企业之间的价格竞争却表现出公开的和隐蔽的形式。垄断企业之间为达成暂时的妥协进行垄断性的勾结定价，一旦形成寡头垄断，参与寡头垄断的垄断企业就会秘密降低价格，以抢占市场，从而引起公开的价格战。所谓**非价格竞争则是指运用价格以外的多种手段进行的竞争**。它的具体形式主要有：①促销竞争。它的主要手段是加强广告宣传和扩大销售网络。这是垄断企业非价格竞争的重要形式。②质量竞争。它包括改进产品的内在质量与功能，以及改善产品的外观设计两个方面。后者尤其受到垄断企业的青睐。③服务竞争。它包括产品的售前、售中和售后各个服务环节的竞争。④市场外竞争。它包括公关竞争、生产技术竞争、人才竞争以及管理竞争等。在垄断阶段，非价格竞争越来越成为垄断竞争的主要形式，它与价格竞争相并存，使价格机制在资源配置中的重要性大大增强。

3. 竞争范围更加拓展

在垄断阶段，国内竞争与国际竞争并存。垄断资本形成以后，竞争的范围由国内进一步扩展到国际，形成了国内竞争与国际竞争相互交错、相互推进的局面。许多大型垄断企业竭力拓展国际市场，以攫取高额垄断利润。为达到垄断国际市场的目的，它们在加强国内竞争的基础上，形成并加强国际竞争。这种情形表明，在垄断阶段，竞争机制的作用进一步加强。

4. 竞争手段更加多样化

在垄断阶段，竞争不仅继续使用传统的竞争手段，如加强经营管理、改进生产技术、降低产品成本、提高劳动生产率，而且开始使用许多新的竞争手段，如提高产品质量、增加销售渠道、改善售后服务、扩大广告宣传等。如果说在自由竞争阶段，价格竞争、成本竞争占主导地位，那么，到了垄断竞争阶段，非价格竞争越来越成为竞争制胜的主要手段。在激烈的垄断竞争中，甚至采用非经济手段，如收买、讹诈、玩弄金融上的阴谋诡计以及公开使用暴力等。

5. 竞争内容更加丰富

在垄断阶段，竞争内容更多地表现在：垄断组织内部围绕市场份额、利润分配以及决策权的争夺；垄断企业之间对原料来源、投资场所、市场份额、科技成果以及融资渠道等的角逐；垄断企业与非垄断企业之间围绕原材料、零部件供给价格，并购与反并购的争斗。

6. 竞争目的更加贪婪

在垄断阶段，竞争目的不再是追逐一般的平均利润，甚至不再是追逐一般的超额利润，而是追逐垄断高额利润。追逐垄断高额利润是垄断统治的实质。

五、金融资本和金融寡头

随着工业生产的集中和垄断的形成，银行业也出现了集中并日益加强。

银行集中是以生产集中为基础的。由于生产的集中，使企业的规模越来越大，产业资本家需要的流动资本越来越多，需要从银行得到巨额的长期贷款，这就要求银行要迅速扩大。另一方面，随着企业规模的不断扩大，企业的闲置资本也越来越多，这些闲置资本只有存入银行才能增殖。但是，只有存入信用稳固、资本雄厚的大银行，闲置资本才会比较安全。因此，银行资本迅速集中起来。

银行的相互竞争对银行业的集中也起了重要的作用。在银行的竞争中，大银行在组织和技术等方面比小银行优越，可以给产业资本家提供比较优质的服务，得到产业资本家尤其是大的产业资本家的青睐；而且大银行的业务费用比小银行要少，可以用相对小的资本经营大量的存款和贷款业务，因而，大银行在竞争中处于有利的地位。

为了控制小银行，大银行在竞争中往往采取通过存款来控制小银行的策略。当大银行的存款量在小银行的全部资本中占到一定比例时，小银行虽然名义上保持着独立性，但事实上它已变成了大银行的附属银行。与此同时，大银行也采取兼并的方式，迫使小银行破产而将其吞并。这样，在竞争中，银行资本日益向大银行集中。

随着银行资本的不断集中，在银行业中形成了为数不多的大银行。为了避免在竞争中两败俱伤，通过协议来划分市场，成为大银行无法回避的选择；而数量不多的大银行之间容易达成协议。于是，银行业也像工商业一样，在银行资本集中的过程中，逐渐形成了银行垄断同盟。

银行垄断资本形成以后，银行的作用发生了根本的变化。在自由竞争时期，银行只是一般的借贷关系和支付关系的中介。它们执行着一般技术性的、纯辅助性的业务，它们与工商企业的关系也是纯粹的借贷关系。这一时期，银行比较分散，规模也比较小，它们与工商企业的联系也不固定，银行还不能形成对工商企业的控制和渗透，但是，到了垄断时期，随着银行垄断的形成，一方面，工商业垄断企业只能与少数大银行建立金融联系，二者的关系越来越紧密；另一方面，大银行凭借其掌握的大量存款，可以向工商业垄断企业提供长期的、稳定的、巨额的贷款，银行开始关心和了解工商业垄断企业的生产经营活动以及盈亏状况，以确保其贷款的安全和赢利。银行开始对工商业企业进行监督和干预，采取各种信用手段影响工商业垄断企业的经营规模和经营方向，操纵工商业垄断企业的命运。这样一来，银行就由普通的借贷中介变成了万能的垄断者。

银行的新作用使工商业垄断企业不得不行动起来，为了分享银行的丰厚利润和取得有利的贷款条件，工商业垄断企业也开始向银行进行投资，以渗透到银行资本之中。银行资本家也一样，他们也开始向工商业垄断企业进行投资，以分享工商业垄断企业的垄断利润，从而渗透到工商业资本之中。这样一来，工商业垄断资本和银行业垄断资本相互渗透，混合生长。**这种由银行垄断资本和工商业垄断资本融合或混合生长所形成的新型资本就是金融资本**。列宁指出，生产的集中，从集中生长起来的垄断；银行和工业日益融合或者说长合在一起——这就是金融资本产生的历史和这一概念的内容。金融资本的形成标志着国内垄断的形成，是垄断资本主义的一个重要的经济特征。

金融资本形成后，在国民经济中居于统治地位，国家的经济命脉掌握在金融寡头的手中。所谓**金融寡头，是指拥有庞大金融资本的大垄断资本家或垄断资本家集团**。金融寡头在经济领域的统治主要是通过“参与制”来进行的。**参与制是指垄断资本家利用**

掌握股票控制额的办法对企业实行控制的一种制度。金融寡头首先利用其控制的大企业作为“母公司”去购买其他公司的股票，掌握其股票控制额，把它变成“子公司”；“子公司”再用同样的办法去控制比它小的其他公司，使之成为“孙公司”，如此等等。金融寡头通过这种层层控制的办法，可以控制远远超过自己资本几倍、几十倍的资本，从而实现了其对整个国民经济的统治。除此之外，金融寡头还通过创办新的公司、发行有价证券、办理公债业务等途径，获取大量的利润，扩展自己的经济实力。

金融寡头不仅操纵着国家的经济命脉，而且还操纵着国家的政治，并把垄断势力渗透到社会生活的各个方面。金融寡头在政治上的统治，主要是通过采用“个人联合”的方式控制国家机器，在上层建筑领域确立自己的统治权，以确保自己在经济领域中的统治地位。他们或亲自出马竞选议会议员和政府官员；或选择代理人并扶持其竞选议会议员和政府官员；或收买、拉拢政府官员；或聘用离职的政府官员、军事将领担任公司的领导人员，以达到利用政治力量来为其垄断统治服务的目的。此外，金融寡头还通过控制新闻、出版、广播、通信、文化、教育等部门来控制国家政权，通过利用各种组织形式和机会，提出各种方案和建议来影响政府的决策活动。

通过以上分析可以看出，自由竞争发展到垄断阶段，资本主义的经济基础发生了一定程度的变化。在自由竞争阶段，其经济基础是单个私人资本，即以雇佣劳动为基础的单个资本所有制；而垄断阶段的经济基础则是社会资本，即以雇佣劳动和股份资本为基础的垄断资本所有制。在自由竞争阶段，占统治地位的是单个资本；而在垄断阶段，占统治地位的是垄断资本。具有社会化资本特征的垄断资本在一定程度上扬弃了资本的绝对私有权，成为向更高社会经济结构的过渡形式。

六、“二战”后发达国家国内垄断的变化和发展

第二次世界大战以后，随着社会生产力的发展，出现了新一轮的科学技术革命。这次新的科学技术革命无论在广度上还是在深度上都远远超过前两次科学技术革命，从而极大地推动了发达国家国内垄断的发展和变化，使国内垄断出现了许多新的特点。

（1）生产集中和垄断程度有了较大的提高。由于新的技术广泛地运用于生产领域，使生产成本和流通成本大幅度下降，利润率迅速提高，各个垄断企业集团加快了资本积累的步伐。同时，新的科学技术形成了新的生产部门，这些新的生产部门的建立需要巨额资本，直接加快了生产与资本集中的步伐。

（2）纵向兼并为主朝横向兼并为主转变。由于垄断高度发展，对这种部门的进一步投资造成障碍。为了使过剩资本继续发挥资本的职能，垄断资本只能向其他部门投资，从而形成垄断程度更高的“混合联合公司”。混合联合公司是经营活动跨越其本来经营的产业部门，扩展到彼此没有生产或业务联系的许多部门的垄断组织。

（3）价格竞争为主朝非价格竞争为主转变。由于垄断高度发展，仅仅依靠改进技术、改善管理、降低成本、提高劳动生产率等价格竞争手段已不能适应形势发展的需要。在垄断竞争中，改进产品的质量包括外观设计、扩大营销网络、加强广告宣传，以及经济以外的种种手段的非价格竞争日益突出，成为垄断竞争的主要方式。

（4）金融资本的统治日益加强。随着垄断的发展，生产规模越来越大，垄断资本

逐渐把资本投向国外，所需要的资金越来越多，因而它们对大银行的依赖程度也越来越高，致使银行的信贷作用进一步增强。同时，大银行与工商垄断企业之间相互参股越来越频繁，使金融资本的实力进一步增强，金融寡头在经济领域和组织领域中的统治进一步加强。

(5) 资本与雇佣劳动的关系部分调整。由于科学技术的不断发展，劳动生产率有了很大提高，导致劳动力本身的性质、结构及再生产条件发生变化。在雇佣劳动队伍中，从事研发、自动化管理、投资决策等职能日益加强，脑力劳动的比重迅速上升。在劳动力再生产条件中，必需生活资料的范围不断扩大；教育与培训的费用不断提高；抚育子女的成本不断上升，因此，劳动力价值迅速提高，工资水平也迅速提高。在劳动过程中，推行“劳动人道化”，即抛弃绝对剩余价值的生产方法，提高相对剩余价值生产的作用，劳动者的劳动强度、劳动时间减少了，劳动条件改善了。政府加大了对收入再分配的调控力度，建立了比较完善的社会保障体系，劳动者的基本生活得到保障和提高，社会秩序基本稳定。

第二节　国家垄断资本主义的形成和发展

一、国家垄断资本主义的产生

国家垄断资本主义是国家政权与垄断资本融合在一起的垄断资本主义。即国家在直接参与社会资本再生产过程中，与垄断资本相结合并凌驾在个别垄断资本之上的一种垄断资本主义，是垄断资本主义国内垄断的最高形式。它依靠国家对社会经济生活进行干预，由政府在一定范围内制定经济发展计划和经济政策，在一定程度上对整个社会生产进行宏观调控，以保证国民经济相对平稳地运行，维护社会秩序的相对稳定。国家垄断资本主义的形成和发展，适应了现代社会生产力的发展，在相当程度上克服了社会生产的无政府状态，是资本主义生产关系的一种带部分质变的量变过程。国家垄断资本主义的产生与发展是由国内垄断发展和科学技术发展所决定的。

首先，现代科学技术的巨大进步使社会生产力得到空前的发展，出现了许多具有长远和社会规模性质的重大问题。这些重大问题是私人垄断资本不愿解决也没有努力解决的，因而要由国家通过干预社会经济活动来解决。比如，在现代科学技术的发展中，出现了许多新兴的生产部门：核电部门、航天部门、卫星通信、海洋部门、气象部门等；再如，随着现代生产力的发展出现了许多重大的社会问题：失业保障、医疗保障、养老保障、市政建设、环境保护、生态平衡、自然资源危机等。这些问题对单个资本家来说，是无力承担并加以解决的，而且这些问题的解决对单个资本家不能立即带来好处。因此，对以追逐现实利益为首要目标的资本家来讲，这些问题并不在其投资选择之中。所以，这些问题只有依靠国家来解决。

其次，现代科学技术的巨大进步使社会生产力的运行节奏加快、不确定性增多，单纯依靠私人垄断资本和市场机制的自发调节，已不能保证社会资本再生产正常运行的条件，经济周期性波动有加剧的趋势，只能依靠国家加强宏观经济调控来解决。同时，随着生产社会化程度的不断提高，国内市场的相对狭小性进一步突出，需要调整对外贸易结构，不断拓展国际市场，为此，需要协调国与国之间的关系，这是私人垄断资本无力承担的工作，需要国家替垄断资本为过剩产品寻找出路。

再次，欧洲、亚洲的许多国家在第二次世界大战中，社会生产力遭到严重破坏，私人资本接近枯竭。战后，经济重建的任务十分繁重，迫切需要从美国等在“二战”中没有受到很大破坏的发达国家获得贷款。由国家出面在国外借款，并组织和恢复企业的发展计划，各个方面的社会势力都比较容易接受，国家重建计划的阻力就会少一些。战后，日本政府对经济的干预力度很大，就是典型例子。

总之，在垄断统治下，随着现代科学技术的进步和生产社会化的提高，资本主义生产关系与现代生产力的冲突日益发展，国家垄断资本主义正是适应战后生产力和生产社会化的这种客观要求而迅速发展起来的一种新型的生产关系。“这是作为私人财产的资本在资本主义生产方式本身范围内的扬弃”①，而国家垄断资本主义的发展又把生产和资本的社会化推进到更高的程度。

二、国家垄断资本主义的形式

国家垄断资本主义的具体形式多种多样。在不同国家、不同的历史阶段表现出来的形式也因政治经济条件的不同而有很大差别。但是，不论采取什么形式，其本质是相同的，都是国家政权与垄断资本的融合。这种融合有两重含义：一是国家直接占有垄断资本，即国家与垄断资本融为一体，形成一种新型的垄断资本——国有垄断资本。国家作为国有垄断资本的所有者，以总的垄断资本家的身份参与社会再生产的全部过程。二是国有垄断资本与私人垄断资本在社会再生产运动中相结合，或合资经营，或为私人垄断资本提供帮助和条件。国有垄断资本一经形成，就成为社会总资本的一个有机组成部分，在社会总资本的再生产过程中与私人垄断资本紧密结合、混合运动。

国家垄断资本主义的具体形式主要有三种：

1. 国有垄断资本

国有垄断资本是国家财政资金中通过投资而形成的垄断资本。国家财政资金中用于维持国家机关的行政开支和军费，由于没有投入价值增殖过程，因而不能形成国有垄断资本。国家财政资金投入基础工业部门、公用事业部门以及高科技高风险的新兴工业部门，就形成了国有垄断资本。国有垄断资本的组织形式是国有企业，它包括国家直接经营的国有企业和租赁给私人垄断企业经营的国有企业。

在欧洲，国有企业一般是通过两个途径建立起来的：①国家采用高价收购或其他补偿损失的办法，把某些经营不景气、属于基础工业部门的私人企业收归国有，即“国有化”；②国家采用财政拨款的办法，直接投资建立新的企业。“二战”以后，面对被战争破坏的千疮百孔的基础工业，欧洲主要国家先后对电力、煤炭、铁路等基础工业部门或企业实行了“国有化”，建立了许多国有企业。也有一些欧洲国家如原西德，主要采取国家直接投资的办法建立国有企业。到20世纪70年代末80年代初，欧洲大部分

① 《马克思恩格斯全集》第25卷，北京：人民出版社，1974年，第493页。

国家的国有企业占全国企业资产、投资总额和就业工人总数的比重已达10%～30%。

然而，北美的美国和加拿大，以及亚洲的日本却没有实行“国有化”，主要原因是，第二次世界大战没有在美国和加拿大本土上进行，本国的垄断企业不仅没有受到破坏，反而大发战争横财，基础工业运行良好，没有必要实行“国有化”。而日本在战后的一段时期，直接在盟军的占领下进行经济、政治的重建，受美国的影响也没有实行“国有化”。尽管如此，美国、加拿大、日本等国通过财政直接投资建立了不少国有企业，国有经济在国民经济中的比重也达到了10%左右。

尽管发达国家国有企业的发展是不平衡的，但有一点是共同的，那就是不管是否实行过“国有化”，各国都通过不断增长的国家财政投资来发展本国的国有企业，使国有企业不但扩大到更多的部门，而且在许多部门中占据越来越大的比重。这表明，在现代科学技术不断发展和生产社会化程度不断提高的背景下，资源配置和资源利用越来越需要依靠政府和市场来共同解决。以自由经济比重较大的美国为例，社会产品和劳务的80%由私人企业提供，而20%的产品和劳务由联邦、州、地方政府提供。

在国有企业里，国家已是生产资料和垄断资本的直接所有者，国有企业的各种生产经营活动由国家调节。在社会资本再生产过程中，国有企业以各种方式与私人垄断企业的生产经营活动相结合。因而，国有企业可以划分为不同的类型。比如，满足国家机构自身需要的国有企业；公用事业和基础工业部门的国有企业；高科技、高风险新兴工业部门中的国有企业；一般工业部门中的国有企业，等等。

20世纪80年代以后，在发达国家中一度兴起一股国有企业私有化浪潮。有的国有企业将全部股份卖给私人，成为私营企业；有的将一部分股份卖给私人，成为国私共有的合营企业；有的以租赁或承包的方式由私人资本来经营。西方国家掀起国有企业私有化浪潮的主要原因是：①20世纪70年代以来的“滞胀”局面，使国有企业效率低下、亏损严重的问题更为突出，国家财政补贴的包袱越来越重；②科学技术与生产力的进一步发展，使产业结构发生着重大的变化，传统基础工业在国民经济中的支柱地位和先行作用下降，电子、信息产业等新兴产业部门兴起，从而使基础工业部门中的国有企业的优势地位降低；③技术革命和信息时代的到来，使产品的生命周期大大缩短，市场供应小型化、多样化，国际竞争日趋激烈，这就要求企业经营更加灵活，应变能力更加突出。然而，国有企业体制上的固有弊端，使之难以适应这种形势发展的需要；④20世纪70年代的“滞胀”，动摇了凯恩斯主义理论的主流地位，反对国家直接干预、强调市场自发调节作用的新自由主义经济思潮大为流行，为私有化提供了理论依据，进一步助长了私有化的势头；⑤面对这种形势，20世纪80年代，主张民主社会主义的左翼政党纷纷下台，积极推行私有化的右翼政党则乘势而上。

2. 公私共有的垄断资本

公私共有的垄断资本是国有垄断资本和私人垄断资本在一个企业范围内结合而形成的垄断资本。它是国家以资本所有者的身份与同样作为资本所有者的私人垄断资本合作经营的企业。这种形式的垄断企业的建立的主要途径有：一是通过国家购买私人垄断企业的部分股票，或私人垄断企业购买国有企业部分股票而建立起来的；二是国家和私人垄断企业共同出资建立新企业；三是国有企业与私人垄断企业合并；四是国有企业转由私人垄断租赁、承包经营。

公私共有垄断资本在形式上表现为股份公司，但它不同于单纯的私人垄断资本组成的股份公司。由于国家的参与，这种股份公司从所有权、经营管理到利润分配等方面都体现了国家和垄断资本在企业内部的直接结合，国家可以在不同程度上直接干预私人资本的再生产过程。

因此，公私共有垄断资本与私人垄断资本相比，具有许多新的特点：①公私合营企业的经营目标仍然是利润的最大化。如果不能得到相当于平均垄断利润的利润，私人垄断资本就会撤出。但由于存在国家股和国家委任的董事，他们在企业内部的作用，又在一定程度上使合营企业考虑国家的宏观经济目标。②公私合营企业可以利用国有资本来加强自己的实力，而且可以更方便地从国家得到各种优惠，如税收、信贷、补贴、政府订货等。同时在资本的运作上也要更多地受到国家的调控。

由此可见，在公私合营企业生产经营的过程中，如果国家和私人垄断资本的利益协调得好，那么公私合营企业就能发挥国家和私人资本两个方面的优势，企业效率就会提高；如果双方的利益协调不好，那么公私双方就会相互制肘、企业效率就会下降。不过，从总的情况看，公私合营企业呈发展趋势。

3. 与国家密切联系的垄断资本

与国家密切联系的垄断资本是指与国家有密切联系的私人垄断资本。这种垄断资本在外部形式上表现为在经济中的大量私人垄断资本，但是，这些私人垄断资本在其生产经营过程中，却离不开国有垄断资本的参与，国家垄断资本对私人垄断资本的生产经营起着支持和保证作用。这种形式的垄断资本仍然保留着私人垄断资本的性质，但它与国有垄断资本发生着密切的联系，并在资本再生产过程的各个环节中与国有垄断资本结合起来。从这个意义上讲，这种形式的垄断资本属于国家垄断资本主义的范畴。这种形式的垄断资本有以下几种类型：

（1）通过各种形式的补贴，国家直接或间接地资助私人垄断企业。国家补贴可以分为两种形式：直接补贴和间接补贴。直接补贴是指国家直接付给私人垄断企业一定的现金补贴，如价格补贴、困难补贴和发展补贴。间接补贴是指国家给予私人垄断企业财政上的优惠，如税收减免、加速折旧等。间接补贴的作用在于降低企业生产经营的成本、增加利润或增加企业自己支配的资本。在发达国家，国家除了对私人垄断企业进行补贴外，从全局考虑，也对一些基础性行业进行补贴，如农业。尽管这些行业的垄断程度较低，但是，它们在国民经济中的地位和作用是十分重要的，又属于低收入行业。

（2）国家对具有公益性的学历教育、职业培训、卫生保健和科学研究等领域投入巨额资金。这些领域的发展需要大量资金，又具有公益性质，因而是私人垄断企业所不愿意或无力承担的。因此，只有由国家出面，通过国有垄断资本的进入，推动这些行业的发展。对这些行业的投资，能保障符合私人垄断资本需要的劳动力供给；能为私人垄断资本节约科研经费、避免高风险、及时使用先进的科研成果以及为提高资本有机构成提供有利的条件。从整个社会的角度看，对公益性行业的费用支出是十分必要的。国家对这些行业的投资，属于国家垄断资本的范畴，但这种投资是对私人垄断企业发展的有力支持，可以看成是国私密切联系的一个方面。

（3）国家对基础工业和基础设施的投资，这种投资为私人垄断企业的不断发展提供了有保障的外部条件。国家对基础工业和基础设施的投资，无论是无偿还是低价向私人垄断企业提供生产要素或基础设施，都意味着国家投资部分替代了私人投资，也就意味着不变资本再生产在资本界限内的社会化。随着不变资本再生产的社会化，国家与私人垄断资本的联系更加紧密了。

（4）国家积极为私人垄断企业开辟国内外市场，这是现代生产力迅猛发展与有效需求相对狭小的必然产物。随着经济与社会的发展，政府的职能和机构也在不断扩大，政府已经成为商品和劳务的重要采购者。在国内，政府向私人垄断企业大量订货，以满足其履行职能和进行投资的需要，从而为私人垄断企业提供了有保证的国内市场，加速了私人垄断资本在循环中由商品资本到货币资本的转化，提高了私人垄断资本的运行效率。目前，美国用于购买商品和劳务的支出占国内生产总值的比重已达到20%以上，其中，国家防务开支占国家采购商品和劳务的比重高达2/3左右。在国际市场上，国家通过国有垄断资本的输出、提供财政与信贷支持，为私人垄断资本开辟海外市场。

（5）国家通过扩大社会福利开支，提高社会购买力，增加社会消费需求，为私人垄断企业创造市场条件。“二战”后，西方各国政府逐步建立了社会福利制度，通过大量支付社会保险金，使个人消费维持在一个稳步增长的水平上，从而保证了垄断资本再生产的正常运行。政府支出的社会保险金包括退休人员的退休金、丧失劳动能力的保证金、失业保证金、公共补助金以及其他形式的补助金等。因此，在西方各国财政支出中，社会保险金所占的比重达到相当大的程度。目前，美国的社会保险金在财政收入中的比重达到44.4%左右。欧洲一些国家的比重还要高一些，有的国家甚至超过了60%。

（6）国家除了参与国民收入的再分配外，还参与和影响私人垄断企业内部剩余价值的分配和使用。国家主要通过各种税收政策、金融政策、工资政策等影响剩余价值在私人垄断企业内部的分配，以及剩余价值在国家与私人垄断企业之间的分配。

总而言之，在现代垄断条件下，私人垄断资本已经不能离开国家垄断资本而独立完成社会资本再生产的运动了。国家垄断资本以各种方式参与和影响社会垄断资本的运动，构成了垄断资本主义生产关系的完整体系，表明了资本主义生产关系已经发生了部分的质变。

三、国家对社会经济运行的干预和调节

20世纪30年代的大危机、大萧条，极大地动摇了人们对市场自发调节社会经济运行可以保证其稳定性的信心。凯恩斯的《就业、利息和货币通论》的发表，在理论上论证了在市场配置资源的基础上国家干预的必要性，使西方信奉市场无所不能的政府官员、企业家和学者，不得不在事实面前接受马克思在19世纪中叶提出的关于社会化大生产条件下国家调控宏观经济运行的观点。“二战”以后，西方发达国家普遍实施和加强了对宏观经济运行的干预和调节。这既是国家垄断资本主义的一种表现形式，又是现代市场经济的一个重要特征。

在现代市场经济运行中，对宏观经济运行进行政府调控，从根本上讲，是由社会化大生产条件下市场调节的局限性所决定的。

第一，在市场经济的自发运动中，存在着一种向垄断演变的趋势。垄断形成后，垄断企业可以凭借其在市场中的垄断地位，通过操纵价格和产量来盘剥中小企业和消费者，降低资源配置的效率，因而受到社会公众的普遍反对。垄断资产阶级政府从维护垄断资产阶级的整体利益和长远利益出发，可以通过制定和执行反垄断法、反不正当竞争法等法律规定，来维护竞争和消费者的利益。

第二，在市场经济的自发运动中，按要素分配的法则具有导向收入分配不平等，甚至两极分化的自然倾向，引起社会成员的对立，甚至对抗的潜在威胁。在垄断阶段，垄断企业对高额垄断利润的贪婪，有进一步加剧两极分化的趋势。因此，垄断资产阶级政府从维护垄断资产阶级的整体利益和长远利益出发，可以通过税收、转移支付和建立社会保障制度等政策来缩小社会的贫富差距，调整收入分配和财富分配。

第三，在市场经济的自发运动中，在资本主义基本矛盾的作用下，宏观经济周期性地出现经济扩张与经济衰退的交替运动。失业、通货膨胀、金融危机等经常性地冲击着社会经济生活，使中小企业破产加剧和低收入阶层生活更加困苦。因此，垄断资产阶级政府从维护社会稳定和垄断资产阶级的长远利益出发，可以通过财政、货币等宏观稳定政策，对宏观经济运行进行调控，保证宏观经济相对平稳地运行，避免经济的大起大落。

第四，在市场经济的自发运动中，经济主体的行为会对第三方产生有利的或不利的影响，即经济活动的外部效应问题。**有利的外部效应是指有些经济主体的经济活动使第三方不付任何代价就可以获得好处。**如修建道路可以带来附近地价上涨，使拥有这些土地的居民获得意外的好处；植树造林使附近的气候得到调节、空气得到净化、水土得到保持。**不利的外部效应则是指有些经济主体的经济活动使第三方的利益受到损失而得不到补偿。**如工厂排放污染物使附近的居民受到伤害。因此，垄断资产阶级政府可以从维护居民健康、社会治安以及平衡利益关系的角度出发，通过征税、强制性要求、限产甚至停产或特殊的产权安排等来减少不利的外部效应；通过资助、补贴和各种产权安排来鼓励有利的外部效应。

第五，在市场经济的自发运动中，公益性的产品和服务由于其使用过程中不具有排他性，使公众不支付成本就可以消费它。因而，私人企业在没有补偿机制的条件下，不会或很少对公益性的产品和服务进行投资，使公众对公益性的产品和服务的需求得不到充分的满足。因此，垄断资产阶级政府可以通过财政投资和建立有效的补偿机制，鼓励私人垄断企业进行投资，来提供公益性的产品和服务，满足公众日益增长的公共需求。

以上分析表明，单纯的市场调节不可能解决社会化大生产条件下市场经济的固有矛盾：社会化生产与生产成果的私人占有之间的矛盾，生产的无限扩大趋势和人民群众消费相对缩小趋势的矛盾，社会生产按比例进行与整个社会无政府状态的矛盾，等等。因此，在现代生产力和科学技术不断发展的条件下，随着私人资本逐渐向社会资本转化，通过国家从社会平稳发展和协调社会成员的利益关系的角度，对社会经济活动进行有效的干预，可以在一定程度上缓解市场经济所固有的各种矛盾。比如，通过国有垄断资本与私人垄断资本的结合，在维护垄断资产阶级的整体利益和长远利益的前提下，可以在一定程度上缓和社会化大生产与生产成果的私人占有之间的矛盾，抑制经济的过快增长，在一定程度上扩大人民群众的有效需求，从根本上改变整个社会生产的无政府状态。"二战"后，西方发达国家在市场经济的基础上加强国家对经济运行的干预，它们的实践取得了很大进展。事实表明，在现代市场经济的运行过程中，国家垄断资本主义虽然不可能从根本上解决市场经济的根本矛盾，但可以在不同程度上缓和或缓解这些矛盾，使社会经济运行在相对平稳的状态中进行，使广大低收入阶级和阶层的基本生活得到相当程度的保障。

值得指出的是，西方发达国家战后国家垄断资本主义的发展是以全球范围内经济与社会发展更加不平衡为背景的。关于垄断资本的国际化我们将在后面的章节中加以分析和说明。

四、国家调节经济的主要手段

在现代市场经济的运行过程中，国家对经济的调节，主要是通过运用各种强制性和非强制性的手段来进行的。

1. 运用财政手段进行调节

财政调节是指国家通过实施财政收支政策，调节社会供给和社会需求，以保持经济的稳定增长。财政政策包括财政收入政策与财政支出政策。国家实施财政政策的主要内容是：①通过国家预算，拨出财政资金，对公共工程和新兴科技领域进行投资，建立国有经济，扩大社会总需求和社会就业量；②调整税率、税种和税收起征点，实行特定目的的免税、退税政策，直接引导纳税人的经济行为，使之按照国家预期的目标行事；③针对经济运行中出现的过热、过冷的情况，实行"补偿性财政政策"，通过紧缩的财政政策抑制经济的过热增长，通过扩张的财政政策促使经济摆脱衰退；④通过实施财政补贴政策，帮助陷入困境的企业、扶持科技开发、促进新产品出口等，使各部门、企业协调和平衡地发展；⑤扩大政府对商品和劳务的购买，为私人垄断企业提供和扩大国内市场，解决产品的实现问题以及产品的结构调整问题。

2. 运用金融手段进行调节

金融调节是指国家通过实施金融政策和参与金融活动来间接影响企业与家庭的经济行为。国家建立以中央银行为中心的货币金融体系，作为控制国民经济体系的神经中枢。在现代经济运行过程中，中央银行主要运用三大货币政策工具和其他货币政策工具，控制和调节货币供应量，进而影响利率水平、调节信用规模，最终达到影响投资、改变需求水平的目的。

中央银行运用的三大货币政策工具是：①存款准备金率。存款准备金是银行为了应付存款人随时提款而必须保留的那部分不能贷放出去的存款。西方国家以法律形式对商业银行的存款准备金占总存款额的比例作了硬性规定，称为法定准备金率。中央银行可以通过调整法定准备金率，来控制商业银行的信用创造能力，从而间接地控制社会货币流通量。当经济衰退时，中央银行调低存款准备金率，以扩大银行信用，增加货币供给量；当经济过热时，中央银行调高存款准备金率，以收缩银行信用，减少货币供给量。②再贴现率。再贴现是商业银行以具有清偿能力的商业票据为担保，从中央银行获得贷款的一种借贷方式。而再贴现率则是中央银行规定的商业银行用已贴现过的票据向它再贴现时的利息率。中央银行可以通过调整再贴现率来影响货币市场上的利息率和货币供给量，从而间接地影响经济的收缩和扩张。当经济萧条时，中央银行可以降低贴现率，使银行利息率随之降低，以扩大信用，带动有价证券的价格回升；当经济过热时，中央银行可以提高贴现率，使银行利息率随之上升，以减少信用，促使有价证券的价格回落。③公开市场业务。公开市场业务是指中央银行在公开的证券市场上卖出或买进政府债券，以实施其货币政策，调节货币供给量的活动。它是西方国家控制货币供给量和利息率最重要的、也是最灵活的政策工具。当经济萧条时，中央银行买进政府债券，并向市场投放货币；当经济过热时，中央银行卖出政府债券，从而回笼货币。由于公开市场业务是用市场调节的方式调控货币供给量，比较灵活，为广大企业所普遍接受，因而成为中央银行调节信用规模、控制货币供给最主要的货币政策工具。

除此之外，中央银行还使用其他一些货币政策工具来实现货币供给量的控制目标，如外汇的买卖、道义劝告等。

3. 运用产业政策进行调节

产业政策是国家政府为优化资源配置、实现经济发展目标，以产业或企业为对象实施的以产业结构转换和生产集中为核心内容的一系列政策的总和。政府通过干预一国内部的产业之间的资源分配或产业内的产业组织，可以达到促进产业结构高级化和产业组织规模化的目标。产业政策包括产业结构政策和产业组织政策。政府实施产业结构政策的目的是：①规划一定时期内产业结构演进的方向和步骤；②规划一定时期内国民经济各个产业发展的顺序和态势；③提出一定时期内产业结构高级化的目标和步骤。政府实施产业组织政策的目的是：①规划一定时期内产业内部各企业之间的关系；②规范市场秩序、维护正常竞争、限制市场垄断。政府通过实施产业政策，可以在宏观上有计划、有重点地进行产业升级，实现产业结构高级化；可以通过国家的秩序规范来保证竞争的有序展开，限制垄断，排除大企业对市场的控制和操纵。

“二战”以后，随着经济的逐步恢复，国家政府开始运用产业政策来指导产业结构的调整和产业组织的重组。在实施产业政策方面，日本一直走在西方国家的前列。20世纪50—60年代，日本为了实现经济的复兴和自立，制定并组织实施了以倾斜生产方式，扶持煤炭、电力、钢铁和造船等骨干产业为主要内容的产业政策。20世纪60年代以后，日本经济进入高速增长时期，日本政府及时调整了产业政策，将政府重点扶持的对象转向“重化工业”和“产业结构的高级化”，政府进一步对钢铁、电力、海洋运输、重型机器、机电和化学工业以及汽车制造、石油化工、合成橡胶等产业加大了扶持的力度。20世纪70—80年代，日本根据科学技术发展的新情况，再一次调整其产业政策，将重点产业进一步从基础产业、出口产业转移到高科技产业。日本政府长期重视并实施产业政策，有力地推动了日本产业结构的合理化和高级化，从而促进了日本经济的高速发展。

4. 运用收入政策进行调节

运用收入政策进行调节，以制止市场经济自发运行中出现的工资与物价轮番加码的现象，已成为发达国家干预经济运行的重要方面。所谓收入政策，是指国家通过工资政策和税收政策，调节工资、利润和其他收入之间的比例关系，缓和国内矛盾、控制通货膨胀、抑制失业上升和经济衰退。西方国家的收入政策是以“工资推动通货膨胀”的理论为基础的。西方经济学家认为，通货膨胀主要是由工资过快增长推动的，如果政府能限制工资增长率，使之保持在劳动生产率增长的幅度以内，就可以防止通货膨胀的发生或制止通货膨胀的上升。为此，他们提出了以管制工资为主要内容的收入政策：①规定工资—物价标准，即由政府根据长期劳动生产率增长趋势，确定工资和物价的增长标准，要求把工资增长率限制在社会劳动生产率平均增长幅度以内；②实行工资—物价管制，即由政府颁布法令对工资与物价增长实施管制，在通货膨胀严重时，甚至可以直接冻结工资与物价的增长；③采取收入指数化措施，即将名义收入与某种物价指数联系起来，名义收入随物价指数的变动而变动，其作用在于避免或减轻物价上涨对实际工资的影响；④以税收为基础的政策，即政府以税收作为惩罚或奖励手段来限制工资的增长，如果工资增长率保持在政府规定的界限以下，则以减少个人或公司所得税作为奖励，如果工资增长率超过政府规定的界限，则以增长个人和公司所得税作为惩罚。

20 世纪 60 年代初，西欧各主要国家和美国曾实行过“工资—物价指导线”政策，即收入政策。以美国为例，1962 年美国政府根据 1945—1960 年美国生产力年均增长 3.2% 的情况，规定工资—物价每年增长 3.2% 为最高限度，以此为“指导线”，要求每一工业部门的工资增长率不得超过 3.2%。实行收入政策的问题很多，因为要实现充分就业和稳定物价的目标，这本身就与垄断资本攫取高额垄断利润的欲望是相违背的。就业人数增加，企业工资支出也必然增加，而工资的增加必然引起物价的上涨；如果要稳定物价，就要控制工资的增长；而控制工资的增长，又要遭到工会的强烈抵制，然而，工资的增长将导致利润的下降，企业就会提高价格。所以，在市场经济条件下，要实行公平的分配是很困难的。

5. 运用国家计划进行调节

国家计划调节是指国家通过编制短期、中期和长期计划及其实施来调控整个国民经济的综合性调节。它是西方发达国家在战后普遍采用的一种干预和调节经济的方法，目的在于减少市场对经济运行产生的自发性破坏作用、集中资金发展重点或关键部门、加强国民经济薄弱环节、改善部门和地区结构、保证国民经济协调稳定的发展。西方国家运用国家计划对国民经济进行综合性调节，主要是基于经济形势发展的思考以及苏联实行计划经济的启示。

20 世纪 30—40 年代，苏联实行集中的计划经济，利用国家集中有限资源进行重点建设的优势，全力推进重工业化取得了初步的成功。第二次世界大战中所经受的严峻考验，给人们留下了深刻的印象。“二战”结束后，随着经济的恢复和生产社会化的进一步发展，西方国家开始认识到，可以以国家为中心来协调社会经济活动，以解决市场自发运行产生的各种矛盾；同时，由于科学技术的迅速发展，经济结构也在迅速地发生变化，客观上需要从宏观层面上有计划地对社会资本和劳动力进行协调配置；许多大的垄断企业也越来越需要对其生产经营活动进行合理的预测，以避免决策的盲目性，客观上需要国家提供综合性的信息。因此，在西欧，许多国家一方面进行“国有化”，一方面开始制定和实施国民经济发展计划。

西方国家的经济计划与苏联的经济计划有很大的不同：①西方国家的经济计划是建立在以私人垄断资本为主体、以经济为辅助的体制之上的，而苏联的经济计划则是建立在以高度集中的国有经济为主体、辅之以少量的集体经济的体制之上的；②西方国家的经济计划具有指导性，它只是关于经济与社会发展的中长期趋势的预测，各项指标并不要求强制执行，对企业只有指导性；而苏联的经济计划则是指令性的，它以年度国民经济计划为主，各项指标必须强制执行，对企业有很强的约束性；④西方国家的经济计划具有协商性，它在制订的过程中，政府与垄断企业密切协商，垄断企业可以为了自身的利益与政府讨价还价，政府则反复向垄断企业说明干预和调节的意图；而苏联的经济计划则是由最高决策机构根据掌握的资源和信息，从自身的偏好和专业能力作出的。

20 世纪 80 年代，西方国家逐渐兴起了一股将国有经济“私有化”的浪潮，运用经济计划调节经济运行也随之减弱下来。

6. 为中小企业的发展提供支持

20 世纪是垄断企业不断发展壮大的世纪，是垄断由单纯的私人垄断向国家垄断转变的时期。但是，在西方国家中，中小企业不仅没有消失，反而有了新的发展。目前，在西方国家中，中小企业仍然在数量上占绝对优势。

在垄断占统治地位的条件下，中小企业可以生存和发展，究其原因主要在于：①现代科学技术和生产专业化的深入发展，为中小企业的生存和发展提供了技术基础。社会分工的发展使行业和产品的专业化进一步走向零部件生产的专业化和工艺过程的专业化，这些高度专业化生产职能便可能独立化为小企业的专有职能。而现代科技革命的一些重要成果，如高强度易加工合成材料与构件的发展，简易而高效的能源设备的提供，以及电子计算机和其他电子设备的应用，等等，都为企业小规模但高效率的经营创造了技术条件。因此，中小企业可以利用自身的特殊优势，在技术进步、经济效率和赢利方面取得很好的成果。②社会需求的日益多样化，为中小企业的广泛发展提供了市场条件。随着经济的增长和居民收入水平的提高，人们对消费品和劳务的需求日益多样化，需求的变化也越来越快。这不仅要求某些消费品生产的产品更加多品种、小批量、多变化，从而更适合中小企业生产，而且推动了商业、服务业等第三产业的发展。而第三产业的一般特点是规模小、分布广、服务多样化、更接近消费者，因而特别适合于中小企业经营。③现代国家的国民经济极其复杂、极其庞大，少数大垄断企业难以囊括一切经济部门和一切经济领域，因此，在垄断企业未能达到或未起支配作用的经济领域和地区，中小企业可以弥补垄断企业的不足，以满足社会不可缺少的各种需求；同时，在垄断企业占统治地位的部门或行业，中小企业也可以成为垄断企业的有力补充，为垄断企业提供半成品，或为垄断企业生产零部件，或为垄断企业提供服务，以满足垄断企业发展的需要。

在垄断统治下，中小企业不仅大量存在，而且对社会经济的发展有着不可替代的作用。它们可以满足社会多方面的需要，可以扩大劳动就业，可以推动专业化分工的发展和技术进步，可以扩大对外贸易，从而有利于社会的稳定。因此，为了支持中小企业的发展，西方国家采取了一系列扶持政策，以约束垄断企业的行为。如制定和实施反垄断法，规定在国家采购和国家贷款方面给以中小企业一定的照顾，等等。西方国家还普遍成立了中小企业管理局之类的政府机构，专门负责为中小企业提供财政支持和贷款担保，帮助中小企业培训管理人员，为中小企业提供国内外市场信息，等等。

五、国家垄断资本主义的实质

国家垄断资本主义是国家政权与垄断资本相融合，以保证垄断资本获取高额垄断利润的一种经济形式。从实质上看，一方面它仍然为私人垄断资本的利益服务，但这种服务是从垄断资本的整体利益和长远利益着眼的；另一方面它又不能只代表垄断资本的利益，而要从全社会的角度出发，顾及到中小企业的利益和劳动者的利益。所以，国家垄断资本主义不是一般意义上的资本主义，而是部分发生质变的资本主义。

首先，从国有企业看，发达国家直接投资兴办国有企业，总是集中投资在投资大、周转慢、赢利没有充分把握因而风险较大的行业与部门。在没有建立补偿机制时，私人垄断资本很少光顾这些行业与部门。因而，国有企业的建立，一方面可以为私人垄断企业的再生产提供有利条件，另一方面在客观上也为中小企业的再生产和公众的社会生活提供了有利条件。所以说，国有垄断资本是一种凌驾于私人垄断资本之上的垄断资本，是资本社会化的最高形式。

其次，从国私合营企业看，一方面私人垄断企业通过这种形式直接利用国家资本来增强自己的经济实力和竞争能力，以获取更多的高额垄断利润；另一方面国有资本通过这种形式利用私人垄断资本的经营模式和管理机制，提高自身的经营效率，减轻财政负担，扩大社会就业；同时又给私人垄断资本以一定的约束。从这个意义上讲，国私合营企业既有有利于私人垄断资本的一面，又有符合公众利益的一面。

再次，从国家以多种方式参与私人资本的再生产过程来看，虽然通过这些方式，国家为私人垄断资本的利益提供了各种不同程度的服务，有利于私人垄断企业的发展，但是，这些服务对于增加社会总需求、缓和经济危机、增加社会就业也起到了很大的作用。而且国家在对国民收入的再分配中，实施了若干有利于普通劳动者的社会保障措施；在国家干预中，实施了若干有利于中小企业发展的政策措施。

总之，在国家政权与垄断资本的融合中，国家政权并不是必须单方面地、全面地服从私人垄断资本的利益和意志。在国家垄断的条件下，国家具有相对的独立性，在与私人垄断资本的融合中，国家也会与私人垄断资本发生矛盾，发生利益上的冲突，甚至会牺牲某些私人垄断资本的利益；国家也会从垄断资本的整体利益和长远利益出发，为公众的利益提供服务。所以，国家垄断资本主义不再是一般意义上的资本主义，而是发生了部分质变的资本主义。

本章小结

1. 垄断是指少数资本主义大企业或大企业的联合所形成的对生产和市场的控制和独占。垄断是自由竞争发展到一定阶段的产物，是工业化进入重化工发展阶段后，生产和资本的集中发展到一定程度的产物。

2. 所谓生产集中，是指在市场经济的运行过程中，生产资料、劳动力和商品生产日益集中到少数大企业，使它们在社会商品生产和销售中所占比重越来越大。生产集中是自由竞争和规模经济发展的结果，大企业形成后，加快了吞并中小企业的步伐，使资本越来越向少数大企业集中。

3. 当少数大企业出现后，为了避免在竞争中两败俱伤，它们通过协商和妥协达成瓜分市场和统一价格及产量的协议，从而形成对市场和生产的控制和独占。

4. 在垄断的发展中，垄断组织形式也在发展变化之中。垄断组织形式主要有：卡特尔（Cartel）、辛迪加（Syndicate）、托拉斯（Trust）、康采恩（Konzem）。战后，垄断组织形式出现了新变化，出现了混合联合公司，同时，垄断性的跨国公司发展迅速。

5. 垄断组织不管形式如何，其实质都是一样的。它们都是通过对生产和市场的垄断，以操纵和规定垄断价格，保证垄断资本家或垄断资本家集团获取高额垄断利润。

6. 垄断利润是垄断企业凭借其在生产和流通中的垄断地位，通过规定垄断价格并设置"进入壁垒"而获得的超过平均利润的高额利润。而垄断价格则是垄断组织凭借垄断地位制定的目的在于获取高额垄断利润的价格。垄断价格一般表现为出售自己生产的商品时的垄断高价和购买原材料时的垄断低价。

7. 在现代发达国家中，垄断企业在规定产品价格时，一般是按照"价格领头制"的原则行事。所谓价格领头制，是指由该部门最大的垄断企业或最有实力的垄断企业率先制定产品价格，其他企业照此价格执行。但垄断企业也不能随心所欲地制定产品的价格，因为在市场经济的条件下，任何生产经营者包括垄断企业都要受到来自多方面的制约：①市场需求的制约；②替代品的制约；③垄断竞争的制约；④产品成本的制约。

8. 虽然垄断价格在较长的时间内偏离生产价格或价值，但是，垄断价格仍然不能脱离市场的供求关系和社会购买力，不能无限制地提高。同时，垄断价格本身不能增加，也不能减少社会生产的价值总量，它只是一种有利于垄断企业的重新分配的手段。所以，垄断价格形成后，并没有违背价值规律，只是进一步改变了价值规律作用的表现形式。

9. 垄断是在自由竞争中随着重工业的崛起而成长起来的，但是垄断成长起来后，并没有消除竞争，而是与竞争并存，使竞争更加复杂更加激烈。垄断阶段的竞争与自由竞争阶段的竞争不同，主要表现在以下几个方面：竞争类型更加多样；竞争形式更加丰富；竞争范围更加拓展；竞争手段更加多样化；竞争内容更加丰富；竞争目的更加贪婪。

10. 随着工业生产的集中和垄断的形成，银行业也出现了集中并日益加强。随着银行资本的不断集中，在银行业中形成了为数不多的大银行。为了避免在竞争中两败俱伤，通过协议来划分市场，成为大银行无法回避的选择；而数量不多的大银行之间容易达成协议。于是，银行业也像工商业一样，在银行资本集中的过程中，逐渐形成了银行垄断同盟。

11. 银行垄断资本形成以后，银行的作用发生了根本的变化。在自由竞争时期，银行只是一般的借贷关系和支付关系的中介。到了垄断时期，随着银行垄断的形成，银行就由普通的借贷中介人变成了万能的垄断者。

12. 由银行垄断资本和工商业垄断资本融合或混合生长所形成的新型资本就是金融资本。金融资本的形成标志着国内垄断的形成，是垄断资本主义的一个重要的经济特征。

13. 金融资本形成后，在国民经济中居于统治地位，国家的经济命脉掌握在金融寡头的手中。所谓金融寡头，是指拥有庞大金融资本的大垄断资本家或垄断资本家集团。金融寡头在经济领域的统治主要是通过“参与制”来进行的。参与制是指垄断资本家利用掌握股票控制额的办法对企业实行控制的一种制度。金融寡头不仅操纵着国家的经济命脉，而且还操纵着国家的政治，并把垄断势力渗透到社会生活的各个方面。金融寡头在政治上的统治，主要是通过采用“个人联合”的方式控制国家机器，在上层建筑领域确立自己的统治权，以确保自己在经济领域中的统治地位。

14. 第二次世界大战以后，随着社会生产力的发展，出现了新一轮的科学技术革命。这次新的科学技术革命无论在广度上还是在深度上都远远超过前两次科学技术革命，从而极大地推动了发达国家国内垄断的发展和变化，使国内垄断出现了许多新的特点：①生产集中和垄断程度有了较大的提高；②纵向兼并为主朝横向兼并为主转变；③价格竞争为主朝非价格竞争为主转变；④金融资本的统治日益加强；⑤资本与雇佣劳动的关系部分调整。

15. 国家垄断资本主义是国家政权与垄断资本融合在一起的垄断资本主义。即国家在直接参与社会资本再生产过程中，与垄断资本相结合并凌驾在个别垄断资本之上的一种垄断资本主义，是垄断资本主义国内垄断的最高形式。国家垄断资本主义的产生与发展是由国内垄断发展和科学技术发展所决定的。

16. 国家垄断资本主义的具体形式多种多样。在不同国家、不同的历史阶段表现出来的形式也因政治经济条件的不同而有很大差别。但是，不论采取什么形式，其本质是相同的，都是国家政权与垄断资本的融合。这种融合有两重含义：一是国家直接占有垄断资本，即国家与垄断资本融为一体，形成一种新型的垄断资本——国有垄断资本。国家作为国有垄断资本的所有者，以总的垄断资本家的身份参与社会再生产的全部过程。二是国有垄断资本与私人垄断资本在社会再生产运动中相结合，或合资经营，或为私人垄断资本提供帮助和条件。

17. 国家垄断资本主义的具体形式主要有三种：①国有垄断资本，即国家财政资金中通过投资而形成的垄断资本；②公私共有的垄断资本，即国有垄断资本和私人垄断资本在一个企业范围内结合而形成的垄断资本；③与国家密切联系的垄断资本，即与国家有密切联系的私人垄断资本。

18. “二战”以后，西方发达国家普遍实施和加强了对宏观经济运行的干预和调节。这既是国家垄断资本主义的一种表现形式，又是现代市场经济的一个重要特征。单纯的市场调节不可能解决社会化大生产条件下市场经济的固有矛盾：社会化生产与生产成果的私人占有方式的矛盾，生产的无限扩大趋势和人民群众的消费相对缩小趋势的矛盾，社会生产按比例进行与整个社会无政府状态的矛盾，等等。因此，在现代生产力和科学技术不断发展的条件下，随着私人资本逐渐向社会资本转化，通过国家从社会平稳发展和协调社会成员的利益关系的角度，对社会经济活动进行有效的干预，可以在一定程度上缓解市场经济所固有的各种矛盾。

19. 在现代市场经济的运行过程中，国家对经济的调节，主要是通过运用各种强制性和非强制性的手段来进行的：①运用财政手段进行调节；②运用金融手段进行调节；③运用产业政策进行调节；④运用收入政策进行调节；⑤运用国家计划进行调节；⑥为中小企业的发展提供支持。

20. 国家垄断资本主义是国家政权与垄断资本相融合，以保证垄断资本获取高额垄断利润的一种经济形式。从实质上看，一方面它仍然为私人垄断资本的利益服务，但这种服务是从垄断资本的整体利益和长远利益着眼的；另一方面它又不能只代表垄断资本的利益，而要从全社会的角度出发，顾及到中小企业的利益和劳动者的利益。所以，国家垄断资本主义不是一般意义上的资本主义，而是部分发生质变的资本主义。

复习与思考

1. 垄断是怎样形成的？它具有哪些组织形式？战后垄断组织形式有什么新变化？
2. 什么是垄断利润和垄断价格？垄断利润的来源是什么？
3. 为什么垄断价格形成后，并没有否定价值规律，只是改变了价值规律的作用形式？
4. 怎样认识垄断与竞争的关系？
5. 垄断竞争与自由竞争的区别是什么？它有哪些基本形式？
6. 什么是金融资本？它是怎样形成的？
7. 金融资本形成后，银行的作用发生了什么根本性的变化？
8. 什么是金融寡头？它是怎样在经济上和政治上进行统治的？
9. 国家垄断资本主义产生的原因是什么？它有哪些表现形式？
10. 国有垄断资本与私人垄断资本在社会范围内结合的基本内容是什么？
11. 国家垄断资本主义条件下，建立国有企业的原因及途径是什么？
12. 怎样认识市场调节的局限性以及国家干预的目标？
13. 国家调节经济运行的主要手段有哪些？
14. 发达国家实行经济计划的主要特点是什么？
15. 怎样认识国家垄断资本主义的实质？
16. 怎样认识国家垄断资本主义的作用和局限性？

第十一章

资本国际化和世界市场

垄断的本质就是追逐高额垄断利润。当国内有利可图的投资领域被垄断资本分割以后，向国外寻求更为有利的投资领域，就成为垄断资本的必然选择。因此，向国际范围的经济扩张就是垄断资本运动的内在机能。垄断资本为了在激烈的竞争中不断增殖自身的价值，实现高额垄断利润，它的运动范围就必然要越出国界，在国际范围内延续和发展。随着现代科学技术的不断进步、生产社会化和资本社会化程度不断提高，垄断资本向国际范围扩张的深度和广度日益增强。

第一节　资本输出与资本国际化

在产业资本的三种形态中，最早在国际范围内流动的是商品资本。19 世纪末，随着国内垄断的形成，货币资本开始在国际范围内流动。期间，伴随着少量的生产资本在国际范围内的流动。生产资本大量在国际范围内的流动则是在第二次世界大战结束以后才出现的。

一、商品资本的国际流动

商品资本国际流动的形式是国际贸易，但不是所有的国际商品交换都是商品资本的国际流动。早在资本主义生产方式占统治地位之前，商品的国际交换就已存在。特别是 15 世纪末 16 世纪初的地理大发现，极大地促进了国际贸易的发展。随着国际贸易的不断扩大，世界市场开始萌芽，为资本主义生产方式的建立创造了条件。这一时期，虽然商品交换已突破国界，但商品生产还没有从属于资本。作为商品形态的资本是伴随资本主义生产方式的确立而出现的，商品资本是资本主义的产物。

随着工业革命的兴起，社会生产力获得了迅猛的发展。一方面，机器大工业的建立极大地提高了劳动生产率，本国的原材料已不能满足工业大规模生产的需要；另一方面，相对狭小的国内市场又难以容纳日益增多的商品。因而，由资本主义基本矛盾所引起的生产无限扩大趋势和消费相对缩小趋势的矛盾逐渐显现出来。为了克服国内市场的不足，开拓和占领海外市场就成为必然。因此，国际贸易不只是促成了资本主义制度的确立，而且它又是资本主义生产方式存在的前提条件和资本主义发展的必然产物。

19 世纪以后，欧美大陆普遍建立了机器大工业，社会生产力迅猛向前发展，与此同时，交通运输条件也得到了很大的改善。因此，国际贸易以前所未有的速度急剧增长。1800—1870 年间，国际贸易增长了 10 倍左右，并且呈加速增长的态势，后 30 年的增长速度明显高于前 40 年的增长速度。1870 年以后，随着垄断资本特别是金融资本逐渐在经济生活中占据主导地位，国际贸易又有了新的发展。1870—1913 年，国际贸易额从 106 亿美元增加到 404 亿美元，但国际贸易的增长逗度却放慢了，而且增长速度逐渐低于世界工业增长的速度。第一次世界大战以后，欧美国家的市场供求矛盾日趋尖锐。为了维护垄断资本的利益，欧美各国普遍采取了贸易保护主义的政策，使国际贸易的增长速度明显回落，以至于远远落后于世界工业的增长逗度。在这种背景下，资本主义的基本矛盾以及由此而产生的各种矛盾进一步激化，终于导致了 20 世纪 30 年代的经济大危机。

由此可见，在第二次世界大战以前，商品资本的国际化虽然是资本国际化的主流，但在不同时期，商品资本国际化的速度是不同的。从总的趋势看，商品的国际交换是不断发展的。相对狭小的国内市场难以适应无限扩张的资本主义生产，商品资本的循环就必然越出国界，必然在世界范围内完成商品资本向货币资本的转化，以保证商品价值包括剩余价值的完全实现。

二、借贷资本输出

第二次世界大战以前，欧美国家直接对外投资已经出现，但数量很有限。那时的对外投资主要采取借贷资本的形式。借贷资本是由闲置的货币资本转化而来的，因此，可以说借贷资本的输出是货币资本国际化的特殊形式或主要内容。

列宁在分析资本主义垄断阶段的主要经济特征时指出："对自由竞争占完全统治地位的旧资本主义来说，典型的是**商品**输出。对垄断占统治地位的最新资本主义来说，典型的则是**资本**输出。"① 在自由竞争时期，资本的对外扩张主要采取商品输出的形式，以瓦解经济落后国家的自然经济，并通过殖民手段和超经济强制手段来开拓世界市场。然而，在垄断阶段，仅仅依靠商品资本输出已远远不能满足垄断资本攫取高额垄断利润的需要。于是，垄断资本除了继续利用商品输出这种形式进行对外扩张外，主要依靠资本输出、征服殖民地等办法来扩大商品销售市场和原材料供应市场。资本输出已成为垄断逐步对外扩张的主要手段，也是垄断资本主义的一个重要特征。

资本输出的前提是过剩资本的出现，而过剩资本的形成又是以借贷资本的一定积累为基础的。借贷资本是由产业资本运动中闲置的货币资本转化而来的。在产业资本的循环中，固定资本更新前的折旧、原材料的定期采购、工资的定期发放、生产和流通的季节性、生产资料价格的下降、剩余价值资本化的障碍等，都会导致大量的以货币形态存

① 《列宁全集》第 27 卷，北京：人民出版社，1990 年，第 376 页。

在的闲置资本的出现。资本的本质是价值增殖，而价值增殖只有在资本的循环和周转中才能实现。因此，闲置的货币资本就必然会转化为借贷资本。然而，在垄断统治阶段，一方面垄断资本左右市场供求的能力大大增强，加快了货币资本的沉淀，加快了闲置资本向借贷资本的转化过程；另一方面，由于垄断利润已经很高，国内市场又相对狭小，有利可图的投资场所稀少，使大量的闲置资本成为过剩资本。为了追求高额垄断利润，过剩资本就必然会输往国外。

19 世纪 70 年代以后，较有规模的资本输出形成了，但直至 19 世纪末，资本输出的增长仍然十分缓慢。1855 年，主要的西方国家的资本输出额只有约 40 亿美元，到了 1885 年，资本输出额也只有 140 亿美元。可是，到 1900 年，资本输出额已接近 240 亿美元，资本输出明显加快。1914 年，资本输出已达 400 亿美元。1938 年，即第二次世界大战前夕，资本输出已突破 600 亿美元。

“二战”以前，西方国家的资本输出主要有三种方式：国际信贷、国际债券交易和国际股票交易。这三种资本输出方式主要是通过三个资本市场进行的，而对外直接投资在这一时期数量很少。由于垄断资本的本性是追逐高额垄断利润，所以，资本一般都输往那些资本主义已经有所发展但经济还比较落后的国家和地区。随着资本主义工业化和对外贸易的发展，到 19 世纪末，经济落后的国家和地区逐渐都卷入到资本主义市场的范围之中，使这些国家和地区的商品经济有了一定程度的发展。商品经济的发展加速了小生产者的两极分化，出现了大量的一无所有的劳动者。这就为落后国家和地区发展资本主义工业创造了前提条件。但是，要发展资本主义工业，没有大量的货币资本是不行的，而这些经济落后的国家和地区恰恰缺少的是货币资本，所以，获取大量货币资本是它们发展本国工业的当务之急。然而，对工业化已取得先行优势的国家来讲，落后国家和地区的地价、劳动力和原材料都很便宜，交通通信也有了一定的发展，使得投资者可以获得更大的利润，是垄断组织的过剩资本投资的理想场所。通过资本输出，可以争夺势力范围，巩固殖民统治，以保障原材料的来源和供给；可以带动商品输出，占领更多的销售市场；可以保证未来的销售渠道。因此，20 世纪上半叶，借贷资本输出成为垄断资本对外扩张的重要方式。列宁深刻地指出：通过资本的借贷，金融资本“要从一头牛身上剥下两张皮来”。一张皮是从贷款中获得高额利息；另一张皮是强迫贷款者用贷款来购买贷款国的过剩商品，从中获得高额商业利润。

三、生产资本的国际化

“二战”以后，随着科学技术和社会生产力的迅猛发展，西方国家内部各种矛盾进一步发展，国家政权与垄断资本的融合达到一定的高度，垄断资本的对外扩张开始由以借贷资本输出为主向以生产资本输出为主转化。所谓**生产资本输出，是指先行的工业化国家的政府、企业和银行用直接投资的方式，在资本输出国创办企业或低价收购已有的企业**。生产资本输出对垄断资本而言，可以利用当地的廉价劳动力和原材料，就地高价销售生产的产品，从而获得比本国高得多的垄断利润。因此，生产资本输出在形式上虽然与借贷资本输出不同，但实质是一样的，都是为了榨取他国劳动力创造的剩余价值，以获取高额垄断利润。

垄断资本对外投资采取的主要形式是组建跨国公司。**跨国公司是指在两个或两个以上的国家支配有工厂、矿山、海外办事处等资产的企业。**它的出现和大量发展是战后国际经济中的重要变化，是私人垄断资本对外直接投资的载体，是生产资本国际化的直接推动者。私人对外直接投资在19世纪初就已存在，在两次世界大战之间也有所发展，但那时的私人对外直接投资的数量很少，对世界经济的影响也很小。

"二战"以后，资本输出迅猛发展，是以往任何时期都无法比拟的。战后初期，西方发达国家的资本输出总额只有数百亿美元，但是，到了20世纪末，单是私人对外直接投资就超过了万亿美元。资本输出的爆炸性增长，是多种因素共同作用的结果：①战后第三次科学技术革命的爆发，特别是20世纪80年代以来新技术革命的迅猛发展，深刻地影响着国际生活的方方面面，生产方式、交易方式、消费方式以及交往方式都发生着深刻的变化，这在西方发达国家表现得十分明显，地球日益变小；②随着第三次科学技术革命的深入发展，社会生产力达到新的高度，生产和资本的集中速度进一步加快，发达国家的过剩资本数量急剧增加，对外资本输出变得比任何时期都更加迫切；③国家垄断资本主义的发展，不仅直接促成了国家资本的输出，而且为私人资本的输出创造了种种有利的条件，使得私人资本输出特别是私人资本的直接对外投资迅速增长；④为了抑制贸易保护主义，协调国际经济关系，推动贸易和投资自由而有序地发展，国际社会建立了许多国际经济组织，如国际货币基金组织、国际复兴开发银行（即世界银行）、关税与贸易总协定以及它的继承者——世界贸易组织（简称 WTO）等，直接推动了跨国公司的发展和资本输出的急剧增长；⑤战后殖民主义体系土崩瓦解，发展中国家加快了发展民族经济和实现社会经济现代化的步伐，为引进外资和技术提供了一系列优惠政策，从而推动了跨国公司的发展和国际资本的流动。

战后资本输出的新特点是：

第一，资本输出的规模急剧扩大。1914年主要西方国家的资本输出总额为180亿美元，"二战"结束时达到510亿美元，增长了2.8倍；然而，到了1976年，资本输出总额达到了6 000亿美元，增长了11.6倍。进入20世纪80年代以后，资本输出的速度进一步加快。

第二，资本输出的发展不平衡。由于经济、技术和政治发展的不平衡以及战争的影响，西方各国的资本输出的发展也是很不平衡的。这种不平衡突出表现在，美国已取代英国成为战后最大的资本输出国。它的资本输出额一直稳定地保持在西方国家资本输出总额的50%左右。此外，20世纪60年代以后，日本和联邦德国的资本输出也增长很快。

第三，私人对外直接投资比重迅速提高。"二战"前，除美国以外，西方国家私人资本输出一直以借贷资本输出为主。战后，这种情况有了显著的变化。1960年，西方主要国家私人对外直接投资额为585亿美元，到了1973年，增长到2 070亿美元，1984年则达到了5 490亿美元。私人对外直接投资的比重明显提高。

第四，资本输出的流向发生变化。战前，西方国家资本输出主要投向采掘工业和公用事业等领域；战后，情况发生变化，西方国家资本输出主要投向制造业，并且投资日益集中在电子、化工、钢铁、汽车和机器制造等行业。20世纪70年代以来，金融、保险、房地产等第三产业资本输出所占比重有了较快的增长。

第五，发达国家之间资本的相互渗透日益加强。战前，资本输出主要流向经济落后的殖民地附属国或其他发展中国家；战后，资本输出则主要转向发达国家和地区。20世纪70年代，资本输出总额的70%已集中在西欧和北美等发达地区，与战前输往亚、非、拉地区的资本的比重差不多。到了20世纪80年代以后，这种趋势还在继续。究其主要原因：一是随着产业结构的高级化、高新技术产业和服务业的发展，对土地、劳动力及原材料数量的要求减弱，对劳动力素质的要求则越来越高，投资环境发生了深刻的变化；二是产业结构的变化引起需求结构的变化，生活必需品需求的比重下降，非生活必需品尤其是高新技术产品和服务需求的比重上升，因而发达国家对发展中国家市场的依赖度下降；三是国际分工格局发生深刻的变化，由传统的以自然资源为基础的国际分工发展为以产品专业化、零部件专业化和工艺专业化为基础的国际分工；由传统的工业国和农业国的垂直分工发展为以劳动密集型产业、资本密集型产业和技术密集型产业划分的水平分工；四是国际贸易格局也发生深刻的变化，由以产业间贸易为主向产业内贸易为主转变；五是发达国家之间科学技术的交往和经济联系进一步加强，等等。

战后资本输出的新特点，并不意味着战后资本输出仅仅是生产资本的输出。事实上，在生产资本国际化的同时，商品资本和货币资本的国际化的进程也从未停止过。相反在生产资本国际化的有力推动下，商品资本和货币资本的国际化在过去的基础上又进一步向前发展。如果说有什么区别的话，那就是战后生产资本的国际化完全改变了整个资本输出的性质。

第二节　生产要素的国际流动

一、资本国际化与生产国际化的相互作用

在现代经济发展史上，资本在世界范围内的扩张，可以划分为三个阶段：①1815—1880年为单一商品资本国际化时期；②1800—1945年为商品资本国际化与货币资本国际化并存时期；③从1945年至今，为商品资本国际化、货币资本国际化和生产资本国际化并存时期。资本国际化从广义上讲，包括上述三个阶段；从狭义上讲，仅限于第三阶段，即商品资本国际化、货币资本国际化和生产资本国际化并存时期。本章所讲的资本国际化仅指狭义上的，它是从第二次世界大战以后开始的。

资本国际化是指资本运动由国内扩大到国际范围，即 $G-W\cdots P\cdots W'-G'$ 的资本循环与价值增殖由国内延伸到国外或全部越出国界。“二战”前，剩余价值的直接生产过程（$W\cdots P\cdots W'$）是在一国国内进行的，而生产要素的购买（$G-W$）和商品销售（$W'-G'$）越出国界在世界范围内进行。这种资本运动形式现在还在发展中。然而，“二战”后，剩余价值的直接生产过程（$W\cdots P\cdots W'$）也已实现了国际化，从生产要素的购买到剩余价值的生产，再到产品的销售，全部变成了国际行为。这种资本运动形式已成为世界经济发展中的普遍现象。

资本由于对利润的贪婪，它的国际性是与生俱来的。在自由竞争时代，由于社会生产力水平低，国际分工不发达，生产社会化程度还不高，因而资本的国际化主要表现为

通过国际贸易，实现商品资本的国际化。也就是说，这一时期各国之间的经济联系基本上还只是商品交换，而商品的直接生产过程还局限在狭小的国民经济的范围内。进入垄断时代，社会生产力进一步提高，企业的规模不断扩大，生产扩张与市场狭小的矛盾更加突出，推动了工业垄断资本与银行垄断资本的融合，加剧了生产和资本的进一步集中，主要生产部门日益集中到少数大垄断资本集团手中，并积累了大量的过剩资本。过剩资本相对于国内有利可图的投资场所是不足的，因而是相对的资本过剩。资本一旦过剩，就必然要寻找出路，涌向海外也在所不惜。而此时的落后国家，商品经济有了进一步的发展，交通通信条件有所改善，消费市场有所扩大，成为过剩资本较为有利的投资场所。但是，发达国家过剩资本的直接投资主要局限于矿产资源的开发和建立跨国银行，对一般加工工业和制造业却采取借贷资本输出的方式。所以，这一时期的私人对外直接投资的数量还很少，其产量在整个世界工业总产量中的比重还很低。因此，从世界范围来看，还谈不上真正意义上的资本国际化。

"二战"以后，特别是20世纪60年代以后，随着第三次科学技术革命的兴起和社会生产力的迅猛发展，生产社会化程度不断加深，并扩大到国际范围，生产的国际化开始登上历史舞台，成为战后世界经济发展的一个突出特点。**生产的国际化是指生产力的发展突破了民族国家疆界的限制和束缚，使世界各国的社会再生产日益交织和日益密切的过程。**在这一过程中，不仅以对外贸易形式表现的商品资本输出得到空前的发展，而且生产资本也大量地越出国界，通过对外投资直接在国外建立生产企业或合资企业，把触角伸向世界各个角落和各个工业部门，使资本在世界经济领域中，以前所未有的规模行使着它的价值增殖的职能。

在生产资本国际化的过程中，货币资本的职能也在发生变化。过去，在资本输出中，货币资本仅仅是作为借贷资本在发挥作用，而现在，货币资本日益与生产资本结合在一起，作为剩余价值生产过程中的货币资本直接出现在国际经济领域之中。因此，生产资本国际化把商品资本、货币资本和生产资本重新融为一体，使商品资本循环、生产资本循环和货币资本循环第一次在世界范围内具有空间上的并存性和时间上的继起性，从而实现了整个产业资本的国际化，即真正意义上的资本国际化。

生产国际化与资本国际化是有区别的。生产国际化的主要表现是：①生产要素国际化，即生产过程所需要的原材料日益依赖于国外市场的供给，劳动力、工程技术人员和管理人员在国际的流动；②产品国际化，即所生产出来的产品日益依赖于国际市场，依赖于出口；③生产过程国际化，即大垄断企业到国外进行投资，开办新公司或设立子公司，日益扩大生产经营规模，使生产分工日益向国际专业化分工发展；④科学技术国际化，即科学技术的国际交流日益扩大，重要科技领域的国际合作日益加强。资本国际化的主要表现则是：资本循环的三种形式，即商品资本、生产资本和货币资本以独立化的资本向国际范围扩展，形成了商业资本国际化、借贷资本国际化和产业资本国际化三种形式。商业资本国际化是指商品资本在国际市场上的活动和增殖，它采取的主要形式是国际贸易，包括有形商品的进出口和服务贸易。借贷资本国际化是指资本以货币形态在国际范围内发生的借贷运动和增殖，它主要采取的形式是国际间接融资，即在国际金融市场上进行股票、债券等交易。产业资本国际化是指资本跨越国界从事商品生产和经营，它主要是通过对外直接投资，在他国兴建生产性企业实现的。跨国公司的崛起，国外直接投资的急剧增长，产业资本国际化已成为资本国际化的主要形式，它标志着资本国际化进入了一个新的发展阶段。

资本国际化是资本主义生产关系在全世界的扩张过程，而生产国际化却是社会生产力在全世界的扩展过程，二者是相互联系又相互区别的。生产国际化是资本国际化的基础，而资本国际化则是生产国际化的推动力量。生产国际化和资本国际化的相互推动，使得世界各国的经济发展相互联系、相互依赖，从而促进了国际经济一体化的产生和发展。

二、商品和生产要素的国际流动

商品的国际流动就是国际贸易活动。在过去，商品与生产要素是可以区别的，因为那时的商品贸易主要是初级产品和制成品的贸易，零部件等中间产品的贸易很少。在当代，将商品贸易与生产要素贸易区别开来已很困难，因为原材料，尤其是零部件和机器设备等生产要素已大量进入国际商品交换。因此，可以将商品的国际流动和生产要素的国际流动放在一起加以考察。

国际贸易是指一个国家和地区与世界其他国家和地区之间进行的商品和劳务的交换活动，是商品和劳务国际流动的一种方式。国际贸易产生于国家出现之后，在古代，国与国之间的国际贸易就已出现。中国古代著名的"丝绸之路"就是中国与中亚、西亚乃至欧洲各国的贸易之路。但是，只是到了资本主义生产方式确立之后，国际贸易才得到巨大的发展。在当代，对外贸易是一个国家一切对外关系的基础，同时又是国际分工的纽带，它体现了各国在经济上的相互依赖。

对外贸易包括出口贸易和进口贸易两个方面。一国在一定时期内（如一个季度、一年等）出口商品总值和进口商品总值的差额叫做贸易差额，出口额大于进口额叫做贸易顺差；进口额大于出口额叫做贸易逆差。当一国出现贸易顺差，且贸易顺差额大于资本项目逆差额时，该国的外汇储备就会增加；反之，当一国出现贸易逆差，且贸易逆差额大于资本项目顺差额时，该国的外汇储备就会减少。

一国对外贸易状况如何，直接关系到该国整个经济的发展。

（1）它有利于协调社会再生产的比例关系。资源是生产的必备条件，但是，不同的国家拥有的资源是不同的，有的国家拥有的自然资源丰富一些；有的国家拥有的劳动力丰富一些；有的国际拥有的资本和技术丰富一些。因此，资源分布的不平衡性使得任何国家在经济发展过程中都会遇到资源短缺的矛盾。通过国际贸易，出口用自己相对丰裕的资源生产的产品，进口由于本国资源稀缺从而导致供给缺乏的产品，就可以缓解由资源拥有量不同所造成的供需矛盾，从而协调整个社会再生产的比例关系。

（2）它有利于增加外汇收入，扩大国内的交易机会。只要在对外贸易中保持贸易顺差，且贸易顺差大于资本项目的逆差，外汇就会增加；而外汇增加意味着国外市场对本国产品的需求增加，从而有利于增加本国的就业机会。

（3）它有利于提高本国的技术和管理水平，增强本国的经济实力特别是国家的综合竞争力。对发展中国家而言，努力提高本国的技术水平和管理水平，是提高本国经济竞争力的关键，通过对外贸易可以进口本国暂时还不能生产的机器设备，进口本国暂时还没有的专利技术，可以节约研发时间和研发资金，从而有利于提高本国的技术水平和管理水平，有利于提高本国经济的竞争力。

（4）它有利于更好地、更经济地满足国民生活的不同需要。在国际分工的基础上，开展贸易交往，可以节约社会劳动和节约社会资金，可以提高劳动生产率，从而可以进口更多的自己还不能生产或虽能生产但品质、规格、外观等不同的产品，可以满足人们不同的个性需要。

因此，战后随着科学技术的进步、国际分工的深化和经济生活的国际化，国际贸易以前所未有的速度向前发展。伴随国际贸易的发展，生产要素的国际流动也日益频繁。

首先，资本的国际流动。**国际资本流动又称国际投资，是指资本由一个国家和地区转移到另一个国家和地区**。资本从本国流出称为资本输出，从国外流入称为资本输入。资本在不同国家和地区之间的流动，从根本上说，是不同国家和地区在不同时期有不同的预期利润率。在其他条件相同且没有障碍时，资本往往由低利润率的国家和地区向高利润率的国家和地区流动。这就是所谓的“水往低处流，人往高处走，资本往利润率高的地方去”。资本的国际流动可以分为长期资本流动和短期资本流动。长期资本流动是指资本使用期限在一年以上的资本流动，它有直接投资、证券投资和国际信贷三种类别。短期资本流动则是指资本使用期限在一年以下的资本流动，它有贸易结算和资金短期融通、银行资金流动、保值性资本流动以及投机性资本流动四种类型。战后，资本的国际流动规模不断扩大。目前，国际资本市场每天的交易额已高达 2 万亿美元。

其次，劳动力的国际流动。**劳动力的国际流动是指劳动力这种生产要素跨越国界而被优化到世界其他地方，它往往以人口国际迁徙的方式进行**。但它与一般的人口国际迁徙又有所不同：一般的人口国际迁徙总是与政治、宗教以及经济方面的因素相联系，带有强制性；而劳动力国际流动通常是非强制性的，仅仅与经济因素有关。劳动力国际流动可以分为永久移民式和非永久移民式两种类型，但它们的基本动机是相同的，都是为了获得较高的劳动报酬。世界各国各地区劳动力要素的稀缺程度不同，加上世界经济发展又很不平衡，因此，工资水平在各国各地区之间存在巨大差异。工资的国际差异是劳动力国际流动的根本原因。在没有劳动力国际流动障碍的条件下，劳动力一般总是朝工资水平高的国家和地区流动，而且劳动力素质越高，流动性越大；劳动力素质低的，往往采取非法移民的形式。因此，劳动力往往是由经济落后的国家和地区向经济发达的国家和地区流动。劳动力的国际流动对流出国和流入国的劳动力市场均产生重要影响，进而影响到一国的社会稳定和经济发展。因此，劳动力国际流动的障碍比资本国际流动大得多，因而其流动性要小得多。

再次，技术的国际流动。**技术的国际流动又称为技术的国际转移或技术的国际转让，它是指技术通过某种方式从一国或地区向其他国家或地区转移的过程**。从严格意义上讲，技术的国际转移并不包含有技术内容的物质产品的国际流动。**技术是无形的、非物质的知识，即可以传授并产生一定经济效果的生产和销售产品的工艺、流程、方法等系统知识产品**。从数量上看，技术的国际转移规模很小，但它的重要性远远超过了其他要素的国际流动，因为它会对经济增长产生持久的重要影响。战后，随着科学技术的巨大进步及其在生产力中地位的日益突出、专利制度的普遍建立以及跨国公司对外投资活动的日益活跃，技术的国际转移的也日益频繁，各国经济增长越来越依赖于技术进步和技术成果的有效利用。特别是20世纪80年代以来尤为如此。因此，各国之间的竞争也已转变为以科学技术实力的竞争和科学技术成果应用的竞争为主。在这场科学技术的竞争中，谁能占有科学技术成果，谁能积极有效地利用这些科学技术成果，谁就能在国际竞争中处于优势地位，谁就能够在国际竞争中取胜。所以，各个国家不仅积极发展本国自主的科学技术，而且高度重视引进外国先进的专利技术。这对发展中国家尤其重要，它们可以利用后发优势，尽快缩短与发达国家之间的差距，实现国民经济现代化。但是，技术的国际转移仍然要受到政治利益、安全问题以及过高的专利保护的限制，因此，专利技术的国际流动性与劳动力的国际流动性一样，都不及资本的国际流动性强。

第三节　国际分工和世界市场

在现代市场经济中，生产要素的国际流动从根本上讲，是由各国之间存在要素收益率的国际差异所引起的。而要素收益率的国际差异又是由什么因素引起的？生产要素的国际流动对这种国际收益分配格局又会产生什么影响？对此，需要进一步对国际分工和世界市场展开分析。

一、国际分工的产生和发展趋势

国际贸易从根本上讲，是由国际分工引起的。**所谓国际分工，是指国与国之间在产业上和产品生产上形成的分工。**也就是超越国家经济界限的社会分工，是国家之间的生产分工。

1. 国际分工的产生

国际分工产生于各国在自身的自然和社会的发展中所形成的比较优势。从自然条件上看，有的国家气候比较干燥，适宜牧草生长，因而畜牧业有比较优势；有的国家气候比较湿润，适宜各种庄稼和经济作物生长，因而农业有比较优势；有的国家地处交通要道，运输业和商业就比较发达；有的国家的手工业主要为畜牧业以及相应的生活方式服务；有的国家的手工业则主要为农业以及相应的生活方式服务；有的国家的手工业则主要为运输业和商业以及相应的社会方式服务，等等。在这种国际分工的基础上，导致的国际交换必然是最终产品之间的交换，中间产品的国际交换寥寥无几。通过国际交换，各国可以互通有无，满足其不断增长的国内生活的需要。

到了近代，随着国际贸易和国际交往的不断扩大，卷入其中的国家和地区的生产方式也在发生着变化。在西欧，工场手工业的出现，推动了国内分工的深化发展和劳动生产率的提高。为了满足工场手工业发展的需要，以原材料为交换对象的国际贸易发展起来。如果说，古代的国际贸易是以制成品与制成品之间的交换为主体，那么，近代的国际贸易则开始了制成品与原材料之间的交换。在这种交换方式下，一种新的国际分工格局逐渐形成。特别是在现代科学技术的推动下，工业革命使工场手工业转变为机器大工业，以追逐剩余价值为目的的资本主义生产方式有了自己的物质技术基础。在资本主义生产方式的推动下，形成了工业制成品生产与农业、采掘业的原材料生产的国际分工体系。

如果说，在古代，自然条件和不同的最终产品的生产是国际分工的基础，那么，到了近现代，国际分工则是科学技术和社会生产力发展的直接结果，自然禀赋对国际分工的影响在减弱。科学技术和生产力发展水平不仅决定着国际分工的深度和广度，而且决定着一个国家在国际分工体系中的地位。科学技术和生产力比较发达的国家和地区，以制成品生产和高新技术产品生产为主参与国际分工，在国际分工体系中占据有利的位置，处于主导地位。而科学技术和生产力相对落后的发展中国家和地区，只能以原材料等初级产品生产参与国际分工，在国际分工体系中处于被动的、从属的地位。因此，近现代国际分工格局是由少数发达国家和地区决定的，并为它们所控制。由于经济与技术发展的不平衡性，随着科学技术与生产力的发展变化，国际分工格局也在发生变化。一些后起的国家和地区，在国际分工中的地位日益增强，引起国际分工格局中力量的消长。近代以来，英国的兴衰史及其在国际分工格局中地位的变化；美国、日本、德国在国际分工格局中的后来居上；战后新兴市场经济国家的逐渐崛起，都是很好的说明。

2．当代国际分工格局及其变化趋势

经过几百年的发展，当代世界经济已成为一个结构复杂的国际分工体系。就其内容可以划分为三个方面：

（1）发达国家与发展中国家之间的分工。发达国家以制成品生产为主，而发展中国家以初级产品生产为主。这种国际分工从工业化一开始就形成了，至今仍然是当代国际分工的主要内容之一。“二战”后，独立的发展中国家仍有相当一部分没有摆脱这种地位。目前，这种格局正在发生着变化。随着新兴工业化国家和地区的出现，中低端的制成品逐步成为其支柱产业和重要出口产品。

（2）新兴工业化国家和地区与最不发达国家之间的分工。“二战”后，在发展中国家里，出现了一批新兴工业化国家和地区，它们主要分布在亚洲和南美洲。它们与最不发达国家之间也出现了制成品生产和初级产品生产之间的分工。这些新兴工业化国家和地区开始与发达国家竞争，向最不发达国家出口制成品、价格低廉的生产资料以及工程技术。这一格局的出现，打破了发达国家与发展中国家之间的传统的国际分工格局。

（3）发达国家之间的分工。这种国际分工以制造业内部的分工为主要特征。制造业包括了许多行业，因此，制造业的国际分工包括两个方面：一是不同产业之间的分工；二是同一产业内部之间的产品分工，甚至是产品加工工序上的分工。1965—1983年，发达国家之间的制成品贸易额，一直占这些国家制成品出口的2/3左右；而同期，发达国家向发展中国家的制成品出口比重却从29%下降到26%。

总之，战后国际分工格局已经或正在发生着深刻的变化：以制成品生产国与原材料生产国之间分工为主导的分工向以各个工业部门内部分工为主导的国际分工转变；传统的以自然资源为基础的国际分工向以现代工艺、技术为基础的国际分工转变；以产业各部门之间的国际分工为主向以产业内部之间的国际分工为主转变。

20世纪80年代以来，随着新的科学技术的深化发展，发达国家的产业结构发生着急剧的变化：一部分传统工业向发展中国家，特别是新兴工业化国家转移；另一部分传统工业则进行了技术改造，特别是采用信息技术，大大提高了劳动生产率。同时，一方面，发达国家加大了对高新技术产业发展的扶持力度，使之成为国民经济中的主导产业；另一方面，发达国家加大了研究与开发的力度，使信息与科技越来越独立地成为商品，并出现在国内外的市场之上。因此，一种全新的国际分工格局正在形成之中。20世纪90年代以来，随着发展中国家的经济发展，特别是新兴工业化国家和地区经济的高速发展，国际分工格局开始从生产分工向科研与生产的分工转变；从制造业与初级产品的分工向高技术产品与传统工业的分工转变。

在新的国际分工格局中，发展中国家处境将更加不利。首先，发展中国家的传统优势将进一步丧失：①从劳动力优势来看，低工资虽然可以降低制成品的成本，但是，发达国家用高新技术改造传统工业，不仅提高了劳动生产率，而且大大提高了制成品的科技含量。所以，发展中国家虽然已经进入制造业的行列，但在国际市场上，仍难以与发达国家相抗衡，所获得的比较利益远远不及发达国家。②从资源优势来看，新技术革命一方面使传统工业对原材料和能源的消耗降低，并以许多人工合成材料和新能源如太阳能、原子能等取而代之；另一方面又使新兴工业、高技术产业以及研究开发对资源的依赖性大大降低。因此，发展中国家的资源优势相对减弱。

其次，发展中国家在技术上将更加依赖于发达国家。在传统工业化发展阶段，资本积累是推动经济增长的主要力量，而在信息化发展阶段，生产与经济发展更多地以先进技术为基础。一方面由于发展中国家的科学技术和教育水平相对落后，投入研究与开发的资金和技术力量十分有限，加上技术更新换代速度加快，发展中国家对发达国家的技术依赖性进一步加深。另一方面，发达国家为了实行更有利于自己的国际分工，会向发展中国家转移技术，但不会转移最新技术，而是利用最新技术的垄断来控制世界市场。因此，世界经济进入信息经济时代以后，发展中国家处于更为不利的地位。

再次，随着发达国家生产的产品的技术含量的不断提高，产品的增加价值比重更大，在国际交换中可以获得更多的比较收益；而发展中国家生产的产品，即使是制成品，技术含量远远低于发达国家，在国际交换中处于更为不利的地位。因此，在新的国际分工格局中，将更加有利于研究开发者而不利于加工制造者。

二、世界市场的形成与特点

有国际分工就有国际贸易，有国际贸易就有世界市场。世界市场是随国际分工和国际贸易的产生而产生，随国际分工与国际贸易的发展而发展的。在传统工业化发展阶段，世界市场与国内市场的联系还不紧密，二者是分开的。马克思指出："商品流通的国内领域或民族领域，同它们的普遍的世界市场领域是分开的。"① 然而，随着国际分工和国际贸易的不断发展，情况发生了深刻的变化。

"二战"以来，特别是20世纪80年代以来，随着新的科学技术的深化发展和产业结构的不断升级，国际分工和国际贸易发生了翻天覆地的变化，国际经济一体化、生产要素的国际流动、经济全球化在不断发展，使世界市场与国内市场的联系越来越紧密。但是，世界市场与国内市场相比，仍有很大的区别。首先，国际分工是以国家边界的存

① 《马克思恩格斯全集》第23卷，北京：人民出版社，1972年，第144页。

在为前提的，没有国家的存在，何来国际分工？没有这个前提，也就无所谓进出口贸易。所以，世界市场是由各个国家的市场和独立关税区的市场组成的。其次，由于国家的存在，生产要素在国际范围内流动是受限制的。尽管“二战”以后，特别是“冷战”结束以后，在贸易自由化和经济全球化的推动下，各国以及各地区之间的贸易壁垒和资本流动、人员流动的障碍已经大大地减弱，但毕竟还是存在着。再次，国内市场和国内经济贸易活动是受国家调控的，国家可以运用经济的、法律的和行政的手段，按照一定的社会与经济发展的目标，对经济贸易活动进行干预和调控。世界市场和国际经济与贸易活动却不受一个具有国家权威机构的干预和调节。虽然战后，国际社会也建立了许多国际性的经济组织和机构，如国际货币基金组织、国际复兴开发银行（即世界银行）、世界贸易组织（以及它的前身“关税与贸易总协定”）等，但它们对国际经济与贸易活动的干预和协调的力度要小得多。

尽管如此，世界市场与国内市场在经济全球化、贸易自由化日益发展的今天已密不可分。众所周知，在现代经济的发展中，市场规模的大小，既是经济增长的结果，又是经济增长的条件。市场狭小，自然会影响一个国家或一个地区经济增长的规模和速度。因此，随着现代生产力的不断发展，无论是发达国家还是发展中国家，为了加快和扩大本国经济增长的速度和规模，都必须不断地扩大市场。任何一个产业，在其成长过程中，都首先以国内市场为依托，以占领国内市场为目标；当国内市场对某一产品的有效需求接近饱和时，该产业就必须出口其产品，寻求国外市场，使该产业得以继续发展。依托国内市场、抢占国外市场的理论包含两个前提：①出口商品在国内市场上已经“过剩”，如果不出口，国内市场将无法吸收；②出口商品在国际市场上拥有竞争优势，无须借助国家支持性政策便可输往别的国家。如果不具备这两个前提条件，则出口贸易不仅不是国内市场的国外扩大部分，而且会伤害国内市场。比如，出口商品在国内市场上并未“过剩”，但国际市场对该商品的需求更加强烈，因而价格更加有利，该商品就会自然而然地出口国外，国内市场就会出现供给短缺，国内市场价格就会上升。

因此，国际市场和国内市场之间具有替代性。对任何商品而言，国际市场与国内市场的替代性的大小，取决于该商品在这两个市场上需求价格弹性的大小。需求价格弹性是现代西方经济学提出的概念，它是指在其他因素既定时，某一商品的需求对该商品价格变动的反应程度。一般而言，当国内市场需求对某一商品的价格变动有较为灵敏的、较为突出的反应时，即该商品的国内市场需求价格弹性比国际市场需求价格弹性大，则该商品在国内市场与国外市场之间的替代性就较为强烈。究其原因在于，国外市场的出现和扩大，在这种场合是一种外生变量，它会提高该商品的需求价格，从而引起国内需求量的减少；如果国外市场由于战争、严重自然灾害或经济危机等因素而出现萎缩，该商品的需求价格就会下跌，从而吸引较多的国内消费者，扩大国内需求量，国外需求量的减少可以由国内需求量的增加来弥补。

在当代西方经济学家看来，国内市场与国外市场之间的替代性问题，主要是由国内市场和国外市场的需求弹性及其差别决定的。如果国内市场需求对价格变动的反应更为灵敏，则可认为国内市场对国外市场的替代性较强；如果国外市场需求对价格变动的反应更为灵敏，则可认为国外市场对国内市场的替代性较强。

此外，国际市场和国内市场之间还具有非同步性。一般而言，生产总是首先满足国内市场需求，然后才发展出口的。也就是说，某种商品一般总是先有国内市场后有国外市场，国外市场是在生产企业的发展已确立了国际优势时才出现的，而国际优势并不是生产企业在国内市场上发展的前提条件。国内市场与国外市场之间的非同步性特点表明，在既定的阶段上，国外市场对价格变动的反应比国内市场对价格的反应更为灵敏，即国外市场的需求价格弹性比国内市场的需求价格弹性更大一些。不过，在特殊情况下，生产企业也可以首先满足国外市场需求，然后才发展国内市场。例如，20 世纪 80 年代以来，发展中国家引进外资建立了许多出口加工区，目的是缓解外汇短缺的矛盾。按照相关规定，出口加工区的企业生产的产品首先必须用于出口，达到要求后才可以按一定比例返销国内市场。外资企业则利用发展中国家出口加工区劳动力成本低，土地价格便宜和税收优惠等条件，生产成本更为低廉的产品，来满足国际市场甚至本国市场的需求。不过，这种情形随着世界贸易组织的建立和国际贸易与投资自由化的发展而越来越少。总之，在国家的干预下，国内市场和国外市场的替代性总是不充分的。既然价格下降后，增加的国内市场需求量总是小于减少的国外市场需求量，替代就是局部的、不充分的，因而国外市场的存在，对国内市场的冲击就不可能是致命的，反而是一种必要的补充，是维持国内资源有效配置的必要条件之一。

世界市场的必要性还可以用贸易乘数理论加以说明。贸易乘数理论是现代西方经济学提出来的。该理论认为，在生产相对过剩的条件下，总需求决定总供给。因此，作为总需求的有机组成部分，国际贸易对一国经济增长是极其重要的。由于产业是相互关联的，出口的增加不仅会带动本部门的生产规模的扩大和就业的增加，而且会带动相关联的产业部门，即向出口部门提供原材料或其他中间消费品的产业部门生产的扩大和就业的增加。这些产业部门又会带动与它们相关联的产业部门生产的扩大和就业的增加，从而引起整个国民经济的增长。这就是所谓的外贸乘数效应。在外贸乘数的作用下，对外贸易成为经济增长的“发动机”。对发展中国家来讲，对外贸易的作用更为重要。它不仅可以带动整个国民经济的增长，而且可以获得宝贵的外汇以进口先进的技术设备和国内短缺的关键性资源，为经济的快速发展和可持续发展创造条件。

三、国际价值与世界市场价格

在世界市场上，商品将按什么比例进行交换？价值规律在世界市场上还存在与否？还起不起作用？如果还起作用，那么会采用什么样的作用形式？这些问题不仅涉及世界市场的价格决定，而且涉及各国之间的利益分配。

根据马克思劳动价值论的基本原理，价格是价值的货币表现，即商品与货币相交换的价值比率。在世界市场上，商品的国际价格是商品的国际价值的货币表现。因此，要弄清楚国际价格的决定问题，必须先弄清楚国际价值的决定问题。

1. 国际价值

商品的价值是商品中凝结的人类抽象劳动，即商品中凝结的人类体力与脑力的支出，是物化在商品中的人类一般劳动。从本质上讲，价值体现了社会分工条件下商品生产者之间相互依存和相互交换劳动的社会关系。因此，商品不论在国家范围内，还是在世界范围内，都具有同一的规定性，都是凝结在商品中的人类抽象劳动或人类一般劳动，都体现着社会分工条件下商品生产者之间相互依存和相互交换劳动的社会关系。

但是，由于商品价值量是由社会必要劳动时间决定的，生产商品的个别劳动时间只有在符合社会必要劳动时间的前提下，生产商品的劳动才能转化为价值。生产商品的个别劳动时间超过了生产商品的社会必要劳动时间，超过的部分就不能形成商品的价值；如果生产商品的个别劳动时间低于生产商品的社会必要劳动时间，那么，这种劳动就作为劳动复杂程度较高的劳动，按社会必要劳动时间形成相应的价值。在商品生产过程中耗费的抽象劳动，能否作为现实的社会劳动全部为社会所承认，还必须经过交换的检验。如果在其他因素的干扰下，供给超过了需求，价格就会低于由社会必要劳动时间决定的价值，商品生产过程中耗费的抽象劳动就有一部分不能转化为社会所承认的社会劳动。在这种情况下，商品生产者就会减少产量，随着供给量的减少，价格会回升到社会承认的价值水平上。反之，在其他因素的干扰下，供给不能满足需求，价格就会高于社会必要劳动时间决定的价值，商品生产过程中耗费的抽象劳动不仅会全部转化为社会承认的社会劳动，而且会作为较复杂的社会劳动形成较多的社会价值。在这种情况下，商品生产者就会增加产量，随着供给的增加，价格会回落到社会必要劳动时间决定的价值水平上。所以，在一国范围内，只有生产要素能够比较充分地自由流动，在价格与供求关系相互作用的机制下，生产商品所耗费的抽象劳动才会作为现实的社会劳动，成为交换的基础。

但是，在国际范围内，经过国内交换检验的社会必要劳动和社会价值，就变成了个别劳动和个别价值。因为在国际范围内，各个国家的科学技术和社会生产力发展水平是不同的，生产同类产品所耗费的社会必要劳动是不相等的。所以，国际范围内的社会价值是由世界平均耗费的社会必要劳动时间决定的，并且，这种社会价值要经过国际交换的检验。**我们可以把由世界平均耗费的社会必要劳动时间决定的社会价值称为“国际价值”；把由国内平均耗费的社会必要劳动时间决定的社会价值称为“国民价值”。通常人们把由国内平均耗费的社会必要劳动时间决定的社会价值称为“国别价值”**，笔者认为把它称为“国民价值”更贴切一些。

如果一国向世界市场上提供的产品供给超过了世界市场上对该产品的需求，其价格就会降到国际价值以下，该产品所耗费的一部分社会必要劳动就不能转化为国际价值。反之，如果一国向世界市场上提供的产品不能满足世界市场对该产品的需求，其价格就会升到国际价值以上，该产品所耗费的社会必要劳动不仅全部转化为国际价值，而且会作为较复杂的社会劳动形成较多的国际价值。因此，从世界范围来看，各个国家的国内社会劳动是不充分的社会劳动，国民价值也是不充分的社会价值；只有国际社会劳动才是充分的社会劳动，国际价值也才是充分的社会价值。马克思指出，真正的价值性质，是由国外贸易发展起来的，因为只有国外贸易才把它里面包含的劳动，当作社会劳动来发展。因此，国际价值就是世界范围内抽象的人类劳动在商品中的凝结，是物化在商品中的国际社会必要劳动。

商品的价值量是由生产商品所耗费的社会必要劳动时间决定的，这对国际价值也是适用的。由于在国际范围内，各个国家的科学技术和生产力发展水平是有差异的，因此，生产商品的劳动熟练程度和劳动强度是不同的，因而生产商品的社会必要劳动时间也是不同的，从而各个国家形成了大小不等的国民价值量。所以，国际价值量的确定，需要有一个统一的尺度，需要把各个国家大小不等的社会必要劳动时间折合成一个共同的计量单位，即世界范围内的平均必要劳动时间。马克思指出，在以各个国家作为组成部分的世界市场上，“国家不同，劳动的中等强度也就不同；有的国家高些，有的国家低些。于是各国的平均数形成一个阶梯，它的计量单位是世界劳动的平均单位”[①]。

值得指出的是，与国民价值一样，国际价值的计量单位也是在无数次的国际商品交换中自发形成的，是不以人们的意志为转移的客观过程。在这一客观过程中，影响国际价值量的重要因素有：

（1）劳动熟练程度或劳动生产率。劳动熟练程度是指劳动者在单位时间内生产产品数量和产品质量的能力；而劳动生产率则是指劳动者在单位时间内生产的产品数量。一般而言，劳动熟练程度越高，劳动生产率也就越高；但劳动生产率越高，劳动熟练程度则不一定越高。这是因为劳动生产率的高低，一方面取决于劳动者的劳动熟练程度，另一方面也取决于所使用的生产资料包括生产工具和劳动对象的技术水平，以及生产过程中的分工与协作的组织水平。在以手工工具为主的加工业中，劳动生产率的高低更多地依靠劳动者的劳动熟练程度。但是，随着机器在生产中的广泛应用，特别是随着生产自动化和智能化的发展，劳动生产率更多地取决于所使用的生产资料包括生产工具和劳动对象的技术水平，以及生产过程中的分工与协作的组织水平。所以，随着工业化的发展，影响国民价值量和国际价值量的主要因素是劳动生产率。在劳动强度和劳动复杂程度既定时，国际价值量与生产该商品的社会劳动生产率成反比例变化。随着世界劳动生产率总水平的不断提高，单位商品包含的国际价值量也趋于下降。

（2）劳动强度。劳动强度是指劳动者在单位时间内劳动力的消耗程度，它与商品的价值量成正比例变化。劳动者在生产商品的过程中的劳动力消耗包括体力的消耗和脑力的消耗。在以手工工具为主的劳动中，劳动力的消耗以体力消耗为主；而在以机器设备为主的劳动中，劳动力的消耗既有体力消耗又有脑力消耗；到了自动化生产阶段，劳动力的消耗则以脑力消耗为主。这就是说，劳动强度的高低以生产劳动中使用的生产工具为转移。由于各国生产力发展水平，特别是工业化水平的不同，各国的中等劳动强度也是不同的。强度较大的国民劳动比强度较小的国民劳动会在同一时间内生产出更多的国际价值。劳动强度的比较是一个需要深入研究的问题。

（3）劳动复杂程度。在同一时间里，劳动复杂程度高的劳动创造的价值比劳动复杂程度低的劳动创造的价值要多。问题是，怎样才能确定复杂劳动相当于简单劳动的多少倍呢？简单劳动与复杂劳动的概念是马克思针对生产不同商品的各种劳动如何比较和换算时提出来的。在他看来，简单劳动是指不需要经过专门训练和培训的一般劳动者都能胜任的劳动。而复杂劳动则是指需要经过专门训练和培训，具有一定文化和技术的劳动者才能胜任的劳动。“比较复杂的劳动只是自乘的或不如说多倍的简单劳动，因此，

① 《马克思恩格斯全集》第23卷，北京：人民出版社，1972年，第614页。

少量的复杂劳动等于多量的简单劳动。"①

问题是，在国际市场上，生产相同产品的劳动是否也存在复杂程度的差别？比如，在发达国家和发展中国家，从事农业生产的劳动者的素质存在很大差异，采用的农业生产技术也有很大差异，因此，从事现代农业的劳动者必须经过比较正规的专门训练和培训才能胜任，而从事传统农业的劳动者则只需要经过简单的训练和培训就能胜任。这就意味着，从事现代农业的劳动复杂程度要比从事传统农业的劳动复杂程度高得多，因而，在同一时间里，前者比后者创造的价值要多得多。在其他行业，也存在这种情形。值得指出的是，复杂劳动与简单劳动的交换比例，不是通过商品生产者自觉计算来实现的。在国际市场中，它是通过国际竞争，通过国际贸易无数次的交换行为而自发形成的。

（4）社会必要劳动时间及商品出口量。商品的国际价值不是各国社会必要劳动时间的简单平均，而是生产并出口该种商品的社会必要劳动时间的算术加权平均数。因而，直接影响国际价值量的因素有：一是参加国际贸易的各国生产商品所耗费的社会必要劳动时间；二是各国在商品出口中所占的比重。一个国家如果只生产但不参加该商品的国际贸易，那么该国生产该商品的社会必要劳动时间就不参加形成国际价值的加权平均。只有那些既生产又参加该商品国际贸易的国家的社会必要劳动时间才参加形成国际价值的加权平均。因此，后者所耗费的社会必要劳动时间的多少会直接影响国际价值的高低。但是，它们对国际价值的影响程度取决于它们生产的商品的出口量。生产量大但出口量小的国家，其所占的权数就小；反之，生产量虽然不是很大，但出口量占该商品的国际贸易量的比重却比较大，其所占权数就大。

2. 国际价格

商品的国际市场价格是商品的国际价值的货币表现，商品国际价值是商品国际市场价格波动的基础和中心。商品的国际价值正是在世界市场上通过国际竞争和国际价格的不断波动才得以实现和贯彻的。这是价值规律在世界市场上发挥作用的结果。

在自由竞争条件下，商品的国际市场价格以国际价值为基础，受到国际竞争和国际市场供求关系的影响。国际竞争和国际市场上的供求关系决定着世界市场价格背离国际价值的方向和程度。与国内市场一样，国际市场上的商品供求平衡只是一种偶然现象，大量的最常见的现象则是商品的供求不平衡。正是在供求关系的作用下，商品的世界市场价格会围绕国际价值上下波动，这种波动是通过竞争来实现的。而世界市场价格本身的变动，又会反过来影响供给和需求的变化，使它们逐渐地趋于平衡，从而使国际市场价格接近国际价值。

然而，在国际垄断存在的条件下，商品的国际市场价格会较长时间地与商品的国际价值相背离。在国际垄断所统治的市场上，发达国家与发展中国家的地位是不平等的。发达国家在国际产品销售市场上居于垄断地位，可以用垄断高价销售其产品，以获取垄断利润；而它们在国际产品购买市场上也往往占据垄断地位，可以用垄断低价采购所需产品，以获取垄断利润。而发展中国家在国际市场上往往缺乏话语权，处于弱势地位。这种不公平的国际经济格局，一方面是市场机制长期作用的结果；另一方面又是国际垄

① 《马克思恩格斯全集》第23卷，北京：人民出版社，1974年，第58页。

断发展的结果。它的存在导致了发展中国家贸易条件的不断恶化，导致了发展中国家在国际贸易中长期遭受重大的利益损失。

但是，在国际市场上，垄断不可能完全排除竞争。这是因为发达国家之间存在着争夺国际市场的竞争；发达国家内部的各个垄断组织之间也存在着争夺国际市场的竞争；发展中国家之中的一些发展较快的国家，在国际贸易中地位得到提升之后，也会加入到国际竞争中来。因此，国际垄断可以使商品的国际价格与其国际价值相背离，但不可能长久化、固定化。所以，从根本上讲，商品的国际价格仍然会通过国际竞争和国际供求关系的相互作用而与国际价值趋于一致。

本章小结

1．垄断的本质就是追逐高额垄断利润。当国内有利可图的投资领域被垄断资本分割以后，向国外寻求更为有利的投资领域，就成为垄断资本的必然选择。因此，向国际范围的经济扩张就是垄断资本运动的内在机能。

2．在产业资本的三种形态中，最早在国际范围内流动的是商品资本。商品资本国际流动的形式是国际贸易，但不是所有的国际商品交换都是商品资本的国际流动。国际贸易促成了资本主义制度的确立，它又是资本主义生产方式存在的前提条件和资本主义发展的必然产物。在第二次世界大战以前，商品资本的国际化虽然是资本国际化的主流，但在不同时期，商品资本国际化的速度是不同的。从总的趋势看，商品的国际交换是不断发展的。相对狭小的国内市场难以适应无限扩张的资本主义生产，商品资本的循环就必然越出国界，必然在世界范围内完成商品资本向货币资本的转化，以保证商品价值包括剩余价值的完全实现。

3．在自由竞争时期，资本的对外扩张主要采取商品输出的形式，以瓦解经济落后国家的自然经济，并通过殖民手段和超经济强制手段来开拓世界市场。然而，在垄断阶段，仅仅依靠商品资本输出已远远不能满足垄断资本攫取高额垄断利润的需要。于是，垄断资本除了继续利用商品输出这种形式进行对外扩张外，主要依靠资本输出、征服殖民地等办法来扩大商品销售市场和原材料供应市场。资本输出已成为垄断逐步对外扩张的主要手段，也是垄断资本主义的一个重要特征。

4．资本输出的前提是过剩资本的出现，而过剩资本的形成又是以借贷资本的一定积累为基础的。“二战”以前，西方国家的资本输出主要有三种方式：国际信贷、国际债券交易和国际股票交易。资本一般都输往那些资本主义已经有所发展但经济还比较落后的国家和地区。随着资本主义工业化和对外贸易的发展，到19世纪末，经济落后的国家和地区逐渐都卷入到资本主义市场的范围之中，使这些国家和地区的商品经济有了一定程度的发展。商品经济的发展加速了小生产者的两极分化，出现了大量的一无所有的劳动者。这就为落后国家和地区发展资本主义工业创造了前提条件。但是，要发展资本主义工业，没有大量的货币资本是不行的，而这些经济落后的国家和地区恰恰缺少的是货币资本，所以，获取大量货币资本是它们发展本国工业的当务之急。然而，对工业化已取得先行优势的国家来讲，落后国家和地区的地价、劳动力和原材料都很便宜，交通通信也有了一定的发展，使得投资者可以获得更大的利润，是垄断组织的过剩资本投资的理想场所。通过资本输出，可以争夺势力范围，巩固殖民统治，以保障原材料的来源和供给；可以带动商品输出，占领更多的销售市场；可以保证未来的销售渠道。因此，20 世纪上半叶，借贷资本输出成为垄断资本对外扩张的重要方式。

5.“二战”以后，随着科学技术和社会生产力的迅猛发展，西方国家内部各种矛盾进一步激化，国家政权与垄断资本的融合达到一定的高度，垄断资本的对外扩张开始由借贷资本输出为主向以生产资本输出为主转化。所谓生产资本输出，是指先行的工业化国家的政府、企业和银行用直接投资的方式，在资本输出国创办企业或低价收购已有的企业。垄断资本对外投资采取的主要形式是组建跨国公司。跨国公司是指在两个或两个以上的国家支配有工厂、矿山、海外办事处等资产的企业。它的出现和大量发展是战后国际经济中的重要变化，是私人垄断资本对外直接投资的载体，是生产资本国际化的直接推动者。

6. 战后资本输出的新特点是：①资本输出的规模急剧扩大；②资本输出的发展不平衡；③私人对外直接投资比重迅速提高；④资本输出的流向发生变化；⑤发达国家之间资本的相互渗透日益加强。

7. 在现代经济发展史上，资本在世界范围内的扩张，可以划分为三个阶段：①1815—1880 年为单一商品资本国际化时期；②1800—1945 年为商品资本国际化与货币资本国际化并存时期；③从 1945 年至今，为商品资本国际化、货币资本国际化和生产资本国际化并存时期。资本国际化从广义上讲，包括上述三个阶段；从狭义上讲，仅限于第三阶段，即商品资本国际化、货币资本国际化和生产资本国际化并存时期。本章所讲的资本国际化仅指狭义上的，它是从第二次世界大战以后开始的。

8. 资本国际化是指资本运动由国内扩大到国际范围，即 $G-W\cdots P\cdots W'-G'$ 的资本循环与价值增殖由国内延伸到国外或全部越出国界。资本由于对利润的贪婪，它的国际性是与生俱来的。在自由竞争时代，由于社会生产力水平低，国际分工不发达，生产社会化程度还不高，因而资本的国际化主要表现为通过国际贸易实现商品资本的国际化。所以，这一时期的私人对外直接投资的数量还很少，其产量在整个世界工业总产量中的比重还很低。因此，从世界范围来看，还谈不上真正意义上的资本国际化。

9.“二战”以后，特别是 20 世纪 60 年代以后，随着第三次科学技术革命的兴起和社会生产力的迅猛发展，生产社会化程度不断加深，并扩大到国际范围，生产的国际化开始登上历史舞台，成为战后世界经济发展的一个突出特点。生产的国际化是指生产力的发展突破了民族国家疆界的限制和束缚，使世界各国的社会再生产日益交织和日益密切的过程。

10. 生产国际化与资本国际化是有区别的。生产国际化的主要表现是：①生产要素国际化，即生产过程所需要的原材料日益依赖于国外市场的供给，劳动力、工程技术人员和管理人员在国际的流动；②产品国际化，即所生产出来的产品日益依赖于国际市场，依赖于出口；③生产过程国际化，即大垄断企业到国外进行投资，开办新公司或设立子公司，日益扩大生产经营规模，使生产分工日益向国际专业化分工发展；④科学技术国际化，即科学技术的国际交流日益扩大，重要的科技领域的国际合作日益加强。资本国际化的主要表现则是：资本循环的三种形式，即商品资本、生产资本和货币资本以独立化的资本向国际范围扩展，形成了商业资本国际化、借贷资本国际化和产业资本国际化三种形式。商业资本国际化是指商品资本在国际市场上的活动和增殖，它采取的主要形式是国际贸易，包括有形商品的进出口和服务贸易。借贷资本国际化是指资本以货币形态在国际范围内发生的借贷运动和增殖，它主要采取的形式是国际间接融资，即在国际金融市场上进行股票、债券等交易。产业资本国际化是指资本跨越国界从事商品生产和经营，它主要是通过对外直接投资，在他国兴建生产性企业实现的。跨国公司的崛起，国外直接投资的急剧增长，产业资本国际化已成为资本国际化的主要形式，它标志着资本国际化进入了一个新的发展阶段。

11. 国际贸易是指一个国家和地区与世界其他国家和地区之间进行的商品和劳务的交换活动，是商品和劳务国际流动的一种方式。国际贸易产生于国家出现之后，在古代，国与国之间的国际贸易就已出现。中国古代著名的“丝绸之路”就是中国与中亚、西亚乃至欧洲各国之间的贸易之路。但是，只是到资本主义生产方式确立之后，国际贸易才得到巨大的发展。在当代，对外贸易是一个国家一切对外关系的基础，同时又是国际分工的纽带，它体现了各国之间在经济上的相互依赖。

12. 一国对外贸易状况如何，直接关系到该国整个经济的发展。①它有利于协调社会再生产的比例关系；②它有利于增加外汇收入，扩大国内的交易机会；③它有利于提高本国的技术和管理水平，增强本国的经济实力特别是国家的综合竞争力；④它有利于更好地、更经济地满足国民生活的不同需要。

13. 伴随国际贸易的发展，生产要素的国际流动也日益频繁。首先，资本的国际流动。国际资本流动又称国际投资，是指资本由一个国家和地区转移到另一个国家和地区。其次，劳动力的国际流动。劳动力的国际流动是指劳动力这种生产要素跨越国界而被优化到世界其他地方，它往往以人口国际迁徙的方式进行。再次，技术的国际流动。技术的国际流动又称为技术的国际转移或技术的国际转让，它是指技术通过某种方式从一国或地区向其他国家或地区转移的过程。

14. 国际贸易从根本上讲，是由国际分工引起的。所谓国际分工，是指国与国之间在产业上和产品生产上形成的分工。国际分工产生于各国在自身的自然和社会的发展中所形成的比较优势。如果说，在古代，自然条件和不同的最终产品的生产是国际分工的基础，那么，到了近现代，国际分工则是科学技术和社会生产力发展的直接结果，自然禀赋对国际分工的影响在减弱。科学技术和生产力发展水平不仅决定着国际分工的深度和广度，而且决定着一个国家在国际分工体系中的地位。

15. 经过几百年的发展，当代世界经济已成为一个结构复杂的国际分工体系。就其内容可以划分为三个方面：①发达国家与发展中国家之间的分工；②新兴工业化国家和地区与最不发达国家之间的分工；③发达国家之间的分工。

16. 20 世纪 90 年代以来，随着发展中国家的经济发展，特别是新兴工业化国家和地区经济的高速发展，国际分工格局开始从生产分工向科研与生产的分工转变；从制造业与初级产品的分工向高技术产品与传统工业分工转变。

17. 在新的国际分工格局中，发展中国家处境将更加不利。首先，发展中国家的传统优势将进一步丧失。其次，发展中国家在技术上将更加依赖于发达国家。再次，随着发达国家生产的产品的技术含量的不断提高，产品的增加价值比重更大，在国际交换中可以获得更多的比较收益。而发展中国家生产的产品，即使是制成品，技术含量远远低于发达国家，在国际交换中处于更为不利的地位。

18. 有国际分工就有国际贸易，有国际贸易就有世界市场。世界市场是随国际分工和国际贸易的产生而产生，随国际分工与国际贸易的发展而发展的。世界市场与国内市场相比，仍有很大的区别。首先，国际分工是以国家边界的存在为前提的；其次，由于国家的存在，生产要素在国际范围内流动是受限制的；再次，国内市场和国内经济贸易活动是受国家调控的，国家可以运用经济的、法律的和行政的手段，而世界市场和国际经济与贸易活动却不受一个具有国家权威机构的干预和调节。

19. 尽管如此，世界市场与国内市场在经济全球化、贸易自由化日益发展的今天已密不可分。任何一个产业，在其成长过程中，都首先以国内市场为依托，以占领国内市场为目标；当国内市场对某一产品的有效需求接近饱和时，该产业就必须出口其产品，寻求国外市场，使该产业得以继续发展。

20. 国际市场和国内市场之间具有替代性。国内市场与国外市场之间的替代性问题，主要是由国内市场和国外市场的需求弹性及其差别决定的。如果国内市场需求对价格变动的反应更为灵敏，则可认为国内市场对国外市场的替代性较强；如果国外市场需求对价格变动的反应更为灵敏，则可认为国外市场对国内市场的替代性较强。

21. 国际市场和国内市场之间还具有非同步性。一般而言，生产总是首先满足国内市场需求，然后才发展出口的。在特殊情况下，生产企业也可以首先满足国外市场需求，然后才发展国内市场。总之，在国家的干预下，国内市场和国外市场的替代性总是不充分的。

22. 根据马克思劳动价值论的基本原理，价格是价值的货币表现，即商品与货币相交换的价值比率。在世界市场上，商品的国际价格是商品的国际价值的货币表现。

23. 在一国范围内，只有生产要素能够比较充分地自由流动，在价格与供求关系相互作用的机制下，生产商品所耗费的抽象劳动才会作为现实的社会劳动，成为交换的基础。但是，在国际范围内，经过国内交换检验的社会必要劳动和社会价值，就变成了个别劳动和个别价值。因为在国际范围内，各个国家的科学技术和社会生产力发展水平是不同的，生产同类产品所耗费的社会必要劳动是不相等的。所以，国际范围内的社会价值是由世界平均耗费的社会必要劳动时间决定的，并且，这种社会价值要经过国际交换的检验。我们可以把由世界平均耗费的社会必要劳动时间决定的社会价值称为“国际价值”；把由国内平均耗费的社会必要劳动时间决定的社会价值称为“国民价值”。通常人们把由国内平均耗费的社会必要劳动时间决定的社会价值称为“国别价值”，笔者认为把它称为“国民价值”更贴切一些。

24. 值得指出的是，与国民价值一样，国际价值的计量单位也是在无数次的国际商品交换中自发形成的，是不以人们的意志为转移的客观过程。在这一客观过程中，影响国际价值量的重要因素有：①劳动熟练程度或劳动生产率；②劳动强度；③劳动复杂程度；④社会必要劳动时间及商品出口量。

25．商品的国际市场价格是商品的国际价值的货币表现，商品国际价值是商品国际市场价格波动的基础和中心。商品的国际价值正是在世界市场上通过国际竞争和国际价格的不断波动才得以实现和贯彻的。这是价值规律在世界市场上发挥作用的结果。

26．在自由竞争条件下，商品的国际市场价格以国际价值为基础，受到国际竞争和国际市场供求关系的影响。国际竞争和国际市场上的供求关系决定着世界市场价格背离国际价值的方向和程度。然而，在国际垄断存在的条件下，商品的国际市场价格会较长时间地与商品的国际价值相背离。

27．在国际市场上，垄断不可能完全排除竞争。因此，国际垄断可以使商品的国际价格与其国际价值相背离，但不可能长久化、固定化。所以，从根本上讲，商品的国际价格仍然会通过国际竞争和国际供求关系的相互作用而与国际价值趋于一致。

复习与思考

1．怎样理解商品资本输出始于资本主义制度确立的初期而不是前资本主义时期？
2．怎样认识借贷资本输出的原因、条件和形式？
3．怎样认识战后以生产资本输出为主的资本输出迅速发展的原因和特点？
4．怎样认识资本国际化与生产国际化的区别与联系？
5．战后国际贸易迅速发展的原因何在？
6．怎样认识资本、劳动力和技术等生产要素的国际流动？
7．怎样认识国际分工的基础及其历史变化？
8．怎样认识当代国际分工格局及其变化趋势？
9．怎样认识国际市场与国内市场之间的区别与联系？
10．什么是国际价值？它是怎样决定的？
11．怎样认识在国际竞争条件下与国际垄断条件下，国际价格与国际价值之间的关系？

普通高等教育高级应用型人才培养规划教材

第十二章

经济全球化与资本主义的历史地位

经济全球化是当代国际经济关系发展的趋势。它的发展使发达国家之间的经济关系产生了新的特点，也使发展中国家的经济发展和对外开放面临新的机遇和挑战。本章将对经济全球化的广泛发展及其原因、经济全球化的性质和特点、经济全球化的后果展开分析，并在此基础上，对经济全球化趋势下的国际经济关系的矛盾发展，以及资本主义的历史地位与发展前景进行分析论证。

第一节　经济全球化的产生与发展

一、经济全球化的内涵与产生

经济全球化有广义与狭义之分：

广义的经济全球化是指人类的经济、政治、文化和社会生活从孤立的地域国家走向国际社会的进程，即在全球经济、政治、文化交流日益发展的背景下，各国的相互影响、相互合作的日益加强，使具有共性的生活方式及文化逐渐普及推广成为全球通行标准的状态和趋势。

狭义的经济全球化则是指在跨国商品与服务贸易、国际资本流动、大公司的跨国经营以及技术的国际传播日益发展的背景下，各国经济超越一般的相互联系和交往的发展阶段，通过相互交织、相互融合而逐渐形成全球经济整体的进程。它是经济生活国际化的新阶段。

早在一百多年前，马克思和恩格斯在《共产党宣言》中就深刻地指出：随着世界市场的形成，生产和交换日益越出国界，“使一切国家的生产和消费都成为世界性的了”，“过去那种地方的和民族的自给自足和闭关自守状态，被各民族的各方面的互相往来和各方面的互相依赖所代替了”。[①]经济全球化是商品经济市场化长期发展的产物。自从1492年哥伦布发现美洲新大陆，就出现了经济全球化的萌芽。随着机器大工业的出现和资本主义生产方式在欧美国家的确立，资本在全球的不断扩张，以宗主国和殖民地经济为主要内容的国际分工和世界经济的形成，经济全球化进入起步发展阶段。第二次世界大战结束以后，在商品资本的国际运动的基础上，生产资本和金融资本的国际运动日益发展，并成为资本国际运动的主体，经济全球化进入迅速发展阶段。20世纪80年代以来，国际经济与政治发生了深刻的变化。中国进入改革开放的新时期，并在90年代初确立了建立社会主义市场经济体制的目标；1989年柏林墙坍塌、1992年苏联解体，为计划经济体制在世界经济舞台上画上了句号。1993年欧洲统一大市场形成，1999年欧洲中央银行及欧洲单一货币——欧元诞生，这是人类社会进入真正意义上的经济全球化时代的标志。[②]

20世纪90年代以来，经济全球化的进程明显加快，究其原因，主要是：①第三次科学技术革命向纵深发展。高新技术特别是计算机、通信技术日新月异的进步及其在社会生活中的广泛应用，加强了国际经济的联系；信息技术也已在社会生活中占据重要地位，从而把世界经济融合为全球范围的网络经济。正是在这种背景下，1994年建立“信息高速公路”的倡议纷纷出台。②国际贸易自由化程度大大提高。无论是发达国家还是发展中国家，要求进一步扩大和推进国际贸易的愿望十分强烈，经过“乌拉圭回合”的艰苦谈判，1994年底达成了建立“世界贸易组织”的协议，并于1995年1月1日正式生效。“世界贸易组织”的建立，极大地推进了世界经济与国际贸易的发展，进一步加强了各国之间的经济联系。③国际资本流动大幅度增加。随着国际贸易自由化的发展，发达国家和发展中国家进一步放宽了对资本国际流动的限制。在“乌拉圭回合”中，国际社会把服务贸易纳入自由贸易的范围之中，极大地推动了资本的国际流动，不仅吸引外资发展本国经济已成为世界各国的共同要求，而且跨国资本经营和投资也已成为世界各国的共同趋向。④计划经济在很大范围内宣告终结。“二战”结束后，计划经济一度在许多经济比较落后的国家中建立起来。计划经济调动社会资源进行重点建设的能力很强，在一定时期内，对于这些国家推进工业化起了积极的作用。但是，随着国民经济的不断扩大，社会经济联系日益复杂，它的弊端也日益暴露出来。20世纪70—80年代，实行计划经济的国家先后开始进行经济体制改革，向市场经济转轨，从而推动了经济全球化的进程。

二、经济全球化的特点和主要内容

1. 经济全球化的特点

经济全球化发展到现阶段，表现出与过去的经济全球化不同的特点。正是基于这一点，可以把现阶段的经济全球化称为真正意义上的经济全球化。

第一，现阶段的经济全球化是以全球性的市场经济为基础的。经济全球化是随着市场

① 《马克思恩格斯全集》第1卷，北京：人民出版社，1972年，第254~255页。

② 刘诗白主编：《马克思主义政治经济学原理》，成都：西南财经大学出版社，2004年，第299页。

经济的产生、发展及其在世界市场的扩展而萌芽和发展的。15 世纪的地理大发现以后，国与国之间的经济与贸易往来逐渐得到加强，经济全球化开始萌芽。第一次工业革命以后，资本主义生产方式在欧美各国得到迅速发展，以商品贸易为主要内容的国际经济交往进一步加强，经济全球化进入起步阶段。第二次世界大战以后，以资本国际流动为主要内容的国际经济交往迅速发展起来，但是，由于以苏联为代表的东欧国家建立了计划经济以及“经互会”，加上中国等一些亚洲国家也建立了计划经济，世界经济被分割为运行机制互不相同的两个部分。因此，经济全球化处于缓慢发展状态。20 世纪 70—80 年代，实行计划经济的国家先后开始进行经济体制改革，向市场经济转轨，从而推动了经济全球化的进程。特别是进入 20 世纪 90 年代以后，伴随着中国改革开放进入一个新阶段，以及苏联和东欧国家传统的中央集权计划经济模式的瓦解，市场经济成为世界上绝大多数国家经济发展模式的选择，成为各国经济行为走向规范和趋同的共同基础。

第二，现阶段的经济全球化是以当代高新科技的迅猛发展为动力的。20 世纪 80 年代开始，世界范围内兴起了以微电子技术、生物和海洋工程、新型材料应用等高新技术为代表的新科技革命。在新科技革命的强力推动下，社会生产力出现了巨大的飞跃，这不仅使世界各国之间生产的国际分工和协作达到了空前的高度，而且使得商品资本、生产资本、金融资本以及其他生产要素的国际流动大大加快，从而导致世界各国在生产、交换、分配和消费等社会再生产的各个环节的联系进一步密切。如果说，以商品资本国际化和借贷资本国际化为主要内容的经济全球化，是以垂直型的国际分工为基础的，那么，以高新科技迅速发展为基础、以产业资本国际化和金融资本国际化为主要内容的经济全球化，则是以水平分工为基础的。随着高新科技和现代生产力的发展，不仅商品交换和资本流动有了更大的发展，而且对外直接投资、劳务贸易、科技转让、信息传播、人员交流等都得到了迅速的发展，形成了发达的世界市场体系。

第三，现阶段的经济全球化是以跨国公司为主要载体的。20 世纪 90 年代世界出口贸易量年均增长率为 6%，世界对外直接投资年均增长率则高达 12%；世界对外直接投资流出额，1984—1989 年，每年平均为 1 216 亿美元；到了 1990 年，增加了 1 倍，达到 2 403 亿美元；而进入 21 世纪的第一年，又增加了 4.4 倍，达到 13 000 亿美元。这就意味着跨国公司得到迅猛的发展，以巨型跨国公司为代表的国际垄断资本的发展进入一个新阶段。据联合国统计，1980 年全球跨国公司总数为 1.5 万家，国外子公司为 10.4 万家；1994 年全球跨国公司总数增加到 4 万家，它们在国外的子公司约为 25 万家；然而，到了 1999 年，跨国公司总数达到了 6.3 万家，其国外子公司接近 70 万家。① 这些跨国公司控制了全球生产的 1/3、全球贸易的 2/3、国际直接投资以及技术专利转让的 70%，形成了一个规模庞大的全球性生产和销售体系。联合国贸易与发展会议 2002 年 8 月公布的对全球国家和地区以及大经济体的考察显示，跨国公司就占了 29 家，较十年前增加了 5 家。这些跨国公司的经济实力排名超过了许多发展中国家，比如埃克森—美孚公司以 3 630 亿美元排名第 45 位，介于智利和巴基斯坦之间。该组织还指出，世界最大的 100 家跨国公司占全球国民生产总值的比重已由 1990 年的 3.5% 上升到 2000 年的 4.3%，其发展速度超过了大

① 李琮：《当代国际垄断》，上海：上海财经大学出版社，2002 年，第 32～33 页。

部分国家和地区。在跨国公司的推动下，企业国际竞争和跨国兼并之风愈演愈烈。以跨国公司为主要代表的国际资本流动，成为当代经济全球化的主要载体。

第四，现阶段的经济全球化是以发达国家为主导的。据美国《财富》杂志的统计，1999年世界500家最大公司中，有469家是发达国家的大公司，其中美国公司有179家，日本公司有61家，英国公司有94家，法国公司有44家，德国公司有35家。[①] 可见，巨大跨国公司的母国，绝大多数是发达国家，发达国家主导当代的经济全球化已是一个客观现实。既然经济全球化是社会生产力高度发展的产物，那么作为现代生产力高度发达的西方发达国家，经济全球化最符合它们的利益，最符合其生产要素全球范围配置及自身利润最大化的需要。在当代，西方发达国家仅占世界人口的20%，却占有世界GDP的86%；它们所拥有的数量众多、规模巨大的垄断企业和跨国公司，以其强大的国际竞争力和市场竞争经验，左右着全球的生产和市场销售。显然，发达国家是经济全球化所带来的利益的主要获得者，发展中国家则受益有限。这是发达国家积极倡导和竭力推动经济全球化进程的根本原因所在。虽然从比较成本学说的角度，参与经济全球化进程的国家和地区，都会得到各自的比较利益，但是，对于经济发展水平不同的国家和地区，经济全球化所带来的利益是全然不同的。

2. 经济全球化的内容

经济全球化的内容主要包括生产全球化、贸易全球化和资本全球化。

生产全球化是指随着科学技术的发展和高精尖产品及工艺技术的出现，生产领域的国际分工和协作得到增强。生产全球化改变了国际分工的内容，使以自然资源为基础的分工发展为以现代工艺和技术为基础的分工，使垂直型国际分工发展为水平型国际分工，使注重产品的前后联系发展为重视产品型号、产品零部件以及产品工艺流程的分工。在此基础上，形成了世界性的生产网络，各国国内的生产活动成为世界生产的一个组成部分，成为产品生产过程的一个环节。

贸易全球化是指随着科学技术的发展和各国对外开放程度的提高，流通领域中国际交换的范围、规模、程度得到增强，国际贸易额占GDP的比重大幅度提高。随着技术在全球的扩散，在国际分工发展的基础上，跨国公司将一些成熟的技术和关联性技术扩散到世界各地，加强了各国之间的经济联系，从而引发了世界范围内产业结构的不断调整，产业在各国之间进行梯度转移。发达国家之间通过跨国公司的交叉投资和企业并购等，在更大的经济规模上配置资源，开拓市场，更新技术，实现产业结构的优化和升级，并把技术较为陈旧的、科技含量较低的产业转移到发展中国家，从而使各国之间交流产品和生产要素的必要性大大增强。随着加入区域集团国家的增多，全球贸易的范围和规模日益扩大，并且还出现了新的更便捷、更灵活的贸易方式，各国之间的贸易联系日益加强，各国对出口贸易的依存度也不断提高。

资本全球化是指随着科学技术的发展和各国对外开放程度的提高，资本在国际的流动速度加快。国际直接投资是资本全球化的基础。国际直接投资的主体、投资的方式既有创立新企业、收购兼并，也有股权投资、非股权投资。目前，国际直接投资总量的增

① 李琮：《当代国际垄断》，上海：上海财经大学出版社，2002年，第39页。

长速度已高于世界生产和贸易的增长速度，成为世界经济增长的主要推动力。同时，国际直接投资的产业分布和地区分布也发生了明显的变化。发达国家的国际直接投资的产业分布已由初级产品部门转向制造业，特别是转向资本和技术密集型的制造业，转向对第三产业特别是其中的信息服务和金融服务的投资，不仅增长速度最快，而且所占比重也最高。国际金融市场的形成也是资本全球化的一个方面的内容。国际金融市场主要包括国际信贷市场、国际债券市场、国际股票市场、国际外汇市场和国际衍生金融工具市场等。资本全球化的发展使各国对国际金融市场的依赖程度增强，各国之间的金融联系日益紧密，同时金融风险也在上升。防范金融风险、加强经济安全的要求日益提高。

三、经济全球化与区域经济一体化

区域经济一体化是指两个或两个以上的国家和地区，为共同利益而在一定程度上让渡出社会再生产某些领域内的部分权利，并由参与成员方共同行使这些权利，实行超国家的国际经济调节。它与一般的国际经济组织如经济合作与发展组织（OECD）、世界贸易组织（WTO）、七十七国集团等是不同的。它的主要特点是：①有较高的共同目标及对实现该目标作用和影响的直接性；②有较为具体的共同行为准则及执行这些准则带有一定的强制和义务性；③有超国家的决策机构及由此引致的成员方部分国家权利的让渡。

区域经济一体化的主要形式有：①自由贸易区，即通过签订自由贸易协定的国家与地区组成的贸易集团。它是区域经济一体化程度较低的一种形式，目的是减少或取消成员方内部的贸易障碍，为其产品和投资提供共同的市场，促进其贸易和经济的发展。虽然自由贸易区在促进区域经济发展方面的作用有限，但它比较容易达成协定，因而获得了广泛的发展。目前，影响比较大的有北美自由贸易区；东亚的3+10自由贸易区的谈判也引起了广泛关注。②关税同盟，即国家之间为降低或取消相互间的关税，并对非同盟国家和地区采取统一关税率而缔结的同盟。它也是区域经济一体化程度较低的一种形式，目的是为参与方的产品提供共同的市场，排除或减少非成员方产品的竞争，以维护同盟者的经济利益，但是其作用也是有限的。③经济联盟又称为经济共同市场或经济共同体，即国家和地区之间为共同利益而在关税、投资、人员流动、货币、经济发展等方面采取一致行动的联盟。它是区域经济一体化程度较高的一种形式，其作用远远超过了自由贸易区和关税同盟。它有利于提高成员方的经济效率和收入水平。但是，由于它要求成员国向共同体让渡更多的权利，加上成员国之间经济发展水平存在差异，在实践中它会遇到更多的困难和矛盾。目前，只有欧洲经济共同体是这种区域经济一体化比较典型的成功范例。

“二战”后，区域经济一体化的产生和发展有其深刻的经济、政治与社会的根源，概括起来主要有以下几个方面：

第一，区域经济一体化的产生和发展是“二战”后世界经济、政治在不同国家和区域发展不平衡的必然结果。经济与政治发展的不平衡性贯穿于现代经济发展的全过程。“二战”以后，它主要表现为：在经济上，西欧各国相对于美国而言幅员小、国力弱；在政治上，西欧各国面对的是以苏联为首的东欧集团，因此，在现有基础上增强国际竞争力，区域经济一体化是一条捷径。这是发达国家的区域经济一体化最早在西欧发达国家出现的原因之一。众多的发展中国家，为了加快经济发展，缩小与发达国家的差距，同时增强其要求改变旧的国际经济秩序的斗争中的力量，它们也成立了许多区域经济一体化组织，如东南亚国家联盟和南方共同市场等。

第二，区域经济一体化的产生和发展是与战后世界各国政府对经济社会的广泛干预分不开的。战后西方发达国家普遍奉行凯恩斯主义的经济主张，对经济生活进行国家干预，即通过政府的经济计划和宏观财政政策、货币政策，甚至直接创办国有企业，对社会再生产和经济运行进行全面干预，以解决有效需求不足的痼疾。在国际经济领域，随着以跨国公司为代表的私人垄断资本在全球的迅速扩张，争夺国际市场的矛盾和冲突日趋激烈，客观上要求国家政权出面协调各国之间的经济关系，建立一个超国家的国际调节组织成为不可回避的选择。区域经济一体化的产生和发展正是参与国政府发挥积极作用的结果。

第三，区域经济一体化的产生和发展在很大程度上受到经济关系地缘化的影响。由于同一地区的国家，地缘经济关系十分密切，而且各民族有着长期交往的历史，交通也较为便利，历史文化、宗教信仰、社会习俗、消费偏好也较为接近，有许多相同之处，便于互相了解和沟通，易于找到更多的利益共同点，因而容易达成经济一体化的合作协议，建立区域经济一体化组织。这是区域经济一体化的产生和发展的社会文化基础。

区域经济一体化与经济全球化从表面上来看，似乎是矛盾的。因为区域经济一体化的发展必然使该区域经济与其他区域经济相区别，甚至相隔离。但是，这只是二者关系中的一个方面，而且并不是主要的方面。二者的主要方面是相辅相成、互相促进的。这是因为经济全球化与区域经济一体化都是经济生活国际化高度发展的结果。经济生活的国际化是与世界市场的形成和发展相伴而行的。“二战”以后，在现代科学技术革命的直接推动下，全球范围内的生产力普遍得到了迅速的发展，人类社会在20世纪后50年所创造的社会物质财富和知识财富，超过了以往所有时代的总和，世界各国在经济上的相互依赖和相互渗透达到空前的高度，由此引起了经济生活国际化的重大变化。生产的国际化、贸易的国际化以及资本的国际化，使国与国之间的经济联系与合作呈日益加强的趋势，进而使经济全球化成为必然。但是，当代世界经济在不同国家和不同地区的发展是不平衡的，加上各个不同的民族国家主权及其经济利益的差异性，又决定了经济全球化具有长期性和曲折性。换言之，在可以预见的未来相当长的时期内，经济全球化还不可能达到完全消除生产要素在全球范围内自由流动的一切障碍，真正实现全球经济的一体化。因此，作为经济全球化历史进程和发展趋势长河中的一个过渡形式，区域经济一体化的产生和发展有其客观必然性，它在一定程度上适应了生产力发展所带来的经济全球化与传统的民族国家所带来的生产要素、资源配置跨国流动障碍的矛盾。因此，一方面，区域经济一体化的产生和发展是以经济全球化为基础和前提条件的；而区域经济一体化的产生和发展又为经济全球化的发展提供了新的动力。另一方面，区域经济一体化作为全球经济一体化的初级形式和必经阶段，在世界不同国家、不同区域有其不同的具体形式，要完成其最终向全球经济一体化过渡，将会经历一个相当长的历史时期。

第二节　经济全球化的性质与社会经济后果

一、经济全球化的性质

经济全球化的基本要求是把全球作为一个统一的无阻碍的自由市场，实行自由贸易、自由投资和自由竞争，在全球范围内实现稀缺资源的合理配置和高效利用，形成生产、交换、分配、消费以及金融资本流动和竞争规则的全球化。从本质上考察，经济全球化的性质具有二重性：

一方面它是生产社会化及经济国际化高度发展在时间和空间上多维度的拓展，反映了科学技术进步和人类社会生产力发展的客观要求；另一方面经济全球化又是当代发达国家占优势、为主导的国际经济一体化的运动。

这一实质是在世界资本主义体系形成和发展中形成的。世界资本主义体系的产生以殖民掠夺和奴隶贸易，以及国际分工和世界市场的形成为基础。15 世纪末到 16 世纪上半期的“地理大发现”和“东西方航线的开辟”，在使欧洲的社会经济生活发生巨大变化的同时，也开始了长达几个世纪的殖民掠夺和奴隶贸易，获得了大量的货币财富，使本国的社会经济走向发达，也使殖民地的社会经济走向落后，即在世界经济发展中出现了两极分化。这一过程是殖民者打破殖民地国家的自然经济、把它们的国民经济卷入国际交换的过程，从而形成了欧洲殖民者国家和亚洲、非洲与拉丁美洲殖民地国家之间的分工形式，即欧洲殖民者国家从事工业生产，殖民地国家成为它们的原料和粮食的供应地。随着国际分工的产生、国际贸易的发展，为追逐高额利润，缓和国内生产和消费之间的矛盾，西方发达国家的资本开始不断地在世界各地奔走，并将资本主义生产方式和市场经济普遍化。

世界资本主义体系产生时期形成的“西方殖民者”和“受殖民者宰割、凌辱的多数落后的民族国家”的结构，是经济全球化实质形成的基础。这种结构在第一次科技革命使生产力极大地提高之后，发展为“农村屈服于城市的统治”、“未开化和半开化的国家从属于文明的国家”、“农民的民族从属于资产阶级的民族”以及“东方从属于西方”的结构。①

第二次科技革命使工业化进入以重化工业为主导的发展阶段，使处于世界资本主义体系先进地位的发达国家的生产迅猛发展，自由竞争被垄断所取代。垄断资本在经济上和领土上的对外扩张，使世界资本主义体系的内部矛盾异常尖锐化，并导致了两次世界大战。战争的结局是帝国主义殖民体系的土崩瓦解。

第三次科技革命以后，世界资本主义体系发生着深刻的变化：发展中国家摆脱了殖民统治而成为一支独立的经济政治力量，但是，它们并没有摆脱历史形成的国际分工的影响，并没有改变作为发达国家的商品销售市场、原料供应市场和投资场所的地位；以苏联为首的社会主义阵营将世界资本主义体系撕开了一个大口子，并建立了一个与市场

① 《马克思恩格斯全集》第 1 卷，北京：人民出版社，1995 年，第 276 ~ 277 页。

经济相对立的计划经济体制；西方资本主义国家的经济运行机制也朝着混合经济的方向演变，并借助国家的力量积极推进区域经济一体化和主导经济的全球化。

20世纪90年代以后，随着以苏联为首的社会主义阵营的消失和中国经济朝社会主义市场经济转轨，世界经济重新回归于统一的市场经济运行机制之上。由于发达国家仍处于世界经济体系的“中心”，发展中国家仍处于世界经济体系的“外围”，这一经济结构意味着在世界范围内依旧存在“富国”与“穷国”的对立，依旧是发达国家主导着经济全球化进程。发达国家从自身的利益和社会价值观出发，利用受其控制的国际经济组织，制定并竭力推行资本主义生产方式和市场经济模式。因此，在现在及今后相当长一个时期内，经济全球化必然带有资本主义生产关系全球性扩张的色彩。

二、经济全球化的社会经济后果

既然经济全球化是生产社会化及经济国际化高度发展在时间和空间上多维度的拓展，反映了科学技术进步和人类社会生产力发展的客观要求，那么，经济全球化必然对世界经济产生有利的影响。这种有利的影响主要表现在两个方面：

（1）有利于世界资源的优化配置。一国资源尽管很丰富，总会有某些资源是不足的；一国经济运行的效率不论多高，总会在某些方面要受到本国市场的限制。比如，美国地大物博、资源丰富，而且其经济运行效率在发达国家中也是名列前茅的，但是，美国经济的发展也会受到某些资源不足和市场不足的限制。中国也地大物博、资源丰富，但中国人口众多，人均资源拥有量往往低于世界平均水平，因而，资源的相对不足制约着中国经济的发展。因此，只有资源和市场的全球化配置，才能使一国经济发展在既定条件下最大限度地摆脱资源和市场的束缚。作为当代世界经济发展的根本特征，经济全球化随着当代科学技术的不断深入，使世界各国的经济生活越来越国际化，不同社会制度、不同经济发展水平的国家都被纳入到统一的全球经济体系之中。这种发展的直接结果是：生产效率大幅度提高，生产的商品更加符合全球消费者的需要，人类社会生产活动的总体收益和社会福利明显提高。

（2）为发展中国家的快速经济发展提供了难得的历史机遇。经济全球化的发展使各国的比较优势发生着变化，从而推动了国际分工的发展、产品产业的转移以及资本、技术和劳动力等生产要素的国际流动，这就为发展中国家利用“后发优势”以迅速实现产品产业的升级换代、科学技术的跨越发展、经济体制的不断创新提供了历史机遇。“二战”以后，许多发展中国家和地区正是通过开放政策，积极融入经济全球化的过程之中，利用自身的比较优势和“后发优势”，从而分享了经济全球化所带来的好处，大大加快了本国或本地区的经济发展进程。经过二三十年的发展，它们成长为新兴的工业化国家，初步跻身于发达国家的行列。由于经济全球化所带来的规模经济效应、新技术产生和应用的速度大大加快了，发展中国家如果不能积极地融入经济全球化的潮流之中，不积极从外部引进资本和技术，而是闭关锁国，就会被发达国家远远地抛在后面，停留在贫穷落后状态。所以，世界银行在2001年发表的题为《全球化、增长和贫困——构建一个兼容一切的世界经济》的研究报告认为：发展中国家的经济发展速度及贫困人口的减少，与参与经济全球化的程度之间存在着密切的因果关系。进入21世纪以后，发展中国家融入经济全球化的程度进一步加深了，其发展速度远远高于发达国家，其中，中国的经济发展速度年均增长率最高，达到9%～10%；印度的经济增长也达到了7%～8%。

然而，经济全球化的发展在发达国家的主导下，也给世界经济带来了新的挑战或消极影响。这些挑战或消极影响主要表现在以下方面：

首先，以跨国公司为主要载体的当代经济全球化，给发达国家带了极为丰厚的收益。发达国家资本雄厚、技术先进、管理和资本运作的经验很丰富，产业结构已高度合理化，加上旧的国际经济关系不平等的格局并没有根本改观，在国际贸易、国际投资、国际金融以及国际技术转移中，它们始终是利益的最大获取者，发展中国家始终处于利益的劣势方。正因为如此，世界贸易组织为了鼓励更多的发展中国家融入多边贸易体制之中，在它制定的基本原则和规则中，对发展中国家设置了优惠政策，尽管这种优惠是十分有限的。

其次，在强有力的国际经济调节机制尚未建立的条件下，经济全球化将会引发世界性的多方面的冲突和震荡。这种冲突和震荡从根本上讲是由发达国家与发展中国家的利益差异引起的。当代世界经济是由发达国家主导的，世界市场基本上是受发达国家支配的，世界经济运行的原则与规则也主要是由发达国家所确立的。因此，不论是从客观上看还是从主观上看，发达国家都是把自己的利益放在第一位。在追求利益最大化的过程中，发展中国家的利益处于从属地位，很少被发达国家所考虑，甚至被它们所忽视或牺牲。一方面它们极力宣扬贸易、投资、服务的自由化，极力要求发展中国家向它们开放市场，而自己却寻找种种理由大搞贸易保护主义、投资保护主义；另一方面它们把经济迅速发展的发展中国家视为威胁，并以此为借口，对这些发展中国家的经济发展实施种种限制。中国在成为世界贸易组织成员的前后，频繁遭到发达国家的非难和威胁，就是典型事例。

再次，经济全球化强化了经济风险的国际传导机制，给世界经济的发展带来了消极影响。由于经济全球化加强了国与国之间的经济联系，推动了国际贸易自由化和国际投资的自由化，使世界各国的经济运行周期相互影响或同步性进一步加强。西方主要发达国家和地区特别是美国、欧盟和日本中任何一个国家和地区经济的动荡或衰退，都将对整个世界经济产生冲击。20世纪90年代日本经济的停滞、2007年美国爆发次贷危机都影响了世界经济的增长，使世界经济发展显现出暗淡的前景。同时。经济全球化趋势下的金融自由化的发展，使许多金融市场开放但金融监管机制尚不健全的发展中国家和地区，出现了金融动荡和危机，并迅速向全球蔓延，引发并形成全球性金融危机。1997年，泰国的金融危机迅速蔓延到东南亚、东北亚等国和地区，就是典型案例。

最后，经济全球化还使各国政府的宏观调控遇到新的困难。经济全球化和与之相应的区域经济一体化，一方面增强了一系列国际经济组织以及超国家行为主体的经济和政治协调功能；另一方面却削弱了传统意义上的国家主权。以生产、交换、分配和消费的国际化为表征的世界经济的全球化及区域经济一体化，是以参与国的国家主权的一定让渡为条件的。在特定的领域内，主权国家必须服从国际机构的领导或协调，这就势必在某种程度上对传统的国家主权形成挑战，并使各国政府宏观经济决策的独立性和国民经济宏观调控能力受到削弱。在这个权利让渡过程中，很难做到衔接一致，从而经常存在突发事件对国际经济运行带来巨大冲击的现象。

因此，经济全球化对于发达国家和发展中国家来说，都是有风险的。对发达国家而言，经济全球化导致了发达国家的生产活动，特别是制造业不断地向低成本的发展中国家和地区转移，使其国内经济出现了空壳化现象；同时，又带来了发展中国家廉价制成品的大量输入，冲击着国内相关产业的发展，使其提供的就业机会减少，抬高了国内失业率；此外，经济全球化加快了技术的全球扩散，使发展中国家和地区技术水平快速提高，加速了国际竞争对手的成长。这就是为什么发达国家内部也会存在反对经济全球化的势力和阶层的原因。

对发展中国家来说，经济全球化导致了发展中国家和地区的分化，一部分抓住历史机遇的发展中国家和地区，其经济在融入全球化过程中快速成长起来，成为新兴的工业化国家和地区；另一部分发展中国家则始终没有融入经济全球化的主流之中，其经济仍处在缓慢增长的状态之中，甚至被边缘化。究其原因，从内部看，国内的利益关系没有得到协调，矛盾重重，政局不稳，经常出现动乱甚至内战；从外部看，国际经济关系的不平等性，使发展中国家的贸易条件趋于恶化，经济全球化增加了发展中国家向发达国家交纳的“贡赋”，加重了发展中国家的损失。此外，发展中国家的金融风险加大。

所以，如何利用经济全球化提供的有利条件，积极促进经济全球化朝着有利于实现共同发展、共同繁荣的方向运行，趋利避害，使各国特别是发展中国家都能从经济全球化中受益，是世界各国特别是发展中国家面临的重要课题。作为发展中国家，首先是在国内要协调好各个阶层的利益关系，建立稳定的政治局面；其次要采取正确的发展战略，实行一整套有效的政策措施；还必须正确处理对外经济关系，一方面要在平等互利原则的基础上加强对外经济合作，另一方面要与有损本国利益、侵犯国家主权的无理要求和行为作斗争。

第三节　经济全球化趋势下的国际经济关系

一、国际垄断同盟的产生及历史演变

国际垄断的基础是国内垄断及资本输出。列宁指出：“自由竞争占完全统治地位的旧资本主义的特征是商品输出。垄断占统治地位的最新资本主义的特征是资本输出。”①

随着资本主义由自由竞争走向垄断，商品输出和资本输出都大量增长，使资本主义国家的垄断组织之间争夺全球商品销售市场、有利的投资场所和廉价原料产地的斗争变得更加激烈。在激烈的竞争中，实力弱小的垄断集团或者被大的垄断集团吞并，或者破产。这样一来，在国际市场上就形成了极少数大的垄断集团。这些集团在势均力敌、谁也无力吞并对方时，为了避免在激烈的竞争中两败俱伤，确保各自的既得利益，它们便改变斗争形式，在一定时期内相互妥协，暂时达成某种协议，结成国际垄断同盟。国际

① 《列宁选集》第2卷，北京：人民出版社，1972年，第782页。

垄断同盟就是资本主义各国的大的垄断组织根据协定成立的国际性的联盟。它通过瓜分世界市场、制定垄断价格、控制生产规模、垄断原材料来源、分割投资市场、组织联合生产等，从经济上分割世界。

第二次世界大战以前，国际垄断同盟从经济上瓜分世界，发展到对世界领土的分割。这是因为在国际垄断同盟者看来，仅仅签订协议还不能从根本上保证垄断集团的经济利益，可靠的办法是把销售市场、廉价原材料产地和投资场所都变成自己的“领土”，被自己完全控制。于是，在经济上分割世界的同时，代表垄断集团利益的帝国主义国家在政治上结成各种同盟，分割世界领土，把落后国家变成自己的殖民地。对帝国主义来说，殖民地不仅具有重要的经济意义，而且具有重要的政治和军事意义，是帝国主义得以生存的重要条件。当世界领土被瓜分完毕之后，随着帝国主义实力的变化，又会出现要求重新分割的斗争，这就是帝国主义发动世界性战争的根本原因。

第二次世界大战以后，随着国际经济与政治格局的变化，殖民主义体系土崩瓦解，国际垄断同盟也发生着变化。战前，国际垄断同盟从经济上瓜分世界的主要形式是国际卡特尔。据统计，“一战”前缔结有正式协定的国际卡特尔已达116个，到1939年，达到1 200个。当时世界贸易的40%以上由这些国际卡特尔或具有卡特尔性质的国际垄断组织所控制。国际卡特尔在世界经济生活中的主导作用和在世界市场上的垄断地位是十分明显的。“二战”后，以跨国公司为主要代表的国际托拉斯和国际康采恩得到了极为迅速的发展，并逐渐取代国际卡特尔而成为西方国家垄断组织争夺销售市场、投资场所和原材料产地的重要工具。但是，国际卡特尔并没有消失，而是采取了比较隐蔽的形式，以逃避反卡特尔和反垄断法的限制。当前，国际上影响力很大的国际卡特尔是石油输出国组织（简称欧佩克），它控制着国际石油生产的40%左右，在很大程度上可以操纵国际石油价格。

为了协调西方发达国家之间的经济关系，战后西方国家的政府出面组成国际垄断同盟，这是国际垄断同盟的高级形式，如欧洲煤钢联营、欧洲原子能联营等。西欧各国为了增强抗衡美国和苏联集团的实力，在欧洲煤钢联营的基础上，成立了“欧洲经济共同体”。它是以国家的名义组织的国际垄断同盟，在经济上实现一体化的组织。经过几十年的发展，“欧洲经济共同体”已成长为高度区域经济一体化集团，即欧洲国家联盟，简称欧盟。欧盟有统一的关税制度、共同农业政策和统一的货币——欧元，并成立了欧洲议会和欧盟委员会，因而成为名副其实的经济、政治联盟。石油输出国组织也是战后发展中国家由政府出面组成的国际垄断同盟。

二、发达国家之间的经济关系

发达国家是指包括西欧、北欧、北美、日本、澳大利亚和新西兰在内的经济合作与发展组织（OECD）的绝大多数的成员国家。这类国家的共同经济特征是：①有较高的生产力水平，具体反映在劳动生产率、人均GDP或收入、科学技术、工业化和产业结构等都达到较高水平。②当代国家赖以生存的重要条件得到充分发展，如以金融寡头为代表的私人垄断资本在经济生活中的主导地位得以确立；发达的市场体系、充分发展的信用制度、完善的法律体系已建立起来；以跨国公司为主体的资本输出和国际垄断同盟成为普遍现象；国家在社会经济活动中起着不可替代的重要作用等。③建立于资本主义经济基础之上的思想、文化、法律和政治制度的上层建筑已形成较为成熟的完整体系；国家在加强对经济生活干预的同时，也注意运用各种手段对各种社会矛盾进行协调和缓和。

在经济全球化进程中，由于经济政治发展不平衡规律的作用，发达国家之间的贸易和资本流动，既存在着相互联系、相互依赖的一面，也存在着相互竞争、相互矛盾的一面。正是这两个相悖方面的交织作用，使得发达国家之间的经济关系呈现出复杂的特点。

经济全球化的发展，一方面为发达国家之间的资源优化配置提供了更广阔的空间，增强了它们之间经济上的互补性，从而推动了它们经济的进一步发展；另一方面又加剧了发达国家之间的经济矛盾，并使这些经济矛盾以贸易冲突、投资冲突以及金融冲突等形式表现出来，其中贸易冲突最为突出。贸易冲突的主要表现是：①关税之争，即提高关税税率或征收附加税之争；②汇率之争，即一方通过货币贬值迫使对方货币升值，以削弱其竞争力，而另一方则以其人之道还治其人之身；③配额之争，即一方对另一方商品进口时实行配额限制时，另一方也采取报复措施。这些争端归根结底是市场之争。为绕开贸易壁垒，发达国家进行相互直接投资，以扩大和保持市场占有率，从而引起投资之争。投资之争虽然没有贸易之争激烈，但也是发达国家之间经济矛盾的集中点。金融冲突主要表现在两个方面：一是为巩固和加强各自货币在国际货币金融事务中的地位而展开的争夺；二是围绕不同货币之间汇率变动而不断产生的纠纷。

发达国家之间的竞争和矛盾主要靠相互之间的妥协和协调的方式加以解决。这是当代发达国家之间经济关系的一个重要的特点。发达国家之间的国际经济协调主要有三种形式：①国际经济组织的协调。在当今的国际经济组织中，国际货币基金组织、世界银行和世界贸易组织（简称 WTO）是协调国际经济关系的三大支柱。它们的协调作用覆盖了国际金融、国际投资和国际贸易三大领域。此外，由 24 个发达国家组成的经济合作与发展组织，则协调成员国的经济增长、财政稳定、资本输出、多边贸易、技术合作、能源、环境等方面的问题。②区域经济联盟的协调。在经济全球化条件下，北美自由贸易区调节的目标主要是商品流通领域；而欧盟则调节着商品流通、生产要素流动、货币金融、对外贸易等领域。③政府首脑定期会晤的协调。政府首脑会晤是发达国家在经济矛盾加剧条件下渡过难关的应急措施，如西方八国首脑会议就是发达国家首脑会晤的最高形式。

发达国家的国际经济协调是生产和资本国际化发展所导致的社会再生产的国际经济联系加深和矛盾加强的客观要求，是战后世界生产力与国际经济关系发生深刻变化的必然产物，对于加强国际经济合作、缓和国际经济矛盾起到了一定的积极作用。

三、发展中国家之间的经济关系

发展中国家是指战后在政治上取得独立、在经济上各自选择不同发展道路和发展方式以谋求摆脱贫穷落后状态的民族国家。它分布在亚洲、非洲和拉丁美洲广大区域。发展中国家的共同特征是：低下的生活水平、低下的生产率、高人口增长率与高赡养负担比、较严重的过剩劳动人口、对农业生产和初级产品的高度依赖、在国际经济关系中处于依附、受支配和脆弱的地位。

战后经过50多年的发展，发展中国家取得了不小的经济进步。按1997年美元价格计算，发展中国家的人均国内生产总值由1955年的340美元增加到1997年的1 250美元。期间，东亚、东南亚的许多国家和地区经济增长速度最快，其中一些国家和地区已不再被国际社会列入发展中经济，成为新兴工业化经济。但是，1997年秋季发生的金融危机也显露了"东亚奇迹"隐含的弱点。另外，南亚、拉丁美洲和撒哈拉以南非洲地区的贫困状况并没有减轻，反而在继续恶化。究其原因：一是人口增长过快，超过了经济增长的速度；二是社会经济结构改造十分缓慢，经济与社会发展政策出现重大失误，如一些最贫穷的发展中国家的出口贸易依旧主要依靠少数几种初级产品，附加值不高，而许多初级产品的价格一直停留在较低水平；三是政治上始终处于不稳定状态，甚至内乱不断。

因此，在经济全球化进程中，发展中国家之间的经济关系既有合作发展的一面，又有相互竞争的一面。**发展中国家经济合作的重要基础是：建立起真正体现平等互利、互助合作原则的世界经济体系。**这是因为发展中国家从整体上来看，之所以战后其经济发展不尽如人意，与旧的国际经济秩序有很大关系。**国际经济秩序是指在世界范围内建立起来的国际经济关系，以及各种国际经济体系和制度的总和。**旧的国际经济秩序是资本主义形成过程中西方殖民者控制、掠夺和剥削殖民地和附属国的产物，是国际垄断资本控制、掠夺和剥削发展中国家的经济秩序。它的主要内容是：①以不合理的国际分工为基础的国际生产体系，即发达国家生产工业制成品，而发展中国家生产初级产品的不合理的生产结构；②以不平等交换为基础的国际贸易体系，即发达国家凭借在国际市场上的垄断地位，压低初级产品的价格，抬高制成品的价格，使发展中国家的贸易条件始终处于不利状态；同时发达国家通过技术进步和提高劳动生产率的办法，攫取了越来越多超额利润，从而造成了不合理的国际贸易体系；③以垄断资本为基础的国际金融体系，即金融垄断组织以及发达国家通过提供贷款、经济援助、投资等形式，控制着发展中国家的财政金融；通过各种国际经济集团和机构，控制着发展中国家的经济生活；通过货币结算手段，迫使发展中国家按照发达国家的利益支付各种收支项目。

发达国家正是凭借在旧的国际经济秩序中的有利地位，在国际贸易、金融、货币、技术、投资等领域控制和剥削发展中国家，造成了世界范围内的贫富两极分化。因此，从20世纪50年代开始，发展中国家就为建立国际经济新秩序而努力。国际经济新秩序是指在国际经济交往中消灭剥削和控制，建立真正体现平等互利、互助合作原则的世界经济体系。其主要内容包括：①改革现行的国际生产体系、国际贸易体系和国际金融体系，使发展中国家能以平等的地位参与国际分工；要求发达国家降低发展中国家出口的关税和非关税壁垒，提高发展中国家初级产品的国际竞争力；要求为发展中国家解决货币与发展资金问题，增加技术转让，使发展中国家的产品能顺利进入世界市场。②确保发展中国家能够有效地控制本国的资源，并享有限制和监督跨国公司行为的权利，取消发达国家对发展中国家不利的限制性商业活动。③使发展中国家能够充分地、平等地参与国际经济事务的决策；改组现有的国际机构，如货币基金组织、世界银行等；要求加强联合国在国际经济合作方面的作用，从而改变发展中国家在处理国际经济事务方面无权的状况。

发展中国家要求建立国际经济新秩序的显著特征是：一是平等互利，即各个国家之间主权平等，对支配自己的资源和经济活动享有主权，对参与国际经济事务的决策享有主权，在国际贸易、金融、技术等领域进行的交往必须公平互利；二是相互依赖，即各个国家之间的经济发展紧密相连，发达国家有责任帮助发展中国家发展经济，在公平的基础上进行广泛的合作，消除世界上的贫富差距，促进共同繁荣。

20世纪50年代以来，发展中国家为改革旧的国际经济秩序、建立国际经济新秩序作出了不懈的努力。以“七十七国集团”成立为标志，发展中国家为建立国际经济新秩序的斗争进入一个新阶段，由分散的、自发的行动发展为联合的、自觉的、世界性的行动。20世纪70年代中期以后，发展中国家争取建立国际经济新秩序的斗争走向高潮，但并没有取得重大的突破。20世纪90年代以来，国际社会发生了苏联解体、东欧剧变的重大事变。这一事变宣告了支配战后国际关系40多年的两极格局正式结束，国际社会开始向多极化方向发展。世界战略格局多极化的一个重要的标志就是南北矛盾日益突出，成为新的世界格局中的主要矛盾之一。

发展中国家在共同争取建立国际经济新秩序和寻求自身经济合作的同时，相互之间也存在一定的利益冲突。这种利益冲突主要表现在：发展中国家在谋求自身经济发展的过程中，都面临引进资金和技术、产业结构升级、加工制成品出口的历史任务，因而出现了结构趋同、经济互补性减弱的矛盾冲突。这种矛盾冲突主要表现在：随着发展中国家之间的贸易、投资的相互展开，贸易摩擦、投资摩擦也开始出现。这是因为发展中国家之间的经济、政治发展也是不平衡的，发展层次较高、发展速度较快的发展中国家，随着其产品、资金乃至技术向发展层次较低、发展速度较慢的发展中国家渗透时，往往引起了后者自觉或不自觉的抵制或限制。

四、发达国家与发展中国家之间的经济关系

发达国家与发展中国家的经济关系即南北经济关系，从生产领域到流通领域，从原料、资金到技术各方面都表现出纵横交错的相互依赖关系。这种密切的经济关系是当代国际经济学界乃至国际社会普遍关注的重要问题。从整体上考察，发达国家与发展中国家的经济关系是一个对立统一的关系。

第一，从发达国家与发展中国家之间的相互依存关系看，主要表现为一方的存在与发展要以另一方的存在与发展为条件或前提，而且这种相互依存、相互联系的关系在经济全球化过程中不断增强。发达国家与发展中国家之间的资源要素禀赋、生产力发展水平以及市场发育程度等方面存在经济上的互补性，发达国家拥有大量的资本资源、技术资源和人力资本资源，而发展中国家拥有丰富的自然资源、廉价的劳动力资源和潜在的市场需求；发达国家在高端产品制造业、现代服务业等方面占有优势，而发展中国家的低端产品制造业、原材料燃料的采掘与加工业等方面发展很快。这种经济上的互补性，大大加深了发达国家与发展中国家之间的经济联系和相互依存关系。随着现代科技革命和国际分工的快速发展，以及由此而引起的经济的全球化和一体化，更是成为发展中国家与发达国家之间经济合作和经济交往的凝聚力。

第二，从发达国家与发展中国家之间的相互矛盾关系看，则主要表现在发达国家凭借其在技术、资本、管理与信息等方面的垄断地位，以及在国际贸易和国际金融、国际投资领域的支配地位，以传统的和形形色色的新方式，对发展中国家进行的掠夺和控制。这种掠夺和控制主要形式有三种：①发达国家以"援助"、"贷款"为名输出国家资本，从发展中国家获取各种特权，如扶持代理人、支持受其控制的政权、操纵受其控制的武装力量、控制经济资源，为发达国家垄断资本的扩张开辟道路，最终把发展中国家的经济发展导向发达国家经济发展的轨道。②发达国家通过国际垄断组织如跨国公司、国际金融机构以及国际投资集体等，增加对发展中国家的直接投资，创办子公司和分支机构，扩充原有企业和吞并当地企业，掠夺发展中国家的经济资源，攫取高额垄断利润，控制发展中国家的经济命脉；发达国家还通过建立国际垄断组织如"共同体"或"联系国"等，把原来属于自己统治的殖民地附属国继续纳入自己的势力范围。③发达国家通过产品进出口价格的"剪刀差"和国际贸易中的国际价值和国民价值的差额形成的不平等交换，使发展中国家的剩余价值大量流向发达国家，使发展中国家的资本积累表现出外向型的特点。这种不平等的贸易所形成的"剪刀差"，使发展中国家蒙受了巨大的经济损失。总之，这种局面的形成，使发展中国家的政治独立表现为一种形式，而经济上的依附表现为一种内容。

当代发展中国家与发达国家的经济关系是与旧殖民体系的瓦解相伴而生的，但直到20世纪50年代末，它尚未成为国际关系中的突出问题而受到国际社会的普遍关注。这是因为当时的许多发展中国家刚刚在政治上获得独立，经济上仍然处于严重依附前宗主国的地位，这种政治上的脆弱性和经济上的依附性，使发展中国家尚未在国际上形成一股能够与发达国家相抗衡的力量。20世纪60年代以后，随着发展中国家的迅速增多，民族经济的逐渐壮大，它们在众多的国际经济领域对发达国家的联合斗争的加强，南北经济关系进入了一个新的阶段。

1964年第一届联合国贸易与发展会议的召开和第三世界国家七十七国集团的成立，揭开了南北对话的序幕，并将改变旧的不合理的国际经济秩序、建立新的国际经济秩序的主张提上了议事日程。

1974年联合国第六次特别会议通过的《建立国际经济新秩序》和《行动纲领》，以及后来发展中国家在矿山国有化、限制跨国公司行动守则谈判、综合商品方案谈判、争取200海里海洋权斗争等方面取得的成果，更将这一斗争推向高潮。发展中国家能取得进展，主要是因为发达国家在这一时期出现了经济高速增长，从而对发展中国家的石油、矿产等自然资源以及商品销售市场的依赖性增强。当发展中国家运用自然资源这一武器与发达国家相抗衡，对发达国家经济的冲击是巨大的。

20世纪80年代，南北经济关系处于僵持阶段。这一时期，发展中国家为打破不合理的国际经济旧秩序，争取建立国际经济新秩序进行了不懈斗争。斗争直接深入到南北国家间的贸易、技术转让、金融等领域，在商品共同基金、缓和债务危机以及洛美协定等方面有一定收效，但却没有取得实质性进展。究其原因主要在于，发达国家新科技革命的开发应用和产业结构的重大调整，使发达国家对发展中国家的能源、矿产等自然资源的依赖性减少；同时，发展中国家开始陷入国际性债务危机，使之在与发达国家的对话中，陷入缺乏“话语权”的境地。

20世纪90年代，南北经济关系进入一个新的倾向缓和的阶段。经过80年代的经济发展，发展中国家的经济形势有所好转，对来自发达国家的进口资本品和技术产品的需求增加，引进利用外资、实行开放型经济已成为大多数发展中国家的共识。从发达国家来看，经过70年代两次较为严重的经济衰退和80年代经济的长期低速增长，其“夕阳产业”向发展中国家转移的步伐加快，以及许多发展中国家投资环境的改善、国内消费品市场需求的扩大，使之在发达国家全球战略中的地位增强。正是在这样一种气氛中，南北经济关系得以相对缓和，其标志是1994年“乌拉圭回合”结束和世界贸易组织的建立。世界贸易组织的建立表明国际贸易自由化和国际投资自由化取得重大进展。

进入21世纪，经济全球化和区域经济一体化进一步发展，对南北经济关系产生着重大的影响。

第一，现代科技革命日新月异、生产力高速发展，推动国际分工不断深化，生产的社会化进入全球化的新阶段。扩大开放、加快发展、努力提高经济综合国力，已经成为各个国家的首要任务，也成为处理南北经济关系时发展中国家所应予以普遍关注的中心问题。近几年来，发展中国家在国际贸易和国际投资的比重有所上升，国际贸易的比重已由20%上升到30%以上；吸引的外国直接投资已由25%上升到33%以上。发达国家对发展中国家特别是新兴市场国家的市场依赖性有所增强。

第二，南北经济关系更多地表现为区域化的特点。随着“冷战”的结束，世界经济与政治格局发生着深刻的变化，各种经济关系发生着新的组合，经济的多极化正在形成。欧盟一体化进一步加深，欧元已成为欧盟的统一货币；以美国为首建立了北美自由贸易区；日本也在积极谋求建立东亚、东南亚的自由贸易区，这表明各个利益集团建立以各自为核心的带有强烈竞争色彩的排他性经济集团的步伐在加快。同时，发达国家为适应经济全球化的发展，也在加强国际经济协调。发展中国家在当今世界上的战略地位也在发生变化，已由过去两个超级大国政治上和经济上争夺的“中间地带”，变为发达国家争夺贸易、投资场所和势力范围的战略要地。

第三，发展中国家的经济发展也出现了分化。发展中国家中的部分石油出口国和经济增长较快的新兴工业化国家，在经济发展水平上与发达国家的差距正在迅速缩小，经济全球化给它们带来的利益十分明显；而相当一部分发展缓慢、经济长期落后的发展中国家，特别是最不发达国家，由于生产力落后及工业基础薄弱，仍然以农业和原材料生产为主，创汇能力低下，进口本国经济发展所需要的生产资料十分困难。同时，由于投资环境的制约，其引进外资的成效也十分有限。它们处于经济全球化的边缘，经济全球化对它们的影响很小，它们也难以利用经济全球化的机遇加快自身发展。经济全球化使发展中国家之间的贫富差距加大，使南方阵营内部矛盾和裂痕扩大，对发展中国家的团结带来不利的影响。

第四，人类社会共同面临的重大问题进一步突显出来。在经济全球化和经济生活国际化的发展之中，人口问题、民族与宗教问题、生态环境保护问题、核扩散问题、难民问题、“非典”和艾滋病问题以及克隆人问题等，单靠某些国家包括发达国家已难以解决；加上国际恐怖主义和来自发展中国家的地区冲突或种族冲突，往往都需要依靠包括发达国家和发展中国家在内的世界各国的联合行动才能得以解决。

第五，经济全球化带来了不同国家和民族的文化、价值观念等非经济方面交流的扩大和碰撞，并对传统国家主权造成冲击。发达国家总是利用自己在当代国际分工体系、国际货币体系、国际市场体系以及世界经济格局中的强势地位和主导地位，竭力向发展中国家输出其文化、价值观念和政治模式，以图在经济全球化的基础上，实现意识形态和政治体制的全球西化。发展中国家在这方面面临着巨大的压力和挑战，它构成了南北关系之间矛盾冲突的重要方面。

在这种经济依赖日趋加深的世界经济格局中，人们逐渐认识到：发展是一种相互依存的关系，发展中国家的发展是发达国家发展的必要条件，发达国家的发展也是发展中国家发展的必要条件；对抗只会导致经济的衰退或贫困的加深；对话与合作才有益于双方。20 世纪 80 年代爆发的国际债务危机和 1997 年爆发的亚洲金融危机，对南北各国的经济发展造成的巨大的影响和冲击，充分证明了这一点。正是在世纪之交南北经济关系的这样一种大背景，给进入 21 世纪的南北经济关系带来了新的广阔发展的前景，也对发展中国家如何调整自己的发展战略和协调南北经济关系的战略提出了新的课题。

（1）在坚持争取建立合理的国际经济新秩序的目标下，顺应经济全球化的现实，实行灵活务实的对外开放的经济战略。一方面要循序渐进地争取从根本上改变现行的由少数发达国家垄断控制的国际贸易与国际金融体系中的不合理部分，争取发展中国家在国际事务中平等参与的权利；另一方面应注重稳定原料和初级产品价格、缓解国际债务和国际金融危机、减少温室气体排放、增加对最不发达国家的援助、解决发展中国家迫切需要解决的问题。

（2）在加强发展中国家内部团结的基础上，把握世界经济多极化条件下国际经济关系的特点，建立尽可能广泛的国际斗争统一战线。首先要本着求同存异的原则，协调不同发展水平、不同类型的发展中国家在南北经济关系上的分歧和矛盾，加强南南合作与团结，增强发展中国家在南北对话中的力量。此外，发展中国家要注意利用发达国家之间的矛盾以及在不同经济领域对待发展中国家政策上的差异，在南北对话中争取尽可能多的同情和支持，促进南北经济关系向着有利于发展中国家的方向发展。

（3）充分利用现有的国际组织或国际经济协调机制，包括联合国、世界贸易组织、世界银行、国际货币基金组织等，推动南北经济关系不断向有利于发展中国家和整个国际经济社会的方向发展。虽然这些国际组织是服从于西方发达国家战后全球经济战略的需要而建立起来的，并为主要发达国家所控制，但经过半个世纪的演变，已有绝大多数发展中国家加入这些国际组织，并通过联合斗争，在贸易自由化、资金融通、国际合作、南北谈判等方面发挥了一定的作用。今后这些组织仍然是南北经济关系对话的重要场合。

（4）在努力保持国内稳定协调的政治和社会环境的基础上，发展中国家应根据本国国情，在发展本国文化的同时，吸收世界各国包括发达国家文化以及政治体制等方面的优秀成果，抑制其糟粕的侵入。对发展中国家来说，还必须注意处理好参与经济全球化和维护国家主权之间的关系。在经济全球化的过程中，国家主权的削弱是与历史和逻辑相符合的，但在今后可以预见的相当一段时间内，传统国家主权的削弱主要应局限于某些非核心主权，即某些经济决策权。至于核心主权，包括独立权、生存权、发展权、领土所有权等的让步和削弱，则是不可行的或十分有限的。

第四节　资本主义的历史地位和发展趋势

一、资本主义的历史地位和基本矛盾

资本主义经济制度是一种以生产资料私有制为基础、以市场经济为资源配置方式的经济制度。与前资本主义的经济制度相比，这种经济制度有着自身的特性：它以社会分工和专业化生产为起点，以市场和商品交换为纽带，以劳动力转化为商品为前提条件，以剩余价值生产为直接目的和动机，以竞争和合作为争夺与利用稀缺资源的方式。

作为人类历史发展的一个阶段，相对前资本主义的经济制度，资本主义经济制度有着历史的进步性。这种进步性主要表现在：

（1）资本主义为商品经济的广泛发展提供了条件。马克思和恩格斯在评价资本主义的历史发展时指出，“资产阶级在它们已经取得了统治的地方把一切封建的、宗法的和田园诗般的关系都破坏了。它无情地斩断了把人们束缚于天然尊长的形形色色的封建羁绊”，这种普遍的商品关系是对传统的自给自足的自然经济和封建等级制度对人类社会发展的严重束缚的否定，取而代之的是生产的社会化和社会分工的广泛发展，并且日益突破国家的疆域和民族的界限。“资产阶级，由于开拓了世界市场，使一切国家的生产和消费都成为世界性的了”，“过去那种地方的和民族的自给自足和闭关自守状态，被各个民族的各方面的相互往来和各方面的相互依赖所代替了。物质的生产是如此，精神的生产也是如此”。[①] 这已被经济全球化和区域经济一体化的进程所证实。

（2）商品经济所固有的市场竞争和价值规律的内在要求，以及资本对剩余价值和超额利润的疯狂追逐，为科学技术的进步和社会生产力的迅猛发展，提供了强劲的动力。正如马克思和恩格斯所指出的，资产阶级在它不到一百年的统治中所创造的生产力，比过去一切时代所创造的全部生产力还要大，还要多。19世纪末以来，特别是20世纪50年代以来，随着科学技术的进一步发展，资本主义生产方式在创造和发展生产力方面所取得的成就，更是一切时代所不可比拟的。工业化和信息化的发展，极大地改变着人们的生产方式、生活方式、交往方式和思维方式。

（3）资本主义摆脱了奴隶社会和封建社会对劳动者的超经济强制，以及劳动者对统治经济的人身依附关系，实现了自然经济瓦解后人类社会历史上首次的人身自由，以及人在法律上的平等关系。这种法律上的平等关系在经济领域表现为，买卖双方作为自由的、法律上平等的人缔结契约，彼此之间作为独立的商品所有者发生关系；在政治领域表现为，作为公民，人人享有宪法赋予的权利与义务，具有选举权和被选举权。尽管这种平等关系只是形式上的平等，但是，相对于奴隶社会和封建社会中人身依附关系，毕竟是历史上的巨大进步，它有利于劳动者生产积极性和创造性的发挥，为劳动者素质

① 《马克思恩格斯选集》第1卷，北京：人民出版社，1972年，第254～255页。

以及劳动技能的提高和科学技术的进步创造了必要的条件。

相对于人的全面发展和社会的全面进步，资本主义制度又有其深刻的历史局限性，这主要反映在资本主义生产方式所固有的基本矛盾上。资本主义基本矛盾，即生产的社会性与生产成果的资本主义占有方式之间的矛盾。这一矛盾是生产力与生产关系的矛盾在资本主义发展阶段的表现形式。

在资本主义制度下，生产资料成为社会化的生产资料，即成为许多人共同使用和操作才能推动的生产资料；生产过程成为社会化的生产过程，即生产的产品越来越多，各个产业之间相互依存、相互联系；生产成果成为社会化的生产成果，即每一个生产产品都凝聚着许许多多生产者的劳动和心血。生产的社会化不断发展，使整个社会经济联系成一个有机的整体，国民经济有计划按比例发展的客观要求越来越强；国民要求分享经济发展成果的愿望也越来越强。

但是，在资本主义制度下，生产成果却采取了资本主义的占有方式，即资源分散到私人手中，归私人占有、支配、使用和买卖，社会生产却在商品生产的基础上，采取了雇佣劳动的方式，由市场的价格机制和竞争机制自发进行调节。西方古典经济学家认为，在这种所有制和市场机制下，每个社会成员都在按最优化的原则追求个人利益，而价格自发地协调人们的相互关系，使社会经济运行保持着有序状态，随着个人利益的增进，社会利益也自然而然得到增进，这就是所谓的“看不见的手”的原理。然而，生产过剩的经济危机的周期性爆发，表明在社会化大生产和生产成果的资本主义占有方式下，社会生产的扩大趋势与社会需求的相对不足之间存在着难以调和的矛盾和冲突。在自由放任的市场经济体制下，社会生产和社会需求之间协调的比例关系，只有通过周期性的经济危机强制性地加以实现。事实表明，在社会化大生产和生产成果资本主义占有方式下，通过自由放任的市场经济体制，不可能使个人利益和社会利益完全一致，反而会导致社会生产和社会需求之间比例关系的失调，以及社会收入分配的两极分化。

资本主义由自由竞争发展到垄断阶段后，资本主义的基本矛盾也在进一步发展。在垄断阶段，由于科学技术的发展所带动的产业革命，使重化工业成为发达国家的主导产业，社会生产的扩大趋势与社会需求相对不足的矛盾进一步深化。随着生产和资本的国际化的加强，发达国家争夺世界市场、投资市场和原料产地的斗争日趋激化。它们变本加厉地推行殖民主义、抢占和分割世界领土。针对资本主义发展到垄断阶段的新情况，列宁从世界范围和资本主义对外关系的角度，深入分析了垄断资本主义的矛盾。他指出，资本主义世界的矛盾包括资本主义国家之间的矛盾，资本主义国家与殖民地、半殖民地之间的矛盾，各大资本集团之间的矛盾。这些矛盾的激化，必然导致各种危机，甚至世界大战的发生。历史进程证明了列宁的论断。

第二次世界大战结束后，垄断资本主义由私人垄断发展为国家垄断阶段。随着国家对宏观经济和国民收入分配进行调控，国民经济的运行状况和国民收入分配状况发生了很大的变化，资本主义的基本矛盾及其表现有所缓和甚至是改变。这主要表现在：社会生产的计划性有所加强，国民经济比例关系失调和由此产生的经济危机有所缓和；国家之间对涉及国际经济关系的许多重大问题进行协调，使发达国家之间以及发达国家与发展中国家之间的矛盾和冲突得到协调和缓解；发达国家社会福利制度的建立和不断完善，以及第三次科学技术革命的发展引起产业结构进一步升级，使工人阶级的状况有了很大的改善，社会矛盾有所缓和。

这一时期，资本主义获得了前所未有的大发展。特别是“冷战”结束后，世界经济进入了一个以市场经济为主导的新时期，计划经济开始全面淡出历史舞台。在高新科技发展的强力推动下，垄断资本主义的矛盾以及世界经济的矛盾也有了新的发展，这主要表现在：

(1) 在发达国家，诸如汽车、钢铁、石油、造船、纺织等传统产业的萧条以及向发展中国家的转移，使发达国家的产业结构内部要素之间的联系出现严重失调。由传统产业转移所产生的过剩劳动力，难以被新兴的高科技产业所完全吸收，从而对其经济关系产生着剧烈的震荡，使发达国家陷入矛盾冲突之中，一方面它们为了主导世界经济，竭力倡导贸易、投资、金融的自由化；另一方面它们为了缓和国内的矛盾，又在许多方面推行贸易和投资的保护主义。目前，多边贸易谈判即“多哈回合”陷入僵局，正是这种矛盾冲突的反映。

(2) 在发达国家，社会福利制度的建立与扩大，以及公共事业和公共工程的大力推进，使其陷入严重的财政危机之中。巨额的财政赤字使发达国家的财政不得不靠借债来维持。例如，世界经济最强大的美国政府，1946—2000 年末，财政赤字净额累计已逾 3 万亿美元，其中许多年份一年就有赤字近 3 000 亿美元，致使美国的国内外债务达到了 5 万亿美元的惊人地步。随着国内外债务的加深，发达国家协调国际经济关系的能力在减弱。如美国对发展中国家的援助额，占其 GDP 的比重远远低于联合国所要求的比重，在发达国家中一直处于较低水平。

(3) 在发达国家，随着“布雷顿森林体系”的全面崩溃以及“牙买加协定”的生效（1978 年），新的国际货币体系开始登上历史舞台。这一体系对维持国际经济的正常运转，推动世界经济的持续发展，起到了积极的作用。但是，它的消极作用也逐渐暴露出来。它使国际货币格局错综复杂，缺乏统一的稳定性，国际金融的动荡加剧，国际贸易和金融市场受到严重的冲击。这主要表现在：①现行国际货币信用体系下的汇率安排，存在着发达国家对汇率制度的主动安排和发展中国家被动选择的矛盾，即发达国家实行浮动汇率制度，而发展中国家只能被动选择盯住美元等少数几种货币的盯住汇率制。这种汇率制的缺陷是汇率缺乏弹性，且极具脆弱性，汇率水平难以反映发展中国家经济发展的实际水平，削弱了汇率对经济发展的调节作用。②在现行国际货币信用体系下，国际资本出现了大规模的流动，给各国货币当局的汇率管理带来了新的问题。首先是信息不对称所产生的逆向选择、道德风险和群体性行为，从而使一个自由的资本市场无法提供有效率的资源配置；其次是各国管理当局对于汇率的管理和控制能力显著削弱，资本在全球范围流动规模的不断扩大，使外汇交易基本脱离了与商品贸易和直接投资有关的经济活动，各种短期资金的移动和衍生交易已成为外汇交易的主体，外汇市场的风险加大。③在浮动汇率条件下，汇率机制虽然可作为逆差国自行调节国际收支的主要方式，但它要受到进口商品的弹性的制约；利率机制也要受到各国宏观经济面的制约，因此，当逆差国国际收支出现严重逆差时，逆差国就只有靠引进短期资本来平衡逆差，而大量短期资本的引进正是 20 世纪 90 年代以来，发展中国家金融危机频繁爆发的重要原因之一。④现行国际货币信用的矛盾和危机，主要表现在新的金融衍生工具不断涌现，使国际金融风险不断加大。在经济全球化趋势下，金融的全球化步伐大大加快，金融市场的各种障碍逐步消除，银行之间、银行与非银行金融机构之间的界限越来越模糊，业务交叉日益普遍。为规避金融风险，各个金融机构纷纷推出各种新的金融衍生工具，而这些金融衍生工具本身蕴藏着巨大的潜在风险，在金融监管机制不够完善的情况下，往往成为国际金融外汇市场上投机性金融交易的重要手段，使国际金融市场的风险进一步加大。⑤现行国际货币信用矛盾和危机的另一个主要的表现是，现行国际货币体系中的最终贷款人缺位和国际金融监管协调机制不力。在现代国际货币信用体系下，中央银行是一国国内的最终贷款人，随着信用关系的不断发展，这一作用也在不断增强，有效地减少了因资金周转不灵而引起的金融体系危机的可能性。然而，在国际金融市场上，在现行国际货币体系下，尚不存在类似一国中央银行的、可以在金融危机发生前进行防范和预警、在金融危机发生时提供资金帮助的最终贷款人。目前，国际货币基金组织和世界银行都不具有最终贷款人的功能。东南亚金融危机爆发前，IMF 不仅对此毫无觉察，甚至还对“泰国出色的经济运作情况和当局坚持正确的宏观经济政策”大加赞扬。东南亚金融危机爆发后，它所提出的处理危机的“一揽子”救助措施不仅不能对症下药，反而附带有利于发达国家的经济、社会和政治改革条件。

二、经济全球化趋势下资本主义的历史趋势

资本主义被社会主义所取代是马克思在 19 世纪中叶就得出的结论。20 世纪初，列宁根据资本主义发展到垄断阶段时的新情况，得出了垄断资本主义是资本主义的最高阶段的结论。社会主义从理论变为现实以后，信仰马克思主义的人们对上述结论是深信不疑的。20 世纪 80 年代以来，以计划经济为特征的社会主义在大多数实行社会主义制度的国家中逐渐退出历史舞台。苏联解体和东欧剧变后，这些国家在经济上纷纷转向以私有制为基础的市场经济体制，政治上则纷纷实行多党制的议会制；在中国，通过经济体制改革和对外开放，经济体制开始从计划经济向市场经济过渡。只有极少数国家如朝鲜、古巴等国家还在坚持传统的计划经济模式，但它们的经济发展十分缓慢，人民生活水平大大低于世界平均水平。这一现实使人们不得不对传统的社会主义理论进行反思。邓小平从功能的角度，把社会主义的本质归结为解放和发展生产力，消灭剥削，消除两极分化，最终实现共同富裕，从而纠正了片面从生产关系认识社会主义本质的传统看法，深化了人们对什么是社会主义、怎样建设社会主义的认识。

资本主义在 20 世纪的发展也发生着巨大的变化。20 世纪 30 年代的大危机，直接动摇着西方主流经济学的基石——萨伊定律，并催生了凯恩斯革命。凯恩斯认为，在边际消费倾向递减、资本边际效率递减以及流动性偏好这些基本心理因素的作用下，有效需求是不足的，从而引起“非自愿失业”的存在。市场机制本身没有力量使总需求与总供给相等，这样就不可避免地出现萧条和失业。只有依靠国家干预才能使市场经济恢复均衡和稳定。“二战”后，发达国家将国家干预常态化，国家干预主要表现在以下方面：

（1）通过财政直接投资，建立国有企业。国有企业的资本是一种凌驾于私人资本之上的社会化的资本，是社会化资本的最高形式。发达国家直接投资兴办企业，主要集

中在投资大、周转慢、赢利没有充分保证因而风险较大的一些部门。比如石油、煤炭、电力、铁路、港口、航天等部门。目的是为整个国民经济运行提供保障，尽可能提高资源配置的效率。

（2）通过财政直接投资，兴办公共工程和公共事业。随着城市化的发展和人们生活水平的提高，社会对公共服务的需求越来越大，为了满足日益增长的公共服务需求，增加社会有效供给，发达国家投资兴办公共教育、公共卫生、体育文化设施、城市供水供电供气供暖以及城市道路、公园、绿地、住宅等，使城市现代化水平不断提高。

（3）通过财政转移支付，建立社会福利体系。随着生产的社会化和生产要素跨行业、跨地区的流动，以及经济的不规则波动和收入分配差距的增大，经济生活中的不确定性给社会稳定带来了威胁，因此，发达国家通过建立累进制的个人所得税和财产税，以政府财政转移支付的方式，建立以失业保险、医疗保险、养老保险、贫困救济和抚恤等为主要内容的社会福利制度。

（4）通过各种强制手段，对经济运行进行调节。第一，运用财政政策，从税收和财政支出两个方面调节社会需求，以应对经济的周期波动；第二，通过中央银行，运用再贴现政策、存款准备金政策和公开市场业务政策和汇率政策等，控制和调节货币供应量，进而影响利率水平，控制信贷规模，间接影响投资；第三，运用收入政策，调节工资、利润和其他收入之间的比例，控制通货膨胀，进而抑制失业和经济衰退；第四，运用税收、补贴、信贷等手段，对不同时期的主导产业和支柱产业实行扶植和倾斜政策，以推动产业结构高级化和产业组织规模化，并对产业内部的企业之间的关系进行调节，规范市场秩序，维护正常竞争，限制市场垄断；第五，运用预测性、指导性和协商性的短期、中期、长期计划，对国民经济进行综合调节，以集中资金发展重点行业和关键部门、加强国民经济薄弱环节、改善部门和地区的结构、保证国民经济协调稳定的发展。

在国家对经济运行的强力干预以及第三次科学技术革命的推动下，资本主义的经济面貌和生产关系发生着深刻的变化：

首先，社会生产走向全面社会化。各个企业之间、各个行业之间、各个地区之间以及各个国家之间的经济联系越来越密切，市场已成为各种经济联系的交汇点和载体，资源配置已突破国界的限制，在世界范围内展开，生产的社会化和国际化达到空前程度。

其次，生产管理的社会化程度大大提高。随着国家对经济干预程度的不断提高，社会性组织管理机构也在不断发展和完善。在银行、交通、通信等全国性组织管理机构广泛发展的基础上，国民经济各部门及社会再生产的各个环节之上的各种现代社会管理机构和组织形式纷纷出现。

再次，资本的社会化程度进一步提高。在股份制度和信用制度不断发展的条件下，资本的所有权和使用权的分离已成为普遍现象。尤其是国家垄断资本的统治地位的确立，使资本的使用不仅突破了资本家个人的私有范围，也突破了垄断组织的私有范围，它们联合起来为社会所使用，使资本的社会化程度空前提高。

最后，国民收入再分配的地位和功能不断加强。在市场经济的运行之中，收入分配实行按要素贡献分配的原则，在很大程度上刺激着人们提供要素的积极性和主动性。但是，由于要素禀赋的差异，国民收入初次分配的不平等存在加剧的趋势，而国民收入再分配则可以起到缓和甚至缩小收入不平等的作用。

随着生产关系的调整和科学技术的进一步发展，发达国家的社会生产力仍然在向前发展。马克思指出："无论哪一个社会形态，在它们所能容纳的全部生产力发挥出来以前，是决不会灭亡的；而新的更高的生产关系，在它存在的物质条件在旧社会的胎胞里成熟以前，是决不会出现的。"① 生产关系作为人们之间的社会关系，有着自己产生和运动的规律，推动这一过程的动因只能是社会生产力。生产关系和生产力既相适应又相矛盾的结果，推动着人类社会的前进。当一定社会形态的生产关系最终形成之后，生产关系和生产力的矛盾必然导致这一生产关系走向自己的反面，被一种更高级的生产关系所取代。但是，生产关系的这种变化并不能否认它本身经过不断的调整，可以在一定程度上缓和与生产力发展的矛盾，并继续推动生产力的向前发展。资本主义生产关系的发展变化就是如此。当代资本主义的发展变化表明，发达国家的生产关系已具有一定的社会主义的因素；而当代社会主义的发展变化也表明，社会主义生产关系也具有一定的资本主义的因素。当代资本主义和社会主义的差别在缩小，这是不争的事实。这种趋同并没有改变人类社会发展的总趋势，相反，它表明人类社会仍然在以各种方式向着平等的、和谐的社会前进。

本章小结

1. 广义的经济全球化是指人类的经济、政治、文化和社会生活从孤立的地域国家走向国际社会的进程，即在全球经济、政治、文化交流日益发展的背景下，各国的相互影响、相互合作日益加强，使具有共性的生活方式及文化逐渐普及推广成为全球通行标准的状态和趋势。

2. 狭义的经济全球化则是指在跨国商品与服务贸易、国际资本流动、大公司的跨国经营以及技术的国际传播日益发展的背景下，各国经济超越一般的相互联系和交往的发展阶段，通过相互交织、相互融合而逐渐形成全球经济整体的进程。它是经济生活国际化的新阶段。

3. 经济全球化是商品经济市场化长期发展的产物。自从1492年哥伦布发现美洲新大陆，就出现了经济全球化的萌芽。随着机器大工业的出现和资本主义生产方式在欧美国家的确立，资本在全球的不断扩张，以宗主国和殖民地经济为主要内容的国际分工和世界经济的形成，使经济全球化进入起步发展阶段。第二次世界大战结束以后，在商品资本的国际运动的基础上，生产资本和金融资本的国际运动日益发展，并成为资本国际运动的主体，经济全球化进入迅速发展阶段。20世纪80年代以来，国际经济与政治发生了深刻的变化。中国进入改革开放的新时期，并在90年代初确立建立社会主义市场经济体制的目标；1989年柏林墙坍塌、1992年苏联解体，为计划经济体制在世界经济舞台上画上了句号。1993年欧洲统一大市场形成，1999年欧洲中央银行及欧洲单一货币——欧元诞生，这是人类社会进入真正意义上的经济全球化时代的标志。

---

①《马克思恩格斯选集》第2卷，北京：人民出版社，1972年，第83页。

4. 20世纪90年代以来，经济全球化的进程明显加快，究其原因，主要是：①第三次科学技术革命向纵深发展；②国际贸易自由化程度大大提高；③国际资本流动大幅度增加；④计划经济在很大范围内宣告终结。

5. 经济全球化发展到现阶段，表现出与过去的经济全球化不同的特点。正是基于这一点，可以把现阶段的经济全球化称为真正意义上的经济全球化。第一，现阶段的经济全球化是以全球性的市场经济为基础的；第二，现阶段的经济全球化是以当代高新科技的迅猛发展为动力的；第三，现阶段的经济全球化是以跨国公司为主要载体的；第四，现阶段的经济全球化是以发达国家为主导的。

6. 经济全球化的内容主要包括生产全球化、贸易全球化和资本全球化：①生产全球化是指随着科学技术的发展和高精尖产品及工艺技术的出现，生产领域的国际分工和协作得到增强；②贸易全球化是指随着科学技术的发展和各国对外开放程度的提高，流通领域中国际交换的范围、规模、程度得到增强，国际贸易额占GDP的比重大幅度提高；③资本全球化是指随着科学技术的发展和各国对外开放程度的提高，资本在国际的流动速度加快。

7. 区域经济一体化是指两个或两个以上的国家和地区，为共同利益而在一定程度上让渡出社会再生产某些领域内的部分权利，并由参与成员方共同行使这些权利，实行超国家的国际经济调节。区域经济一体化的主要形式有：①自由贸易区，即通过签订自由贸易协定的国家与地区组成的贸易集团；②关税同盟，即国家之间为降低或取消相互间的关税，并对非同盟国家和地区采取统一关税率而缔结的同盟；③经济联盟又称为经济共同市场或经济共同体，即国家和地区之间为共同利益而在关税、投资、人员流动、货币、经济发展等方面采取一致行动的联盟。

8. “二战”后，区域经济一体化的产生和发展有其深刻的经济、政治与社会的根源，概括起来主要有以下几个方面：第一，区域经济一体化的产生和发展是“二战”后世界经济、政治在不同国家和区域发展不平衡的必然结果；第二，区域经济一体化的产生和发展是与战后世界各国政府对经济社会的广泛干预分不开的；第三，区域经济一体化的产生和发展在很大程度上受到经济关系地缘化的影响。

9. 区域经济一体化与经济全球化从表面上来看，似乎是矛盾的，但是，这只是二者关系中的一个方面，而且并不是主要的方面。二者的主要方面是相辅相成、互相促进的。这是因为经济全球化与区域经济一体化都是经济生活国际化高度发展的结果。

10. 经济全球化的基本要求是把全球作为一个统一的无阻碍的自由市场，实行自由贸易、自由投资和自由竞争，在全球范围内实现稀缺资源的合理配置和高效利用，形成生产、交换、分配、消费以及金融资本流动和竞争规则的全球化。从本质上考察，经济全球化的性质具有二重性：一方面它是生产社会化及经济国际化高度发展在时间和空间上多维度的拓展，反映了科学技术进步和人类社会生产力发展的客观要求；另一方面经济全球化又是当代发达国家占优势、为主导的国际经济一体化的运动。

11. 经济全球化必然对世界经济产生有利的影响。这种有利的影响主要表现在两个方面：①有利于世界资源的优化配置；②为发展中国家的快速经济发展提供了难得的历史机遇。然而，经济全球化的发展在发达国家的主导下，也给世界经济带来了新的挑战或消极影响。这些挑战或消极影响主要表现在以下方面：首先，以跨国公司为主要载体的当代经济全球化，给发达国家带来了极为丰厚的收益；其次，在强有力的国际经济调节机制尚未建立的条件下，经济全球化将会引发世界性的多方面的冲突和震荡；再次，经济全球化强化了经济风险的国际传导机制，给世界经济的发展带来了消极影响；最后，经济全球化还使各国政府的宏观调控遇到新的困难。

12. 国际垄断同盟就是资本主义各国的大的垄断组织根据协定成立的国际性的联盟。它通过瓜分世界市场、制定垄断价格、控制生产规模、垄断原材料来源、分割投资市场、组织联合生产等，从经济上分割世界。第二次世界大战以前，国际垄断同盟从经济上瓜分世界，发展到对世界领土的分割。在经济上分割世界的同时，代表垄断集团利益的帝国主义国家在政治上结成各种同盟，分割世界领土，把落后国家变成自己的殖民地。对帝国主义来说，殖民地不仅具有重要的经济意义，而且具有重要的政治和军事意义，是帝国主义得以生存的重要条件。当世界领土被瓜分完毕之后，随着帝国主义实力的变化，又会出现要求重新分割的斗争，这就是帝国主义发动世界性战争的根本原因。

13. 第二次世界大战以后，随着国际经济与政治格局的变化，殖民主义体系土崩瓦解，国际垄断同盟也发生着变化。战前，国际垄断同盟从经济上瓜分世界的主要形式是国际卡特尔。战后，以跨国公司为主要代表的国际托拉斯和国际康采恩得到了极为迅速的发展，并逐渐取代国际卡特尔而成为西方国家的垄断组织争夺销售市场、投资场所和原材料产地的重要工具。为了协调西方发达国家之间的经济关系，战后西方国家的政府出面组成国际垄断同盟，这是国际垄断同盟的高级形式。

14. 战后国际经济关系包括三个基本方面：①发达国家之间的经济关系。发达国家是指包括西欧、北欧、北美、日本、澳大利亚和新西兰在内的经济合作与发展组织（OECD）的绝大多数的成员国家。②发展中国家之间的经济关系。发展中国家是指战后在政治上取得独立、在经济上各自选择不同发展道路和发展方式以谋求摆脱贫穷落后状态的民族国家。③发达国家与发展中国家之间的经济关系。发达国家与发展中国家的经济关系即南北经济关系，从生产领域到流通领域，从原料、资金到技术各方面都表现出纵横交错的相互依赖关系。

15. 资本主义的历史地位和基本矛盾：资本主义经济制度是一种以生产资料私有制为基础、以市场经济为资源配置方式的经济制度。与前资本主义的经济制度相比，这种经济制度有着自身的特性：它以社会分工和专业化生产为起点，以市场和商品交换为纽带，以劳动力转化为商品为前提条件，以剩余价值生产为直接目的和动机，以竞争和合作为争夺与利用稀缺资源的方式。

16. 作为人类历史发展的一个阶段，相对前资本主义的经济制度，资本主义经济制度有着历史的进步性。这种进步性主要表现在：①资本主义为商品经济的广泛发展提供了条件；②商品经济所固有的市场竞争和价值规律的内在要求，以及资本对剩余价值和超额利润的疯狂追逐，为科学技术的进步和社会生产力的迅猛发展，提供了强劲的动力；③资本主义摆脱了奴隶社会和封建社会对劳动者的超经济强制，以及劳动者对统治经济的人身依附关系，实现了自然经济瓦解后人类社会历史上首次的人身自由，以及人在法律上的平等关系。

17. 相对于人的全面发展和社会的全面进步，资本主义制度又有其深刻的历史局限性，这主要反映在资本主义生产方式所固有的基本矛盾上。资本主义基本矛盾，即生产的社会性与生产成果的资本主义占有方式之间的矛盾。这一矛盾是生产力与生产关系的矛盾在资本主义发展阶段的表现形式。

18. 第二次世界大战结束后，垄断资本主义由私人垄断发展为国家垄断阶段。随着国家对宏观经济和国民收入分配进行调控，国民经济的运行状况和国民收入分配状况发生着很大的变化，资本主义的基本矛盾及其表现有所缓和甚至是改变。这主要表现在：社会生产的计划性有所加强，国民经济比例关系失调和由此产生的经济危机有所缓和；国家之间对涉及国际经济关系的许多重大问题进行协调，使发达国家之间以及发达国家与发展中国家之间的矛盾和冲突得到协调和缓解；发达国家社会福利制度的建立和不断完善，以及第三次科学技术革命的发展引起产业结构进一步升级，使工人阶级的状况有了很大的改善，社会矛盾有所缓和。

19. 在高新科技发展的强力推动下，垄断资本主义的矛盾以及世界经济的矛盾也有了新的发展，这主要表现在：①在发达国家，诸如汽车、钢铁、石油、造船、纺织等传统产业的萧条以及向发展中国家的转移，使发达国家的产业结构内部要素之间的联系出现了严重失调；②在发达国家，社会福利制度的建立与扩大，以及公共事业和公共工程的大力推进，使其陷入了严重的财政危机之中；③在发达国家，随着“布雷顿森林体系”的全面崩溃以及“牙买加协定”的生效（1978 年），新的国际货币体系开始登上历史舞台。这一体系对维持国际经济的正常运转，推动世界经济的持续发展，起到了积极的作用。但是，它的消极作用也逐渐暴露出来。它使国际货币格局错综复杂，缺乏统一的稳定性，国际金融的动荡加剧，国际贸易和金融市场受到严重的冲击。

20. 经济全球化趋势下资本主义的历史趋势：资本主义被社会主义所取代，是马克思在 19 世纪中叶就得出的结论。20 世纪初，列宁根据资本主义发展到垄断阶段时的新情况，得出了垄断资本主义是资本主义的最高阶段的结论。社会主义从理论变为现实以后，信仰马克思主义的人们对上述结论是深信不疑的。

21. 20 世纪 80 年代以来，以计划经济为特征的社会主义在大多数实行社会主义制度的国家中逐渐退出历史舞台。以中国为例，20 世纪 70 年代末，中国进入改革和开放的新时期。经过三十多年的探索，中国初步建立起社会主义市场经济体制，中国经济与社会面貌发生了深刻的变化，人民生活水平迅速提高，国家综合国力迅速增强，国际地位和影响力迅速提升。事实证明，只有全面融入经济全球化的时代潮流之中，只有充分发挥市场和政府在配置资源上的作用，才能抓住历史机遇，实现中华民族的伟大复兴。

22. 资本主义在 20 世纪的发展也发生着巨大的变化。20 世纪 30 年代的大危机，直接动摇着西方主流经济学的基石——萨伊定律，并催生了凯恩斯革命。凯恩斯认为，在边际消费倾向递减、资本边际效率递减以及流动性偏好这些基本心理因素的作用下，有效需求是不足的，从而引起“非自愿失业”的存在。市场机制本身没有力量使总需求与总供给相等，这样就不可避免地出现萧条和失业。只有依靠国家干预才能使市场经济恢复均衡和稳定。

23. 在国家对经济运行的强力干预以及第三次科学技术革命的推动下，资本主义的经济面貌和生产关系发生着深刻的变化：首先，社会生产走向全面社会化；其次，生产管理的社会化程度大大提高；再次，资本的社会化程度进一步提高；最后，国民收入再分配的地位和功能不断加强。

24. 随着生产关系的调整和科学技术的进一步发展，发达国家的社会生产力仍然在向前发展。马克思指出："无论哪一个社会形态，在它们所能容纳的全部生产力发挥出来以前，是决不会灭亡的；而新的更高的生产关系，在它存在的物质条件在旧社会的胎胞里成熟以前，是决不会出现的。"生产关系作为人们之间的社会关系，有着自己产生和运动的规律，推动这一过程的动因只能是社会生产力。生产关系和生产力既相适应又相矛盾的结果，推动着人类社会的前进。当一定社会形态的生产关系最终形成之后，生产关系和生产力的矛盾必然导致这一生产关系走向自己的反面，被一种更高级的生产关系所取代。但是，生产关系的这种变化并不能否认它本身经过不断的调整，可以在一定程度上缓和与生产力发展的矛盾，并继续推动生产力的向前发展。资本主义生产关系的发展变化就是如此。当代资本主义的发展变化表明，发达国家的生产关系已具有一定的社会主义的因素；而当代社会主义的发展变化也表明，社会主义生产关系也具有一定的资本主义的因素。当代资本主义和社会主义的差别在缩小，这是不争的事实。这种趋同并没有改变人类社会发展的总趋势，相反，它表明人类社会仍然在以各种方式向着平等的、和谐的社会前进。

复习与思考

1. 20 世纪 90 年代以来，经济全球化加速发展的原因是什么？其特点是什么？
2. 什么是区域经济一体化？它与经济全球化有何区别和联系？
3. 怎样认识经济全球化的性质和社会后果？
4. 什么是国际垄断同盟？它是怎样产生的？
5. 怎样认识发达国家之间的经济关系？
6. 怎样认识发展中国家之间的经济关系？
7. 如何认识发展中国家所倡导的国际经济新秩序？
8. 怎样认识发展中国家与发达国家之间的经济关系？
9. 如何认识经济全球化和区域经济一体化对南北关系的影响？
10. 发展中国家如何调整自己的发展战略来应对经济全球化和区域经济一体化的挑战？
11. 如何认识资本主义的历史地位和基本矛盾？
12. 如何认识资本主义的发展趋势？

后记

为了适应我校学科发展和教学改革的需要，我们组织编写了《政治经济学》一书。在编写过程中，我们坚持以党的十七大精神为指导，力图反映当代资本主义发展的新情况和新变化，反映我国经济体制改革中的新经验和新进展，并紧紧追踪我国学术界在政治经济学基本理论研究上的进程，力求反映理论研究取得的新观点和新成果。目的是使这本教材更加贴近实践、贴近生活、贴近时代，以增加这门课程的可读性和吸引力。

本书的编写大纲由吕建军主编设计和撰写，初稿由吕建军主编和王志勇副主编审阅、补充和修改。具体章节的撰写者是：吕建军（第一章、第二章第四节、第三章第五节、第四章第四节、第八章、第九章），梁悦、邓卫红（第二章第一、二、三节），杨艳、邓卫红（第三章第一、二、三、四节），邓卫红（第四章第一、二、三节），姚雪松、王志勇（第五章），王志勇（第六章、第七章），晁孟华（第十章），黄忠莉（第十一章、第十二章）。

在编写过程中，我们参阅了我国理论界现有的一些教材和专著，在此表示感谢。由于水平有限，本教材一定还存在许多不足之处，请专家和读者指正。

编　者

2009 年 8 月